Hannover – Stadt der Gärten

Gärten einer Stadt

Kallmeyer

Kaspar Klaffke · Gesa Klaffke-Lobsien

Hannover – Stadt der Gärten
Gärten einer Stadt

Gefördert durch die
Rut- und Klaus-Bahlsen-Stiftung

Deutsche Bibliothek - CIP Einheitsaufnahme

Ein Titeldatensatz ist bei der Deutschen Bibliothek erhältlich

Klaffke, Kaspar / Klaffke-Lobsien, Gesa

Hannover: Stadt der Gärten – Gärten einer Stadt

Impressum:
1. Auflage 2000

D-30926 Seelze-Velber

Titel/Layout: Sabine Duffens
Titelfoto: Gesa Klaffke-Lobsien
Realisation: Friedrich Medien-Gestaltung
Fotos: Gesa Klaffke-Lobsien, Rita Lohr, Brigitte Sajak
Die Übersetzung der englischen Ausgabe erfolgte durch Herrn Mic Hale.
Die englische Ausgabe ist erhältlich unter der ISBN 3-7800-5266-0.
Druck: Jütte-Druck, Leipzig

ISBN 3-7800-5265-2

Hannover – Stadt der Gärten

Hannover – Stadt der Gärten

Wer mit dem berühmten schrägen Fahrstuhl auf den Turm des Neuen Rathauses fährt, sieht die zwei Gesichter von Hannover. Auf der einen Seite zeigt sich die niedersächsische Metropole mit der Skyline der City und den Regierungsbauten. Auf der anderen Seite erstreckt sich mit dem Maschpark zu Füßen, dem dahinterliegenden Maschsee und der Leineaue eine scheinbar grenzenlose Gartenlandschaft.
Hannoveranern wird nachgesagt, dass sie Schwierigkeiten haben, sich selbstverständlich zu ihrer Stadt zu bekennen. Entweder sie verkünden lauthals die Provinzialität ihrer Stadt (sehr zu Unrecht) oder sie prahlen übertrieben mit quantitativen Höchstleistungen (größtes Schützenfest der Welt).
Mit den Gartenqualitäten von Hannover verhält es sich anders. Auf die Frage: „Was gefällt Ihnen an Hannover besonders gut?" werden immer die Eilenriede, die Herrenhäuser Gärten und der Maschsee genannt. Es wird, als wäre das selbstverständlich, hinzugefügt: „Hannover ist eine grüne Stadt." Deshalb wird Hannover in offiziellen Verlautbarungen auch gern „Großstadt im Grünen", neuerdings auch „Stadt der Gärten" oder „GärtenStadt" genannt.
Zwischen dieser gefühlsbetonten Zuneigung zu Hannover und der bewussten Wahrnehmung ihrer Freiraumqualitäten besteht allerdings eine erhebliche Diskrepanz. Einerseits spielen diese für das Identitätsgefühl vieler Hannoveraner eine große Rolle, andererseits ist das Wissen über ihre Entstehungsgeschichte, ihre Besonderheiten und ihre Bedeutung gering.
Mit dem vorliegenden Buch wird dazu aufgefordert, das Gartengesicht von Hannover genauer kennen zu lernen. Es ist naheliegend, sich dabei zunächst auf die herausragenden öffentlichen Gärten und Parks, auf die großen Stadtfriedhöfe und die Eilenriede zu konzentrieren. Mit diesen Anlagen kann belegt werden, dass Gartengeschichte in Hannover eine lange Tradition hat und immer mit einem hohen Anspruch verbunden war. Zusammen mit den großen offenen Landschaftsräumen im Stadtgebiet bilden sie eine Freiraumstruktur, die Hannover im Vergleich zu anderen Städten ähnlicher Größe auszeichnet.
Durch Meinungsforschungen ist belegt, dass öffentliche und private Freiräume für das Wohlbefinden der in einer Stadt lebenden Menschen äußerst wichtig sind. Deshalb wird in einem eigenen Kapitel des Buches der Versuch unternommen, den jeweils besonderen Gartencharakter der Stadtbezirke und Stadtteile von Hannover zu beschreiben. Es hat sich dabei als Erschwernis herausgestellt, dass die Entste-

hungsgeschichte vieler öffentlicher Freiräume von Hannover in Veröffentlichungen bisher kaum aufbereitet worden ist.
Während über jedes Haus genaue Informationen zur Verfügung stehen, ist die Quellenlage bei den Gartenelementen dürftig und ungeordnet. Es ist in der zur Verfügung stehenden Zeit nicht gelungen, alle auftretenden Fragen zufriedenstellend zu beantworten. Insofern ist mit diesem Buch von vornherein die Herausforderung zur Vervollständigung verbunden.
Wer meint, Hannover gut zu kennen, wird schnell entdecken, dass sich das eigene Bild von der Stadt aus einem unvollständigen Netzwerk von Inseln und Verbindungsstrecken zusammensetzt. Es weckt die Neugierde und fordert zu genauerem Hinsehen heraus, wenn es – oft in unmittelbarer Nachbarschaft zu diesem bekannten Bild – Neues, bisher Unbekanntes, zu entdecken gibt. Die grünen Inseln im eigenen Stadtteil und in den verschiedenen Stadtteilen kennen zu lernen, ist ein ebenso ungewöhnliches wie interessantes Unterfangen. Es bereitet Vergnügen, unerwartet etwas besonders Schönes zu finden, es kann aber auch deprimierend sein, auf mangelhafte Gestaltungsqualitäten, unzureichende Pflege und öffentliche Missachtung zu stoßen.
Viele Garteneigenschaften lassen sich mit Worten kaum beschreiben. Fotografien vermitteln einen viel direkteren Eindruck von ihrer Vielgestaltigkeit und Individualität. Sie sollen dazu verlocken, es nicht nur bei der Lektüre zu belassen, sondern tatsächlich aufzubrechen.
Es hätte den Rahmen des Buches gesprengt, detaillierter auf all die öffentlichen Freiräume und Gartenelemente einzugehen, die im Leben einer Stadt als Elemente städtischer Zivilisation unverzichtbar sind: Die Sportanlagen, die Kinderspielplätze und Spielparks, die Freiflächen an Schulen, Kindertagesstätten und sonstigen öffentlichen Gebäuden, die Straßenbäume. Es war auch nicht möglich, die große Zahl der privaten Gärten – die Kleingärten, Hausgärten, Mietergärten und Wohnhöfe – näher zu betrachten. Mit geschultem Gartenblick wird der Leser bei Spaziergängen oder Fahrten durch die Stadt hoffentlich auch darauf achten und sich an den gartenkulturellen Begabungen seiner Mitbürger erfreuen. Vermutlich beschäftigen sich etwa 100 000 Hannoveraner mehr oder weniger intensiv mit einem privaten Garten.
Obwohl in der Lebenswirklichkeit die Stadtgrenzen kaum eine Rolle spielen, musste darauf verzichtet werden, auf die Garteneigenschaften der Städte und Gemeinden in der Region Hannover näher einzugehen.
Aber es sei doch wenigstens darauf hingewiesen, dass auch dort zum Beispiel mit dem „Park der Sinne" in Laatzen, den Stadtparks von Garbsen und Langenhagen, dem „Berggasthaus Niedersachsen" in Gehrden, dem Jagdschloss Springe, der alten Deponie in Wunstorf-Kolenfeld, dem Schloß Landestrost in Neustadt, den Gutsparks und den großen Naherholungsgebieten Benther und Gehrdener Berg, Deister, Saupark und Steinhuder Meer interessante Garten- und Landschaftsorte zu finden sind.
Mit dem EXPO-Projekt „Stadt als Garten" hat die Stadt Hannover aktuell auf dem Gebiet der Gartenkultur besondere Akzente gesetzt. Der Kommunalverband Großraum Hannover hat das Projekt zu „Stadt und Region als Garten" erweitert. Hinter diesen Projekten steht die Idee, eine ganze Stadt mit ihren regionalen Verflechtungen als Garten zu betrachten oder, wie es Hubert Markl ausdrückt, bei allen bewussten Veränderungen der Struktur und des Erscheinungsbildes einer Stadt „Gartendenken" walten zu lassen. Städte sind weltweit den Menschen zur zweiten Natur geworden, aber die Sehnsucht nach der ersten Natur bleibt doch bestehen und kann in einer lebenswerten Stadt durch die Erhaltung naturbestimmter Freiräume und die Gestaltung von Gärten kompensiert werden. Eine sicherlich wichtige Voraussetzung dafür ist, in einer Stadtbevölkerung gartenkulturelles Interesse zu fördern und politisches Gartenbewusstsein zu entwickeln. Vielleicht kann dieses Buch dazu beitragen, dass die besonderen Wesensmerkmale einer Stadt nicht nur in ihren großen Bauten, Museen, Theatern, Sportstadien, Messegeländen, Kongresszentren und Kneipen, sondern auch in ihren Gartenqualitäten gesucht werden.
Viele haben an diesem Buch mitgewirkt. Wir danken Erika Ehrhorn für die sorgfältige Durchsicht des Textes und viele Anregungen. Günter Eng und Paul Theile haben uns mit wichtigen Informationen versorgt. Bereitwillige Auskünfte haben wir von Mitarbeiterinnen und Mitarbeitern der Stadtverwaltung erhalten. Swantje Duthweiler und Hans Meyer haben uns ihre großformatigen Fotoapparate ausgeliehen. Mit seinem speziellen Blick begleitete uns Julius Klaffke gelegentlich beim Fotografieren. Die Zusammenarbeit mit dem Verlag, vor allem mit Uwe Brinkmann, Sabine Duffens, Imke Junack und Jürgen Ricke war sehr angenehm.
Unser besonderer Dank gilt der Rut- und Klaus-Bahlsen-Stiftung, ohne deren Förderung das Buchprojekt nicht möglich gewesen wäre. Die Rut- und Klaus-Bahlsen-Stiftung hat nach ihren bisherigen großen Engagements zur Verschönerung der Stadt Hannover auch hier nicht nur finanzielle Unterstützung gewährt, sondern das gesamte Projekt von der Idee bis zur Drucklegung mit Interesse und Ratschlägen begleitet.

Die großen öffentlichen Gärten und Parks

Die Geschichte des öffentlichen Grüns in den Städten Europas ist eine Geschichte vor fürstlichem Hintergrund. Nur weltliche und geistliche Fürsten konnten sich lange Zeit Gärten zum Vergnügen leisten. Überwiegend lagen diese – die Herrenhäuser Gärten sind ein gutes Beispiel dafür – außerhalb der Städte in ländlicher Umgebung. Als sich im 19. Jahrhundert die Städte mächtig entwickelten, wanderten diese Gärten allmählich in die Städte hinein und wurden zu einem unverzichtbaren Teil des Lebens in der Stadt. Man kann es auch umgekehrt ausdrücken: Die ländlichen fürstlichen Gärten wurden von städtischem Ausbreitungsdrang erobert. Da Menschen großes Interesse haben, Natur zu erleben, und die freie Landschaft immer entfernter war, boten diese Gärten einen willkommenen, für städtisches Leben bestens geeigneten Ersatz. Sie lieferten die Vorlage für die Entwicklung einer öffentlichen städtischen Gartenkultur.

Mit der Planung und Ausführung der Herrenhäuser Gärten wurde in Hannover von Anfang an die Messlatte hoch gehängt. Sie waren herausfordernde Orientierungsmodelle für eine eigenständige kommunale gartenkulturelle Entwicklung. Es ist auffallend und vor dem geschilderten Hintergrund äußerst interessant, dass der relativ kleine Maschpark als erster kommunaler Park alle Stilelemente enthält, die auch in den Herrenhäuser Gärten zu finden sind, als hätte der erste Direktor einer frisch gegründeten Gartenverwaltung, Julius Trip (seit 1890), beweisen wollen, dass er alle Stilelemente bisheriger adeliger Gartenkultur beherrscht. Ähnliche Erscheinungen eines gemischten Stils gab es auch in anderen europäischen Städten. Dabei hätte es durchaus Vorbilder zur Schaffung von Volksparks gegeben, an die hätte angeknüpft werden können: der Berliner Tiergarten (1833–39), der Kloster-Berge-Garten in Magdeburg (1824) und neuzeitliche Parks in den großen nordamerikanischen Städten, von denen noch heute der Central Parc von New York (1858) der bekannteste ist.

Allerdings ist die kommunale Gartendirektion auch in Hannover schnell eigene Wege gegangen und hat in der Konkurrenz zu anderen Städten mit dem Maschsee, dem Hermann-Löns-Park und dem Stadtpark Werke geschaffen, die in besonderer Weise auf die Bedürfnisse einer städtischen Gesellschaft eingehen. Wenn man die mehr

als 300-jährige Gartengeschichte Hannovers verfolgt und sich die dabei entstandenen Gärten vor Augen hält, kann man diese auch als lebendige Dokumente für den Wandel von Naturverständnis betrachten. Die heute aktuelle Frage nach einer zeitgemäßen Einstellung zur Natur als Lebensgrundlage des Menschen wird ja in ihrer Vorgeschichte künstlerisch verdichtet an den Gartendenkmalen anschaulich dargestellt. Jedem leuchtet sofort ein, dass dem Großen Garten eine andere Naturauffassung zugrunde liegt als dem Georgengarten. Aber auch die in unserem Jahrhundert entstandenen öffentlichen Gärten und Parks zeigen wie in einem Spiegel den Wandel des Mensch-Natur-Verhältnisses.
Neben dieser bewusst reflektierten, gartenkünstlerischen Entwicklung gab es seit der Zeit der Romantik ein stark gefühlsbetontes Bedürfnis, sich an der „reinen" Natur zu erfreuen und „schöne" Landschaft zu genießen. Die Entstehung dieser bis heute lebendigen Stimmung muss wohl vor dem Hintergrund einer durch starkes Bevölkerungswachstum ausgelösten Landschaftszerstörung in der vorindustriellen Zeit um 1800 gesehen werden. In Hannover vermitteln die Geschichten um das Forsthaus in Misburg, aber vor allem zum Tiergarten eine Vorstellung von der ausgeprägten Sehnsucht nach Natur- und Landschaftsschönheit in dieser Zeit. Der landschaftliche Charakter der Eilenriede war damals durch intensive Holznutzung geprägt. So wurde der weit entfernte Tiergarten aufgesucht, weil er dem Idealbild von Landschaft entsprach. Überall entstanden in der zweiten Hälfte des 19. Jahrhunderts am Stadtrand von Hannover Ausflugslokale, in denen man am Wochenende frische Luft, Sonne und Waldesrauschen erleben konnte. Steuerndieb, Bischofshol, die Klosterschänke Marienwerder und das Berggasthaus am Gehrdener Berg sind noch heute bekannte Namen und Orte.
Zwischen der Gartenkunst und dem romantischen Wunsch nach Naturerleben ergaben sich auch in Hannover von Anfang an vielfältige Überschneidungen. Die Liebe zur Natur war ja immer distanziert gemeint. In den Ausflugslokalen hörte man sicherlich auch die Vögel singen, aber vor allem waren sie soziale Treffpunkte. Man zog sich für einen Ausflug gut an, trank Kaffee und Bier. Der Hinübersche Garten und der Hermann-Löns-Park sind in Hannover Beispiele dafür, dass diese distanzierte, kulturell beeinflusste Hinwendung zu Natur und Landschaft selbst zum Gegenstand gartenkünstlerischer Auseinandersetzung gemacht wurde. In der Vorderen Eilenriede wurde der umgekehrte Weg beschritten. Unter dem Druck der Bevölkerung, die sich erholen wollte, wurde sie von Julius Trip um 1900 in einen Waldpark umgewandelt und auch organisatorisch der Gartendirektion unterstellt.
Die Geschichte der Gartenkunst in Hannover reicht bis in die Gegenwart. Unter den im Folgenden beschriebenen Anlagen befindet sich kein aktuelles Beispiel. Aber es sei hier doch ausdrücklich darauf hingewiesen, dass im Rahmen des Projekts „Stadt als Garten" zur Weltausstellung EXPO 2000 in den letzten Jahren mehrere Vorhaben verwirklicht worden sind, die Beiträge zur Gartenarchitektur unserer Zeit darstellen. Dazu gehören der Vahrenwalder Park, der Park Möhringsberg, die neuen Gartenteile in den Herrenhäusen Gärten oder der Park der Sinne in Laatzen. Einen besonderen Schwerpunkt bildet der Kronsberg mit dem Messegelände. Die Zeit wird zeigen, ob es der Parc agricole, der EXPO-Park-Süd, die Gärten im Wandel, der Spiel- und Sportpark, der Park auf dem Kamm des Kronsberges verdienen, in den Katalog der herausragenden öffentlichen Gartenanlagen von Hannover aufgenommen zu werden. Sicherlich wird der Kronsberg insgesamt als ein Beispiel umfassender landschaftsplanerischer Bemühungen unserer Zeit in Erinnerung bleiben.

Annateich im Hermann-Löns-Park

Herrenhäuser Gärten

In der Einstellung der Hannoveraner zu ihrer Stadt haben die „Königlichen Gärten von Herrenhausen" eine besondere Bedeutung. Tatsächlich ist ein historisches Gartenensemble in dieser Art der Zusammensetzung und sorgfältigen Pflege in keiner anderen deutschen Stadt zu finden. Jeder einzelne Garten, Großer Garten, Berggarten, Welfen-/Prinzengarten und Georgengarten, hat seinen ganz eigenen Charakter und seine spezielle Geschichte. Sie haben als gemeinsame Herkunft, dass sich das hannoversche Fürstenhaus Ende des 17. Jahrhunderts für eine Sommerresidenz in Herrenhausen entschied. Heute liegen die Gärten, die damals vor den Toren der Stadt geschaffen wurden, mitten in der Stadt. Sie können von der City aus zu Fuß erreicht werden. Bevölkerungsreiche Stadtteile, wie Linden, Limmer, Nordstadt und Herrenhausen, grenzen direkt an, sodass sie auch eine wichtige Rolle als täglich erreichbare Erholungsgebiete spielen. Ihre aufwendigen Wasseranlagen verdanken die Herrenhäuser Gärten, unter diesen vor allem der Große Garten und der Georgengarten, der Nähe zur Leineaue. Durch den Aufstau der Leine am Herrenhäuser Wehr gelang es, unabhängig von dem stark schwankenden Wasser des Flusses, die Graft und die Teiche im Georgengarten auf einem gleichmäßigen Wasserstand zu halten und die für den Betrieb der Wasserspiele erforderliche Wasserkraft zu gewinnen. Vom Rand der Graft oder des Georgengartens hatte man damals einen weiten Blick über die Leineaue auf Linden und Limmer. Heute ist diese Nähe zur Leineaue kaum noch spürbar, weil Sport- und Kleingartenanlagen sowie der Bremer Damm sich trennend dazwischen geschoben haben. Im Rahmen des Projekts „Stadt als Garten" zur Weltausstellung EXPO 2000 ist versucht worden, durch eine Verbesserung der Wegebeziehungen die alte Verbindung der Gärten zur Leineaue wieder zu beleben.

Außergewöhnlich ist an den Herrenhäuser Gärten auch, dass sie sich heute abweichend von den meisten anderen ehemals landesfürstlichen Gärten in Deutschland mit Ausnahme des Welfen-/ Prinzengartens in städtischem Eigentum befinden und auch in kommunaler Regie gepflegt werden. Sie sind ein wesentliches Element des Selbstbewusstseins der Stadt. Es ist in Hannover selbstverständlich, dass Besucher von außerhalb bei einer Stadtbesichtigung auch durch die Herrenhäuser Gärten geführt werden.

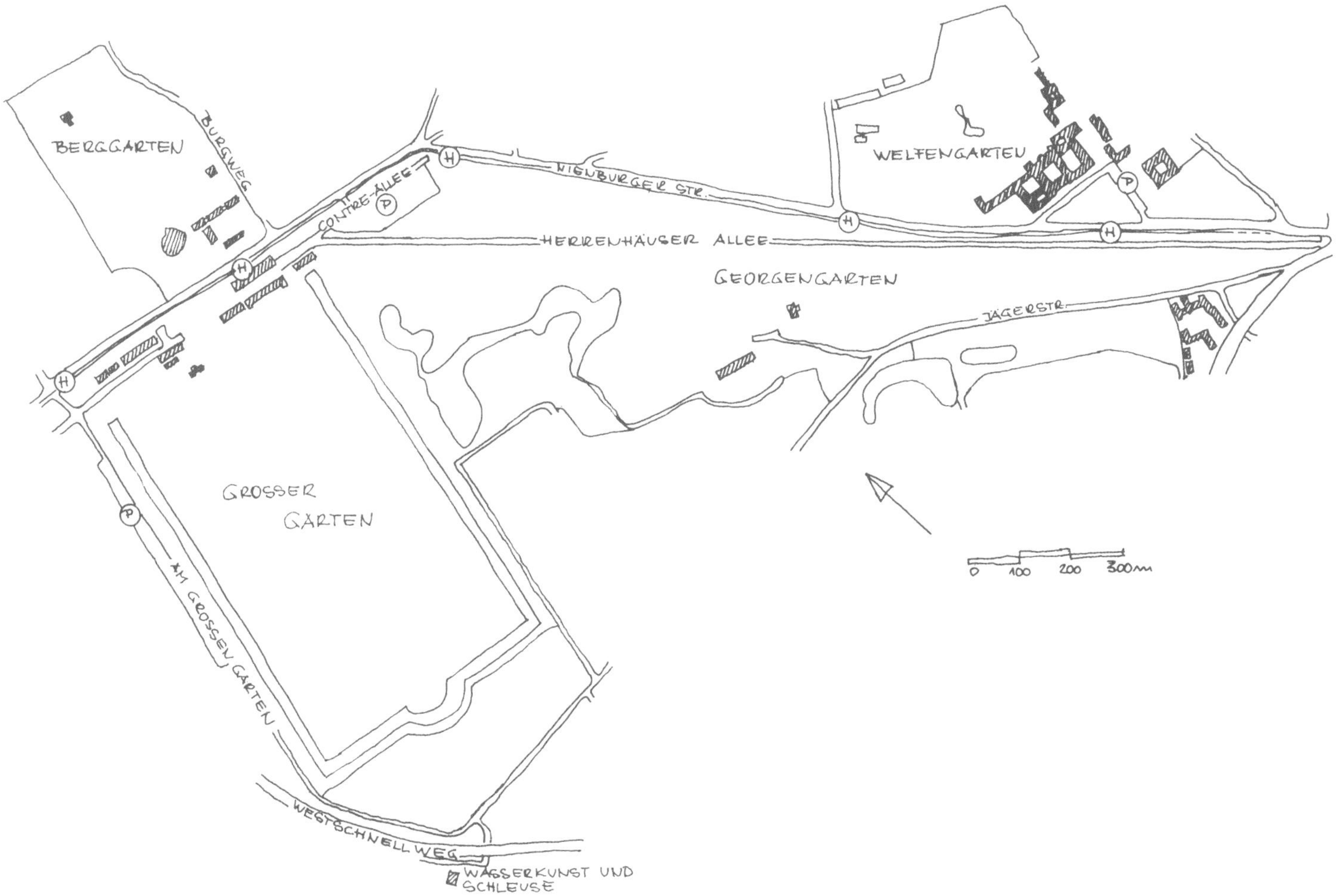

Das Bürgerengagement für die Herrenhäuser Gärten ist ausgeprägt. An der Übernahme des Großen Gartens und des Berggartens 1936 durch die Stadt war der Heimatbund Niedersachsen stark beteiligt. Mehr als 1000 Mitglieder zählt der Verein „Freunde der Herrenhäuser Gärten". Viele hannoversche Institutionen und Firmen halfen immer wieder, wenn in den Herrenhäuser Gärten Geld gebraucht wurde. Ein Beispiel dafür ist der von der Rut- und Klaus-Bahlsen-Stiftung finanzierte und von den Freunden der Herrenhäuser Gärten betriebene, neue Informationspavillon in der Nordostecke des Gartens. Wer sich in Herrenhausen nicht auskennt, sollte ihn zunächst aufsuchen, um sich zu orientieren und zu informieren. Darüber hinaus kann man hier Eintrittskarten und Souvenirs erwerben sowie sich an Führungen beteiligen.

Großer Garten

Herrenhausen ist für die meisten Hannoveraner identisch mit dem Großen Garten. Das ist eine zu eng gefasste Meinung, wenn man an den Berggarten, den Georgengarten und an die besondere Ausstrahlung des Gesamtensembles der Herrenhäuser Gärten denkt, aber diese Bevorzugung des Großen Gartens hat ihre Gründe; denn in der unveränderten erhaltenen Grundstruktur eines Barockgartens ist der Große Garten weit und breit einzigartig. Niemand wird widersprechen, wenn er ein Gartenkunstwerk genannt wird. Die Broderien des Parterres, von Buchsbaumhecken eingefasst und mit reichem Blumenflor geschmückt, die vielen Kilometer geschnittener Hainbuchenhecken, die kastenförmig gehaltenen Lindenstücke, Skulpturen und Wasserspiele, sie alle zeigen unverkennbar, dass hier Natur kunstvoll arrangiert wird und sich menschlichem Gestaltungswillen unterordnet.

Barockgärten sind vor allem in Frankreich verbreitet gewesen – mit Versailles als glanzvollem Höhepunkt – und haben sich von dort aus überall in Europa ausgebrei-

tet. Der Große Garten ist in seiner im Wesentlichen von Kurfürstin Sophie und Martin Charbonnier verantworteten Gestaltung allerdings auch von holländischen Vorbildern beeinflusst worden. Dafür spricht zum Beispiel die Umschließung der Anlage mit einer Graft.
Eine Besonderheit ist der Große Garten aus heutiger Sicht, weil er im Gegensatz zu den meisten anderen Barockgärten in Deutschland später nicht im englischen Stil umgewandelt oder erweitert wurde, sondern, bedingt durch die Verlegung des Hofes nach London, in seiner Grundform erhalten blieb.
Der Große Garten hat eine Gesamtausdehnung (einschließlich der Graft) von 48 ha. Er hat im Winterhalbjahr (Oktober bis April) auf der Nordseite mehrere Zugänge und kann außerdem auch von Osten über die Friederikenbrücke betreten werden. Während des Sommerhalbjahres (April bis Oktober) müssen Besucher Eintritt zahlen. Der Haupteingang liegt dann im Bereich des ehemaligen Schlossstandorts.
Der Garten wird ganzjährig nachts abgeschlossen. Die Schließzeiten variieren nach der Tageslänge und im Sommer in Abhängigkeit von Veranstaltungen. Die Wasserspiele sind nur im Sommerhalbjahr vormittags und nachmittags zu bewundern.
Eine Rundgangsempfehlung abzugeben ist schwierig – dazu ist das Angebot zu vielfältig. Der beste Startpunkt ist der ehemalige Schlossstandort. Von dort aus kann man sich in der Mittelachse und mit dem Blick auf die große Fontäne in die Tiefe des Gartens begeben. Man kann sich aber auch gleich nach links wenden und im Uhrzeigersinn den Garten durchwandern, sich von ungewöhnlichen Perspektiven überraschen und in verschwiegene Gartenräume locken lassen, um schließlich mit vielfältigen neuen Eindrücken im Gartencafé hinter der Grotte einzukehren. Die heute noch am Herrenhäuser Wehr vorhandene und zu besichtigende Wasserkunst und die vor kurzem restaurierte alte Schleuse bilden mit dem Großen Garten eine untrennbare funktionale Einheit.

Großes Parterre

Bewahrung und Rekonstruktion

Die Geschichte des Großen Gartens beginnt eigentlich schon 1638, als Herzog Georg von Calenberg sich in der Nähe des Dorfes Herrenhausen unweit des Stadtschlosses ein bäuerliches „Vorwerk" zur Versorgung des hannoverschen Hofes anlegen ließ. In der Folgezeit wurde das Anwesen kontinuierlich erweitert. 1666 beauftragte Herzog Johann Friedrich den Gärtner Michael Grosse mit der Anlage eines Lustgartens. Diese Arbeit wurde 1674 durch Henri Perronet fortgesetzt. Aus dieser Zeit stammen die noch heute vorhandene Große Kaskade und die Grotte am südlichen Abschluss des ehemaligen Schlossstandortes.

Rundpavillons

Besondere Elemente, Kunstwerke, Bauten

1. Fürstenhaus; erbaut 1721, mehrfach umgebaut, seit 1955 Herrenhausen-Museum.
2. Hardenbergsches Haus; Architekt Johann Paul Heumann 1747–50, seit Ende des Zweiten Weltkriegs Sitz des Glogauer Heimatbundes (1953), seit 2000 Gästehaus der Herrenhausen-Beteiligungsgesellschaft des Niedersächsischen Sparkassen- und Giroverbandes; Umbau Architekten Schweger und Partner; Gestaltung des Gartens nach einem beschränkten Planungswettbewerb, Landschaftsarchitekten Carl und Lohaus.
3. Bauspännerhaus; 18. Jahrhundert.
4. Pagenhaus; Architekt Remy de la Fosse, 1711/12.
5. Ehemaliger Schlossstandort.
6. Glasfoyer; Architekt Arne Jakobsen, 1966.
7. Galeriegebäude; 1694–98, Fresken von Thomaso Guisti, heute als Festsaal und für Veranstaltungen genutzt.
8. Orangeriegebäude; 1720–23, mehrfach erneuert, heute für Ausstellungen und Veranstaltungen genutzt.
9. Informationspavillon; Architekt Thilo Mucke, 1999; Schenkung der Rut- und Klaus-Bahlsen-Stiftung (EXPO-Projekt „Stadt als Garten").
10. WC.
11. Orangenparterre; 1963 neu angelegt durch Karl Heinrich Meyer.
12. Fürstlicher Privatgarten; 1999/2000 neu angelegt durch Landschaftsarchitekt Guido Hager (EXPO-Projekt „Stadt als Garten").
13. Große Kaskade; Fontainizer und Architekt Cadart, 1676.
14. Horizontal-Sonnenuhr; um 1713; Schutzgitter von Louis Remy de la Fosse.
15. Grotte; Architekt Cadart; 1676, mehrfach umgebaut.
16. Feigengarten mit Gartenrestaurant; Garten 1999/2000 nach einem Entwurf von Guido Hager, neu gestaltet, Restaurant gleichzeitig durch Architekten Schweger und Partner (EXPO-Projekt „Stadt als Garten").
17. Werkhof mit Apfelgarten; letzterer 1998/99 neu angelegt, Pavillon, Architekt Heumann, 1737, mehrfach erneuert.
18. Graft.
19. Irrgarten; 1937 nach Buchvorlagen.
20. Aussichtsterrasse; 1937 nach holländischem Vorbild.
21. Probebühne.
22. Großes Luststück; 1936/37 nach dem Vorbild eines französischen Broderieparterres neu angelegt; 32 Sandsteinfiguren, nach Themen geordnet. An den Außenecken: Europa, Asien, Afrika, Amerika; am übrigen Außenrand im Uhrzeigersinn vor der Grotte beginnend: Thalia, Venus, Herkules, Herkules, Bacchus, Venus, Juno, Wasser, Endymion, Voluptas, Saturn, Vanitas, Vanitas, Flora, Feuer, Erde; um die Glockenfontäne: Entführungsszenen symbolisierend Frühling, Sommer, Herbst und Winter; westliche Wegkreuzung: vier Steinvasen mit Darstellung der Elemente Erde, Wasser, Luft und Feuer; östliche Wegkreuzung: vier Steinvasen mit Darstellung der Jahreszeiten Frühling, Sommer, Herbst und Winter.
23. Königsbusch mit vier von Arnold Rossfeld um 1690 geschaffenen Skulpturen der Herzöge Georg von Calenberg und Ernst August von Hannover sowie des Prinzen Georg Ludwig und der Herzogin Sophie; 1936 umgestaltet.
24. Gartentheater; ältestes Heckentheater des Barock, begonnen von Cadart, fertig gestellt durch Johann Peter Wachter 1689–1692; vergoldete Bleifiguren von P. von Empthusen, 1689/90; Steinfiguren: Ceres und Luna, zwei borghesische Fechter; Orchestergraben 1936 hinzugefügt.
25. Kleine Kaskade; Architekt Johann Friedrich de Münter nach dem Vorbild von Het Loo, 1690.
26. Lindenstücke; kastenförmig geschnittene Lindenbäume.
27. Schwanenteiche; ursprünglich tief liegende Fischteiche, seit 1937 auf Parterreniveau angehoben.
28. Boskettgärten; hölzerne Säulentempel nach holländischem Vorbild, 1937.
29. Sondergärten; ursprünglich acht kleine Boskettgärten, seit 1936 Sondergärten, die Entwicklungsgeschichte und die Varianten des architektonisch geformten Gartens darstellend, in der Reihenfolge von Norden nach Süden und von Westen nach Osten: Springwassergarten, Inselgarten (Steinvasen Kopien aus Salzdahlum), Niederdeutscher Rosengarten (Sandsteinstatue „Wahrheit" von J. H. Eversmann), Rasengarten, Rokokogarten (Statue „Merkur" Kopie aus Schlossgarten Weihenstephan), Barockgarten, Niederdeutscher Blumengarten, Renaissencegarten (Skulptur „Marsyas" mit Panflöte).
30. Heckennische gegenüber der Grotte; ursprünglich betont durch hölzerne Gartenkabinette, heute Mittelstück der südlichen Treppe des im Krieg zerstörten Schlosses, als Erinnerung 1965/66 hierher versetzt.
31. Heckennische gegenüber der Kaskade; Sterbeort der Kurfürstin Sophie; ihr Denkmal 1876 von Wilhelm Engelmann, 1966 vom Orangenparterre hierher versetzt.
32. Halbmonde; halbkreisförmige Abschlüsse an den Enden der Querachse des Nouveau Jardin.
33. Nouveau Jardin 1696–1709; mit 32 dreieckigen Heckengärten, ursprünglich Obst- und Gemüsekulturen, seit 1776 nur noch Obstkulturen, seit 1936/37 waldartig aufgeforstet.
34. Kleine Fontänen; Mittelpunkte der vier Heckenquartiere des Nouveau Jardin, 1706.
35. Friederikenbrücke; Architekt Georg Ludwig Friedrich Laves, 1840, ursprünglich als Verbindung zwischen Georgenpalais und Großem Garten gebaut, benannt nach Königin Friederike.
36. Große Fontäne; Anlage 1697/98 als Blickpunkt der Mittelachse und Zentrum des Nouveau Jardin, seit 1720 in Funktion (36 m Steighöhe), mehrfach verbessert, heute etwa 60 m Steighöhe.
37. Rundpavillons; Architekt Remy de la Fosse, 1705, ursprünglich beide aus Holz, nach einem Brand 1752 Neubau des westlichen aus Stein.
38. Vollmond; kreisförmiger Abschluss am südlichen Ende der Hauptachse.
39. Wasserkunst; 1718–1720 durch Aufstau der Leine als Wasserhebewerk für die Wasser-

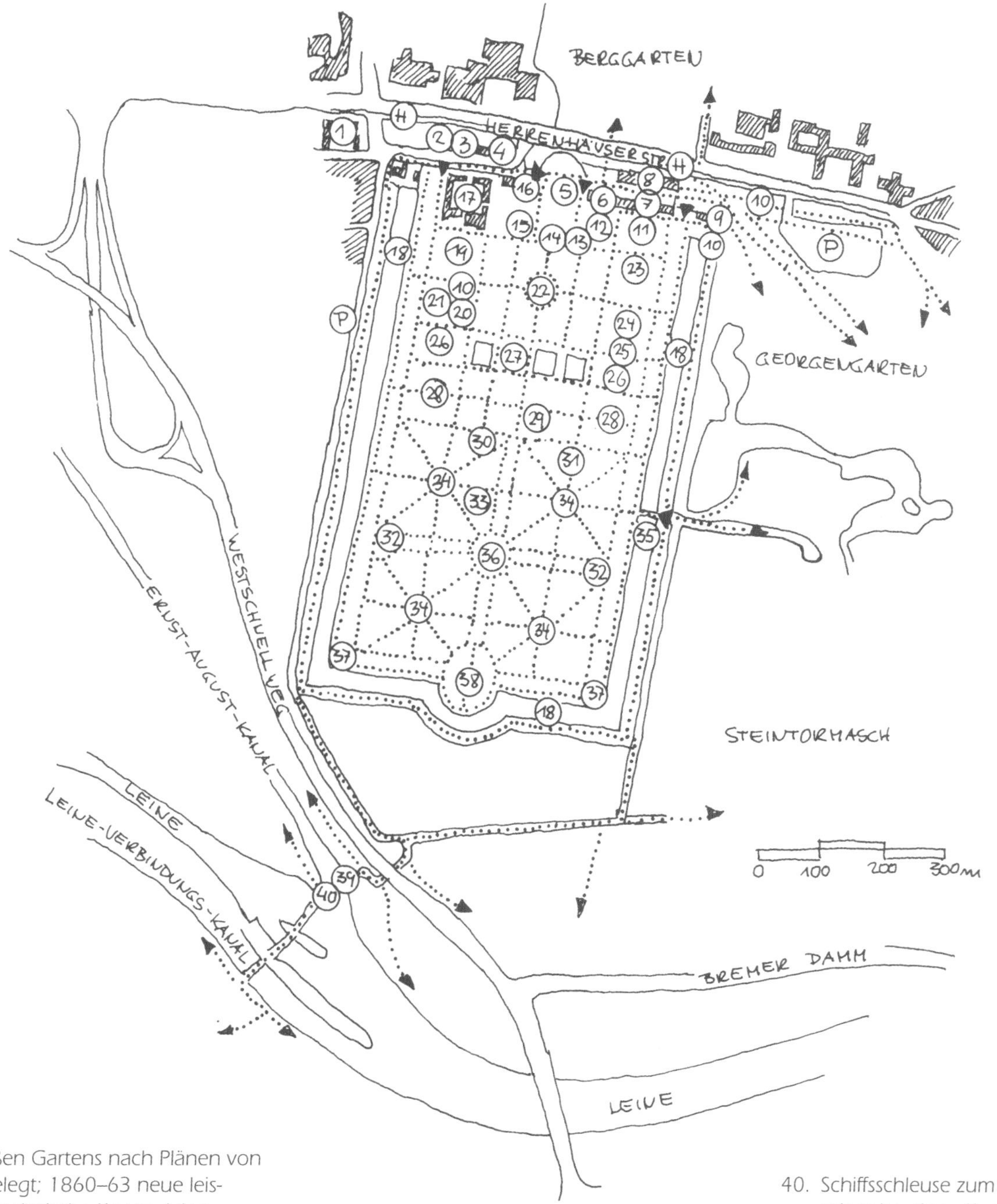

spiele des Großen Gartens nach Plänen von J. Benson angelegt; 1860–63 neue leistungsfähigere technische Konstruktion durch die Firma Egestorff (später Hanomag), zur Wasserversorgung aller Herrenhäuser Gärten, Architekten des Gebäudes G. H. Schuster und Richard Auhagen, funktionsfähige Restaurierung der Technik 1977–79.

40. Schiffsschleuse zum Ernst-August-Kanal; in seiner heutigen Konstruktion in den Jahren 1768/69 entstanden, seit 1946 außer Betrieb, 1997–2000 restauriert (EXPO-Projekt „Stadt als Garten“).

Großes Parterre

Eine große Zeit für Herrenhausen begann 1679 mit der Übernahme der Regierung durch den Herzog und späteren Kurfürsten Ernst August. Er war mit Sophie von der Pfalz verheiratet und für sie wurde Herrenhausen zum Lebenswerk. Sie holte den Gärtner Martin Charbonnier nach Hannover. Herrenhausen wurde Zentrum eines reichen kulturellen Lebens, das durch Gottfried Wilhelm Leibniz wesentlich mitgeprägt wurde. Als die Kurfürstin 1714 – bezeichnenderweise bei einem Rundgang durch ihren geliebten Großen Garten – starb, hatte er bereits seine noch heute erhaltene Ausdehnung und klare Struktur erreicht.
Vier Ereignisse waren für das weitere Schicksal des Großen Gartens bestimmend: 1714 bestieg Kurfürst Georg Ludwig, der Sohn Sophies, als König Georg I. den englischen Thron. Zwar kümmerte er sich noch selbst um den Großen Garten – die Wasserregie mit der großen Fontäne und die Anlage der Herrenhäuser Allee stammen aus seiner Zeit –, aber seine Nachfolger Georg II.–IV. und Wilhelm IV. kamen nur noch selten nach Hannover. Bis zum Ende der Personalunion 1837 geriet der Große Garten in Vergessenheit. In dieser Zeit wurden fast alle größeren Barockgärten in Deutschland dem neuen englischen Gartenstil angepasst. Der Große Garten entging diesem Schicksal.
Im Jahr 1866 verlor Hannover den Krieg gegen Preußen und – manche Hannoveraner tragen noch heute schwer daran – wurde preußische Provinz. Der Große Garten blieb im Besitz des Welfenhauses, aber die Mittel flossen nur noch spärlich und die Anlagen verfielen allmählich.
Ein drittes bestimmendes Ereignis war 1936 der Erwerb des Großen Gartens (wie auch des Berggartens) durch die Stadt Hannover. In diesem und dem darauf folgenden Jahr wurde der Garten im Sinne einer schöpferischen Denkmalspflege gründlich erneuert. Der früher stark ausgeprägte Nutzgartencharakter wurde zurückgenommen. Anstelle der bis dahin hinter den Hecken liegenden Obstgärten des Nouveau Jardin wurden die heute prägenden waldartigen Bestände gepflanzt. Das große Parterre erhielt aus Buchvorlagen entnommene, kunstvolle Broderien und als neuen Mittelpunkt die Glockenfontäne. Um die Pracht besser betrachten zu können, wurde auf der Westseite eine Aussichtsterrasse geschaffen. Auch die Beleuchtung, die in ihrem Wasserspiegel wirkungsvoll angehobenen Wasserbecken, die Sondergärten am Rande des großen Parterres, das Labyrinth, die durch Grasstreifen angenehm eingeengten Wege und anderes mehr sind Veränderungen aus dieser Zeit. Der Große Garten erhielt seinen besonderen, festlichen Charakter.
Der vierte Einschnitt folgte wenig später mit der Bombardierung der Städte und dem Ende der nationalsozialistischen Herrschaft. Das Schloss wurde zerstört, und seitdem gehört sein Wiederaufbau in alter (welcher?) oder neuer Form zum Dauerbrenner der Stadtdiskussion in Hannover. Viele haben sich inzwischen an den leeren Platz am Cour d'honneur gewöhnt. Leider hatte diese Diskussion zur Folge, dass mit Ausnahme des Orangenparterres vor dem Galeriegebäude alle anderen Bereiche in der nördlichen Gartenzone viele Jahre in Warteposition und deshalb ungestaltet verharrten. Immerhin erhielt das Galeriegebäude 1966 eine Ergänzung durch ein Glasfoyer von kühler Eleganz (Architekt Arne Jakobsen). 1966 feierte der Große Garten sein 300-jähriges Jubiläum und zu diesem Ereignis wurden die meisten Bereiche in der Fassung von 1936 wieder hergestellt. Im Rahmen des Projekts „Stadt als Garten" zur Weltausstellung im Jahr 2000

ist unter vorläufigem Verzicht auf einen Schlossneubau die nördliche Gartenzone wieder in eine dem Rang des Gartens angemessene Form gebracht worden. Die Gastronomie – seit 30 Jahren provisorisch im ehemaligen fürstlichen Privatgarten untergebracht – hat nach Entwürfen der Architekten Schweger und Partner am nördlichen Rand des Feigengartens einen endgültigen Standort gefunden. Feigengarten und fürstlicher Privatgarten wurden nach Entwürfen des Schweizer Landschaftsarchitekten Guido Hager neu gestaltet, die Grotte wurde restauriert. In der Nordostecke konnte endlich ein Informationspavillon errichtet werden (Architekt Thilo Mucke). Sein Standort wurde so ausgewählt, dass er die Einheit des Gesamtensembles der Herrenhäuser Gärten betont.

Für viele ist der Große Garten vor allem ein Ort der Veranstaltungen. Wenn Musik und Theater, Lichterfeste, das Kleine Fest in Herrenhausen, Feuerwerkswettbewerbe oder andere sommerliche Events stattfinden, dann strömen alle gern in den Großen Garten, um sich von dem außergewöhnlichen Ort, der bei künstlichem Licht ganz besondere Faszination ausübt, verzaubern zu lassen.

Blumengarten

Festliche Veranstaltungen in würdigem Rahmen

Aber es lohnt sich, auch an ganz normalen Sommertagen den Garten aufzusuchen, sich von der Blumenfülle des Parterres überwältigen zu lassen, die große Fontäne zu bestaunen oder die Wegeführung im Labyrinth zu erkunden. Auch die stillen abendlichen Illuminationen sind zu empfehlen, wenn die Sternfontänen des Nouveau Jardin märchenhaft erscheinen und die Gestalten der anderen Besucher vor den beleuchteten Hecken wie Scherenschnitte wirken.

Der Große Garten gilt als ein Sommergarten, denn im Sommer entfaltet er seine ganze Pracht. Schließlich war Herrenhausen Sommerresidenz. Aber es ist auch von ganz besonderem Reiz, im Herbst oder Winter hin und wieder hierher zu kommen, wenn das Laub raschelt, wenn man auf den langen Wegen seine Gedanken ordnen kann, wenn bei Frost die Skulpturen noch mehr versteinern. (Die Graft ist bei länger anhaltendem, scharfem Frost übrigens ein Ort, an dem man sehr gut Schlittschuh laufen kann.)

Flora und Fauna galten im Großen Garten lange Zeit als „stinklangweilig". Als aber ernsthaft über eine Erneuerung der Baumwände im Großen Garten nachgedacht wurde, vermutete man in den zum Teil sehr alten, ausgehöhlten Lindenbäumen doch allerlei Getier und wurde fündig. Auch zeigte sich, dass sich in dem seit langer Zeit kurz gehaltenen Rasenflächen der Randalleen eine spezifische, sehr artenreiche Vegetation herausgebildet hat. In den von Hecken umschlossenen Quartieren halten sich gern verschiedene Singvögel auf. Manchmal fällt es schwer, dort zwischen natürlichen und künstlichen Tönen und Geräuschen zu unterscheiden. Der Schweizer Komponist Walter Fähndrich ließ dort vor Jahren einen Sommer lang sphärische Musik ertönen und bereicherte so das natürliche Repertoire der gefiederten Sänger.

Berggarten

Unter den vier Herrenhäuser Gärten ist der 12 ha große Berggarten der außergewöhnlichste. Er ist genau so alt wie der Große Garten und wie dieser ein ausgewiesenes Gartendenkmal, aber er hat sich im Laufe seiner Geschichte immer wieder verändert. Seine aktuelle Bedeutung wird durch den Bau eines hochmodernen Bergregenwaldhauses bestimmt. Der Berggarten ist als Küchengarten entstanden, aber fast von Anfang an prägte auch die Leidenschaft des Sammelns von Pflanzen seine Entwicklung. In der Fülle des Bestandes und in der systematischen Erfassung nimmt er es mit jedem großen botanischen Garten auf. Er ist ein Eldorado für Pflanzenkenner und Gartenästheten, zugleich ist er Begräbnisstätte des ehemaligen hannoverschen Königshauses. Eine vierreihige Lindenallee führt in der verlängerten Mittelachse des Großen Gartens auf ein von hohen Eichen umgebenes Mausoleum, das klassischen Ernst verbreitet. Dagegen strahlt der Bibliothekspavillon – beide Gebäude sind von Georg Ludwig Friedrich Laves entworfen – heitere, sommerliche Leichtigkeit aus.
Hochkarätig in seinem gärtnerischen und botanischen Angebot wird der Berggarten doch auch als eine öffentliche Grünanlage für Bürger empfunden. Zwar sind die in den Gewächshäusern gesammelten Pflanzenschätze seit einigen Jahren nur gegen Zahlung eines Eintrittsgeldes zu besichtigen, aber die örtlichen Politiker halten es für wichtig, dass die nicht weniger sehenswerten pflanzenreichen Gartenanlagen im Freiland weiterhin kostenlos zugänglich sind.

Vom Küchengarten …

In der Sommerresidenz Herrenhausen war Gartenkunst auch immer mit kulinarischen Genüssen verbunden. Gleichzeitig mit dem

Beginn der Gestaltungsarbeiten im Großen Garten im Jahre 1666 legte der Gärtner Michael Grosse im Auftrag von Herzog Johann Friedrich auf einer Sanddüne nördlich davon den Berggarten (damals 6 ha groß) als Küchengarten an. Nach den Vorbildern von Versailles und Marly erfolgte schon etwa zehn Jahre später eine Barockisierung nach strengen formalen Gesichtspunkten durch den Hofgärtner Henri Perronet, der auch auf die Gestaltung des Großen Gartens wesentlichen Einfluss nahm.
Unter der Regentschaft von Herzog Ernst August (1679–1698) und seiner Frau Sophie von der Pfalz erhielt der Berggarten eine zusätzliche Aufgabe. Sophie sammelte begeistert fremdländische Pflanzenschönheiten. Schon 1686/87 wurde im Berggarten das erste Gewächshaus zur Überwinterung exotischer Pflanzen gebaut.
Neben dieser Freude am Reichtum der Pflanzenwelt bestimmten aber auch ökonomische Interessen die weitere Entwicklung des Berggartens. Man versuchte durch Anbau von Nutzpflanzen aus südlichen Regionen für das Land insgesamt wirtschaftlichen Erfolg und Unabhängigkeit zu erreichen. Bemühungen, in Herrenhausen Reis anzubauen, verkümmerten allerdings schon im Ansatz. Dagegen wurde zeitweise eine umfangreiche Seidenraupenzucht betrieben. Der in dieser Zeit vorherrschende Baum war der Maulbeerbaum (Morus alba), von dessen Blättern sich die Seidenraupen ernähren, bis Napoleon zum Schutz der Seidenraupenspinnerei in Lyon 1804 diesen Wirtschaftszweig in Herrenhausen kurzerhand verbot.
1750 wurde der Küchengarten nach Linden verlegt und die Gärtner des Berggartens mussten sich nicht mehr auf die unmittelbare Nützlichkeit ihres Wirkens konzentrieren. Mit dem Einzug des englischen Landschaftsparkstils in Deutschland erhielt auch der Berggarten eine der neuen Mode angepasste Struktur (1774 durch den Hofgärtner Franz Friedrich Wundram). Davon ist allerdings nichts Erwähnenswertes übrig geblieben; 1780 wurde im Berggarten der Verkauf von Pflanzen eingeführt und dieser entwickelte sich zeitweise so kräftig, dass eher erwerbsgärtnerische Kulturen als eine feine landschaftsästhetische Gestaltung den Charakter des Gartens bestimmten.
Eine bis auf den heutigen Tag wirksame Gestaltung erhielt der Berggarten durch Georg Ludwig Friedrich Laves mit dem Bibliothekspavillon (1817–1820), dem Mausoleum (1842–1847) einschließlich Berggartenallee und Eichenhain und den Abgrenzungsgittern und Mauern (1820). Laves entwarf für den Berggarten auch das erste Palmenhaus (1846/49), das 1879/80 nach einem Entwurf von Richard Auhagen

Mausoleum

Bergregenwaldhaus

Blick über den Staudengrund

durch ein wesentlich größeres ersetzt wurde. Dieses fiel 1944 einer Bombardierung zum Opfer und es gelang erst jetzt (1989–2000), mit dem Regenwaldhaus von Gordon Wilson an derselben Stelle wieder ein großes Schaugewächshaus zu errichten.
Auch sonst wurde der Berggarten vom Bombenhagel des Zweiten Weltkriegs schwer getroffen. Ein 1905/06 errichtetes Victoria-Regia-Haus, das sich bei den Besuchern zur Blütezeit der „Wasserkönigin" großer Beliebtheit erfreute, wurde völlig zerstört und ist bis heute nicht wieder aufgebaut worden.

... zum Eldorado für Pflanzenkenner und Gärtnerästheten

In den Jahren unmittelbar vor und nach Kriegsende wurde der Berggarten zwangsweise wieder zum Küchengarten für die Not leidende Bevölkerung, aber mit der Gärtnern eigenen Zähigkeit konnten Zug um Zug die Außenanlagen neu gestaltet, Gewächshäuser wieder aufgebaut und damit der heutige Ruf des Berggartens mit besonders wertvollen Sammlungen von Orchideen (3700 Arten und Hybriden) und Sukkulenten (2400 Arten und Sorten) in den Gewächshäusern und einem überwältigenden Angebot an Stauden im Freiland wieder gefestigt werden. Mit dem kommerziell genutzten Regenwaldhaus beginnt zur Jahrtausendwende ein neues Kapitel in der Geschichte des Berggartens. Verantwortung für die Erhaltung der Vielfalt des natürlichen Lebens in gefährdeten Regionen des Erdballs, aber auch „Edutainment", spielerisch vermittelte Information und Vergnügen an den heutigen Möglichkeiten der Medientechnik, stehen dahinter.
Unter den für den Berggarten verantwortlichen Gärtnern und Botanikern sind besonders hervorzuheben: Friedrich Ehrhart (ein Schüler von Carl von Linné, seit

Besondere Elemente, Kunstwerke, Bauten

1. Regenwaldhaus; Architekt Gordon Wilson, 1998–2000, Geschenk der „Freunde der Herrenhäuser Gärten", finanziert durch VAG, GEO und Flebbe (EXPO-Projekt „Stadt als Garten")
2. Bibliothekspavillon; Architekt Georg Ludwig Friedrich Laves, 1817–20.
3. Sukkulentenschauhäuser; geöffnet seit 1996 und 1997.
4. Schmuckhof; darin Sonnenuhr, Original 1719 von J. W. Rowley, Rekonstruktion von E. Pollähne 1986.
5. Subtropenhof.
6. Schaugewächshäuser; Architekt Siegfried Erlhoff, 1958.
7. Irisgarten; um 1960 durch Karl Heinrich Meyer angelegt.
8. Steingarten; 1961 durch Karl Heinrich Meyer angelegt.
9. Pergolagarten; 1955 durch Karl Heinrich Meyer angelegt.
10. Wüstengarten; 1986 durch Georg Preißel angelegt.
11. Kanarenhaus; 1984 zur Unterbringung der Sammlung von Achim Herklotz gebaut.
12. Präriegarten; Landschaftsarchitekten Cord Panning, Hans Simon, 1996–97.
13. Paradies; bereits im Jahre 1834 als Rhododendron-Hain angelegt, 1936 durch Karl Heinrich Meyer in seiner heutigen Form erneuert.
14. Rhododendronhain.
15. Moorweiher; 1961 durch Karl Heinrich Meyer angelegt.
16. Heide.
17. Mausoleum mit Eichenhain; Architekt Georg Ludwig Friedrich Laves, 1842–47, Eichenhain mit 60 Jahre alten Eichen bepflanzt.
18. Blumenwiese; 1960 durch Hans Georg Preißel angelegt.
19. Staudengrund; darin eine etwa 120 Jahre alte, riesige Süntelbuche.
20. Berggartenallee; ursprünglich Pappelallee zum Reiherholz, seit 1729/30 vierreihige Lindenallee, mehrfach, zuletzt 1995 geköpft.
21. Gitter und Mauer mit Vasen, Architekt Georg Ludwig Friedrich Laves, geschaffen 1842–47.
22. WC.
23. Informationspavillon; Architekt Thilo Mucke, 1998/99, Schenkung der Rut- und Klaus-Bahlsen-Stiftung (EXPO-Projekt „Stadt als Garten").

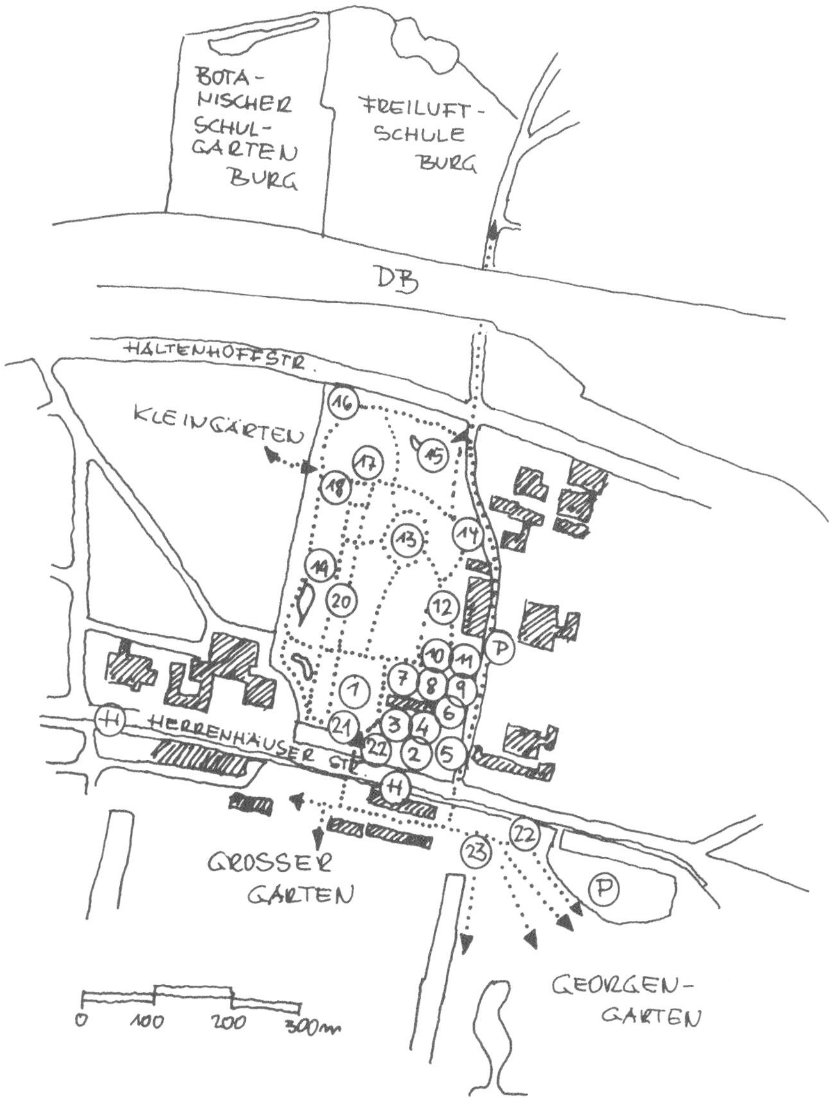

1780 im Berggarten, gestorben 1795), die drei Wendlands, Johann Christoph (tätig im Berggarten 1778–1828), sein Sohn Heinrich Ludolf (1814–1869 tätig im Berggarten) und dessen Sohn Hermann (1825–1903). Hermann Wendland verdanken die Blumenfreunde die Einführung des Usambaraveilchens und der Flamingoblume.
Karl Heinrich Meyer, der so genannte „Berggarten-Meyer" (in Herrenhausen von 1936–1969), gestaltete nach dem Zweiten Weltkrieg die gesamten Außenanlagen des Berggartens neu und begründete damit den internationalen Ruf des Gartens als Staudenparadies.
In der Zeit nach Meyer wurde von seinem Nachfolger Achim Herklotz eine Sammlung von Pflanzen der Kanarischen Inseln (Eröffnung des Kanaren-Hauses 1984) und von Trompetenblumen aufgebaut. Unter der Leitung von Hans Georg Preißel sind seit 1984 zwei bis dahin nicht zugängliche Gewächshäuser mit Sukkulenten für das Publikum geöffnet worden, im Freiland wurden eine Blumenwiese und ein Wüstengarten neu geschaffen und der alte Sortimentsgarten konnte in einen Präriegarten umgestaltet werden (Planung Hans Simon und Cord Panning, 1996/97).

Unerschöpflicher Pflanzenreichtum für Studierende und Liebhaber

In erster Linie ist der Berggarten ein Zielort für Pflanzenliebhaber. Wer sich für Pflanzen interessiert, wird im Berggarten mit einem schier unerschöpflichen Reichtum an Arten und Sorten, ihrer individuellen Schönheit und ihres Zusammenwachsens mit anderen belohnt. In jeder Jahreszeit kann man im Berggarten Besucher finden, die mit

Gartenbegeisterung im Herzen aufmerksam die verschiedenen Partien des Berggartens durchstreifen, stehen bleiben, einzelne Pflanzen genau betrachten, Pflanzennamen notieren oder mit Begleitern engagierte Gespräche führen. Andere, ohne Bedürfnis nach vertieften Gartenkenntnissen, lassen sich nur von den Bildern beeindrucken, fahnden nach dem schönsten Fotomotiv oder versuchen die Strukturen auf dem Zeichen- oder Malblock einzufangen. Für Studierende der Universität in den „grünen" Fachbereichen, aber auch für viele Auszubildende des Gärtnerberufs, ist der Berggarten Lernort, reiche Fundgrube des Wissens, Fundament für weltweite berufliche Aktionen. Außerdem ist er regelmäßiger Treffpunkt der Orchideenfreunde und auch anderer Pflanzenliebhabervereine. Außerhalb der Öffnungszeiten kann man das Orchideen-Schaugewächshaus mieten und in außergewöhnlicher Umgebung unvergessliche Feste feiern. Die Verwaltung der Herrenhäuser Gärten hat ihren Sitz im Bibliothekspavillon des Berggartens und die Freunde der Herrenhäuser Gärten betreiben dort ihre Geschäftsstelle. Die im Berggarten veranstalteten fachlichen Führungen erfreuen sich großer Beliebtheit.

Moorweiher

Rittersporn

Karl Heinrich Meyer hat 1936 in einer Zeit die Leitung des Berggartens übernommen, als es in Hannover unter dem Einfluss aktiver Wandervogelbewegter eine starke Hinwendung zu den Schönheiten der heimischen Natur gab. Der Hermann-Löns-Park, der Maschsee mit Vierthaler-Teich, das Gelände des Schulbiologiezentrums legen noch heute Zeugnis von dieser Bewegung ab. Auch im nördlichen Teil des Berggartens ist im Bereich des Moorgeländes mit dem Weiher und im Bereich der Heidelandschaft dieser Geist noch spürbar. Ansonsten ist der Berggarten internationaler Treffpunkt unterschiedlicher Pflanzenarten und Kulturformen, die mit gärtnerischem Geschick liebevoll präsentiert werden. Ihre Zahl wird auf 10000 geschätzt. Die Spezialisten werden den Berggarten vor allem dann ansteuern, wenn es um Freilandstauden, Sukkulenten, Orchideen oder Pflanzen der Kanarischen Inseln und (neu) des brasilianischen Bergregenwaldes geht. Diese Sammlungen werden so eindrucksvoll präsentiert, dass auch viele Laien sich immer wieder gern von der Pflanzenpracht begeistern lassen.

Die Tierwelt des Berggartens ist bisher nie genau untersucht worden, aber man darf davon ausgehen, dass die Vielzahl der Pflanzen auch in der Tierwelt ihre Entsprechung findet. Eine besonders auffällige Beschäftigung ist die Fütterung der Eichhörnchen und der Singvögel (vorwiegend Meisen) im Bereich des Paradieses, wo Besucher um die Gunst ihrer Lieblinge buhlen. Wenn sich dann schließlich eine Meise auf die Hand gesetzt hat, war es auf jeden Fall ein schöner Tag.

Welfengarten

In vielen deutschen Städten sind die großen, ehemals fürstlichen Gärten – beispielsweise Kassel-Wilhelmshöhe, Nymphenburg in München oder die Potsdamer Gärten – nicht Eigentum der Stadtgemeinde, sondern werden von der jeweils zuständigen Landesregierung oder von Stiftungen betreut. In Hannover ist der Welfengarten der einzige öffentliche Park in Landeseigentum. Er wird von der Universität gepflegt und unterhalten. Nur für die Kinderspielplätze ist das Grünflächenamt der Stadt verantwortlich.

Der Welfengarten – genauer Welfen- und Prinzengarten – gehört auch zu den Herrenhäuser Gärten, aber ein eigenständiges historisches Profil ist in ihm heute kaum noch zu entdecken. Er teilte das Schicksal vieler historischer Gärten in Deutschland, war erst Barockgarten, dann Landschaftsgarten und wurde auch danach immer wieder umgestaltet. Kein Gestaltungszustand war kraftvoll genug, sich gegen erneute Veränderungswünsche oder sogar teilweise Bebauung zu behaupten.

Und doch ist der Welfengarten als Gartenraum seit fast 300 Jahren erhalten geblieben und insofern ein überzeugendes Beispiel für die Verteidigung des Gartenprinzips. Im Konzept der Herrenhäuser Gärten steht der Welfengarten für Wandel und Anpassung. Er ist gewissermaßen der arme Verwandte, mit erheblichen Blessuren, von Schicksalsschlägen heimgesucht, aber anrührend und sympathisch. Er verdient es, auch von denen besucht zu werden, die ihn bisher nicht kennen oder nur als Vorgarten der Universität wahrgenommen haben.

Das Kerngelände des Welfengartens liegt in einer Größe von etwa 12 ha hinter dem Hauptgebäude der Universität (Welfenschloss) und wird begrenzt durch die Nienburger Straße im Südwesten, die Straße Schneiderberg im Nordwesten und die

Randbebauung der Nordstadt. Wenn man will, kann man auch noch die 5 ha öffentliche Grünfläche vor dem Welfenschloss dazurechnen, die durch die Nienburgerstraße, Universitätsgebäude und Wilhelm Busch-Straße umschlossen wird.
Die breite Öffnung des Welfengartens zur Nienburgerstraße garantiert sehr gute Verknüpfungsmöglichkeiten mit dem auf der anderen Straßenseite beginnenden Georgengarten. Viele Universitätsgebäude liegen im oder am Rande des Welfengartens und betonen die enge Beziehung zur Universität. An verschiedenen Stellen bestehen Zugangsmöglichkeiten aus der Nordstadt.

Wandel und Anpassung – einst Barockgarten, später Landschaftsgarten, heute Universitätspark

Eine Ausstellung zur Geschichte des Welfengartens würde sich lohnen. Sie würde auch viel Allgemeines zur Geschichte der Gartenkunst offenbaren: den großartigen Anspruch, die Abhängigkeit von der Mode, die Rolle der Frauen, den Mangel an Geld, die Missachtung ihrer künstlerischen Werte – und die Kraft, dennoch zu überdauern.
Der Welfengarten entstand um 1720 in Verbindung mit einem Lustschloss, das sich der Oberkammerherr Graf Ernst August von Platen und seine Frau Sophie Antoinette auf dem Sandberge am Weg nach Herrenhausen bauen ließen. Architekt war Charles Louis Remy de la Fosse, dem wir auch die beiden Pavillons an den südlichen Eckpunkten des Großen Gartens verdanken. Das Schloss erhielt den Namen Montbrillant.
Der Garten – etwa 7 ha groß – wurde von Ernst August Charbonnier entworfen, der ebenfalls im Großen Garten wirkte. Es ist sicherlich kein Zufall, dass der Garten zu einer verkleinerten Nachbildung des Großen Gartens geriet. Er enthielt ein dem Schloss vorgelagertes Parterre mit Fontänenbecken, im hinteren Teil durch diagonale Wegeführung und ein mittiges Wasserbecken gegliederte Heckenquartiere und war von einer Graft umgeben. Seitlich des Schlossgebäudes gab es Kastanienbäume. Schon 1726 erwarb die Krone den Garten und erweiterte ihn nach Westen um einen Küchengarten mit Gewächshäusern. Von Anfang an gab es Probleme mit dem Wasser. Während der Große Garten von seiner Lage am Rande der Leineaue profitierte, war der Welfengarten auf einer Sanddüne angelegt, und das erschwerte die Wasserregie.
Um 1780, nach Plänen des Hofgärtners J. W. Tatter, erfolgte die Umgestaltung des Welfengartens zu einem Landschaftsgarten. Die neue englische Mode hatte sich schon etwa zehn Jahre vorher im Wallmodengarten und im Hinüberschen Garten durchgesetzt. Der Gartentheoretiker Hirschfeld kritisierte den Garten als halbherzig und schrieb dazu: „Die neue Anlage, die erst seit einigen Jahren ausgeführt ist, suchte die alte Steifigkeit zu überwinden, die noch hin und wieder hindurchscheint." Verkürzt fomuliert, war der Garten wahrscheinlich aus Kostengründen in seiner Grundstruktur fast unverändert geblieben. Nur hatte man auf der Innenseite der Graft einen schlängelnden Weg angelegt. Der Zentralbereich war von Hecken und Wasserbecken befreit und in eine große Wiese umgewandelt worden. Mit der Umwandlung war die Öffnung des Gartens für die Bürger verbunden.
Anfang des 19. Jahrhunderts (1815–1828) wurde die Gestaltung des Welfengartens

Lavesbrücke

nach romantisch-landschaftlichen Vorstellungen ergänzt. In dieser Zeit war der Welfengarten Residenz des Herzogs von Cambridge, Generalgouverneur des Königreichs Hannover. Er wurde auf Kosten des Küchengartens nach Westen erweitert. Die Graft erhielt einen schlängelnden Verlauf. Auf einem künstlich geschaffenen Hügel thronte zunächst ein Türkenzelt, später ein Borkenhäuschen.
Nach 1837 war der Welfengarten zunächst Sommerresidenz des Königs, später der kronprinzlichen Familie. Georg Ludwig Friedrich Laves konstruierte nach 1840 zwei Brücken über die Graft, von denen eine noch heute vorhanden ist. Laves hatte auch das Schloss in klassizistischem Sinne umgebaut. Aber es zeigt sich zunehmend, dass das kleine Schloss nicht mehr den Anforderungen der Königlichen Familie entsprach. 1855 wurde es abgerissen.
Nach Plänen von Christian Heinrich Tramm entstand in einer langen Bauzeit das „Welfenschloss". Es sollte Hauptresidenz werden. Als Hannover 1866 von Preußen annektiert wurde, war das Schloss jedoch noch nicht fertig und es übernahm dann 1879 seinen bis heute gültigen Verwendungszweck als Technische Hochschule, jetzt Hauptgebäude der Universität Hannover.
Die Grundstruktur des Welfengartens blieb unverändert, allerdings wurde er unter Aufgabe des Küchengartens bis zum Schneiderberg erweitert. Dieser neue Teil erhielt die Bezeichnung Prinzengarten. Christian Schaumburg und Heinrich Tramm sahen

Kirschenhain

eine innige Verbindung zwischen dem alten und dem neuen Gartenteil vor, aber die den alten Welfengarten auf der Westseite begrenzende Kastanienallee mit Mauer blieb erhalten. Noch heute ist diese Zäsur in der Wegeführung spürbar.
Beide Parks wurden bis in unser Jahrhundert hinein als gepflegte Anlagen mit vielen Blumen und Blütengehölzen gestaltet. 1921 wurde die Anlage für 50 Jahre an die Stadt Hannover verpachtet. Die Stadt wandte in den dreißiger Jahren noch erhebliche Mittel für die Pflege des Gartens und die Wiederherstellung einzelner Teile auf. Nach Bombenhagel und Zusammenbruch des Dritten Reiches erfuhr der Welfengarten in der Zeit des Wiederaufbaus einschneidende Veränderungen. In Verbindung mit dem Neubau einer Mensa, eines Club- und Wohnheims, eines Aula-Gebäudes und einer dem Hauptgebäude vorgelagerten Aussichtsterrasse wurde die Umwandlung in einen „Hochschulpark" betrieben. Die trennende Mauer zwischen Welfen- und Prinzengarten wurde abgerissen, der Wasserlauf zugeschüttet, der Aussichtshügel mit dem Borkenhäuschen eingeebnet, das durch den Krieg zerstörte Prinzenhaus und das Gärtnerhaus wurden entfernt. Stattdessen wurde im Gebäude des Prinzengartens eine Kindertagesstätte integriert. In der Achse des Hauptgebäudes entstand eine große Liegewiese. Eine der von Laves geschaffenen Brücken hatte den Krieg überdauert und überspannte einen Teich, der dann aber später trocken gelegt wurde, wodurch die Brücke ihren Sinn einbüßte. Im Prinzengarten wurde 1983/84 ein großer Kinderspielplatz neu angelegt. 1984 wurde ein neuer, beleuchteter Diagonalweg zwischen Hauptgebäude der Universität und der neuen Mensa am Schneiderberg hinzugefügt. Er war notwendig geworden, weil sich nach Fertigstellung der neuen Mensa eine quer über die Rasenfläche verlaufende breite Trampelpiste gebildet hatte.
Ebenfalls im Jahre 1984 erfolgte ein Zuständigkeitswechsel. Seit diesem Jahr wird der Park von der Universität gepflegt. Nach einem 1986 vom Institut für Grünplanung und Gartenarchitektur vorgelegten Parkpflegewerk erfolgte im Wesentlichen eine Sicherung und behutsame Erneuerung des Bestandes. Einige Wege wurden neu geführt, die Lavesbrücke führt jetzt wieder über einen Teich, Bäume wurden nachgepflanzt. Der Pflegezustand des Parks könnte besser sein.

Neue Nutzungsqualität

Mit der stark wachsenden Studentenzahl an der Universität Hannover war der Welfengarten mehr und mehr zu einem grünen Durchgangsraum geworden. Seit der Bündelung von Wegen und der Erneuerung von Randpflanzungen in der Mitte der achtziger Jahre hat er wieder an Aufenthaltsqualität gewonnen. Er führt nicht nur den Namen „Universitätspark", sondern wird tatsächlich von Studenten und Universitätspersonal als Pausenraum genutzt. Jedes Jahr findet hier ein Universitätssommerfest statt. Außerdem hat der Welfengarten aber auch eine wichtige Funktion als Stadtteilpark für die Bürger der dicht bebauten Nordstadt. Er ersetzt für viele den fehlenden Garten am Haus. Der große Kinderspielplatz im Bereich des ehemaligen Prinzengartens wird intensiv genutzt. Besonders türkische Familien schätzen die Rasenflächen für Picknicktreffen am Wochende oder abends an Werktagen.

Bäume prägen das Bild

Das wesentliche Kapital des Welfengarten sind die großen alten Bäume. Sie geben dem Park heute (nach dem weitgehenden Verlust seiner historischen Struktur) seinen besonderen Charakter. Mächtige Buchen, teilweise rotlaubig, Eichen, Kastanien, Ahornbäume, Eschen und Platanen überwölben die Rasenflächen.
Daneben ist der Welfengarten reich an Blütengehölzen. Japanische Kirschen, Zieräpfel, Fliederbüsche, Spiräen, Weiß- und Rotdorn beleben im Frühjahr das Bild. Eine Attraktion besonderer Art sind die Türumrahmungen aus blau blühenden Glycinien auf der Vorderseite des „Welfenschlosses". Die Fauna zeigt keinerlei Besonderheiten: Sie beschränkt sich auf die in der Stadt weit verbreiteten Vogelarten und Hunde, die hier Auslauf finden.

Besondere Elemente, Kunstwerke, Bauten

1. Neue Mensa.
2. Kindertagesstätte; Architekt Ernst Zinsser, 1955.
3. Chemische Institute; Architekt Friedrich Ebel, 1906–09.
4. Brücke von Georg Ludwig Friedrich Laves 1843–46; 1988 an heutige Stelle gesetzt.
5. Hauptgebäude der Universität; als Residenz geplant, aber nie als solche genutzt, seit 1879 Technische Hochschule, Architekt Christian Tramm, seit 1856 mehrfach umgebaut.
6. Sachsenross; Entwurf von Albert Wolff 1861, seit 1876 an dieser Stelle.
7. Universitätsbibliothek; Architekt Ernst Zinsser, 1960–65.
8. Marstall des Welfenschlosses; Architekt Eduard Helberg, 1863–66, mehrfach umgebaut.
9. Kinderspielplatz.

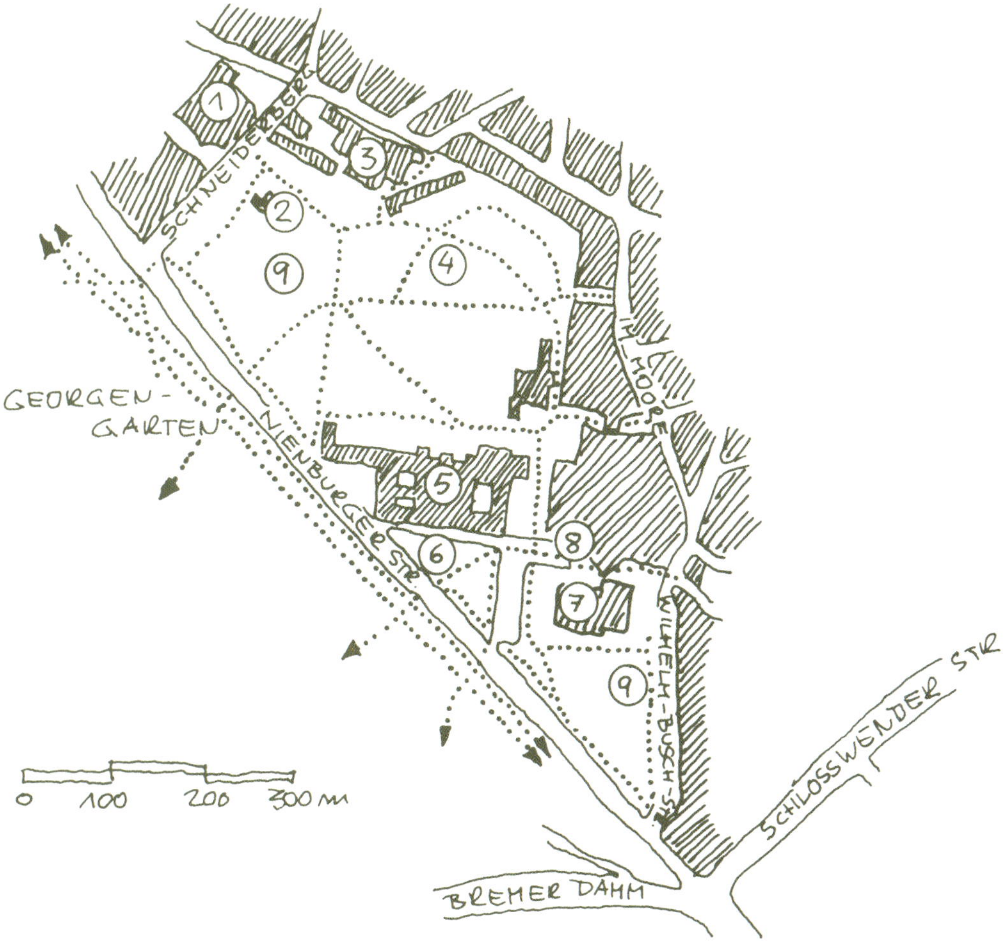

Hauptgebäude der Universität und Universitätsbibliothek

Liegewiese

Sachsenross

Georgengarten

Der Georgengarten zeigt, dass historische Anlagen keineswegs musealen Charakter haben müssen; denn dieser im Stil englischer Landschaftsparks angelegte Garten aus der ersten Hälfte des letzten Jahrhunderts ist ein beliebtes Ziel vieler verschiedener Besucher mit unterschiedlichsten Interessen.
Der Georgengarten ist ein Beispiel für spätromantische Parkanlagen, die in bewusster Abkehr von barocken Gestaltungsideen angelegt wurden. Die malerische Gestaltung bezieht sich auf Werke von Poussin und Lorrain. Licht und Schatten werden zu bewussten Gestaltungselementen. Die großen Rasenflächen vermitteln den Eindruck einer weiten, scheinbar natürlichen Wiesen-Auenlandschaft, in die einige Teiche und alte Flussschleifen eingelagert sind. Kulissenartige Baumgruppen verstärken die Tiefe des Raumes und garantieren beim Spazierengehen durch den Park eine abwechslungsreiche Bildfolge mit interessanten Durchblicken. Als Gehölze werden häufig ursprünglich in Amerika beheimatete Arten verwendet. Amerika war der ideale Freiheitsraum der Romantiker.

Der Georgengarten hat eine Größe von 56 ha und liegt nordwestlich der Innenstadt zwischen Linden und der Nordstadt. Kleingärten und Sportanlagen begrenzen ihn auf der Westseite. Das Hauptgebäude und viele Institute der Universität befinden sich in unmittelbarer Nähe.
Als Spaziergang empfiehlt sich eine große Schleife, die zunächst vom Informationspavillon am Großen Garten aus in südlicher Richtung zu den Teichen und von dort über das Wilhelm-Busch-Museum und die Herrenhäuser Allee zum Ausgangspunkt zurückführt.

Spätromantische Parkanlage im englischen Stil

Von Anfang an hat die Herrenhäuser Allee die Gestaltung des Georgengartens beeinflusst und bestimmt sein Erscheinungsbild auch heute noch. 1726 wurde sie als Verbindung zwischen dem Stadtschloss und der Sommerresidenz angelegt. Seitlich der Allee entstanden zwischen den Stadttoren und dem Großen Garten, im Gebiet der so genannten Steintormasch, zu Beginn des 18. Jahrhunderts Landsitze des Hannoverschen Hofadels: der Hattorfsche-, der Wangenheimsche- und der Görtzsche-Garten. Die eigentliche Keimzelle des späteren Georgengartens bildete der Wallmoden-Garten, der seit dem Jahre 1766 vom Reichsgrafen Wallmoden-Gimborn, einem Sohn Georgs II., angelegt wurde. Er übernahm eine barocke Anlage, die er jedoch später in einen Garten im landschaftlichen Stil umwandelte. Es war einer der ersten Gärten in Deutschland, die nach den Ideen dieser neuen, malerischen Gartenkunst entstanden, welche sich seit 1730 in England ausgebreitet hatte. Der Teil des Parks, der vor dem Wallmodenschlösschen lag, war im Gegensatz zu anderen Bereichen von Anfang an öffentlich zugänglich.

Als der Wallmodengarten im Jahr 1817 in den Besitz der Krone gelangte, wurde von 1828 an der Gartenarchitekt Christian Schaumburg mit der Zusammenfassung der Gärten und Ländereien entlang der Herrenhäuser Allee zum Georgengarten beauftragt. Er gestaltete den Park in der Tradition des berühmten englischen Landschaftsarchitekten Lancelot Brown und in Anlehnung an den deutschen Landschaftsarchitekten Friedrich Ludwig Sckell, der den Englischen Garten in München schuf. Seine gartenarchitektonische Vision bestand darin, den Charakter der Leine-Flusslandschaft künstlerisch zu überhöhen.

Nach dem verlorenen Krieg gegen Preußen wurde das Königreich Hannover 1866 preußische Provinz und bis 1918 unterstand der Georgengarten der Hofgarten-Intendantur in Potsdam-Sanssouci. Öffentliche Mittel wurden nur noch sparsam zur Verfügung gestellt, sodass Blumenbeete teilweise reduziert werden mussten und ihre ursprüngliche Bedeutung verloren ging.

Im Jahr 1921 ging der Georgengarten in den Besitz der Stadt Hannover über. Die etwa zeitgleich erfolgte Eingemeindung Lindens und der Bau der Hänischbrücke hatten eine stärkere Nutzung des Parks zur Folge. Die Stadt musste erhebliche Mittel aufwenden, um die landschaftlichen Schönheiten des Parks zu erhalten.

Im Zweiten Weltkrieg kam es zu erheblichen Verlusten. Die beliebte Kaffeewirtschaft „Stern" südlich des Pferdestallgebäudes wurde völlig zerstört und ausgelöscht. Bomben richteten aber auch Schaden im Vegetationsbestand an. Unter der Leitung von Karl Heinrich Meyer wurden nach 1945 die Kriegsschäden Zug um Zug beseitigt und auch einige gestalterische Veränderungen vorgenommen.

„Wirtschaftsgebäude"

Besondere Einzelelemente, Kunstwerke, Bauten

1. Informationspavillon; im Rahmen des Projektes „Stadt als Garten" von der Rut- und Klaus-Bahlsen-Stiftung der Stadt geschenkt, Architekt Thilo Mucke, 1998/99.
2. Kiosk.
3. WC mit Kiosk.
4. Contre-Allee; 1726/27 von Ernst August Charbonnier angelegt, 1998/99 erneuert.
5. Ehrenmal für Feldartillerie-Regiment 225; 1930 von Franz Josef Jirka.
6. Herrenhäuser Allee; 1726/27 von Charbonnier angelegt, heute knapp 2 km lang, aus vier Reihen Lindenbäumen (Tilia intermedia ‚Pallida') bestehend, etwa 1200 Bäume; Abstände zwischen den Reihen 4 m, 12 m, 4 m, in der Reihe jeweils gut 6 m, nach Kriegsschäden 1972/74 (bis auf wenige Bäume im Bereich des Königsworther Platzes) vollständig erneuert.
7. Raumplastik von Erich Reusch; 1990.
8. Steinerne „Augustenbrücke"; 1840 von Georg Ludwig Friedrich Laves erbaut.

Obelisk „Hundedenkmal"

Picknick im Park

9. Leibniztempel; 1935 vom Waterlooplatz in den Georgengarten versetzt.
10. Ehrenmal für 78. Reservedivision; 1930 von Otto Winkelmüller.
11. Obelisk; wegen der vielen Hunde im Georgengarten im Volksmund auch „Hundedenkmal" genannt, noch aus der Zeit des Wallmodengartens stammend (1767), 1833 an seinen heutigen Standort versetzt.
12. Eiserne Fahrbrücke; 1837 von Laves erbaut, wegen ihrer besonderen Konstruktion noch heute von Statikern und Brückenbauern bewundert.
13. Georgsstein und Georgseichen; zum 20. Geburtstag des Kronprinzen Georg V. 1839 gepflanzt.
14. Georgenpalais; aus dem Wallmodenpalais (Architekt Joseph Gerlach 1781–84) hervorgegangen, Auffahrtrampe 1840 nach Plänen von Laves hinzugefügt, seit 1949 Wilhelm-Busch-Museum, Deutsches Museum für Karikatur und kritische Grafik, 1999/2000 Neubau des Westflügels (Architekten Roßbach und Priesemann) und Erneuerung des Palaisgartens nach Plänen des Landschaftsarchitekten Reinald Eckert.
15. Pferdestall beim Georgenpalais; erster eigenständiger Bau von Heinrich Christian Tramm (1843/44), noch heute als Stall genutzt.
16. „Helmcke-Denkmal"; 1928 zu Ehren von Bäckermeister Johann Gerhard Helmcke (1750–1824) für die Rettung der Herrenhäuser Allee vor der Abholzung durch die napoleonischen Truppen durch Bezahlung von 3000 Talern im Jahr 1805 errichtet.
17. Minigolfplatz.
18. Spielplatz.
19. Wirtschaftsgebäude, 1826 von Laves im Bereich des ehemaligen Wangenheimgar-

Herbststimmung

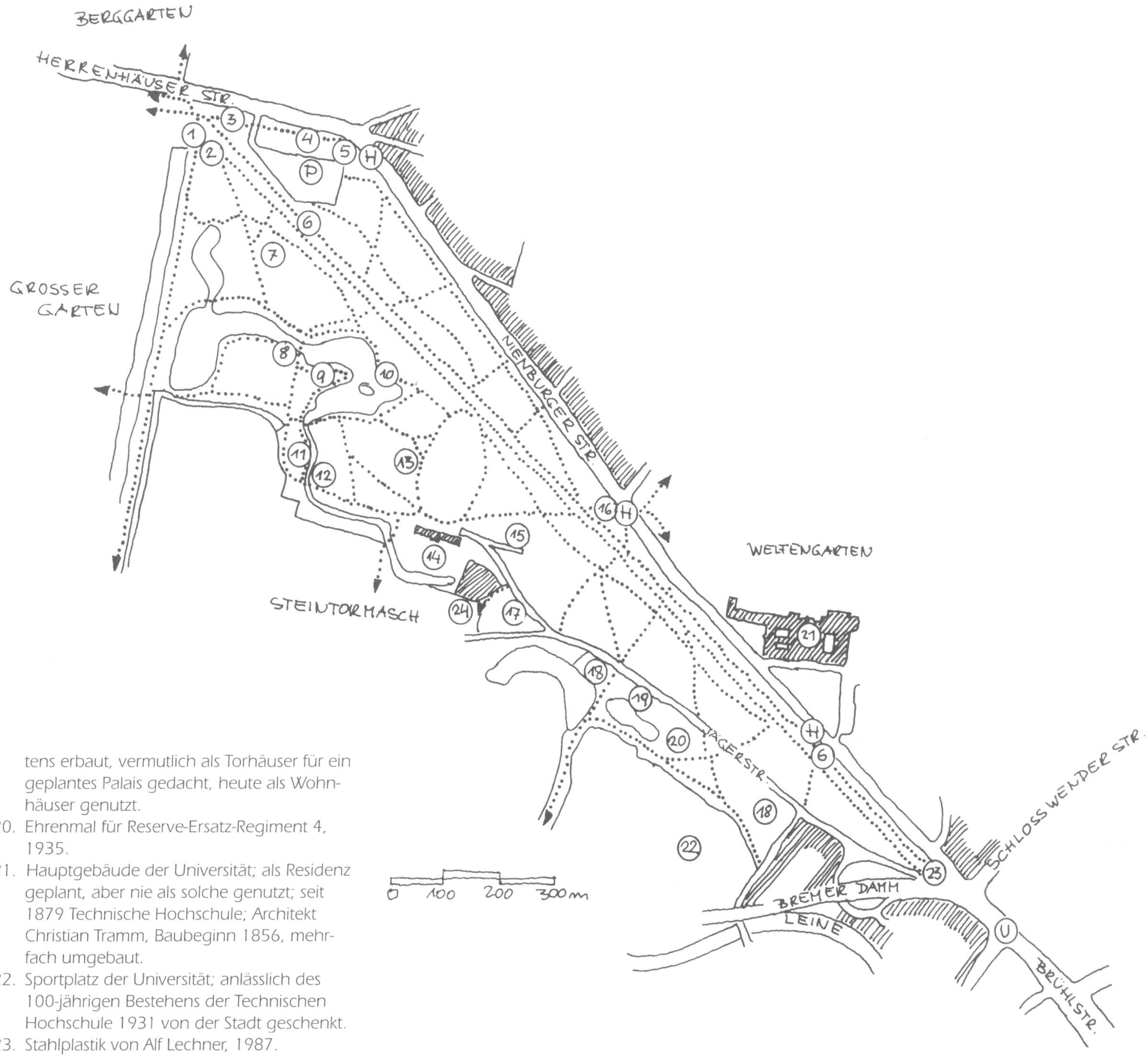

tens erbaut, vermutlich als Torhäuser für ein geplantes Palais gedacht, heute als Wohnhäuser genutzt.

20. Ehrenmal für Reserve-Ersatz-Regiment 4, 1935.
21. Hauptgebäude der Universität; als Residenz geplant, aber nie als solche genutzt; seit 1879 Technische Hochschule; Architekt Christian Tramm, Baubeginn 1856, mehrfach umgebaut.
22. Sportplatz der Universität; anlässlich des 100-jährigen Bestehens der Technischen Hochschule 1931 von der Stadt geschenkt.
23. Stahlplastik von Alf Lechner, 1987.
24. Vereinsheim des Kleingartenvereins „Vereinigte Steintormasch".

Sommer im Park

Seit Ende der achtziger Jahre wird versucht, auf der Grundlage eines Parkpflegewerks von Ruprecht Dröge verloren gegangene Strukturen des Georgengartens wieder herauszuarbeiten. In den Jahren 1996/97 sind im Rahmen des EXPO-Projekts „Stadt als Garten" das große Rasenoval vor dem Wilhelm-Busch-Museum mit den dazugehörenden Wegeführungen sowie benachbarte Flächen nach dem von Christian Schaumburg ausgeführten Gartenkonzept wieder hergestellt worden. Im Zusammenhang mit dem Ausbau des Museums wird 1999/2000 nach Plänen des Landschaftsarchitekten Reinald Eckert, Berlin, der ehemalige Palaisgarten erneuert und ein neuer öffentlicher Durchgang durch die benachbarte Kleinanlage geschaffen.

Herrenhäuser Allee, Leibniz-Tempel und Wilhelm-Busch-Museum

Wie schon erwähnt zieht der Georgengarten besonders an Wochenenden die unterschiedlichsten Besuchergruppen an. So hat sich zum Beispiel die Herrenhäuser Allee in den wärmeren Jahreszeiten zu einem beliebten Treffpunkt für Boule- und Petanquespieler entwickelt. Fußballbegeisterte jüngere Menschen haben bestimmte Teile der kurz gehaltenen Rasenflächen in der Nähe der Universität belegt. In anderen Bereichen, besonders vor dem Wilhelm-Busch-Museum und an den Teichen, treffen sich vor allem ausländische Familien zum Grillen. Der Leibniz-Tempel wird zum Musizieren genutzt und zieht bei gutem Wetter wiederum Zuhörer an, die diese besondere Stimmung lieben. Die Teiche bieten die Möglichkeit, dem offenbar unstillbaren Fütterungsdrang zu folgen. Die Enten nehmen`s gern hin. Bei entsprechendem Wetter herrscht auf den zugefrorenen Wasserflächen ein munteres Treiben von Schlittschuhläufern.
Das Wilhelm-Busch-Museum beherbergt eine sehenswerte Dauerausstellung zu Leben und Werk Wilhelm Buschs und ver-

anstaltet als Deutsches Museum für Karikatur und Kritische Grafik regelmäßig Sonderausstellungen (Öffnungszeiten: Dienstag bis Samstag 10–17 Uhr, Sonntag 10–18 Uhr). Im Museumscafé werden an Wochenenden Kaffee und Kuchen angeboten. Getränke und andere Erfrischungen sind auch am Eingang zum Großen Garten erhältlich. Die Vereinsheime der Kleingartenanlage Steintormasch und der benachbarten Sportvereine werden als öffentliche Gaststätten geführt. Eine Toilettenanlage befindet sich im Eingangsbereich zum Großen Garten.
Jeden letzten Sonntagnachmittag im August veranstaltet die Chopin-Gesellschaft vor dem Wilhelm-Busch-Museum ein klassisches Konzert, bei dem die Besucher mit Picknickkörben auf der großen Wiese lagern und das zu einer viel besuchten Veranstaltung mit Volksfestcharakter geworden ist.

Große Allee

Helmcke-Denkmal

Dendrologische Kostbarkeiten und vielfältige Vogelwelt

Der Georgengarten beherbergt ein reiches Angebot an Bäumen und Sträuchern verschiedener Arten und Sorten. Die Bäume stammen teilweise noch aus der Zeit der Entstehung in der ersten Hälfte des vorigen Jahrhunderts und sind von beeindruckender Größe. Die exotischen Gehölze wurden überwiegend später gepflanzt. Das Grünflächenamt bietet in der Regel zweimal jährlich eine Führung zu den dendrologischen Besonderheiten des Georgengartens an. Einige der alten Bäume sind als Naturdenkmale ausgewiesen. Unter den strauchartigen Gehölzen treten heimische Arten wie Weißdorn und Hartriegel gemischt mit Gartengehölzen wie Flieder, falscher Jasmin und Schneebeere auf. In der Krautschicht erfreuen im Frühjahr große Bestände von Goldstern und Scharbockskraut die Besucher. Die Rasen- und Wiesenflächen werden unterschiedlich intensiv gepflegt. Ihr jeweiliges Erscheinungsbild ist aber auch standortbedingt. Auf trockenen und mageren Standorten blühen im Juni Labkraut in gelb und weiß, die rote Heidenelke und die blaue Rapunzelglockenblume. Auf frischen Wiesenstandorten dagegen sind der Löwenzahn und die gemeine Schafgarbe vorherrschend. An feuchteren Standorten werden sie vom Wiesenschaumkraut und vom scharfen Hahnenfuß verdrängt. In feuchten Senken sind auch Binsen, Simsen, Seggen und Blutweiderich zu finden
Bei einer Bestandsaufnahme 1991 konnten im Georgengarten immerhin 52 Vogelarten festgestellt werden, überwiegend Allerweltsarten – der Park ist kein Raritätenkabinett. Aber die große Bandbreite überrascht doch, sie ist sicherlich eine Folge der Strukturvielfalt und reicht vom Zaunkönig bis zum Höckerschwan, vom Zilpzalp bis zur Saatkrähe und vom Gartenbaumläufer bis zum Sperber.

Tiergarten

Das Besondere am Tiergarten ist seine lange Geschichte. Ihr hat er seine heutige, außergewöhnliche und deshalb so reizvolle Erscheinung zu verdanken. Er ist ringsherum umzäunt und deshalb ein Garten, aber innerhalb dieser Umzäunung wird man vergeblich nach den üblichen gärtnerischen Accessoires suchen. Wer einen bunten Garten der Tiere erwartet, wird vielleicht enttäuscht sein, weil jeder Zoo und jeder Safaripark mehr zu bieten haben. Im Tiergarten folgt man anderen Intentionen und legt Wert auf heimische Tierwelt. Damwild ist in großer Zahl vorhanden und die scheinbar frei herumlaufenden Tiere mischen sich mit den Besuchern zu einem paradiesischen Bild. Bei den Wildschweinen registriert man dankbar, dass sie eingehegt sind und so aus sicherer Distanz betrachtet werden können. Ein Wilpferdbestand musste vor einigen Jahren wieder aufgegeben werden und wurde durch Rotwild ersetzt. Es gibt also im heute üblichen Sinne kein Highlight, das den Besucher im Tiergarten erwartet und doch ist er einzigartig.
Wahrscheinlich liegt es daran, dass er einen Landschaftstyp repräsentiert, den wir in unseren durch Bildung geprägten Erinnerungen in uns aufbewahren, der aber in der Wirklichkeit kaum noch zu finden ist. Große alte Bäume, vorwiegend Eichen, stehen hainartig über Grasland. Ist das nicht die in früheren Jahrhunderten übliche Waldweide, mit den Eichen für die Schweinemast und den immer wieder als Viehfutter, Streu oder für Brennholz abgeschnittenen (geschneitelten) Eschen und Hainbuchen? Bestimmen nicht alte Strukturen fürstlicher Jagdleidenschaft mit dem teilweise noch vorhandenen sternförmig aufgebauten Wegenetz das Bild? Man versteht sofort, warum der Tiergarten das älteste Erholungsgebiet von Hannover ist, das die bürgerliche Gesellschaft schon Ende des 18. Jahrhunderts in großer Zahl aufsuchte, um Freiheiten zu genießen und romantische Gefühle zu pflegen, von denen wir heute noch zehren.
Es sind die verschiedenen historischen Schichten kultureller Inanspruchnahme von Landschaft, die den besonderen Reiz des Tiergartens ausmachen. Es ist der Vielen unbewusste Blick in die Geschichte, der dem gegenwärtigen Vergnügen an Natur- und Landschaftserleben im Tiergarten die besondere Tiefe verleiht.

Wenn man vom nördlichen Aussichtshügel des Kronsberges nach Norden schaut, kann man den Tiergarten sehr gut an seiner herausragenden, etwas aufgewölbten Baumfigur erkennen. Landschaftsräumlich gesehen könnte man den Tiergarten als Vorposten der Börde bezeichnen, der sich in das Flachland hineinschiebt und als Wölbung deutlich gegenüber der Mardalwiese, dem Hermann-Löns-Park und der Breiten und Nassen Wiese bei Anderten abhebt.

Die Futterscheune

Vom herzoglichen Jagdrevier zum sonntäglichen Ausflugsziel

Ursprünglich hieß der Tiergarten Sundern und gehörte zum großen Waldgebiet Hainholz. Die Dörfer Kirchrode und Bemerode waren von diesem Waldgebiet umschlossen. Die Felder wurden überwiegend ackerbaulich oder gärtnerisch genutzt. Im Wald weidete das Vieh. Da Jungwuchs ohne Schutz sofort abgebissen wurde, entwickelte sich eine durch große Bäume geprägte, offene grasreiche Waldlandschaft. Der Tiergarten repräsentiert noch heute diesen inzwischen verloren gegangenen Waldtypus.
1679 ließ Herzog Johann Friedrich hier einen von Anfang an vor allem dicht mit Damwild besetzten, eingegatterten Tiergarten anlegen, der ziemlich genau der heutigen Größe entsprach. Er sorgte damit für eine Erhaltung der alten Waldweidelandschaft mit anderen Mitteln, während überall sonst die Landwirtschaft auf die Bewirtschaftung offenen Grünlandes umstellte und die Forstwirtschaft zu einem intensiveren, auf Holzgewinnung ausgerichteten Waldbau überging. Für das Welfenhaus war der Tiergarten ein günstiges Jagdrevier, weil die Kirchröder Bauern Jagdfron leisten mussten, die erst 1848 abgeschafft wurde. Gejagt wurde nach der so genannten „eingestellten" Jagd, d. h. das Wild wurde auf sternförmig angelegte Schneisen getrieben und dort geschossen. Der Tiergarten leistete einen wichtigen Beitrag zur Fleischversorgung des Hofes.
1705 erbte Kurfürst Georg Ludwig das große Hofjagdrevier Göhrde. Die Jagdmethoden änderten sich. Die, große Flächen beanspruchende, sportliche Parforcejagd wurde üblich, bei der vor allem Rotwild zu Pferde und mit einer begleitenden Hundemeute gehetzt, gestellt und mit dem Hirschfänger erlegt wurde. Das war im Tiergarten nicht möglich und dadurch sank seine jagdliche Bedeutung allmählich.
Ende des 18. Jahrhunderts wurde der Tiergarten den Angehörigen des bürgerlichen Standes für Spaziergänge geöffnet. Der vom Hof schlecht bezahlte Jagdaufseher konnte sich mit einer Gaststätte im Forsthaus ein Zubrot erwerben. Im 19. Jahrhundert entwickelte sich der Tiergarten zu einem äußerst beliebten Ausflugsziel für die bürgerliche Gesellschaft. Während die Eilenriede überwiegend der Holznutzung diente, entsprach der Tiergarten ganz und gar den damaligen sentimentalen Vorstellungen von einer Waldlandschaft. Die Attraktivität war trotz der relativ weiten Entfernung (8 km) so groß, dass mit dem Bau der Eisenbahnlinie 1843 eine eigene Bahnstation „Tiergarten" eingerichtet wurde. Sie bestand bis 1906 und wurde dann durch die Straßenbahnlinie ersetzt. 1857 erhielt der Hannoversche Künstlerverein als erste bürgerliche Vereinigung die Erlaubnis, auf der Wiese am Forsthaus ein Fest zu feiern. Von da an waren vor allem sommerliche Schulfeste im Tiergarten üblich. Diese Entwicklung wurde 1866 durch den gegen Preußen verlorenen Krieg entscheidend gefördert; denn der preußische Staat hatte kein besonderes Interesse an der Fortsetzung der jagdlichen Nutzung.
1906 kaufte die Stadt Hannover den Tiergarten. Das alte Forsthaus wurde abgerissen und durch eine große Waldwirtschaft ersetzt, von der alte Hannoveraner noch heute schwärmen. Leider musste sie 1966 dem heutigen Hotelkomplex am Haupteingang weichen.

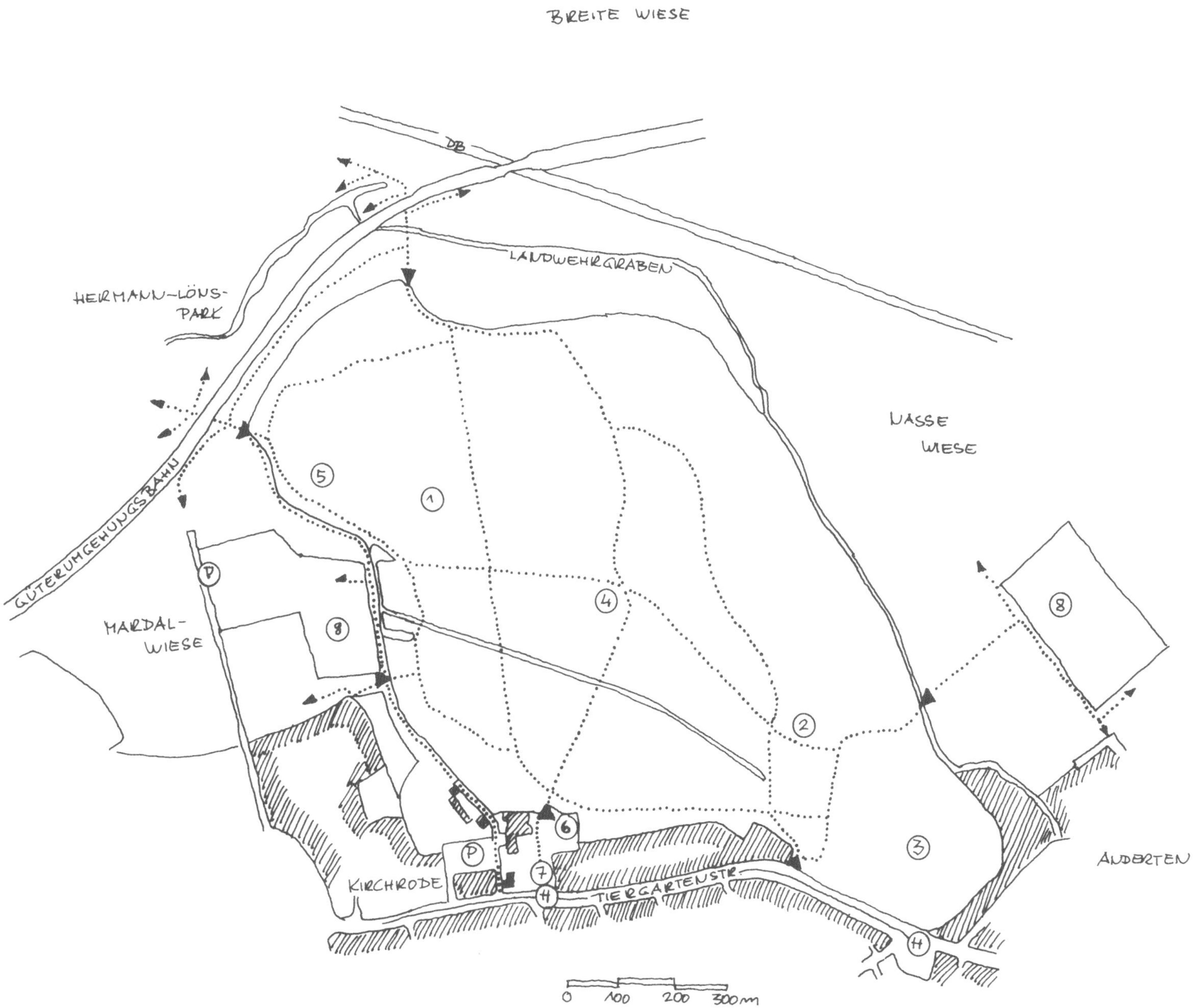

Besondere Elemente, Kunstwerke, Bauten

1. Futterscheune; Fachwerkbau mit Längsdiele, 1751.
2. Wildschweingehege.
3. Rotwildgehege.
4. Ludwig-Richter-Hainbuche.
5. Gedenkstein für König Ernst August aus dem Jahr 1858.
6. Spielplatz.
7. Tiergartenschänke.
8. Sportanlage.

Romantik zum Genießen

Die frühere herausragende Bedeutung als sommmerliches Erholungsgebiet hat der Tiergarten heute verloren. Er ist eher ein stilles Gebiet, das mit der Eilenriede, dem Hermann-Löns-Park, der Mardalwiese und der Breiten/Nassen Wiese eine für ausgedehnte Spaziergänge wunderbar geeignete landschaftliche Einheit bildet.
Zu bestimmten Zeiten wird man an Hermann Löns erinnert, der über einen Besuch des Tiergartens im Frühling schrieb: „Und kommen dann die Tage, wo es auf den Wiesen und auf den Rainen an zu blühen und zu prangen fängt ..., dann fliehe ich gern in aller Morgenfrühe auf dem Rade hinaus, verbummle in des Tiergartens Waldheimlichkeit ein paar köstlich reiche Stunden."
An Wochenenden kann der Strom der Spaziergänger dicht werden. Besonders für Familien mit Kindern ist der Tiergarten offenbar sehr reizvoll. Die munteren, ohne elterliche Gängelung im Dreck wühlenden Wildschweine rufen bei den Kindern immer wieder neidvolles Erstaunen hervor.

Totholz

Seinen jährlichen Höhepunkt erlebt der Tiergarten beim herbstlichen Tiergartenfest, wenn Kinder und Erwachsene mit gesammelten Kastanien anrücken und sich zu einem bunten Gewimmel zusammenfinden.

Interessante Tierwelt unter alten Bäumen

Das Baumkleid des Tiergartens wird durch Eichen, Buchen und Hainbuchen bestimmt. Auch Rosskastanien sind wegen ihrer Früchte in großer Zahl angepflanzt worden. Die Eichen beeindrucken durch ihre teilweise mächtigen Ausmaße. Eine als Naturdenkmal ausgewiesene Eiche in der Nähe des Haupteingangs soll 600 Jahre alt sein. Genaueres Hinsehen zeigt, dass im Tiergarten neben diesen Hauptbaumarten eine Vielzahl weiterer, auch exotischer Baumarten vorkommt. Es sollen insgesamt 40 verschiedene Arten sein, die Baum- und Sammelleidenschaft im Laufe der Zeit zusammengetragen haben. Heute wird bei Nachpflanzungen auf die ausschließliche Verwendung der hier heimischen Baumarten geachtet. Nur die Rosskastanie bildet eine Ausnahme.
Die alten, hohen Bäume bieten vielen Tieren Lebensraum. Verschiedene Fledermausarten – hervorzuheben ist der Abendsegler – haben dort ihre Quartiere. Besonders Bunt-, Grün- und Mittelspecht, Kleiber, Star, Zaunkönig, Pirol und Waldkauz fühlen sich hier wohl. Der aufmerksame Naturfreund wird auch viele interessante Amphibien und Insekten finden. Die auffallendsten Tiere sind das in großer Zahl vorhandene frei laufende Damwild, die eingegatterten Wildschweine und das in großen Gehegen gehaltene Rotwild.

Hinüberscher Garten

Während sich in England ein neuer, an der Natur als Freiheitssymbol orientierter Gartenstil schon seit 1720 durchzusetzen begann, wurde der streng formale französische Gartenstil auf dem europäischen Festland noch fast 50 Jahre weiter gepflegt. Erst gegen Ende der 1760er Jahre entstanden in Deutschland die ersten Gärten und Parks im neuen englischen Stil; und der Hinübersche Garten – etwa gleichzeitig mit dem Landschaftspark Wörlitz und dem Wallmodengarten (Vorläufer des Georgengartens) angelegt – ist einer davon.

Der Hinübersche Garten zeichnet sich dadurch aus, dass er, anders als der Wallmodengarten, in seiner frühen romantischen Ausprägung erhalten geblieben ist. Zwar ging das meiste von den ursprünglich vorhandenen Staffagen verloren, aber in seiner Grundstruktur ist er heute noch so, wie ihn Jobst Anton von Hinüber, Amtmann des Klosters und Verwalter des Klostergartens Marienwerder, geschaffen hat. Vorbilder waren für Jobst Anton von Hinüber der Windsor Park und Kew Garden in England. Er verknüpfte sie mit der Idee der „ornamented farm", mit der auch in Wörlitz stark ausgeprägten Vorstellung einer Verbindung von Ökonomie und Schönheit. Die Grenzen des Parks wurden fließend angelegt. Landschaftsverschönernde Elemente gingen in die damals bäuerlich genutzte Landschaft über und sollten deren wirtschaftliche Entwicklung fördern, wie auch umgekehrt Wiesen und Weiden in den Park hineinreichten und diesen durch ihre Nützlichkeit aufwerteten.
Den wenigsten Menschen ist bewusst, dass die Vorstellungen von schöner Landschaft auch heute noch stark von solchen Parkbildern geprägt sind. Wer sich im Hinüber-

schen Garten aufhält (und den Blick auf das äußerst störende Hochhaus auf der gegenüberliegenden Seite der Leine in Letter vermeidet), kann diese durch das Kloster Marienwerder verstärkte besondere Atmosphäre noch heute empfinden. Im Gegensatz zum Großen Garten in Herrenhausen sind in Natur und Landschaft eingreifende Gestaltungen kaum spürbar, alles scheint sehr selbstverständlich und doch ist der Gesamteindruck das Ergebnis einer gezielten landschaftsgärtnerischen Gestaltung.
Dass der Hinübersche Garten bei Hannoveranern relativ wenig bekannt ist, mag mit der Randlage zu den Wohngebieten zusammenhängen. Nur der Stadtteil Marienwerder befindet sich in direkter Nachbarschaft. Allerdings ist der Park auch von Letter, Garbsen und Stöcken aus problemlos zu Fuß oder mit dem Fahrrad erreichbar.

Relikt romantischer Gartenkunst

Jobst Anton von Hinüber war seit 1760 Amtmann des Klosters und des Klosterguts Marienwerder. Er hatte schon vorher eine Reise nach England unternommen und auf seinem elterlichen Besitz am Steintor einen ersten englisch-chinesischen Garten angelegt. 1766/67 reiste er erneut nach England und begann unmittelbar danach mit der Anlage des Hinüberschen Gartens. Der in jener Zeit und auch heute noch gern gelesene Gartenschriftsteller Christian Cay Lorenz Hirschfeld besuchte den Park 1783 und beschrieb ihn in seiner Theorie der Gartenkunst anerkennend als einen Ort, der Empfindungen wie „Heiterkeit, Freude, sanfte Melancholie, süße Schwermut, Liebe der Ruhe und der Einsamkeit, der Freundschaft und der Tugend, Vergessenheit der Sorgen, Erhebung über die Thorheit des Lebens, und selbst ein Vorgefühl der Scenen einer noch schöneren Welt" erweckt. Der Park war reich an Sitzbänken, die Inschriften trugen und reizvolle Aussichten boten. Es gab eine Einsiedelei, einen Druidenaltar, einen chinesischen Pavillon mit chinesischer Brücke, verschiedene andere Brücken, eine Strohhütte, Statuen, den heute noch vorhandenen Obelisken auf dem Glockenberg und den ebenfalls noch erhaltenen Hexenturm.
Gerhard Friedrich Otto (1752–1815), Sohn von Jobst Anton von Hinüber, der seit 1784 in derselben Funktion wie sein Vater in Marienwerder wirkte, konnte den Park weitgehend in der von seinem Vater geschaffenen Form und Qualität erhalten. Er interessierte sich für Bäume und bereicherte den Park vor allem durch exotische Gehölze.
Danach begann der allmähliche Verfall. Immerhin wurde der Park 1850 als ein „altes Werk der Gartenkunst" anerkannt. Wenig förderlich für den weiteren Bestand der Anlage war die Übertragung der Pflege auf die Forstverwaltung der Klosterkammer. Mitte des 19. Jahrhunderts wurde im Park nördlich der Garbsener Landstraße ein zunächst kleiner Gemeindefriedhof angelegt. Nach seiner Erweiterung 1914 unterbricht er in bedauerlicher Weise den Zusammenhang von Glockenberg und übrigem Park.
Im Jahr 1928 erwarb die Stadt Hannover den Hinüberschen Garten. Wesentliche Instandsetzungsarbeiten erfolgten jedoch nicht. Von seiner historischen Substanz ist im Laufe der Zeit viel verloren gegangen. Im Rahmen des Projekts „Stadt als Garten" zur Weltausstellung EXPO 2000 konnten in den letzten Jahren auf der Grundlage eines Parkpflegewerk und verschiedener investiver Maßnahmen für den Hinüberschen Garten einige Verbesserungen erreicht werden.

Klosterkirche Marienwerder

Naturerlebnis im Wandel der Jahreszeiten

Für die Bürger von Marienwerder ist der Hinübersche Garten der Park vor der Haustür. Besonders an Wochenenden sind viele Spaziergänger unterwegs. Für Kinder und Jugendliche ist die bewegte Topografie des Parks attraktiv. Leider verleitet sie dazu, auf Geländefahrrädern zerstörerisch bis tief in die Waldbestände vorzudringen. Wesentlich harmloser ist die Nutzung der Hügel durch Rodler (meistens mit zu wenig Schnee). Bei Überschwemmungen in Kombination mit Frost ist der Hinübersche Garten ein Eldorado für Schlittschuhläufer. Abendliche Grillfeste werden gelegentlich zum Ärgernis, wenn dabei auch Bänke verheizt werden. Normalerweise wird der Hinübersche Garten aber auch heute noch

Große Obstwiese

wegen seiner beruhigenden Park- und Landschaftsbilder aufgesucht. In Verbindung mit dem Kloster ist er ein angenehmer Ort, der eine Gegenwelt zur Stadt darstellt und wo Natur noch unverfälscht in ihrem jahreszeitlichen Wandel erlebt werden kann. Mit Berichten über die historische Bedeutung und seine Verknüpfung mit dem Kloster Marienwerder hat das Interesse an ihm deutlich zugenommen. Auch seine Lage am Weg durch den Grünen Ring trägt dazu bei.

Reiche Flora und Fauna in unterschiedlichen Landschaften

Ursprünglich erstreckte sich der Hinübersche Garten über eine Fläche von 35 ha, heute umfasst der als Grünfläche gepflegte Bereich etwa 20 ha, aber die Grenzen des Parks sind fließend. Er liegt naturräumlich betrachtet an der Grenze zwischen der Flussaue der Leine und ihrer stark ausgeprägten nördlichen Terrassenkante. Für hannoversche Verhältnisse ist die Topografie sehr bewegt. Sie führt von der bei Niedrigwasser tief eingeschnittenen Leine über den durch Wiesen und Auwälder geprägten Überschwemmungsbereich bis zu den Dünenkuppen des Hexenturmes und des Glockenberges.

Der Hinübersche Garten markiert einen sehr interessanten Schnittpunkt zwischen den Landschaftsräumen des Benther Landes und der Engelbosteler Moorgeest auf dem um Hannover herumführenden Grünen Ring einerseits und der das Stadtgebiet durchschneidenden Leineaue andererseits. Er gehört teilweise zum Neustadt-Stöckener Leinetal, teilweise zur Engelbosteler Moorgeest. Solche Übergangsbereiche sind für Flora und Fauna immer interessant. Während mit dem Quantelholz noch ein Rest der ursprünglich hier wachsenden Auwälder mit Eichen, Eschen und Erlen vorhanden ist, werden der Terrassenhang und der anschließende Klosterforst Marienwerder durch Buchen, Eichen, Birken und Kiefern bestimmt. Das Quantelholz ist bei Kennern im Frühjahr wegen seiner reichen Lerchenspornbestände bekannt. Die Strukturvielfalt des Parks, der schnelle Wechsel von offenen und geschützten Flächen und das bewegte Gelände bieten Lebensraum für eine reiche Vogel- und Insektenwelt. In den inzwischen hoch gewachsenen, waldartigen Beständen fühlen sich auch Fledermäuse zu Hause.

Besondere Einzelelemente, Kunstwerke, Bauten

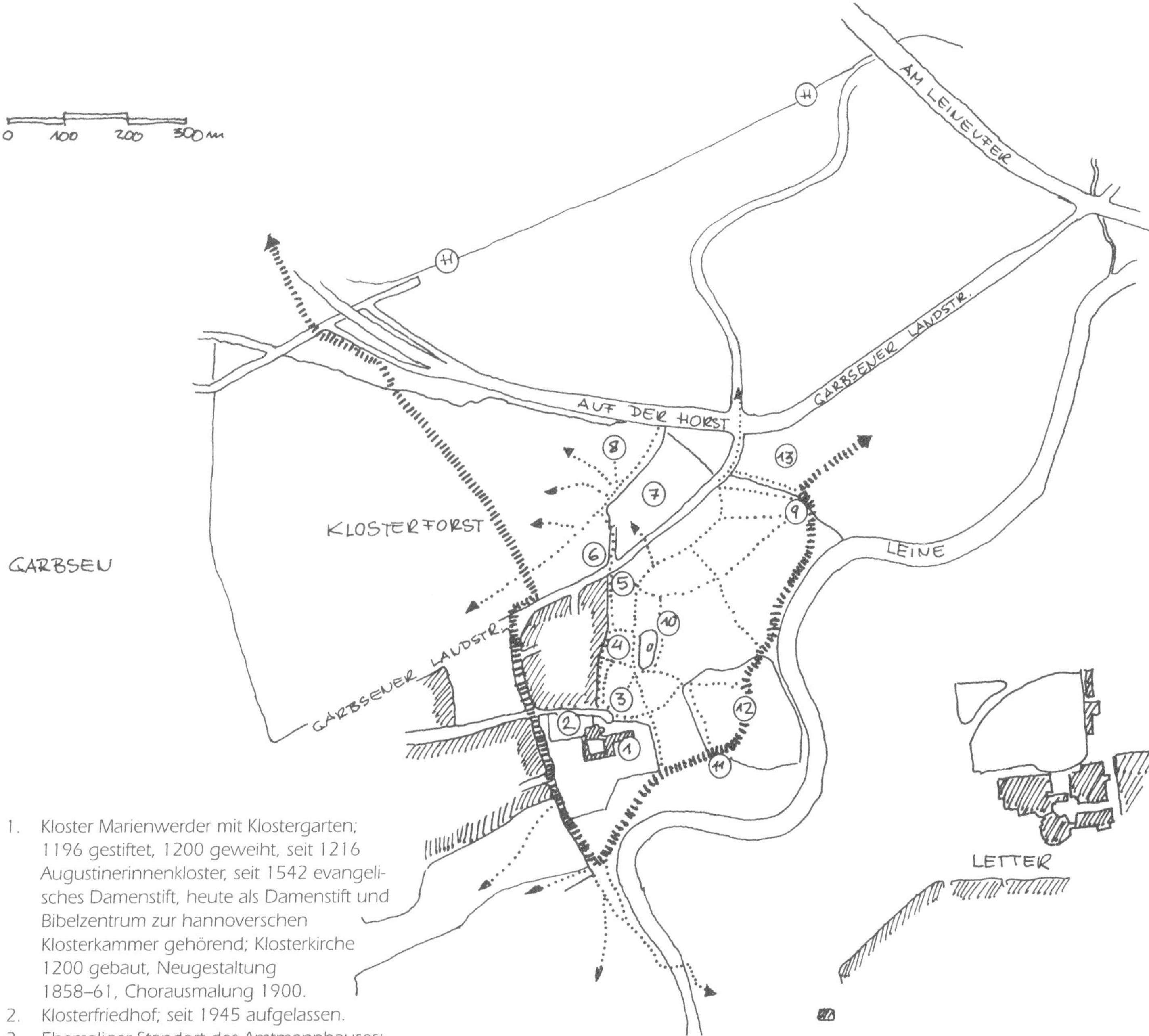

1. Kloster Marienwerder mit Klostergarten; 1196 gestiftet, 1200 geweiht, seit 1216 Augustinerinnenkloster, seit 1542 evangelisches Damenstift, heute als Damenstift und Bibelzentrum zur hannoverschen Klosterkammer gehörend; Klosterkirche 1200 gebaut, Neugestaltung 1858–61, Chorausmalung 1900.
2. Klosterfriedhof; seit 1945 aufgelassen.
3. Ehemaliger Standort des Amtmannhauses; 1907 abgerissen, seit 2000 Bronzetafel von Siegfried Zimmermann zur Erinnerung an den Schöpfer des Parks.
4. Pächterwohnhaus; 1907 gebaut.
5. Reste des Druidenaltars; aus der Zeit der Anlage des Parks.
6. Klosterschänke.
7. Friedhof Marienwerder; seit 1862, erweitert 1914.
8. Obelisk auf dem Glockenberg; aus der Zeit der Anlage des Parks.
9. Künstliche Ruine „Hexenturm" oder „Hexenküche" aus der Zeit der Anlage des Parks.
10. Denkmal für Gerhard Friedrich Otto von Hinüber; 1815 aufgestellt.
11. Denkmal für Cäcilie von Issendorf; Nichte von Gerhard Friedrich Otto von Hinüber, bei einem Pferderitt durch den Park tödlich verunglückt, 1818 aufgestellt.
12. Quantelholz.
13. Festplatz.

Maschpark

Der Maschpark ist der erste in kommunaler Regie entstandene, öffentliche Park in Hannover. Um die Jahrhundertwende strotzte Hannover vor Selbstbewusstsein und hatte ein starkes Bedürfnis, Wohlstand und Kraft zu zeigen. Das Neue Rathaus, das ehemalige Provinzialmuseum (heute Landesmuseum) und der Maschpark gehören unter diesem Vorzeichen untrennbar zusammen. Beide Gebäude verdanken dem Park ihre besondere Position. (Postkarten vom Neuen Rathaus zeigen immer die Gartenseite.) Aber auch der Park, der mit 10 ha nicht besonders groß ist, erhält durch Rathaus und Museum seine besondere Wirkung. Das von Julius Trip, dem ersten Direktor der 1890 gegründeten hannoverschen Gartenverwaltung, entworfene Konzept von 1895 ist einerseits auf die Gebäude ausgerichtet, andererseits betont Trip selbst die „Berücksichtigung der natürlichen Längsachse der Maschniederung und des schönen weiten Blicks nach den fernen Höhenzügen".
Diese Einbindung des Maschparks in die Landschaft der Leineaue und des Leineberglandes kann man heute noch eindrucksvoll vom Rathausturm erleben.
Der Maschpark ist eine typische Gartenanlage des ausgehenden 19. Jahrhunderts. Für Trip war er eine „gartenkünstlerisch landschaftliche Ausbildung zunächst des vorderen, zwischen Friedrichswall und Bellavista gelegenen Teils der Leinemasch". Zentrales Element ist der Teich mit seinem sehr buchtenreichen Uferverlauf.

Zonierter Landschaftsgarten im Schatten des Rathauses

Wer ihn umrundet, erlebt eine dichte Folge unterschiedlicher, durch das Zusammenspiel von natürlichen Elementen und Gebäuden geprägter Bilder. Das hängt auch damit zusammen, dass der Maschpark nach den Prinzipien des „zonierten Landschaftsgartens" gestaltet ist und sich aus gemischten Stilelementen zusammensetzt. Der repräsentativen, symmetrischen Terrassenanlage auf der Südseite des Rathauses liegt ein in freien Formen gestaltetes Alpinum auf der anderen Seite des Teiches gegenüber. Ebenso war und ist das Parterre vor dem Landesmuseum streng formal gestaltet, während sich gleich daneben ein natürlich gestalteter Wiesenzug vom Friedrichswall bis zum kleinen Teich durchzieht.
Im Norden wird der Maschpark durch den Friedrichswall, im Osten durch die Willy-Brandt-Allee, im Süden durch den Maschsee und im Westen durch die Leine begrenzt. Er reicht bis unmittelbar an die Innenstadt heran und unterstreicht in dieser Lage besser als jeder andere Ort in Hannover die beiden Gesichter dieser Stadt, das Großstadtgesicht auf der Nordseite des Rathauses und das grüne Gartengesicht mit dem Blick nach Süden über den Maschpark und den Maschsee in die offene Landschaft der Leineaue.
Wer aus der Karmarsch- oder der Osterstraße kommend zu Fuß oder mit dem Fahrrad den stark vom Verkehr belasteten Friedrichswall überquert hat, kann sich durch die Leineaue bis weit in den Landkreis hinein nur im Grünen bewegen.
Der Maschpark ist aber auch ein attraktiver, grüngestalteter Durchgangsraum für Besucher der Innenstadt, des Rathauses, des Kestner-, Landes- oder Sprengel-Museums, des Niedersachsenstadions, des Stadionbades, des Sportparks und des Schützenplatzes sowie verschiedener Stadt- und Landesbehörden.

„Park der Partnerstädte"

Nach der Schließung der Befestigungsanlagen Ende des 18. Jahrhunderts war der Friedrichswall als Promenade mit einer Allee und weiteren gärtnerischen Anlagen ausgestattet worden. Südlich erstreckten sich die Wiesen der Leinemasch. Der erste bauliche Eingriff in dieses Gebiet erfolgte 1888 mit dem Bau des Kestner-Museums. Anfang der 1890er Jahre wurde vom Magistrat der Stadt entschieden, am östlichen Rande der Leinemasch ein Provinzialmuseum und ein neues Rathaus zu bauen und in Verbindung damit einen Park anzulegen.
Auf der Grundlage der von Julius Trip vorgelegten Planung wurde 1899 am Friedrichswall mit dem Bau des Maschparks begonnen. 1902 waren der Teich angelegt und die wesentlichen Pflanzungen ausgeführt. 1907 folgte als Ergänzung des Parterres vor dem Provinzialmuseum der Bau einer großen Denkmalanlage für den ehemaligen Oberpräsidenten der Provinz Hannover, Rudolf von Bennigsen. Sie wurde im Zweiten Weltkrieg zerstört und danach nicht wieder aufgebaut. Erst 1913 kamen die Bauarbeiten mit der Terrassenanlage auf der Südseite des Rathauses zum Abschluss.
In seinen Grundstrukturen ist der Maschpark bis heute kaum verändert worden. Lediglich der Kinderspielplatz ist eine spätere Einfügung. Außerdem wurde das Bauamtsgebäude, das früher dem Kestner-Museum genau gegenüber den Trammplatz auf der Ostseite flankierte, bombardiert und später abgerissen. Die Bauverwaltung erhielt 1954/55 auf der Westseite des Rathauses ein neues, größeres Gebäude.
1985 wurde der Maschpark durch einen Ratsbeschluss zum „Park der Partnerstädte" erklärt. Die Wege tragen jeweils den Namen einer dieser Städte. Es ist das besondere Verdienst der damals an der Universität Hannover tätigen Erika Schmidt, auf die Bedeutung des Parks als Gartendenkmal aufmerksam gemacht und in dieser Zeit diskutierte wesentliche Veränderungen verhindert zu haben.
In den Folgejahren (1990–92) sind einzelne Teile des Maschparks in ihrer ursprünglichen Gestaltungsidee wieder herausgearbeitet worden: Das Alpinum auf der Südseite wurde neu aufgebaut und bepflanzt. Das Parterre vor dem Landesmuseum erhielt eine neue Fassung. Vor allem konnte die Terrassenanlage auf der Südseite des Rathauses restauriert werden. Mit der Öffnung des Rathauses nach Süden wird endlich eine direkte Verbindung zwischen Rathaus und Park erreicht.

Wasserspiegelung mit Rathauskuppel

Leinebrücke zwischen Culemannstraße und Hardenbergstraße

Ein Bereich der Entspannung am Rand der Innenstadt

Ursprünglich reichte der Maschpark bis an die Leineaue. Die Trennung durch die Culemannstraße konnte in den letzten Jahren wenigstens teilweise wieder überwunden werden. Nördlich eines Grünflächenpflegehofes zweigt ein Weg von der Straße ab,

BUSSTOP

der an der Leine entlang fast bis zum Friederikenplatz führt. Auf der anderen Seite der Leine konnte im Rahmen des Projekts „Stadt als Garten" ein neuer, durchgehender Weg für Fußgänger und Radfahrer geschaffen werden, der, aus der Karmarschstraße kommend, schließlich in die Seufzer-Allee am Maschsee einmündet.
Bei oberflächlicher Betrachtung mag der Maschpark als rahmende Grünanlage des Rathauses und des Landesmuseums erscheinen. Eine genauere Beobachtung zeigt jedoch sehr schnell, dass dieser öffentliche Park außerordentlich vielseitig genutzt wird. Glaubt man einer statistischen Erhebung, gehört er zu den meist besuchten Anlagen der Stadt.
Niemand kann im Augenblick richtig abschätzen, was die bevorstehende Öffnung des Rathauses nach Süden für den Maschpark bedeuten wird. Die Nutzung wird sich ändern, wahrscheinlich wird sich der Park weiter beleben. Wenn damit auch die Wertschätzung des Parks in seiner historischen Bedeutung steigen würde, wäre das sehr zu begrüßen. Schließlich hat die Stadt Hannover in der Geschichte ihrer Grünpolitik mit dem Maschpark ein überzeugendes Anfangswerk geschaffen.

Stauden, Schnurbäume und Schneeglöckchen ...

Stolz wird von Julius Trip berichtet, dass es beim Bau des Maschparks gelang, etwa einhundert große Bäume aus dem Stadtwald Eilenriede und vom Friedrichswall in diese Anlage zu pflanzen. Einige dieser Bäume sind auch heute noch vorhanden. Das Bepflanzungskonzept sah kulissenartige Baumgruppen mit Gehölzunterpflanzungen und in die Rasenflächen hineinwandernde Stauden vor. Die meisten Stauden sind im Laufe der Zeit verschwunden. Immerhin konnten im Bereich des Alpinums einige der Pflanzungen im Sinne der Trip'schen Idee wieder hergestellt werden.
Wer sich für Bäume aus anderen Erdteilen und für Gartenformen von Gehölzen interessiert, kann hier beispielsweise schöne Exemplare vom Trompetenbaum (Catalpa bignoinioides), Japanischem Schnurbaum (Sophora japonica), Flügelnuss (Pterocarya fraxinifolia), Sumpfzypresse (Taxodium distichum), Tulpenbaum (Liriodendron tulipifera) und Magnolia finden. Im Frühjahr erfreuen große Teppiche von Scilla, Schneeglöckchen und Narzissen das Auge. Bedingt durch die Innenstadtlage ist die Tierwelt verständlicherweise nicht sensationell. Neben Allerweltsarten sind besonders die vom Maschsee herüberkommenden Mauersegler und die Wasserfledermäuse, die rund um den Friederikenplatz ihre Schlafplätze haben, bemerkenswert.

Besondere Einzelelemente, Kunstwerke und Bauten

1. Reste der ehemaligen Stadtbefestigung auf dem Westufer der Leine südlich der Brücke Friedrichswall; bestehend aus einer schrägen Ufermauer und einem achteckigen Sieltürmchen mit Stadtwappen und Hochwassermarken von 1588 bis 1783 (erneuert 1962).
2. BUSSTOP „Boot" von Massimo Ghini; 1994.
3. Städtische Bauverwaltung; nach einem Entwurf von Werner Dierschke, Fritz Eggeling und Alfred Müller-Hoeppe 1954/55 gebaut.
4. Kestner-Museum; an dieser Stelle in der Zeit von 1886 bis 1888 errichtet (Hubert Stier und Wilhelm Manchots), heutiger Bau nach Plänen von Werner Dierschke in der Zeit von 1958 bis 1961 erbaut.
5. „Die große Familie" von Eugene Dodeigne; 1971 zunächst auf dem Trammplatz, seit 1998 an jetziger Stelle.
6. Trammplatz; in seiner heutigen Form eine Planung des Garten- und Friedhofamts (Erwin Laage und Agnes Schmidt-Lorenz), 1960.
7. „Großer verletzter Kopf" von Rainer Kriester; 1980/81.
8. Brunnen von Ludger Gerdes; als Spende der Rut- und Klaus-Bahlsen-Stiftung 1996 eingefügt.
9. „Bogenschütze" von Ernst Moritz Geyer; 1939.
10. Neues Rathaus; 1901 bis 1913 nach Plänen von Hermann Eggert gebaut, Innenausstattung im Wesentlichen von Gustav Halmhuber, Südterrasse 2000 zum Park hin geöffnet.
11. „Außenobjekt Hannover" von Hans Breder; 1971.
12. Rathaussüdterrasse; in Anknüpfung an Vorschläge von Julius Trip und Hermann Eggert 1913 von Gustav Halmhuber geschaffen, 1998/99 im Rahmen des EXPO-Projekts „Stadt als Garten" erneuert.
13. „Ägäis" von Toni Stadler; 1965.
14. Provinzialmuseum; heutiges Niedersächsisches Landesmuseum, von 1897 bis 1902 nach einem Entwurf von Hubert Stier.
15. Wotangruppe „Odin" von Wilhelm Engelhard; 1888.
16. Parterre vor dem Niedersächsischen Landesmuseum und Alpinum auf der Südseite des Teiches, nach Entwürfen des Landschaftsarchitekten Martin Heuer 1994 in Anlehnung an die frühere Anlage neu gestaltet.
17. „Glenkiln Cross" von Henry Moore; 1960.
18. Denkmal; privat finanziertes, von Georg Hartung geschaffenes Denkmal für Julius Trip; ursprünglich aus einem von Relief und Ruhebank gerahmten Brunnen bestehend, heute nur noch als Mittelteil erhalten.
19. „BUSSTOP"; von Heike Mühlhaus; 1994.
20. Ehrenfriedhof für die am 6. 4. 1945 ermordeten russischen Kriegsgefangenen und Zwangsarbeiter aus anderen, im Zweiten Weltkrieg von Deutschland besetzten Gebieten (Gedenkstein von N. Muchin-Koloda).
21. Grünflächenamt; Langensalzastr. 17
22. Sprengel-Museum Hannover; Kurt-Schwitters-Platz, Architekten Peter und Ursel Trint sowie Dieter Quast, Landschaftsarchitekt Georg Penker, 1979 (1. Bauabschnitt), 1992 (2. Bauabschnitt).

Maschsee

Mit dem Maschsee haben sich die Hannoveraner den Wunsch nach einem die Stadt prägenden See erfüllt. Großes Vorbild sind die Innen- und Außenalster in Hamburg. Bis in die jüngste Zeit hat es immer wieder Überlegungen und Vorschläge gegeben, den Maschsee noch dichter an die Innenstadt heranzuführen oder weiter in die Leineaue auszudehnen.

Ausgedehnte Wasserflächen vermitteln den Eindruck von Großzügigkeit und Weite. Im Zusammenspiel mit dem Blick über den See lassen die unterschiedlich gestalteten Uferzonen einen Spaziergang rund um den Maschsee zu einem besonderen Erlebnis werden. Darüber hinaus kann man im Maschsee baden und Boot fahren, im Winter Schlittschuh laufen und das ganze Jahr über Wasservögel füttern.

Das Nordufer ist als Promenade mit Ufermauer gestaltet Sein städtischer Charakter wird im Westen durch ein Restaurant mit Hotel und im Osten durch das Sprengel-Museum betont. Ebenso besitzt das nördliche Ostufer eine gemauerte Kante. Eine lange zweireihige Lindenallee sorgt für einen einheitlichen Charakter. Sie wird durch die Bastionen an den Einmündungen des Altenbekener Damms und der Geibelstraße und im Süden durch die Löwenbastion aufgewertet. Im Gegensatz dazu weisen das West- und das Südufer frei schwingende, dicht bewachsene Ufer auf, wodurch der Eindruck entsteht, sich in einer natürlichen Auenlandschaft zu bewe-

gen. Nur die Bootshäuser, der Anleger am Ohedamm, die Maschseequelle und der Gebäudekomplex am Strandbad verhindern, dass das Naturgefühl zu stark wird. Der besondere Reiz besteht darin, dass man beim Blick über den See immer die Gegenwelt vor Augen hat: Bewegt man sich in natürlicher Umgebung auf der Westseite, hat man die straffe Allee des Rudolf-von-Bennigsen-Ufers mit der dahinterliegenden Bebauung oder das Nordufer mit dem im Hintergrund prangenden Rathaus vor Augen. Dagegen bietet der Blick vom Ost- oder Nordufer scheinbar unendliche Weite und wilde Natur.
Bestandteil des Maschsees im weiteren Sinne ist die zeitgleich entstandene öffentliche Grünfläche zwischen Maschsee und Döhrener Turm, als Vierthaler-Teich-Gelände bekannt, am Rande des Engesohder Friedhofs gelegen und in die Eilenriede überleitend. In dem großen, mitten durch die Stadt hindurchgehenden Naturband der Leineaue liegt der Maschsee am Rande der dichtbebauten Südstadt, von der Innenstadt nur durch den Maschpark getrennt. Auch die Bürger von Döhren, Ricklingen und Linden können den Maschsee auf kurzen Wegen zu Fuß oder mit dem Fahrrad erreichen. Autofahrer finden am Rudolf-von-Bennigsen-Ufer gute, in der Regel ausreichende Parkmöglichkeiten.
Der Maschsee hat eine Größe von 80 ha und ist in seiner Nord-Südausdehnung 2400 m lang. Die Breite schwankt zwischen 180 und 530 m.

Unterhalb der Löwenbastion

Ein langer Weg zum Aushängeschild Hannovers

In der zweiten Hälfte des 19. Jahrhunderts waren die Maschwiesen für die sich mächtig entwickelnde und aus den Nähten platzende Stadt Hannover zu einem unverzichtbaren, wenn auch eher zufällig strukturierten Erholungsgebiet geworden. So war es nahe liegend, sich mit seiner städtebaulichen Ordnung zu befassen. Ein erstes Maschseeprojekt tauchte schon 1876 in Plänen des Architekten Theodor Unger auf und in der Folge hat es immer wieder unterschiedliche Vorschläge zur Gestaltung der Maschwiesen gegeben. Während sich

Fischbrunnen am Vierthaler-Teich

Julius Trip für eine Gestaltung der Masch im Sinne einer Erweiterung des Maschparks mit mehreren Teichen und kleineren Seen einsetzte (1903), forderten der Maschseeverein und darin vor allem der Maler August Heinrich Plinke und die Rudervereine mit Carl Thiele an der Spitze etwa zur selben Zeit eine Lösung mit großem See. 1904 errichteten hannoversche Studenten in der Nähe des Rudolf-von-Bennigsen-Ufers innerhalb der heutigen Seefläche ein von Alfred Sasse entworfenes Bismarck-Denkmal. Mit der Verlegung der Güterumgehungsbahn vom Altenbekener Damm nach Süden (1910) wurde eine wesentliche Voraussetzung für die spätere Entstehung des Maschsees geschaffen. Außerdem erwarb die Stadt konsequent Grundstücke. Krieg, Inflation und Weltwirtschaftskrise, aber auch Streit um die beste Lösung und ungeklärte wasserwirtschaftliche Fragen verhinderten jedoch lange Zeit die Verwirklichung. Der Durchbruch gelang, nachdem Professor Franzius von der Technischen Hochschule 1926 den Vorschlag unterbreitet hatte, den Maschsee unabhän-

Promenade am Rudolf-von-Bennigsen-Ufer

gig von der Leine anzulegen und ihm über eine künstliche Maschseequelle gereinigtes Wasser aus der Leine zuzuführen. Den Bodenaushub konnte man für eine Eindeichung von Leine und Ihme gegen Hochwassergefahr nutzen. Damit war das Problem gelöst, dass in der Leine mitgeführte Schwemmstoffe einen von ihr durchflossenen See nach kurzer Zeit verlanden lassen würden. Die Lösung hatte außerdem den Vorteil, dass sich der alte Streit zwischen den Befürwortern eines Parks und denen, die sich für einen großen See einsetzten, in Wohlgefallen auflöste; denn ein von der Leine abgesetzter See bot ja die Möglichkeit, an seinen Ufern Promenaden und andere nutzbare Grünflächen zu schaffen. Das Wasser war zum Baden geeignet. Der größte Vorteil aber war, dass man die ganze Maßnahme als eine Eindeichungsaufgabe bezeichnen konnte, dass sie preiswert war und damit auch die Finanzierung gesichert werden konnte.

In der Stadtverwaltung hatten Oberbürgermeister Arthur Menge, Stadtbaurat Karl Elkart und Oberbaurat Karl Schwien den wesentlichsten Anteil an der Verwirklichung des Sees. Die Ausführung erfolgte in den Jahren 1934–1936 als Arbeitsbeschaffungsmaßnahme. Den neuen nationalsozialistischen Machthabern gelang es, die Anlage des Maschsees als Erfolg der „neuen Bewegung" zu feiern. Der Entwurf der Bauverwaltung sah vor, in Verlängerung des Altenbekener Damms eine Brücke über den Maschsee mit Anschluss an den Ohedamm zu bauen. Der nördliche Teil sollte – auch hier stand sicherlich die Hamburger Alster Pate – baulich gefasst sein, während der südliche Teil in die freie Landschaft übergehen sollte. Die Brücke wurde nicht gebaut und es ist interessant, dass der Maschsee erst dadurch seinen heute unverwechselbaren Charakter mit einem städtischen Ostufer und einem landschaftlichen Westufer gewinnen konnte.

Strandbad

Besondere Elemente, Kunstwerke, Bauten

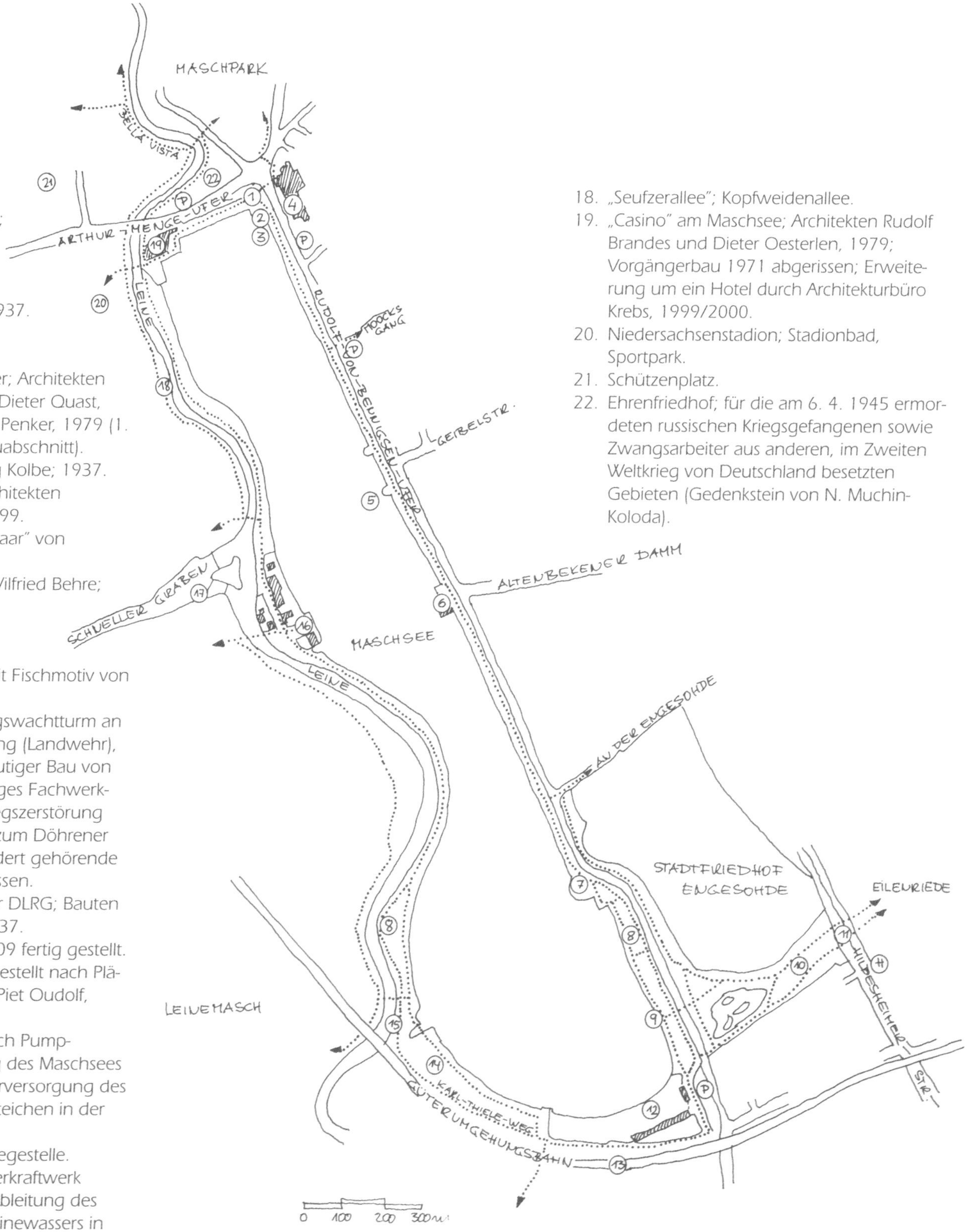

1. „Hellebardenträger" 1972 von Alexander Calder; 1978 vom Opernplatz hierher versetzt.
2. „Fackelträger" von Hermann Scheuernstuhl; 1937.
3. „Fischreiter" von Hermann Scheuernstuhl; 1937
4. Sprengel-Museum Hannover; Architekten Peter und Ursel Trint sowie Dieter Quast, Landschaftsarchitekt Georg Penker, 1979 (1. Bauabschnitt), 1992 (2. Bauabschnitt).
5. „Menschenpaar" von Georg Kolbe; 1937.
6. Restaurant Yachtschule; Architekten Bertram/Bünemann, 1998/99.
7. Löwenbastion mit „Löwenpaar" von Arno Breker; 1938.
8. „Globales Steinband" von Wilfried Behre; um 1990.
9. „Schwimmer" von Erich Haberland; 1936.
10. „Arthur-Menge-Brunnen" mit Fischmotiv von Ludwig Vierthaler; 1965.
11. Döhrener Turm; Durchgangswachtturm an der äußeren Stadtbefestigung (Landwehr), 1355 erstmals erwähnt; heutiger Bau von 1488, 1888 durch achteckiges Fachwerkgeschoss ergänzt, nach Kriegszerstörung 1975/76 privat restauriert; zum Döhrener Turm seit dem 18. Jahrhundert gehörende Gastwirtschaft 1937 abgerissen.
12. „Strandbad" betreut von der DLRG; Bauten von Robert Borlinghaus, 1937.
13. Güterumgehungsbahn; 1909 fertig gestellt.
14. Staudengarten; wiederhergestellt nach Plänen des Gartenarchitekten Piet Oudolf, 1997/98.
15. Maschseequelle; ursprünglich Pump- und Filterwerk zur Speisung des Maschsees aus der Leine, 1936; Wasserversorgung des Sees seit 1962 aus den Kiesteichen in der Leineaue.
16. Boots- und Clubhäuser; Anlegestelle.
17. Wehr (seit 1474) und Wasserkraftwerk (1921); Schneller Graben, Ableitung des überwiegenden Teils des Leinewassers in die Ihme zum Hochwasserschutz.
18. „Seufzerallee"; Kopfweidenallee.
19. „Casino" am Maschsee; Architekten Rudolf Brandes und Dieter Oesterlen, 1979; Vorgängerbau 1971 abgerissen; Erweiterung um ein Hotel durch Architekturbüro Krebs, 1999/2000.
20. Niedersachsenstadion; Stadionbad, Sportpark.
21. Schützenplatz.
22. Ehrenfriedhof; für die am 6. 4. 1945 ermordeten russischen Kriegsgefangenen sowie Zwangsarbeiter aus anderen, im Zweiten Weltkrieg von Deutschland besetzten Gebieten (Gedenkstein von N. Muchin-Koloda).

Maschseefest im Winter

Der Maschsee ist noch heute weitgehend in seiner im Jahre 1936 abgeschlossenen Form erhalten geblieben. 1971 musste die alte Maschseegaststätte am Nordufer wegen Baufälligkeit abgerissen werden. Im Zusammenhang mit dem Neubau eines Casinos am Maschsee wurden 1979/80 die Grünflächen am Arthur-Menge-Ufer neu gestaltet.
1997 konnte der nach 1945 aufgegebene Staudengarten an der Maschseequelle nach Plänen des holländischen Gartenarchitekten Piet Oudolf erfreulicherweise wieder neu entstehen.
Nachdem die Yachtschule an der Ausmündung Altenbekener Damm im Jahre 1996 abgebrannt war, entwarf das hannoversche Architektenbüro Bertram/Bünemann dort ein in den Maschsee hineinragendes Gebäude.

Treffpunkt nicht nur für Wassersportler

Traditionell hat der Maschsee für Wassersportler eine große Bedeutung. Schließlich haben sie wesentlich dazu beigetragen, dass er überhaupt entstehen konnte. Ruderer und Segler geben dem See bei Sonne und Wind sein sportlich-buntes Gepräge. Im Sommer ist das Baden in der Badeanstalt am Südufer trotz der nahen, kostenfrei zu nutzenden Kiesteiche in der Leineaue immer noch sehr beliebt. Wo hat man schon direkt vom Schwimmbad aus einen freien Blick auf die Silhoutte einer Großstadt? Wenn volkssportliche Veranstaltungen, wie Marathon oder Schwimmen, geplant werden, ist der Maschsee immer einbezogen. Jedes Jahr im Winter hoffen viele Hannoveraner, dass die Eisdicke dick genug wird, um Schlittschuh laufen zu ermöglichen. Ist es dann tatsächlich so weit, bricht winterliches Maschseefieber aus und jeder will dabei sein. Zu den winterlichen Vergnügungen gehört auch der jährliche Fischzug. Wer

als Hannoveraner nicht mindestens einmal Maschseekarpfen gegessen hat, gehört nicht richtig dazu.
Die Maschseeufer zählen sicherlich zu den meist besuchten öffentlichen Grünanlagen in Hannover. Den See zu Fuß, joggend, mit dem Fahrrad, auf Inline-Skates oder Rollschuhen zu umrunden, ist ein nicht ersetzbares Feierabend- oder Wochenendprogramm vieler Hannoveraner. Der Weg ist abwechslungsreich, nicht zu kurz und nicht zu lang. Man tut etwas für sich und entwickelt „Hannover-Gefühl".
Dazu trägt bei, dass viele Hannoveraner auf dem Weg in die Stadt oder nach Hause oft am Maschsee vorbeikommen. Besuche von Sportveranstaltungen, Großkonzerten, Ausstellungen im Sprengel-Museum, Veranstaltungen im Funkhaus oder auf dem Schützenplatz sind fast immer mit einem angenehmen, die Lebensqualitäten von Hannover erinnernden Blick über den Maschsee verbunden.
Seit dem 50-jährigen Jubiläum des Maschsees im Jahre 1986 ist eine kaum noch zu bremsende Flut von festlichen Veranstaltungen über den Maschsee hereingebrochen und die Hannoveraner machen gern mit. Nur die schmalen Promenaden und Grünflächen leiden unter dem massiven Nutzungsdruck und die Mitarbeiter des Grünflächenamtes haben alle Hände voll zu tun, die grünen Ufer wirklich grün zu erhalten.

Flora und Fauna am, im und auf dem See

Auch in der Vegetation spiegelt sich der Gegensatz zwischen dem artifiziell gebauten Ostufer und dem natürlich landschaftlichen Westufer wider. Die Linden der Allee bestimmen das Ostufer. Die Bastionen werden in der Reihenfolge von Norden nach Süden jeweils durch Pyramidenpappeln, Platanen, Kastanien und Trauerweiden, also eher kunstgärtnerische Baumarten und -sorten betont. Dagegen stehen auf der Westseite überwiegend heimische Gehölze der Aue: Erlen, Weißweiden, Eschen, aber auch Eichen, Linden, Ahorn und als Sträucher Hartriegel, Schneeball, Weißdorn, Pfaffenhütchen, Feldahorn, Holunder und Liguster. Nur im Bereich der Maschseequelle wird es noch einmal exotisch. Da wachsen auch ein Tulpenbaum, eine kaukasische Flügelnuss und wieder Trauerweiden. Am Anleger des Westufers begrüßen Kastanien die Ankommenden. Die Krautvegetation unter den Gehölzen und auf den Lichtungen hat keine besonderen Sensationen zu bieten. Dazu ist die Nutzung des Maschsees zu intensiv. Seltene Pflanzen finden sich erst auf der anderen Seite der Leine im Wassergewinnungsgelände.

Staudengarten

Restaurant Yachtschule (6)

Der Maschsee selbst hat allerdings eine umfangreiche Wasser- und Ufervegetation, deren Ausbreitung immer wieder zu einer Behinderung des Wassersports und des Badebetriebs führt. 1970 wurden Graskarpfen in den Maschsee gesetzt – sie sollen helfen, das Problem zu lösen.
Folgende Vögel können am Maschsee regelmäßig beobachtet worden: Rauch- und Mehlschwalben, Mauersegler, Buch- und Grünfinken, verschiedene Meisen- und Drosselarten, Saat- und Rabenkrähen, Elstern, Feldsperlinge, Erlenzeisige und Baumläufer. Am und auf dem Wasser halten sich Stockenten, Lachmöwen, Blessrallen und Höckerschwäne auf und lassen sich gern füttern. An der Leine, am Schnellen Graben und an der Ihme sollen auch schon Eisvögel gesehen worden sein.

Hermann-Löns-Park

Im reichen Angebot historischer Parkanlagen Hannovers zeichnet sich der Hermann-Löns-Park in perfekter Weise durch die Kunst scheinbarer Natürlichkeit aus. Sein Reiz besteht darin, dass er dem Ideal einer alten bäuerlichen Kulturlandschaft norddeutscher Prägung sehr nahe kommt. In eine bewaldete Auenlandschaft sind Wiesen und Weiden eingebettet. Bachläufe durchziehen diese Landschaft und weiten sich zu kleinen Seen. Unter einem Eichenhain liegt ein altes niedersächsisches Gehöft. Daneben, auf einer kleinen Anhöhe, erinnert eine Bockwindmühle an vergangene Zeiten. Der Besucher vermisst vielleicht weidendes Vieh, aber Graugänse in großer Zahl und hier und da zu entdeckende botanische Raritäten wie Orchideen, gelbe Schwertlilien oder Wiesenrauten sichern das Gefühl, sich in einer Landschaft zu befinden, die sich vom Naturzustand noch nicht allzu weit entfernt hat. Man hat beim ersten Blick Schwierigkeiten, im Park den Park zu erkennen.
Erst beim genaueren Hinsehen wird deutlich, dass alles höchst artifiziell arrangiert ist. Gut ausgebaute Wege durchziehen das Gelände. Das Gehöft erweist sich als das gemütliche Restaurant „Zur Alten Mühle", Bänke laden zum Verweilen ein. Das Annabad und eine benachbarte Kleingartenanlage weisen auf großstädtische Nutzungsinteressen hin. Pflegende Gärtner erhalten das Bild eines Parks, über dessen Planung und Gestaltung in der Zeit von 1935–1939 der damalige Gartendirektor Hermann Wernicke stolz schrieb: „Mit dem Hermann-Löns-Park wurde in Hannover erstmalig der Versuch unternommen, mit dem englischen Parkideal zu brechen und eine naturgemäße deutsche Landschaft zu schaffen."

Gestaltete und doch natürliche niedersächsische Auenlandschaft

Tatsächlich sind im Hermann-Löns-Park die Jahreszeiten intensiv zu erleben: das zarte Grün der austreibenden Bäume und Sträucher und die wie weiße Wolken blühenden Vogelkirschen, die zahlreichen Graugänse und ihre Küken, später dann die bunten und üppig blühenden Wiesen, der allmähliche Übergang zum Herbst mit seinen farbenfreudigen Bildern und schließlich die reizvollen, aber viel zu seltenen Schneelandschaften.

Naturräumlich gehört der Hermann-Löns-Park zur Wietzeniederung. Im Untergrund liegen Mergelgesteine aus der Kreidezeit. Die tiefe Lage und undurchlässige Kreidetone hatten vor der Besiedlung ein Niedermoor entstehen lassen. Nährstoffreichtum und Kalkgehalt boten hervorragende Voraussetzungen für eine interessante Pflanzen- und Tierwelt.

Der Park ist etwa 90 ha groß. Im Norden und Süden wird er durch viel befahrene Bahntrassen, im Westen durch die Kirchröder Straße begrenzt. Er liegt zwischen dem östlichen Ausläufer der Eilenriede und dem Tiergarten und gehört zu einem von Wettbergen bis nach Misburg in west-östlicher Richtung durch die Stadt verlaufenden, breiten Naturband, das für Fußgänger und Radfahrer besonders attraktiv ist. Sehr gute Verbindungen gibt es darüber hinaus von den Stadtteilen Kleefeld, Kirchrode, Heideviertel, Anderten und Misburg.

Geträumt hatte die Gartendirektion schon in den zwanziger Jahren von einer Gestaltung des überwiegend der Stadt gehörenden Brachgeländes am Annateich, aber es blieb wie beim Maschsee dem nationalsozialistischen Regime vorbehalten, aus dem Wunsch Wirklichkeit werden zu lassen. 1935 wurde ein Planungswettbewerb für die Gestaltung des Geländes ausgeschrieben. Unter Vergrößerung des bereits bestehenden Annateiches sollte eine niedersächsische Auenlandschaft gestaltet werden. Außerdem wurden Vorschläge für eine Sportanlage, ein Freibad und eine Kleingartenanlage angefordert.

Den ersten Preis erhielt der hannoversche Architekt Hans Klüppelberg, der nach dem Zweiten Weltkrieg das Theater am Aegi gebaut hat. Der zweite Preis ging an eine Arbeitsgemeinschaft um den ebenfalls in Hannover arbeitenden Gartenarchitekten Wilhelm Hübotter. Mit den Anregungen aus dem Wettbewerb entwickelte die Gartendirektion unter der Leitung von Hermann Wernicke ein eigenes Konzept. Die Bauleitung lag in den Händen von Wilhelm Rademacher. Wilhelm Hübotter wurde mit Sonderplanungen betraut. Beide waren begeisterte Anhänger der Wandervogelbewegung und hatten sicherlich wesentlichen Einfluss darauf, dass der Park so natürlich und landschaftlich gestaltet worden ist. Die Bauarbeiten wurden von 1936 an als Arbeitsbeschaffungsmaßnahmen durchgeführt. 1939 fand die Einweihung statt und der Park erhielt seinen heutigen Namen. In seiner Grundstruktur ist er bis heute unverändert erhalten geblieben. Lediglich die Spielplätze und die Minigolfanlage sind neu hinzugekommen

Seine Erreichbarkeit und landschaftsräumliche Einbindung sind jedoch wesentlich verbessert worden. Durch einen 1983 angelegten Weg nach Kirchrode ist die Mardalwiese heute fast zu einem Teil des Parks geworden. Ein weiterer neuer Weg schafft eine kurze Verbindung nach Anderten. Auch die Breite und die Nasse Wiese sind an das Wegesystem angeschlossen worden. Im Zuge des S-Bahn-Ausbaus hat der bisher höhengleiche Bahnübergang zur Straße An der Breiten Wiese eine bequeme Unterführung erhalten.

Bockwindmühle

Vielfältige Nutzung in allen Jahreszeiten

Das Wissen und die Meinungen über den Hermann-Löns-Park sind in der Bevölkerung Hannovers sehr unterschiedlich aus-

Graugänse

Restaurant „Alte Mühle"

Besondere Elemente, Kunstwerke, Bauten

1. Restaurant „Zur Alten Mühle"; niedersächsisches Vierständerhaus von 1720 aus dem Dorf Wettmar.
2. Ehemalige Speichergebäude von 1637 aus Eystrup.
3. Bockwindmühle; ursprünglicher Standort auf dem Emmerberg in der Nähe des heutigen Aegidientorplatzes.
4. Hudestein; ursprünglich 1750 zur Markierung des damaligen hannoverschen Weidegebietes an der heutigen Schierholzstraße gesetzt, Ende der fünfziger Jahre vom Pferdeturm hierher versetzt.
5. Annateich; im westlichen Teil eine voll gelaufene alte Ziegeleigrube, der östliche Teil mit den Inseln im Zuge der Gestaltung des Parks neu geschaffen.
6. Kiebitzberg; eine künstlich geschaffene, kleine Bodenwelle am nordöstlichen Parkrand, wegen der kreisförmig abgelegten Findlingssteine Naturdenkmal.
7. Kleefelder Bad; gleichzeitig mit dem Hermann-Löns-Park entstanden und 1937 eingeweiht; öffentliches, heute vom Polizeisportverein betriebenes Freibad mit einem beheizten 50 m langen Schwimmbecken und großen Liegewiesen; von Mai bis September geöffnet. (Leitspruch: Die Polizei – dein Freund und Bademeister.)
8. Sportanlage; zunächst als „Scharnhorst Kampfbahn" vor allem für die Schulen gedacht; heute an den Gehörlosen-Sportverein von 1908 e. V. verpachtet.
9. Kleingartenanlage „Annateich" mit 220 Gärten; zeitgleich mit dem Park entstanden, ursprünglich nach einheitlichen Grundsätzen gestaltet und jeder Garten mit einer Holzlaube ausgestattet; nach Verlust vieler Lauben heute unter Denkmalschutz; Vereinshaus, früher Teehaus des ehemaligen Ritterguts Burg, bei seiner Versetzung in das Kleingartengelände zusätzlich mit einem kleinen Uhrturm geschmückt.
10. Eindrucksvolle Eisenbahnbrücke über den Verbindungsweg vom Hermann-Löns-Park zum Tiergarten; Entstehung im Zusammenhang mit dem Bau der Güterumgehungsbahn (1905–1909).
11. Minigolfanlage; um 1980 eingefügt.
12. Privates Wohnhaus; um 1902 am östlichen Ende der Eilenriede als Wohnhaus eines Försters gebaut.
13. Spielplatz.
14. Andere Sportanlage.

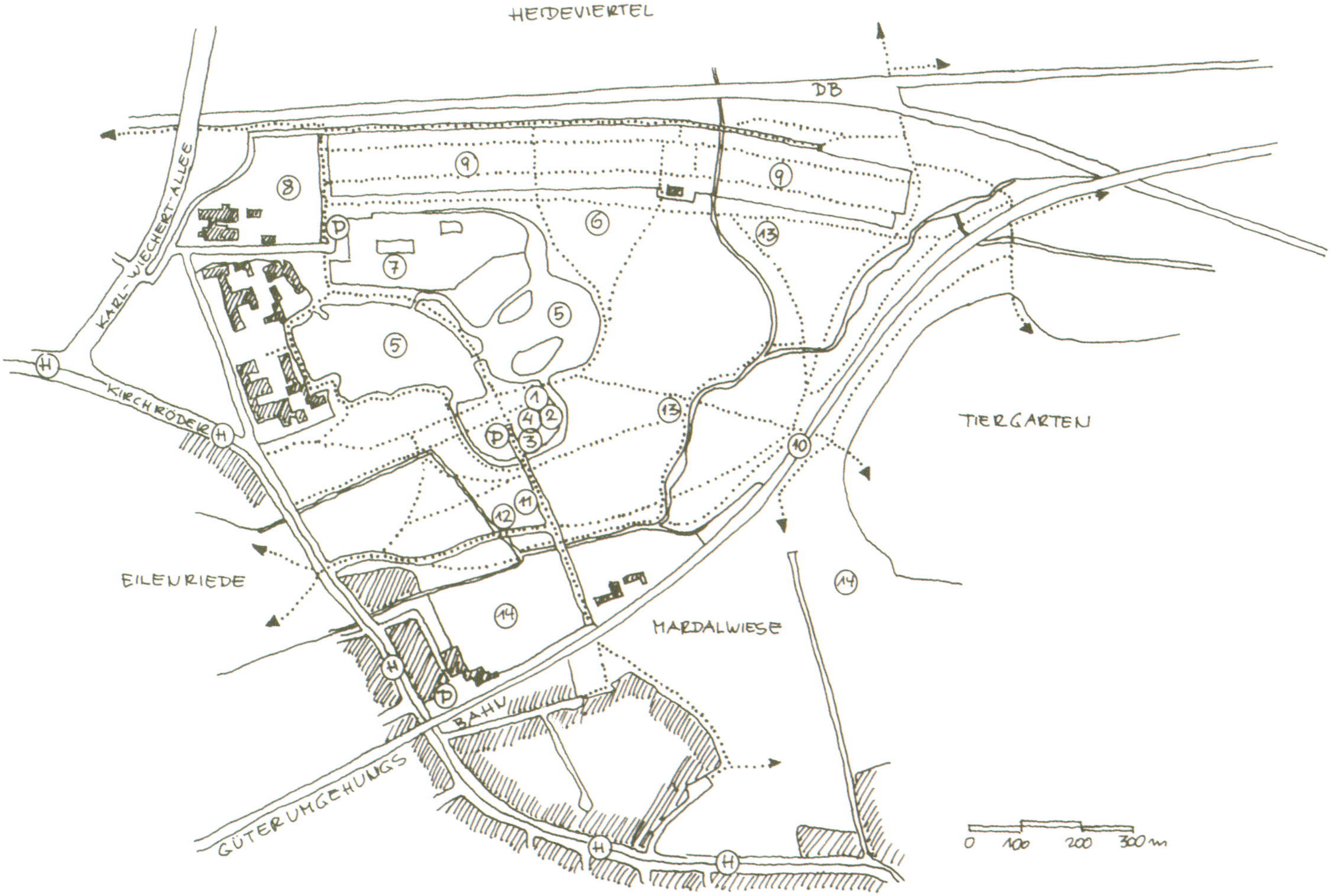

Kleingärten „Annateich"

Große Wiese im Winter

Wassergraben

Knabenkraut

geprägt. Für viele wird er mit dem Restaurant „Zur Alten Mühle" gleichgesetzt. Man kennt den direkt daneben liegenden Annateich, weil man dort Enten füttern kann. Außerdem ist der Annateich für Schlittschuhläufer ein Geheimtipp, der sich herumgesprochen hat. Da der Park an einem viel begangenen, befahrenen und berittenen Fuß-, Rad- und Reitweg von der Eilenriede in Richtung Heideviertel, Misburg, Anderten, Tiergarten und Kirchrode liegt, durchqueren ihn Viele, ohne ihn bewusst als Parkanlage wahrzunehmen.

Andere kennen den Hermann-Löns-Park sehr genau. Für Patienten des Annastifts ist er ein Park der Hoffnung. Die Bewohner des Deutschen Taubblindenwerks, des Blindenheims und des Seniorenheims Birkenhof in der Kühnstraße nutzen ihn regelmäßig für Spaziergänge. Nicht nur in der Nähe wohnende Jogger und Hundebesitzer drehen hier täglich ihre Runden.
In der Woche ist es im Hermann-Löns-Park eher still. Dann kann man hier die Natur wirklich genießen. Kein anderer hannoverscher Park hat eine so reiche heimische Pflanzen- und Tierwelt zu bieten. Wegen seiner Vielfalt ist er in jeder Jahreszeit für Naturbeobachtungen geeignet. An Wochenenden im Frühjahr und Herbst oder an Feiertagen kommen jedoch die Besucher in bunten Scharen. In der Zeit zwischen Mittagessen und Kaffeetrinken verspüren offenbar viele Hannoveraner den Drang nach Bewegung. In den Tagen zwischen Weihnachten und Neujahr bestimmen Familien das Bild. Aus mehreren Generationen zusammengesetzte Clans ziehen in oft beeindruckender Gruppenstärke durch den Park und zeigen, dass in dieser gutbürgerlichen Wohngegend von Hannover der Familiengedanke noch nicht ausgestorben ist.

Ideale Bedingungen für artenreiche Flora und Fauna

Die schon erwähnten besonderen Standortbedingungen hatten bereits vor der Anlage des Parks eine artenreiche Feuchtwiesenvegetation mit Pfeifengras, verschiedenen Orchideenarten und seltenen Binsen- und Seggenarten entstehen lassen. Heute würden derartige Flächen sofort unter Naturschutz gestellt werden und verändernde Eingriffe wären kaum möglich. Allerdings hatten schon vor der Entstehung des Parks engagierte Naturschützer den Wert des Geländes erkannt und vor seiner Zerstörung gewarnt. Bei der Anlage wurde deshalb Reinhold Tüxen, der Leiter der damals in Hannover ansässigen Zentralstelle für Vegetationskartierung des Reiches zu Rate gezogen. Als engagierter Vertreter der noch jungen Wissenschaft der Pflanzensoziologie – er beriet übrigens auch bei der Anlage des Maschsees und des Schulbiologiezentrums – legte er gemeinsam mit der Gartendirektion fest, dass die vorhandene wertvolle Vegetation am Ufer des Annateichs auf künstlich geschaffenen Inseln bei der Teicherweiterung erhalten blieb und sich von dort aus weiterentwickeln konnte.
Die Auswahl der neu zu pflanzenden Gehölze orientierte sich ausschließlich an Arten des feuchten Eichen-Hainbuchenwaldes, der von Natur aus hier wachsen würde. Die beherrschenden Baum- und Straucharten sind noch heute Stieleichen, Eschen, Vogelkirschen, Linden, Hainbuchen, Traubenkirschen, Hartriegel, Weißdorn und Schlehen. Bis vor wenigen Jahren gab es viele Flatterulmen, die fast alle der Ulmenkrankheit zum Opfer fielen. An feuchten Stellen, vor allem an den Uferrändern der Teiche, pflanzte man Erlen, Pappeln und Silberweiden. Für die Wiesenaussaat wurden Arten der Fettwiesen verwendet, wie beispielsweise Rotschwingel, Wiesenrispengras, Glatthafer, Wiesenklee und Hornklee. Tüxen ging mit Recht davon aus, dass sich andere Krautarten, insbesondere auch unter den Gehölzbeständen, von selbst einstellen würden.
Heute bestimmen die inzwischen hoch gewachsenen kulissenartigen Gehölze das Bild. Es ist interessant, sich zu vergegen-

Annateich

wärtigen, dass – von wenigen Ausnahmen abgesehen – alle dort stehenden Bäume erst Ende der dreißiger Jahre angepflanzt worden sind. Besonders eindrucksvoll sind die großen Silberweiden und in der Blütezeit im Mai die Vogelkirschen an den Gehölzrändern. Die Wiesen erfreuen mit immer wieder wechselnden Ansichten, wenn nacheinander zunächst das Wiesenschaumkraut, dann der scharfe Hahnenfuß, danach die Wucherblume und wieder später die Flockenblume in großer Zahl blühen.

Aber auch einige seltene und gefährdete Arten sind noch vorhanden und werden von den Kennern unter den Naturfreunden sorgfältig registriert.

Es ist fast selbstverständlich, dass die scheinbar natürliche Landschaft des Hermann-Löns-Parks auch vielen Tieren Lebensraum bietet. Graugänse sind in Überzahl vorhanden. Sie nutzen den Fütterungstrieb der Menschen und können gut dabei leben. Ihr schöner Gesang ist aus dem Park nicht wegzudenken. Es sind dort aber auch schon Hase und Igel gesehen worden. Füchse und Marder haben in der Nachbarschaft Hühner und junge Gänse erbeutet. Nachtigallen singen unermüdlich im Mai und im Juni ihr Lied. Bussarde kreisen majestätisch am Himmel. In der Dämmerung jagen die Fledermäuse. Nachts ruft das Käuzchen sein schauriges „Komm mit". Frösche, Kröten, Schnecken und Mücken fühlen sich in dem feuchten Gelände wohl. Kurz: es kreucht und fleucht im Hermann-Löns-Park an allen Orten. Der Naturfreund wird bei einem Besuch reich beschenkt.

Stadtpark

Wie der Stadtpark zu seinem unscharfen, auch ein wenig hochtrabenden Namen gekommen ist, kann nicht mehr nachvollzogen werden. Im Sprachgebrauch ist der alte Name „Stadthallengarten" nach wie vor verbreitet und er trifft den Charakter dieses mit 6 ha relativ kleinen, aber intensiv gestalteten öffentlichen Gartens an der Stadthalle viel besser.
Mit seiner großen zentralen Rasenfläche vermittelt er zunächst den Eindruck von Weitläufigkeit, aber bei einem Spaziergang entfaltet er in dichter Folge den ganzen Reichtum gärtnerischer Leidenschaft.
Unter den „historischen" öffentlichen Gärten und Parks in Hannover ist der Stadtpark der jüngste. Zwar geht er in seinen Anfängen auf die Zeit des Baus der Stadthalle um 1910 zurück, aber er wurde zur Ersten Bundesgartenschau 1951 insgesamt neu gestaltet. Er repräsentiert deshalb heute überwiegend die gartenarchitektonische Gestaltungsauffassung der frühen fünfziger Jahre. Nationalsozialistische Herrschaft und Zweiter Weltkrieg hatten vorher stilistische Weiterentwicklungen stark erschwert. So ist die Anknüpfung an Bodenständiges und Bewährtes (zum Beispiel in den handwerklich wunderbar ausgearbeiteten Sandsteinmauern) im Stadtpark unverkennbar. Andererseits atmet der Garten aber auch den Geist des Neuanfangs. Er ist auf angenehme Weise bescheiden und spiegelt das Bedürfnis des gärtnerischen Berufsstandes wider, sich auf gute handwerkliche Arbeit zu besinnen und den Ballast politischer Überheblichkeit abzuwerfen.
Eine ganz andere Ausstrahlung hat der Anfang der sechziger Jahre, also in der Zeit des so genannten Wirtschaftswunders, neu gestaltete Fontänengarten innerhalb dieses

Parks. Hier ist klare, selbstbewusste Sachlichkeit beherrschendes Kennzeichen.
Bei einem Rundgang durch den Park fällt die Abfolge unterschiedlicher Themengärten auf: Azaleen- und Rhododendrongarten, Staudengarten, neuer japanischer Teegarten, Wassergarten, Rosengarten. Wer Anregungen für den eigenen Garten sucht, wird im Stadtpark zu jeder Jahreszeit fündig.
Im Grünsystem der Stadt Hannover bildet der Stadtpark gemeinsam mit der Clausewitzwiese und den dort vorhandenen Sportanlagen einen großen Vorbereich zur Eilenriede. Er grenzt im Westen unmittelbar an das Hindenburgviertel und ist von den Stadtteilen Kleefeld, Bult, Südstadt, aber auch von der Liststadt durch die Eilenriede leicht zu Fuß erreichbar. Mit der Wiederherstellung einer alten Verbindung über die verlängerte Kleefelder Straße mit einer neuen Brücke über den Messeschnellweg parallel zur großen West-Ost-Eisenbahnverbindung ist die Erreichbarkeit des Stadtparks für Fußgänger und Radfahrer 2000 wesentlich verbessert worden.
Einen Rundgang beginnt man am besten am Haupteingang zwischen Hotel und Stadthalle. Indem man sich nach links wendet, durchläuft man den Garten auf seinem Randweg im Uhrzeigersinn und landet zum Schluss ziemlich sicher bei einer Tasse Kaffee in der Stadthalle. Nebeneingänge gibt es über eine Brücke von der Clausewitzwiese aus und von der Kleefelder Straße im Bereich des Rosencafés.
Die Entstehung des Stadtparks ist eng mit der Geschichte der Stadthalle verbunden. Diskussionen um den Bau einer großen Konzerthalle hatte es in Hannover schon seit Mitte des 19. Jahrhunderts gegeben. Nach der Jahrhundertwende setzte sich der Vorschlag von Stadtdirektor Heinrich Tramm durch, die Stadthalle auf einem ehemaligen Militärgelände am Rande der Kleinen Bult als Mittelpunkt für ein bürgerliches Wohnviertel zu errichten. Nach einem 1910 durchgeführten Planungswettbewerb erhielten die Architekten Eugen Scholer und Paul Bonatz den Entwurfs- und Bauauftrag. Im Jahr 1913 wurde die Stadthalle eingeweiht. Zu ihr gehörte ein von Hermann Kube gestalteter Garten (1914). Bemerkenswert ist, dass die Konzeption von Anfang an die nicht selbstverständliche Kombination mit einem Garten vorsah. Die noch heute sehr eindrucksvoll wirkende Kuppel der Stadthalle sollte an der Eingangsfront einen von seitlichen Gebäuden gerahmten städtischen Platz krönen. Auf der Südseite führte eine große Terrassenanlage über ein lang gestrecktes Wasserbecken in den Garten. Die Idee einer engen Verbindung von Gebäude und Garten ist noch heute spürbar.

Von der Jadega 1933 zur BUGA 1951

Anfang der dreißiger Jahre wurde vom Reichsverband des Deutschen Gartenbaus und der Stadt Hannover beschlossen, im Stadthallengarten eine Jahresschau deutscher Gartenkultur (Jadega 1933) zu veranstalten. Die hannoverschen Gartenarchitekten Wilhelm Hübotter und Kurt Vogler erhielten in einem Planungswettbewerb den ersten Preis für den Gesamtentwurf. Im Wettbewerb ebenfalls ausgezeichnete Architekten und Gartenarchitekten übernahmen die Ausführungsplanung einzelner Teile der Ausstellung. Wesentlich war eine erhebliche Erweiterung des Stadthallengartens im Süden bis an die Bahngleise und im Osten bis an die Clausewitzstraße. Zerstörungen des Zweiten Weltkriegs ließen davon nicht viel übrig. Große Teile des Geländes wurden vorübergehend zur Linderung der Not als Gartenland genutzt. Bald danach begannen Gespräche der hannoverschen Gartendirektion (Stadtgartendirektor Hans Heinrich Westphal) mit dem Zentralverband des Deutschen Gemüse-, Obst- und Gartenbaus, den Stadthallengarten durch eine Gartenschau neu zu gestalten. Aus einem Ideenwettbewerb gingen Wilhelm und Peter Hübotter als Preisträger hervor. Die Ausgestaltung des Geländes erfolgte nach einem vom Garten- und Friedhofsamt festgelegten Rahmenplan und unter Hinzuziehung eines künstlerischen Beirats durch verschiedene Garten- und Landschaftsarchitekten. Am 18. April 1951 eröffneten Bundespräsident Theodor Heuss und Elly Heuss-Knapp die Erste Bundesgartenschau in Hannover, die zum Vorbild für viele weitere Bundesgartenschauen in Deutschland geworden ist. Trotz immer wieder aufflammender Kritik haben sie sich in ihrer inhaltlichen und organisatorischen Struktur nur unwesentlich verändert und als sehr erfolgreich erwiesen. Da der Stadtpark überwiegend in der damals geschaffenen Form erhalten geblieben ist, repräsentiert er nicht nur eine bestimmte gartenarchitektonische Auffassung, sondern ist auch Vorläufer aller seitdem durchgeführten Bundesgartenschauen. Umgestaltet wurden seit 1951 lediglich die Bereiche des großen Wasserbeckens vor der Terrassenanlage der Stadthalle und des heutigen japanischen Teegartens neben dem Rosencafé. Der Entwurf für den Terrassengarten stammt von Erwin Laage, dem späteren Leiter des Garten- und Friedhofsamtes. An der Stelle des Teegartens war zur selben Zeit ein zum Sonnenbaden geeigneter Heckengarten angelegt worden. Als die Stadt Hannover

Fontänengarten

1988 von der Partnerstadt Hiroshima einen Teepavillon geschenkt bekam, erhielt dieser im Stadtpark einen angemessenen Standort. 1995/96 wurde dazu in einer Gemeinschaftsarbeit der Stadtgärtner von Hiroshima und Hannover ein kleiner japanischer Teegarten geschaffen, der sich bei den Besuchern großer Beliebtheit erfreut. Im Teehaus werden während der Sommermonate regelmäßig Teezeremonien angeboten.

Stiller Ort mit festlichen Highlights

Unter den öffentlichen Grünanlagen der Stadt ist der Stadtpark ein eher ruhiger Ort. Wer einen außergewöhnlich schönen Garten betrachtend genießen, sich zu eigenem gärtnerischem Bemühen anregen lassen oder mit einem Buch zurückziehen möchte, fühlt sich im Stadtpark gut aufgehoben.
Zu besonderen Anlässen bildet er den Rahmen für große Veranstaltungen. Eine besondere Tradition hat das von der Bundeswehr ausgerichtete, festliche „Sommerbiwak", das alljährlich im Juni nun schon seit mehr als 25 Jahren hier stattfindet. Es gilt in Hannover als eines der großen gesellschaftlichen Ereignisse, zu dem bis zu 8000 Menschen zusammenkommen. Weniger elegant geht es beim zeitlich mit dem „Sommerbiwak" gekoppelten „Stadthallenfest" zu. Da wird der Park von manchen mit einer Toilettenanlage verwechselt und zur Verzweiflung der den Park pflegenden Gärtnerinnen und Gärtner halten andere die Staudenbeete für große, weiche Betten. Sehr beliebt und zum Garten passend sind die seit 1999 im Mai veranstalteten „Hannoverschen Pflanzentage". In der Aufbruchstimmung des Frühlings sind sie zu einem Treffen aller Gartenbegeisterterten in und um Hannover geworden. In Verbindung mit dem japanischen Teepavillon und Teegarten ist der Stadtpark in den letzten Jahren mehr und mehr auch zu einem Treffpunkt der Japanfreunde geworden. 1988 wurde dort erstmalig ein „Kirschblütenfest" veranstaltet.

Japanischer Teegarten

Gartengestaltung mit internationalen Pflanzen

Bis in die letzten Winkel hinein ist der Stadtpark ein intensiv gestalteter, öffentlicher Garten. Wild wachsende Pflanzen wird man deshalb dort kaum finden. Stattdessen wird auf engem Raum die ganze Fülle der Gehölze und Stauden ausgebreitet, die als Gartenpflanzen in unserem Klima möglich und beliebt sind. Die Pflanzen kommen ursprünglich von weither und so ist der Park im besten Sinne international.
Wenn man von den Kaninchen absieht, die gelegentlich vom Bahndamm herüberkommen, ist der Stadtpark vor allem ein Vogelparadies. Im dichten Gesträuch der Randpflanzungen tummeln sich Meisen, Amseln, Rotkehlchen, Rotschwänzchen, Buchfinken, Zaunkönige, Grasmücken, Kleiber, Buntspechte und andere Singvögel. Hin und wieder haben in den schmalen Becken des Wassergartens auch schon Enten gebrütet.

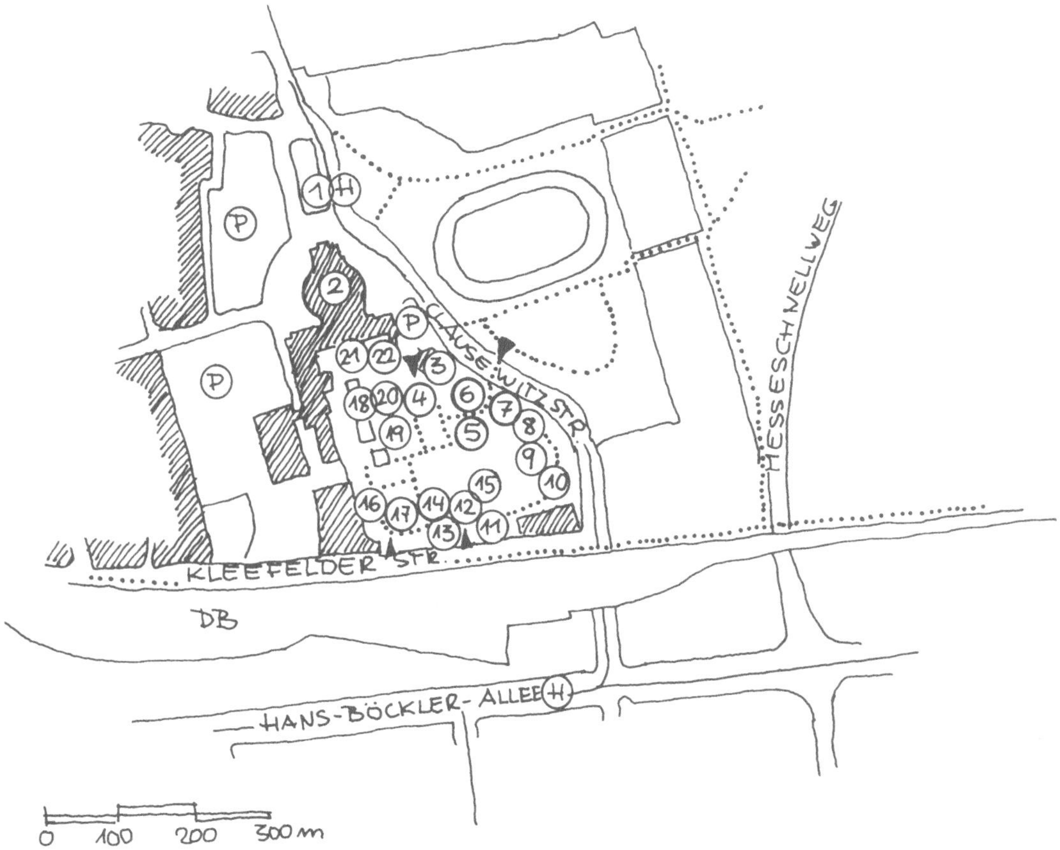

Besondere Einzelelemente, Kunstwerke, Bauten

1. BUSSTOP von Oscar Tusquets Blanca; 1994.
2. Stadthalle; neoklassizistische Architektur der Architekten Paul Bonatz und Friedrich Eugen Scholer, 1912/13.
3. Hotel am Stadtpark; Architekt Kurt Haarstick, 1971–74.
4. „Wildschwein-" und „Affengruppe" von Fritz Bernuth; 1951.
5. Schachecke; Geschenk der Stadt Bern, 1982.
6. Rhododendron- und Azaleengarten.
7. Schweizer Garten mit Pavillon; Landschaftsarchitekt Amman, 1951.
8. „Golfspielerin" von Constantin Starck; 1935 geschaffen, ursprünglich auf einem Sockel stehend, hier 1959 aufgestellt.
9. Staudengarten; Landschaftsarchitekt Karl Plomin, 1951.
10. „Kniende" von Georg Kolbe; 1933, aufgestellt 1957.
11. Japanisches Teehaus mit Garten; Haus 1987 und Garten 1996, Geschenk der Partnerstadt Hiroshima.
12. „Sinnende" von Friedrich Adolf Sötebier; 1957.
13. Rosencafé; Architekt Gerhard Graubner, 1951.
14. „Kämpfende Hähne" und „Böcke" von Paul Egon Schiffers, 1951.
15. Wassergarten; Landschaftsarchitekt Karl Plomin, 1951.
16. Rosengarten mit Rosenpavillon; Landschaftsarchitekt Rudolf Stier, 1951.
17. „Rosenjunge" von Ludwig Vierthaler; 1976 aufgestellt.
18. Fontänengarten; Landschaftsarchitekt Erwin Laage, 1963/64.
19. „Fischreiher" von Ruth Meisner; ursprünglich 1937 an der Maschseequelle aufgestellt, dort gestohlen, im Stadtpark seit 1951.
20. „Karyatide" von Max Sauk; 1965.
21. „Hockender" von Susanne Knorr; 1983.
22. „Sinnender" von Herberth Volwahsen; 1983.

Eilenriede

Hannover – Stadt der Gärten! Gehört die Eilenriede dazu? Ja und nein! Nein, weil sie ein Wald ist und Wälder keine Gärten sind. Ja, weil es in diesem Buch nicht um den Garten im engeren Sinn, als einem umfriedeten Stück Land, das gärtnerisch genutzt wird, sondern um alle außerhalb von Bebauung liegenden und der Erholung dienenden Freiräume geht. So verstanden, gehört die Eilenriede nicht nur dazu, sondern stellt ein Kernelement dieser Erholungsräume dar und bietet vielfältige Nutzungsmöglichkeiten. Sie liegt nicht irgendwo weit draußen, sondern mitten in der Stadt. Durch ihre Größe und ihre aufgefächerte Form berührt sie mehrere Stadtteile. Dieser unmittelbare Kontakt hat zur Folge, dass die Hannoveraner sie in ähnlicher Weise schätzen wie die Herrenhäuser Gärten.

Seit 1956 kümmert sich ein „Eilenriedebeirat" um den Schutz, die Erhaltung und Weiterentwicklung der Eilenriede und berät die politischen Gremien in allen wichtigen, den Stadtwald betreffenden Entscheidungen. Die herausragende Rolle der Eilenriede ist auf die Einstellung der Hannoveraner zu Natur und Landschaft nicht ohne Einfluss geblieben. Sie lassen sich nicht mit kleinen Grüninseln und Verkehrsrandstreifen abspeisen, sondern für sie ist selbstverständlich, dass Erholungsbedürfnisse große Flächen erfordern und dass man sich diese auch leisten sollte. Eilenriede und Herrenhäuser Gärten stellen zwei gegensätzliche Pole des Umgangs mit der Natur dar, zwischen denen sich in Hannover ein außergewöhnlich weites und differenziertes Gartenbewusstsein entwickeln konnte. Dieses erwartet einerseits höchste gärtnerische Perfektion in Herrenhausen wie andererseits scheinbare Natürlichkeit im Stadtwald. Dabei steht die Begeisterung für die Waldnatur durchaus nicht im Widerspruch zu dem Wunsch, diese von bequemen und sauberen Wegen aus zu betrachten. Buschwindröschen und Lerchensporn werden gern bestaunt. Zugleich wird das angenehme Gefühl genossen, sich in einer gepflegten Kulturlandschaft zu bewegen. Es ist kein Zufall, dass um die Ausweisung von Naturwaldparzellen in der Eilenriede vor einigen Jahren heiße Diskussionen entbrannten. Vordergründig ging es um den üblichen Schlagabtausch von Rechts und Links. Dahinter aber steckte die erschreckte Frage:

Vordere Eilenriede

Wie natürlich soll und darf die Eilenriede sein? „Latet den Börgern öre Eilenriede" soll 1614 der Landesherr von Hannover, Herzog Friedrich Ludwig väterlich verkündet haben. Damals brauchten die Bürger ihre Eilenriede vermutlich vor allem als Viehweide und um Holz sammeln zu können. Heute wollen sie sich an einer gepflegten Waldnatur erfreuen. Mit einer Größe von ungefähr 650 ha ist die Eilenriede der beherrschende Freiraum im östlichen Stadtbereich. Sie reicht im Westen bis an den Emmichplatz heran, zehn Minuten Fußweg vom Hauptbahnhof entfernt. Sie hat eine Nord-Süd-Ausdehnung von 5,5 km und eine West-Ost-Ausdehnung von gut 4 km. Die Stadtteile Zoo, Oststadt, List, Groß Buchholz, Kleefeld, Kirchrode, Waldheim, Waldhausen, Südstadt und Bult haben mit ihr unmittelbaren Kontakt.

Königinnen-Denkmal

Waldnatur im Herzen der Stadt

Die Eilenriede ist hervorragend in das Grünsystem der Stadt eingebunden. Im Süden schließt sie nahtlos an die Leineaue mit Maschsee an und bildet gemeinsam mit dem östlich gelegenen Hermann-Löns-Park, dem Tiergarten und der Breiten/Nassen Wiese ein durch die Stadt hindurchgehendes Naturband. Sie hat so Verbindung mit einem Äußeren Grünen Ring am Stadtrand und ist selbst Teil eines Inneren Grünen Ringes, der zusammen mit der Leineaue und den Herrenhäuser Gärten gebildet wird und nur im Norden im Bereich des Niedersachsenringes noch der Vervollständigung bedarf. Der Grünzug Roderbruch knüpft an den Ostrand der Eilenriede an und führt bis in den Misburger Wald und in die Warmbüchener Moorgeest.

Nutzungswandel im Laufe der 600-jährigen Geschichte

1971 feierte die Eilenriede als Stadtwald ihr 600-jähriges Jubiläum; denn 1371 wurde sie in einem Erlass der Herzöge Wenzel und Albrecht von Sachsen mit dem folgenden Text ausdrücklich der Stadt Hannover zugesprochen: „Ferner gestatten wir den

Buschwindröschen-Teppich

vorbenannten Bürgern von Hannover, dass sie das Holz, das die Eilenriede heißt, bei Hannover gelegen, vergrößern dürfen und Holz dazupflanzen und hegen ..."
Damit ist auch klar, dass der Wald damals bereits bestand. Er soll einmal Teil eines geschlossenen großen Waldgebietes zwischen Hildesheim und Hannover gewesen sein, das sich nach der letzten Eiszeit herausbildete und das die Menschen, dem Leinetal folgend, allmählich von den hochwasserfreien Rändern aus besiedelten.
Die Eilenriede wurde damals von der hannoverschen Bevölkerung als Waldweide und zur Holzgewinnung genutzt. Man darf sich nicht vorstellen, dass sie mit ihrem heutigen Erscheinungsbild auch nur ansatzweise vergleichbar war. Ihre seitdem erhebliche Vergrößerung war dringend erforderlich, weil sie völlig überbeansprucht wurde. Das Vieh verbiss jeden aufkommenden Sämling und jeder etwas dickere Knüppel wurde als Brennholz verwendet. Um 1500 soll es nicht möglich gewesen sein, in der Eilenriede einen einzigen etwas stärkeren Baum zu finden. Die Vergrößerung erstreckte sich vorrangig auf das Gebiet der heutigen Südlichen Eilenriede. Die heute noch gültige südliche Grenze wurde mit dem Bau einer Landwehr zwischen Döhrener Turm und Kirchröder Turm bereits Ende des 14. Jahrhunderts fixiert. Die beschriebene Nutzung der Eilenriede dauerte bis in das 19. Jahrhundert hinein. Nur allmählich setzte sich die Erkenntnis durch, dass die Waldweide eine gedeihliche Waldentwicklung behinderte und dass eine regelmäßige Holzernte eine nachhaltige Hege und Pflege erforderte. Die um 1800 einsetzende hohe Attraktivität des Tiergartens als Erholungsgebiet war vermutlich auch darin begründet, dass die Eilenriede damals keine ästhetisch ansprechenden Wald- und Landschaftsbilder bot. Erst vor etwa 150 Jahren wurde die Bewirtschaftung der Eilenriede so umgestellt, dass sich wieder ein geschlossener Wald entwickeln konnte. Die Nutzung als Waldweide wurde aufgegeben und es wurde systematisch aufgepflanzt. Seit ungefähr 1880 wurde die Eilenriede ausdrücklich nach Theorien der Forstästhetik behandelt. Sie sollte zugleich Wald und Park sein. Das bedeutete zum Beispiel, dass keine großen Kahlschläge erfolgten.
Die Suche nach Schönheit hat vermutlich die Entscheidung erleichtert, den ersten Gartendirektor von Hannover, Julius Trip, 1894 mit der Umgestaltung der Vorderen Eilenriede zu beauftragen. In diesem Bereich waren mit der List, der Oststadt und dem Zooviertel neue, dicht bebaute Wohngebiete entstanden, deren Bevölkerung nach Ausgleich in der Natur drängte. Es war daher nahe liegend, die benachbarte Eilenriede parkartig zu gestalten. Eine Fläche von etwa 60 ha wurde der Gartendirektion zugewiesen. Ein dichtes Wegenetz, geschlängelte Wassergräben mit Teichen und ein Kinderspielplatz entstanden. Die Bepflanzung mit Rhododendren und anderen Moorbeetpflanzen, wie Lorbeerrose und Lavendelheide, erwies sich jedoch als problematisch. Außerdem gingen forst- und

Pferdeturm

parkpflegerische Vorstellungen weit auseinander. Nach der Rückübertragung der Vorderen Eilenriede an das Forstamt in den siebziger Jahren müssen diese gartenarchitektonischen Bemühungen in der langen Geschichte der Eilenriede wohl als eine abgeschlossene Episode betrachtet werden. Allerdings ist der Stadtwald insgesamt im 20. Jahrhundert mit der Schaffung von speziellen Rad- und Wanderwegen, der Anlage von Waldwiesen, dem Bau von Kinderspiel- und Bolzplätzen konsequent als Erholungsgebiet ausgebaut worden.
In den Jahren 1950–52 kam es zum Bau des Messeschnellweges, der für die Eilenriede eine schwer wiegende Belastung darstellt. Versuche, die Straße wieder aufzulösen, erwiesen sich als undurchführbar. Immerhin war die allgemeine Entrüstung über diese Straßenplanung Auslöser für die Einrichtung eines Eilenriedebeirats, der seitdem alle Planungen begleitet, die Auswirkungen auf die Eilenriede haben.
Nach dem Zweiten Weltkrieg wurden zunehmend Forderungen gestellt, die Eilenriede in ihrer ökologischen und kulturhistorischen Bedeutung stärker zu beachten. In diesem Zusammenhang ist im Jahre 1959 die Einrichtung des Vogelschutzgehölzes als Schutz- und Lehrgehege zu sehen. Anlässlich des Stadtwald-Jubiläums brachte die Naturhistorische Gesellschaft in Hannover eine „Eilenriede Festschrift" heraus, die sich erstmals vertiefend mit Fragen der Umweltforschung in der Eilenriede befasste.
Die Mitte der 80er Jahre einsetzende öffentliche Diskussion um das Waldsterben bezog sich schnell auch auf die Eilenriede und hat ihre Wertschätzung als ein unverzichtbares landschaftliches Element im Bewusstsein der Bevölkerung sehr unterstützt.

Vogelschutzgehölz

Große Bedeutung im Bewusstsein der Hannoveraner

Die Zeiten der Waldweide sind in der Eilenriede längst vorbei, aber die Holznutzung spielt immer noch eine gewisse Rolle. Größere Kahlschläge werden vermieden. Einzelne Stämme werden liegen gelassen, um die Lebensraumqualitäten zum Beispiel für Insekten und Vögel zu verbessern. Der regelmäßige Holzeinschlag sichert langfristig das Bild, woran sich die Waldbesucher gewöhnt haben. Außerdem erinnert er die zu idealistischer Verdrängung neigenden Städter daran, dass Holznutzung das Fällen von Bäumen voraussetzt.
Vor allem jedoch dient die Eilenriede heute der Erholung. Sie erfüllt das starke menschliche Bedürfnis, auch in einer zivilisatorisch bestimmten städtischen Umwelt der Natur im Wechsel der Jahreszeiten nahe zu sein. In der Zuneigung der Hannoveraner zur Eilenriede kommt die in Deutschland allgemein verbreitete Waldbegeisterung zum Ausdruck. Sie wird in Hannover durch die Lage des Waldes mitten in der Stadt gesteigert. Spaziergänge oder weitere Wanderungen zu Fuß, mit dem Fahrrad oder mit In-line-Skates, gelegentlich sogar auf Skiern oder hoch zu Ross sind in der Eilenriede besonders beliebt. Daneben laden Spielplätze, Waldwiesen und ein gutes Angebot von Gastwirtschaften unterschiedlichen Standards zum Aufenthalt ein. Das Vogelschutzgehölz überrascht – mehr als der bescheidene Name vermuten lässt – mit interessanten Informationen über das Waldleben. Es ist ein lebendiges Naturkundemuseum.
Eine herausragende Bedeutung hat der Stadtwald außerdem als angenehmer Verbindungsraum zwischen außerhalb liegenden Zielen. Es gibt viele, die auf ihren täglichen Wegen zur Arbeit oder nach Hause auf dem Fahrrad oder mit In-line-Skates die Eilenriede durchqueren. An Wochenenden bewegen sich ganze Karawanen von Wanderern durch den Stadtwald, die der Leineaue, dem Hermann-Löns-Park oder dem Tiergarten zustreben oder von dort kommen. Für sie ist die Eilenriede keineswegs nur der Weg zum Ziel, sondern sie garantiert, dass ein erholsamer Ausflug schon in der Nähe der Wohnung beginnt und dort auch wieder endet.

Besondere Elemente, Kunstwerke, Bauten

1. Pelikan-Brunnen; 1914 von Gustav Halmhuber, ursprünglich im Neuen Rathaus; seit 1935 an dieser Stelle; Pelikanfiguren aus Bronze von Ludwig Vierthaler 1961.
2. Platz an der Lortzingstraße; vor dem ersten Weltkrieg als Schmuckplatz angelegt, heute öffentliche Grünfläche.
3. Lister Turm; erstmals 1387 als Landwehrwarte erwähnt; 1894/96 von Hermann Schaedtler als städtisches Ausflugslokal erbaut; seit 1974 Freizeitheim mit Biergarten.
4. Markuskirche; in eine Grünfläche eingebettet in exponierter Lage an der Eilenriede; Kirchenbau von Otto Lüer, 1902–06.
5. Ehrenmal; für das 73. Infanterie-Regiment 1928 von Friedrich Seesselberg geschaffen.
6. Hirsch; 1936 von August Waterbeck, Bronze.
7. Fabeltier; 1931 von Ludwig Vierthaler (Neuguss nach Kriegszerstörung 1951), Bronze.
8. Alemannstein; mit Eiche vom Corps Alemania zum 50. Stiftungsfest 1916 gesetzt.
9. Naturfreunde-Gelände; als Luftbad in den zwanziger Jahren eingerichtet, unter den Nationalsozialisten verboten, seit Ende des Zweiten Weltkrieges von den Naturfreunden mit Tagungs- und Übernachtungshaus betrieben.
10. Städtische Musikschule – Hohenzollernstraße 49; ehemalige Villa Seligmann mit großem Garten; Architekt Hermann Schaedtler, 1906.
11. Waldersee-Denkmal; zur Erinnerung an Generalfeldmarschall Graf von Waldersee 1915 von Bernhard Hoetger geschaffen.
12. Rad; 1932 als Nachbildung einer früher im Bereich des Emmichplatzes vorhandenen Anlage entstanden; Labyrinth-Darstellung mit einer Linde im Zentrum.
13. Ehrenmal; für Königsulanen, 1927 von Ernst Gorsemann.
14. Königinnen-Denkmal; anlässlich des 100. Todestages der Königin Luise von Preußen 1910 von Valentino Casal als Nachbildung der Figuren von G. Schadow geschaffen; dargestellt die in Hannover geborene Königin Luise und Königin Friederike von Hannover; Geschenk von Kaiser Wilhelm II; Marmor.
15. Rese-Brunnen (Majolika-Brunnen); von Hermann Rese 1928 gestiftet; geschaffen von Martha und Hans Poelzig; Keramik.
16. Staatliche Hochschule für Musik und Theater; anstelle der 1970 abgebrochenen Gaststätte Neues Haus 1970–73 gebaut, Architekt Rolf-Dieter Ramcke; Reste des 1970 abgerissenen Vorgängerbaus „Neues Haus" (1894 von Paul Rowald) auf dem Vorplatz.
17. Steinbock; 1936 von Ernst Gorsemann; Bronze.
18. Burckhardt-Denkmal; Obelisk mit Portraitrelief des Forstdirektors Heinrich Burckhardt (1811–1879); 1883 von Carl Dopmeyer.
19. Wildschweingruppe; 1959 von Kurt Schwerdtfeger; Muschelkalk.
20. Wisent; 1935 von August Waterbeck; Bronze.
21. Zoo; seit 1864 in die Eilenriede hineingebaut; siehe Seite 76.
22. Radfahrsteine; zur Erinnerung an vom Radfahr-Rennverein 1900 angelegten Radweg zwischen Zoo und Pferdeturm.
23. Völkerschlachteiche; gepflanzt anlässlich der 100-Jahr-Feier; Nachpflanzung; Stein mit Inschrift „1813–1913".
24. Steuerndieb; 1392 erstmals erwähnt als Landwehr ohne Turm; Gastwirtschaft seit 1901.
25. Vogelschutzgehölz; Kleestraße 80, 1959 eröffnet; Schutz- und Lehrgehege mit Teichanlage, Informationen zu Waldpflanzen, Fledermäusen, Vögeln, Amphibien und Insekten.
26. Stadtpark; siehe Seite 62.
27. Clausewitzwiese; entstanden im Zusammenhang mit der Bundesgartenschau 1951; damals als öffentliche Grünfläche im Vorfeld der Eilenriede mit Spielangeboten und Nutzungsmöglichkeiten durch Schulen; zunehmende Verkleinerung zugunsten der benachbarten Sportanlagen.
28. Pferdeturm; 1387 erstmals erwähnt; Hauptdurchgang der Landwehr zwischen nördlicher und südlicher Eilenriede; Sockelgeschoss des Turmes 14. Jahrhundert; übriger Turm nach Brand 1889/90 neu gebaut, 1965 erneuert; Name seit dem 18. Jahrhundert nach dem benachbarten Pferdestall des Rates der Stadt.
29. Petrikirche; am Rande der Eilenriede in eine von Linden umfasste Grünfläche eingebettet, als Endpunkt der Hans-Böckler-Allee weithin sichtbar, Architekt Eduard Hillebrand, 1899–1902.
30. Crayenberg-Bank; monumentale Steinbank; 1903 von Bernhard Graf von Crayenberg zur Erinnerung an seine dort einem Herzschlag erlegene Gattin aufgestellt.
31. Heiligersbrunnen; von Friedrich Ehrhardt entdeckte Schwefelquelle; 1794 auf Anordnung des Bürgermeisters Heiliger in Stein gefasst; in der Nähe Reste einer Badeanlage.
32. Baumkundepfad.
33. Blindenpfad.
34. Kirchröder Turm; 1373 als Teil der Landwehr erstmals erwähnt; 1888 durch Neubau ersetzt.
35. Hermann-Löns-Park; siehe Seite 56.
36. Gedenkstein; für Prinz-Albrecht-Füsiliere auf dem Friedhof in Douchy, an zwei hier entnommene und nach Douchy verpflanzte Eichen erinnernd.
37. Bischofshol; 1461 erstmals erwähnter Landwehrturm; seit 1797 Waldwirtschaft; 1968 nach Abriss des alten Fachwerkbaus Neubau als Gastwirtschaft und Hotel von Peter Hübotter, 2000 erweitert.
38. Döhrener Turm; Durchgangswachturm an der äußeren Stadtbefestigung (Landwehr); 1355 erstmals erwähnt; heutiger Bau von 1488; 1888 durch achteckigen Aubau ergänzt; nach Kriegszerstörung 1975/76 privat restauriert; zum Döhrener Turm seit dem 18. Jahrhundert gehörende Gastwirtschaft 1937 abgerissen.
39. Tiefenriede; öffentliche Grünanlage mit Spielmöglichkeiten für Kinder, 4 ha.
40. Vierthaler-Teich; siehe Maschsee, Seite 51.

E. Eilenriedestadion; 1922 eingeweiht; 1929 vergrößert.
L. Liegewiese.
R. Rodelberg.
K. Kinderspielplatz.
S. Sportanlage.
KI Kleingartenanlage.
H Haltestelle mehrerer Stadtbahnen.

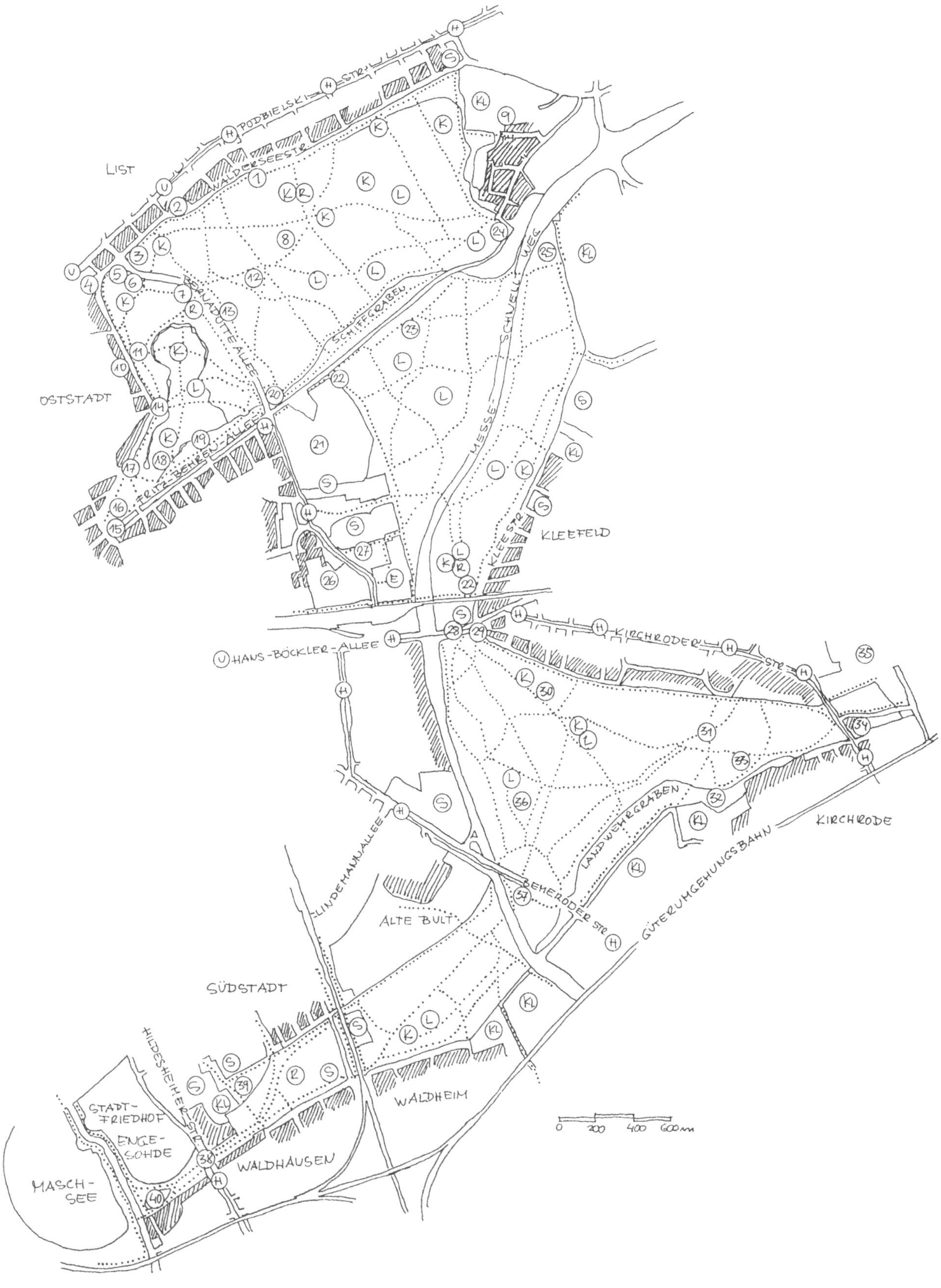
LIST
PODBIELSKI-STR.
WALDERSEESTR.
OSTSTADT
BERNADOTTEALLEE
SCHIFFGRABEN
FRITZ-BEHREN-ALLEE
MESSE-SCHNELLWEG
KLEESTR.
KLEEFELD
HANS-BÖCKLER-ALLEE
KIRCHRODER STR.
KIRCHRODE
LANDWEHRGRABEN
GÜTERUMGEHUNGSBAHN
LINDEMANNALLEE
ALTE BULT
BEMERODER STR.
SÜDSTADT
HILDESHEIMER STR.
STADT-FRIEDHOF
ENGE-SOHDE
MASCH-SEE
WALDHAUSEN
WALDHEIM
0 200 400 600m

Waldwiese

Überraschende Artenvielfalt

Stadtwälder leiden häufig unter siedlungsbedingten Einflüssen, die eine Verarmung der Vegetation zur Folge haben und nur Allerweltsarten von Tieren Lebensmöglichkeiten bieten.
In der Eilenriede ist die Artenvielfalt überraschend groß, sodass der Pflanzensoziologe Ellenberg im Jahr 1971 schreiben konnte: „So naturnah und zugleich so mannigfaltig wie die Eilenriede ist kein anderes großes Waldgebiet des mitteleuropäischen Tieflandes." Insbesondere im zeitigen Frühjahr, vor dem Laubaustrieb der Bäume, bilden sich auf dem Waldboden üppige und teilweise bunte Pflanzenteppiche von Buschwindröschen in Weiß und Gelb, Lerchensporn in Rot und Weiß, Maiglöckchen und vielen anderen Frühblühern, die nach der langen Winterpause die Augen und die Herzen erfreuen. Die Artenvielfalt ist darauf zurückzuführen, dass weite Bereiche der Eilenriede kalkhaltigen Untergrund haben. Außerdem ist das vom Kronsberg kommende Grund- und Oberflächenwasser mit Kalk angereichert. So konnten sich anspruchsvolle Mischwaldformen entwickeln, deren gestufter Aufbau mit Bäumen unterschiedlicher Altersklassen für gute Wachstumsbedingungen in der Krautschicht sorgen. Die Eilenriede gehört überwiegend zur natürlichen Waldformation des Eichen-Hainbuchenwaldes in trockener bis feuchter Ausprägung. Der Name des Stadtwaldes war ursprünglich „Ellerie" oder „Eilerie" und lässt sich auf „Ellern", das heißt „Erlen", zurückführen. Vermutlich war das Gelände früher viel feuchter und es wuchsen dementsprechend viele Erlen. Heute ist diese Baumart nur noch in Resten bei Heiligers Brunnnen zu finden. Die städtische Forstverwaltung steuert die Waldentwicklung so, dass die Mischung unterschiedlicher Baumarten erhalten bleibt.

Die Symptome des durch die Luftbelastungen bedingten Waldsterbens sind allerdings auch in der Eilenriede zu finden. Etwa 50 % der Bäume wurden bei einer Bestandsaufnahme im Jahr 1995 als geschädigt eingestuft. Untersuchungen haben gezeigt, dass ein Großteil der Böden stark versauert ist und eine schlechte Basenversorgung besitzt. Die geschwächten Bäume werden für Pilz- und Insektenbefall anfällig. Mit Kalkungen wurde versucht, den Bäumen zu helfen. Dauerhaft wirksam kann jedoch nur eine Verringerung der durch Massentierhaltung, Kraftfahrzeuge, Kraftwerke und Heizungen entstehenden Luftbelastung sein.

Reste der Gaststätte „Neues Haus"

Tierreichtum – nicht nur im Vogelschutzgehölz

Die differenzierte Waldstruktur und die durch die besondere Form der Eilenriede bedingte ungewöhnliche Länge der Waldränder bieten gute Voraussetzungen für ein reiches Tierleben. Insbesondere Eichhörnchen, Fledermäuse und Vögel fühlen sich in der Eilenriede und an ihren Rändern wohl. Über hundert Vogelarten, von denen mehr als die Hälfte hier auch brütet, wurden nachgewiesen. Dazu gehören auch Greifvögel wie Bussard und Waldkauz. Besonders auffällig sind im Winter Krähenschwärme, die sich in der südlichen Eilenriede und am Zoo ihre Schlafplätze suchen. Die meisten verschwinden im Frühjahr wieder, aber einige bauen sich in den hohen Bäumen Nester und verteidigen ihre Brut entschlossen gegen mutmaßliche Räuber.

Auch Säugetiere wie Hasen, Rehe, Füchse und Steinmarder kommen in der Eilenriede immer wieder vor. Letztere ernähren sich von den zahlreichen Mäusen. Sie breiten sich als Kulturfolger in Randgebieten von Städten immer mehr aus. Wer meint, im Stadtwald einen Wolf gesehen zu haben, sollte aber wohl doch davon ausgehen, dass es nur ein großer Hund war.

Heiligers Brunnen

Zoo

Ein Garten für Menschen und Tiere" heißt der liebevolle Titel eines Buches, das Lothar Dittrich und Anneliese Rieke-Müller aus Anlass des 125-jährigen Jubiläums des Zoos Hannover 1990 verfasst haben. Dieser gut 20 ha große Garten liegt innenstadtnah und repräsentativ am Rande der Eilenriede, optisch in diese eingebunden, aber von der Stadtseite aus (Adenauerallee) gut erreichbar.
Die Geschichte des Zoos ist lang und wechselvoll, durch den Widerstreit zwischen der Liebe zu Tieren und dem Zwang zu wirtschaftlicher Betriebsführung geprägt. Als Aktienverein schon 1862 gegründet und 1864 geöffnet, hatte der Zoo von Anfang an finanzielle Schwierigkeiten. Proteste über zu hohe Eintrittspreise begleiten ihn auf seinem Weg bis heute. Immer war er trotzdem darauf angewiesen, öffentliche und private, materielle und immaterielle Unterstützung zu erfahren. 1922 wurde der Zoo aus Geldmangel offiziell geschlossen, aber, da die Bürger Einspruch erhoben, 1924 wieder eröffnet. Unter der Direktion des Studienrates Otto Müller erlebte er dann eine Blütezeit, bis es bedingt durch die Weltwirtschaftskrise wieder bergab ging. 1932 wurde der Zoo deshalb zunächst versuchsweise, dann auf Dauer an die Alfelder Tierhandlung Ludwig Ruhe verpachtet. Aber die Rechnung ging nicht auf und die Stadt hatte beträchtlich zuzuzahlen. In den letzten Jahren des Zweiten Weltkrieges versank der Zoo in Schutt und Asche und musste Ende 1944 erneut geschlossen werden.

Wechselvolle Zoogeschichte

Nach dem Krieg setzte die Stadt die Zusammenarbeit mit der Firma Ruhe bis 1971 fort und übernahm dann wieder selbst die Regie. Zum Leiter wurde Lothar Dittrich ernannt.

Während der Zoo in der Anfangszeit seines Bestehens wesentlich durch die Bauten des Architekten Wilhelm Lüer geprägt war und die Gestaltung der Freianlagen kein gartenarchitektonisch durchdachtes Konzept erkennen ließen, wurde in der Zeit des Wiederaufbaus die Chance genutzt, Gebäude und Freianlagen als zusammengehörende Einheit völlig neu zu planen. Hierfür waren als Architekt Siegfried Erlhoff und als Landschaftsarchitekt Werner Lendholt verantwortlich. In der kühlen Architektursprache der sechziger Jahre fühlten sie sich vor allem der artgerechten Haltung der Tiere und einer ungehinderten Beobachtung durch die Besucher verpflichtet. Der Zoo galt als naturkundliche Bildungsstätte, in der Besucher Zugang zu den Tieren finden und sie verstehen lernen sollten. Mit der Gründung einer Zooschule 1965 wurde dieser Anspruch unterstrichen. Die Beliebtheit des Zoos stieg gewaltig und erlebte 1975 mit fast einer Million Besuchern ihren Höhepunkt. Dazu trug 1967 die Gründung des Vereins „Zoofreunde Hannover" bei, der sich um die konsequente Weiterentwicklung und die Steigerung der Attraktivität große Verdienste erworben hat. Überwiegend kommerziell betriebene Einrichtungen bedürfen der ständigen Veränderung. Die Besucher wollen Neues erleben und wünschen sich den Reiz der Überraschung. Nur dann lassen sie sich immer wieder zu einem Besuch verlocken. Durch privatwirtschaftlich betriebene Safariparks und vor allem durch den Vogelpark Walsrode hatte der Zoo Hannover außerdem Konkurrenz bekommen. In den achtziger Jahren gingen die Besucherzahlen allmählich wieder zurück. Um den Besuch erneut in Schwung zu bringen, bekamen der Architekt Günther Böhme und der Landschaftsarchitekt Günter Nagel den Auftrag, Vorschläge für eine Weiterentwicklung des Zoos auszuarbeiten.

Die Ausführung dieser Vorschläge blieb allerdings in Anfängen stecken. 1994 übernahm der Kommunalverband Großraum Hannover den Zoo. Neuer Leiter wurde Klaus-Michael Machens. Es wurde entschieden, die Anlage in einen Abenteuer- und Freizeitpark umzuwandeln. Damit wurde eine völlig neue Zielrichtung festgelegt. An die Stelle der bisherigen funktionalen tritt nun eine illusionistische Tierhaltung. Die Geländegestaltung wird stärker der Heimat der Tiere nachempfunden. Während in früheren Jahren Eltern oder Lehrer mit den Kindern in den Zoo kamen, um sich bei einem Rundgang über die Lebensweise fremder Tiere zu informieren, geht das heutige Konzept von der Vorstellung aus, dass sich die Besucher dort einen ganzen Tag aufhalten können. In der Nähe der Gehege finden sich immer auch Spielmöglichkeiten für Kinder. Sie knüpfen teilweise unmittelbar an das Gesehene an (beispielsweise Klettertaue in der Nähe der Menschenaffen). Die Kinder sind laut Werbespruch „mittendrin, statt nur dabei" und lernen durch Erleben. Es soll Spaß machen, den Gorillaberg zu besteigen, den Dschungelpalast zu durchstreifen, die Landschaft von Sambesi zu erleben und in Meyers Hof einzukehren, der nicht wirklich ein landwirtschaftlicher Produktionsbetrieb ist, sondern vor allem Hunger und Durst und nebenbei noch ein wenig die alte Sehnsucht vom Leben auf dem Lande stillt. Die Kinder dürfen Tiere streicheln. Auf einem benachbarten, großen Spielplatz können sie sich selbst und alles andere vergessen.

Eisbären

Zukunftsträchtige Gestaltung

Nach eigenen Angaben leistet der Zoo auch einen wesentlichen Beitrag zum Artenschutz. Um das zu erreichen, wird nicht nur das Gefühl, sondern auch der Verstand angesprochen. Dabei entsteht eine eigentümliche Mischung von emotionaler Rückkehr zu verlorenen Paradiesen und Lernen durch Information. Für die Gestaltung bedeutet diese Konzeption, dass sie sich einerseits an den Wunschbildern zu orientieren hat, die die vom Fernsehen verwöhnten Menschen in ihren Köpfen mit sich herumtragen, andererseits aber hohe logistische Anforderungen erfüllen muss. Landschaftsarchitekturpreise sind damit wahrscheinlich nicht zu gewinnen. Letztlich geht es den verantwortlichen Managern und den Zoofreunden darum, diese inzwischen altehrwürdige Einrichtung an heutige Erwartungen und Vorbilder des so genannten Edutainments anzupassen, damit sie auch die zukünftigen Herausforderungen bestehen kann. Der Zoo ist darauf angewiesen, immer wieder Menschen zu finden, die sich für ihn begeistern und ihm das Überleben ermöglichen.

Schulbiologiezentrum Hannover

Genau genommen ist die Bezeichnung „Schulbiologiezentrum Hannover" für das, was hier beschrieben werden soll, falsch; denn unter diesem Begriff sind organisatorisch die Botanischen Schulgärten Burg und Linden sowie die Zooschule, also drei Einrichtungen der Stadt an unterschiedlichen Standorten zusammengefasst. Aber die Zentrale befindet sich im Botanischen Schulgarten Burg und deshalb ist dieser nach allgemeinem Verständnis das Schulbiologiezentrum. Um die Sache noch ein wenig komplizierter zu machen, wird in der Regel die Freiluftschule Burg mit dazugerechnet, obwohl sie organisatorisch eine eigenständige Einrichtung ist (wenn auch im Schulamt zur selben Abteilung gehörend). Das Gefühl des Miteinander entsteht aus der engen Nachbarschaft – beide Einrichtungen sind auf dem Gelände des ehemaligen Rittergutes Burg untergebracht. Sie bilden gemeinsam mit dem der Paul-Dohrmann-Schule zugeordneten Reiherholz einen einheitlichen Grünraum, der sich seinerseits mit den nördlich und östlich anschließenden Kleingärten zu einem großen von Vegetation bestimmten Freiraum zusammenfügt.

Das Schulbiologiezentrum hat eine lange Geschichte. Nach Anfängen im Forstgarten am Pferdeturm und an der Kirchröder Straße wurde 1916 beschlossen, den Botanischen Schulgarten auf das Gelände des ehemaligen Rittergutes zu verlegen. Allerdings kam es erst in den Jahren 1926–28 im Rahmen von Notstandsarbeiten erwerbsloser Jugendlicher zur Umsetzung. Der Garten hatte dort zunächst die beachtliche Größe von 13 ha und ist heute auf 7, 5 ha geschrumpft.

Während in der Anfangszeit der Schulgartenbewegung (die in Hannover 1883 zur

Anlage eines ersten Schulgartens führte), die Belieferung der Schulen mit Pflanzen für den Biologieunterricht im Vordergrund stand, setzte sich nach 1900 mehr und mehr die Überzeugung durch, dass Schulgärten die Schüler auch zur Arbeitsamkeit erziehen sollten. Der Botanische Schulgarten Burg wurde deshalb von Anfang an als „Arbeitsschulgarten" geplant.
Eine außergewöhnliche Entwicklung nahm der Garten Anfang der dreißiger Jahre. In dieser Zeit entstand die Pflanzensoziologie als neue Wissenschaft. Einer ihrer Hauptverfechter, Reinhold Tüxen, war als Kustos am heutigen Landesmuseum beschäftigt. Er richtete 1931 auf dem Gelände Burg den ersten pflanzensoziologischen Garten der Welt ein, einen Garten, in dem die in Norddeutschland zu findenden Pflanzengesellschaften mit ihren wichtigsten Arten vereinigt waren. Erst später stellte sich heraus, dass ein solcher künstlich angelegter landschaftlicher Garten nur mit großer Erfahrung und mit hohem Arbeitsaufwand zu pflegen und zu erhalten ist; denn die Pflanzen, die auf dem Gelände Burg nicht heimisch sind, werden leicht von denen verdrängt, die sich dort zu Hause fühlen. So ist das ursprünglich differenzierte Gefüge verschiedener Pflanzengesellschaften im Laufe der Zeit verloren gegangen, aber mit seiner scheinbar natürlichen Umrahmung profitiert der Garten immer noch von dem Tüxen`schen Landschaftsgedanken.
In der Zeit des Dritten Reiches versanken die Schulgärten allgemein in der Ideologie von Blut und Boden. Verständlicherweise war nach dem Ende des Zweiten Weltkrieges die Neigung gering, daran anzuknüpfen. Die Entwicklung der mikrobiologischen Wissenschaft hatte für den Biologieunterricht eine Abkehr von den pflanzlichen und tierischen Erscheinungsformen

Vogelkästen

hin zu ausschließlich theoretischen, submikroskopischen Betrachtungen zur Folge. Teile des Botanischen Schulgartens Burg wurden in Bauland verwandelt.
Erst die Umweltschutzbewegung gab den Schulgärten neuen Auftrieb. Es ist das besondere Verdienst von Gerhard Winkel, der 1961 die Leitung des Schulbiologiezentrums übernahm, die Gefahren, die mit der zerstörerischen Inanspruchnahme der natürlichen Umwelt verbunden sind, sehr früh erkannt zu haben. Er hat das Schulbiologiezentrum auf die Aufgabe des Umweltschutzes eingestellt, lange bevor es eine aktive Umweltschutzbewegung gab, und gefordert, im Umgang mit der Natur von einem ausbeutenden auf ein pflegerisches Verhalten überzugehen. Seitdem wird im Schulbiologiezentrum die Grundidee verfolgt, schon den Kindern eine enge emotionale Bindung zur natürlichen Umwelt zu vermitteln. Anstelle der unverbindlichen Fernsehbilder soll die unmittelbare sinnliche Wahrnehmung und Erfahrung und damit das Lernen vor Ort treten.
Die Aufgaben des Schulbiologiezentrums sind auch heute noch vorrangig auf das Ziel der schulischen Bildung gerichtet. Lieferungen von Arbeitsmaterial, Beratungen, Schüler- und Lehrerkurse sind die Arbeitsschwerpunkte. Daneben hat die Anlage Burg aber zunehmend Interesse bei der erwachsenen Bevölkerung gefunden. Das begann mit Angeboten an die Familien, die zu Sonntagsspaziergängen eingeladen wurden. So hat sich das Schulbiologiezentrum allmählich zu einer allgemeinen Einrichtung der Umweltbildung entwickelt. Die jeweils im Herbst veranstalteten Umweltforen sind Treffpunkte für alle am Umweltschutz Interessierten.
Im Rahmen des EXPO-Projekts „Stadt als Garten" ist diese Entwicklungsrichtung bewusst verstärkt worden. Die Landschaftsarchitektin Christine Früh erarbeitete dazu Mitte der 90er Jahre ein Grünordnungskonzept, das mit der Revitalisierung verschiedener Gartenteile (Apothekergarten, Energiegarten, Bauerngarten, Obstgarten) eine stärkere Öffnung für alle Bevölkerungsgruppen vorsieht. Außerdem wurde eine engere gartenkulturelle Zusammenarbeit mit den benachbarten Kleingartenvereinen verabredet. Der Botanische Schulgarten Burg wird zwar auch weiterhin eine schulische Sondereinrichtung bleiben, aber ganz nebenbei ist er mit seinem Umfeld zu einem gern besuchten öffentlichen Park geworden, der im vielstimmigen Gartenkonzert der Stadt Hannover eine eigenständige Rolle spielt. Es ist sinnvoll, die etwas komplizierten Öffnungszeiten vorher zu erfragen.

Die großen Friedhöfe

Leben und Tod gehören zusammen. Das eine ist ohne das andere nicht denkbar.

Die Art des gesellschaftlichen Umgangs mit den Toten ist sehr unterschiedlich. Er hat eine lange Geschichte und führt zu den Ursprüngen kultureller menschlicher Äußerungen überhaupt. Unsere heutige Zeit neigt dazu, den Tod aus dem normalen Leben zu verdrängen. Die Medien tragen dazu bei, ihn in Verbindung mit Berichten über Mord, Unfall oder Krieg nur als Katastrophe zu sehen, die mit dem täglichen Leben nichts zu tun hat. Im Alltag bewahren reibungslos funktionierende Mechanismen der Delegation an Ärzte, Krankenhäuser und Bestattungsunternehmer weitgehend vor der unmittelbaren Begegnung mit dem Tod. Erst auf dem Friedhof werden die Zwiesprache mit den Verstorbenen, das Abschiednehmen und das Erinnern möglich.

Friedhöfe sind immer ein wesentliches Element des Totenkults gewesen. Auch für sie haben sich im Laufe der Menschheitsgeschichte ganz verschiedene Formen entwickelt. In gewisser Weise spiegeln sie die Seelenverfassung einer Gesellschaft. Im nordeuropäischen Kulturkreis sind die Friedhöfe stark auf die Natur bezogen. Die Totenruhe wird mit einem Eintauchen in eine natürliche Umgebung verknüpft. Dies hatte in der Zeit des starken Wachstums der Städte im 19. Jahrhundert zur Folge, dass die Anlage von Friedhöfen zunehmend als eine garten- und landschaftsarchitektonische

Aufgabe verstanden wurde. Im Gegensatz dazu gleichen Friedhöfe in mediterranen Gebieten eher gebauten Städten.
Die großen hannoverschen Friedhöfe bieten ein sehr interessantes Betrachtungsfeld für die Entwicklung des Friedhofswesens als Teil der Gartenkultur. Die alten Friedhöfe, St.-Nikolai-Friedhof, Neustädter Friedhof und Gartenfriedhof zum Beispiel, waren zwar schon als grüne Inseln der Ruhe vor den Toren der Stadt gedacht, aber sie waren in ihrer Grundstruktur schlicht und beeindrucken heute vor allem durch anspruchsvolle Grabsteine. Mit dem Engesohder Friedhof setzte sich zunächst vorsichtig, dann immer selbstverständlicher die Überzeugung durch, dass große Friedhöfe in ihrer Gesamtanlage und in ihren Teilen einer gartenarchitektonischen Struktur bedürfen. Es ist ein glücklicher Umstand, dass dies in Hannover zu ganz unterschiedlichen Ergebnissen führte: vornehm freundliche Zurückhaltung in Engesohde, schwungvolle Parkbilder in Stöcken, beeindruckende Alleen in Ricklingen, barocke Strenge in Seelhorst und offenes Grün in Lahe.
Vor allem Julius Trip, Hermann Kube, Johann Balcke und Hans Jacobi haben in Hannover die Friedhofsentwicklung bestimmt. Hans Jacobi war ein überzeugter Verfechter des so genannten „Rasenfriedhofs". Er wollte nach dem Zweiten Weltkrieg eine moderne Friedhofskultur durchsetzen, die den Gedanken der Zugehörigkeit der Menschen zu einer Gemeinschaft stützen sollte. In Rasen eingebettet und besonnt sollten die Grabfelder sein. Der Friedhof Lahe verkörpert diese Idee am überzeugendsten. Es ist allerdings zu bedauern, dass Hans Jacobi und seine Mitstreiter sich dazu haben verleiten lassen, mit der Idee des Rasenfriedhofs im Herzen auch auf den anderen Friedhöfen erhebliche Veränderungen vorzunehmen. Dadurch hat die Prägnanz der unterschiedlichen Friedhofscharaktere etwas gelitten. Aber sie wurde nicht ausgelöscht.

In Verbindung mit der Bestattung der Verstorbenen ist der Hauptzweck der Friedhöfe, dass sie als Stätten der Erinnerung dienen, des persönlichen Gedenkens, aber auch der Beschäftigung mit der sozialen Geschichte einer Stadt. Sie ist ja mit ganz bestimmten Menschen verbunden. Die Gräber von Persönlichkeiten, die die Entwicklung der Stadt Hannover oder darüber hinaus beeinflusst haben, sind auf den Friedhöfen zu finden. In vielen Fällen haben sich Architekten, Bildhauer und Steinmetze große Mühe gegeben, zur Erleichterung des Gedenkens ergreifende Grabdenkmale zu gestalten. Die zeitgemäße künstlerische Auseinandersetzung mit dem Tod war 1999 auch Anliegen eines vielbeachteten Projektes „Statt Blumen" des Fachbereichs Grafik und Design der Fachhochschule Hannover. Unbefangen brachten Studentinnen und Studenten ihre Einstellung zum Sterben, zur Traurigkeit und zur Friedhofskultur zum Ausdruck.
Scheinbar nebenbei erfüllen die Friedhöfe jedoch auch Funktionen öffentlichen Grüns. Im täglichen Leben der Stadtteile spielt diese Nutzung eine erhebliche Rolle. Beispielsweise in Stöcken, Ricklingen und Seelhorst sind die Stadtfriedhöfe die einzigen wirklich großen, landschaftsarchitektonisch gefassten, öffentlichen Grünanlagen. Auf das ganze Stadtgebiet bezogen sind sie wichtige Elemente des Grünsystems, sorgen für Frischluft, verhindern Aufheizung und dienen der Vernetzung von Lebensräumen für Flora und Fauna. Durch ihre Abgeschlossenheit, ihre besondere Vegetationsstruktur, das Fehlen lauter Nutzungen und das Hundeverbot bieten Friedhöfe für wild lebende Tierarten, insbesondere für Vögel, sehr gute Lebensvorraussetzungen. Durch die weniger intensive Belegung wachsen die Möglichkeiten, gefährdete wild wachsende Pflanzenarten zu fördern. Die großen Stadtfriedhöfe werden nachts abgeschlossen.

Stadtfriedhof Engesohde

Unter den hannoverschen Friedhöfen hat der Stadtfriedhof Engesohde einen besonderen Rang. Viele Hannoveraner möchten am liebsten auf dem Engesohder Friedhof bestattet werden. Hat das etwas mit der repräsentativen Lage am Maschsee oder mit dem würdigen Alter zu tun? Liegt es an dem Eingangsgebäude mit den beiden seitlichen Arkadengebäuden? Sind es die anspruchsvoll gestalteten Grababteilungen, der schöne Baumbestand, die vom alten Schiffgraben stammenden Begrenzungsmauern, die diesen Ort besonders erscheinen lassen? Oder möchte man ganz einfach in Gemeinschaft mit Berühmtheiten der Stadtgeschichte ruhen?

Die besondere Mischung ist wohl ausschlaggebend. Der Empfang durch die zur Straße hin offenen neugotischen Arkaden – mit dem ebenfalls offenen Glockenturm darüber – ist außergewöhnlich, ebenso die dahinterliegende, später gebaute Kapelle, die an eine romanische Basilika erinnert.

Heitere Eleganz

Während bei den Stadtfriedhöfen Stöcken, Ricklingen und Seelhorst gleich am Eingang lange, ernste Alleen das Gelände erschließen, wirkt der Engesohder Friedhof mit seinen beiläufig vom Eingangsgebäude ausgehenden Wegen fast heiter. Längere Blickachsen öffnen sich sternförmig nach einem kurzen Wegstück in Verlängerung der Kapelle. Der in Nord-Süd-Richtung verlaufende Hauptweg zweigt erst an der nächsten Kreuzung ab. Als wollte er einen zu hohen Anspruch vermeiden, knickt er am Übergang zum zweiten Erweiterungsteil ab. An keiner Stelle fühlt man sich vom Ernst einer Begräbnisstätte erdrückt. Stattdessen erzählt der Friedhof interessante Stadtgeschichten und besitzt einen großen Reichtum ganz unterschiedlich gestalteter Grabmale. Zur freundlichen Atmosphäre trägt auch bei, dass viele Grabfelder in den älteren Abteilungen des Friedhofs beinahe wie öffentliche Gärten wirken.
Viele bekannte Persönlichkeiten aus dem politischen, kulturellen und wirtschaftlichen Leben von Hannover haben auf dem Engesohder Friedhof ihre letzte Ruhestätte gefunden.
Wie viele andere Friedhöfe auch ist der Engesohder Friedhof reich an Nadelhölzern. Verschiedene Arten und Sorten von Scheinzypressen, Lebensbäumen, Fichten, Hemlocktannen und Kiefern geben ein vielfältiges Bild von Formen und Grüntönen. Besonders häufig kommt die heimische Eibe vor. Sie ist geschnitten oder frei wachsend in manchen Partien bestandsbildend. Das liegt möglicherweise daran, dass Rhododendren in dem sandigen und trockenen Untergrund nicht so recht wachsen wollen und deshalb hier fehlen. Die wenigen Laubbäume in den alten Teilen des Friedhofs – zu finden sind dort Hainbuche, Trauerbuche, Bergahorn und Amerikanische Roteiche – haben sich zu beeindruckenden Gestalten entwickelt. Der nach dem Zweiten Weltkrieg angelegte Teil des Friedhofs besteht überwiegend aus Laubbäumen, vorherrschend Stieleichen, die in die anschließenden öffentlichen Grünflächen am Maschsee und am Vogelschutzteich überleiten.
Der Engesohder Friedhof wurde auf einer Sanddüne oberhalb der Leineaue am Rande der heutigen Südstadt angelegt. In einer Größe von 22 ha liegt er heute zwischen Maschsee und Eilenriede eingefügt und erfüllt großräumig betrachtet an der städtebaulichen Entwicklungsachse Hildesheimer Straße eine wichtige stadtgliedernde Funktion. Leider sind die städtebaulichen Details gegenüber dem Haupteingang an der Alten Döhrener Straße alles andere als überzeugend und bedürfen der Aufwertung.

Bewegter Werdegang

Der Engesohder Friedhof löste als erster großer kommunaler Friedhof die alten innerstädtischen Friedhöfe (Nikolai-Friedhof, Neustädter Friedhof und Gartenfriedhof) ab. Er wurde 1864 eingeweiht. Die Planung stammt von Stadtbaumeister Ludwig Droste und reichte zunächst bis zum heutigen Haupterschließungsweg (Abteilungen 1–11). In der Zeit von 1872–1877

Historische Grabstätten in Abteilung 2

Besondere Elemente und Gräber

1. Eingangsgebäude; 1873/74 von Stadtbaumeister Ludwig Droste in historisierendem Stil angelegt, bestehend aus einer zur Straße hin offenen Arkade mit seitlich vorspringendem Pavillon, in der Mitte ein aufgesetzter, nach vorn ebenfalls offener Glockenturm; auf der Friedhofsseite zwei seitlich offene Arkaden für Erbbegräbnisse in Grüften.
2. Kapelle; nach Abbruch eines ersten Baus 1910 von Stadtbaumeister Oskar Barnstorf entworfen, Putzbau mit Untergliederungen aus Tuffsteinornamenten in Form einer romanischen Basilika.
3. Bödeker-Engel; einer von ursprünglich 15 gegossenen Engeln mit Sammelbüchse (ein zweites Exemplar noch auf dem Stöckener Friedhof vorhanden), 1854 geschaffen vom Bildhauer Georg Hurtzig für Hermann Wilhelm Bödeker, Pastor an der Marktkirche.
4. Friedhofsmauer; hierher versetzte originale Balustrade vom 1861 abgebrochenen Schiffgraben.
5. Urnenhain; zunächst außerhalb des Friedhofs vom Hannoverschen Feuerbestattungsverein um 1900 angelegt, Entwurf vermutlich von Albrecht Haupt, Königlicher Baurat; 1907 Übernahme durch die Stadt und Einbeziehung in den Friedhof.
6. Erster (1861–64) Friedhofsteil.
7. Zweiter (1872–77) Friedhofsteil.
8. Dritter (1880–90) Friedhofsteil.
   Erster und zweiter Friedhofsteil im Wesentlichen von Droste rasterförmig und in hierarchischer Ordnung angelegt, nach seinem Tod im dritten Teil in gleicher Weise fortgesetzt, später durch Julius Trip und vor allem Hermann Kube in einen Heckenfriedhof umgestaltet; nach dem Zweiten Weltkrieg vereinfacht.
9. Goldener-Engel-Brunnen, im Zentrum einer Wegekreuzung im zweiten Erweiterungsteil stehend (Künstler unbekannt).
10. Vierter Friedhofsteil; ab 1955; nur für Urnenbestattungen nach Plänen von Hans Jacobi als Rasenfriedhof angelegt.
11. Öffentliche Toilette.
12. Werkhof

Einige besondere Gräber:

AA Konrad Wrede, 1865–1947, Königlich-Württembergischer Rittmeister, Schenkung seiner Kunstsammlungen an die Stadt (Abt. 1, Nr. 102 a–102 h, Ehrengrab).

AB Arthur Menge, 1884–1965, 1925–1937 Oberbürgermeister von Hannover (Abt. 1, Nr. 71 a).

AC Friedrich Georg Hermann Culemann, 1811–1886, Senator und Buchdruckereibesitzer, Übernahme seiner Kunstsammlung durch das Kestner-Museum (Abt. 2, Nr. 4 a–c).

AD Ferdinand Wallbrecht, 1840–1905, Königlicher Baurat und Senator, bedeutender Architekt und Stadtplaner Hannovers, Initiator des Mittellandkanals, Bronzebüste von Ferdinand Hartzer, außerdem Karl Lange, 1811–1867, Begründer der Langeschen Stiftung (Abt. 2, Nr. 15–18).

AE Georg Kestner, 1774–1867, Königlicher Archivrat, und Hermann Kestner, 1810–1890, Namensgeber des Kestner-Museums, Schenkung der umfangreichen Kunstsammlungen an die Stadt Hannover (Abt. 2, Nr. 6 a–b, Ehrengrab).

AF Georg Ludwig Friedrich Laves, 1788–1864, Königlicher Hofbaumeister, bedeutendster hannoverscher Architekt und Stadtplaner in der ersten Häfte des 19. Jahrhunderts (Abt. 2, Nr. 5 a–b, Ehrengrab).

AG Hermann Wilhelm Bödeker, 1799–1875, Senior des Geistlichen Staatsministeriums und 1824–1874 Pastor an der Marktkirche (Abt. 4, Nr. 5 a–d, Ehrengrab).

AH Heinrich August Wilhelm Blumenberg, 1863–1949, Pastor an der Aegidienkirche (Abt. 4, Nr. 14 a–c, Ehrengrab).

AI Hans Graeven, 1866–1905, Museumsdirektor des Kestner-Museums; neuklassizistische Stele des Bildhauers Ferdinand Seeböck (Abt. 1, Nr. 11 a).

AK Adolf Tellkampf, 1798–1869, Pädagoge, Mathematiker, Naturwissenschaftler und Gründer des ersten Realgymnasiums in Hannover, (Abt. 9 D, Nr. 299–301, Ehrengrab).

Grab von Kurt Schwitters

AL Albrecht Schaeffer, 1885–1950, Dichter (Abt. 9 H, Nr. 500–501, Ehrengrab).

AM Christian Eichwede, 1853–1936, Unternehmer und Salinenbesitzer, und Ferdinand Eichwede 1878–1909, Architekt (Abt. 9 M, Nr. 284).

AN Wilhelm Engelhard, 1813–1903, und sein Sohn Roland Engelhard, 1868–1951, beide Bildhauer, Grabmal vom Sohn gestaltet (Abt. 9 B, Nr. 166–169).

AO David Conrad Bernhard Hausmann, 1784–1873, Fabrikant, Verkehrspolitiker und Kunstsammler (Abt. 13, Nr. 7).

AP Heinrich Ebhardt, 1808–1899, Geschäftsbücherfabrikant, Portraitbüste von Carl Dopmeyer (Abt. 9 B, Nr. 70–75).

AQ Johann Carl Hermann Rasch, 1810–1882, Stadtdirektor (Abt. 9 B, Nr. 50–57, Ehrengrab).

AR Karl August Devrient, 1797–1872, Hofschauspieler, Grabmal von Theodor Maßler, Marmorportraitrelief von Heinrich Friedrich Brehmer (Abt. 12, Nr. 1a–b, Ehrengrab).

AsS Edmund Koken, 1841–1872, Landschaftsmaler, Portrait-Bronze-Büste von Heinrich Friedrich Brehmer (Abt. 13, Nr. 3 a–d, Ehrengrab).

AT August Waterbeck, 1875–1947, Bildhauer (Abt. 12, Nr. 207 c).

AU Hermann Kube, 1886–1944, Stadtgartendirektor (Abt. 12, Nr. 207 a).

AV Gustav Fink, 1854–1933, Senator und Bürgermeister, Grabkreuz von Siebert 1986 (Abt. 12, Nr. 228 a–b).

AW Ludwig Droste, 1814–1875, Stadtbaumeister, verantwortlich für die Anlage des Stadtfriedhofs Engesohde (Abt. 19 A, Nr. 1 a–b, Ehrengrab).

AX Johann Georg Ferdinand Haltenhoff, 1836–1891, Stadtdirektor (Abt 20, Nr. 113 a–b, Ehrengrab).

AY Adolph-Wilhelm Leonhardt, 1815–1880, Justizminister (Abt. 21 A, Nr. 4 a–b, Ehrengrab).

AZ Heinrich Köhler, 1830–1903, Geheimer Baurat, Grabmal ein neuklassizistischer Säulenbau mit drei Frauengestalten von Carl Echtermeyer (Abt. 25 A, Nr. 10 a).

BA Karl Karmarsch, 1803–1879, Technologe und Begründer der Höheren Gewerbe-

Blick auf das Wasserbecken

schule (1831), Vorläuferin der späteren Technischen Hochschule, Grabstein von Theodor Maßler mit Bronze-Kopf-Relief von Heinrich Friedrich Brehmer (Abt. 25 A, Nr. 17 a–d).

BB Hermann Schlüter, 1846–1900, Buchdruckereibesitzer, Grabstätte mit dem Genius des Todes und dem Engel der Hoffnung geschaffen von Karl Gundelach (Abt. 25, Nr. 25–30).

BC Johann Karl Wilhelm Runde, 1785–1859, Kaufmann und Senator; vom St. Nikolai-Friedhof umgebettet (Abt. 25 B, Nr. 20 a–c, Ehrengrab).

BD Gerhard Philip Scholvin, 1725–1803, Pastor an der Kreuzkirche; vom St. Nikolai-Friedhof umgebettet (Abt. 25 D, Nr. 22 a–b, Ehrengrab).

BE Johann Heinrich Christian Striehl, 1770–1840, Gründer der Striehl'schen Waisenstiftung, vom St. Nikolai-Friedhof umgebettet (Abt. 25 D, Nr. 23 a–b, Ehrengrab).

BF Conrad Wilhelm Hase, 1818–1902, Architekt und Begründer der Hannoverschen Architekten-Schule (Abt. 25, Nr. 423–425, Ehrengrab).

BG Otto von Emmich, 1848–1915, General im Ersten Weltkrieg, Mausoleum vermutlich gestaltet von Ludwig Vierthaler, Grabmotiv des Gotenkönigs Theoderich in Ravenna (Abt. 15, Nr. 188 a–d, Ehrengrab).

BH Friedrich Kaulbach, 1822–1903, Hofmaler (Abt. 13, Nr. 85 a–c, Ehrengrab).

BJ Heinrich Tramm, 1854—1932, Stadtdirektor von 1891–1918 in der Zeit der Errichtung des Neuen Rathauses und der Stadthalle (Abt. 23 E, Nr. 1 a–b, Ehrengrab).

BK Ernst von Bandel, 1800–1876, Schöpfer des Hermannsdenkmals bei Detmold, Portraitrelief von Heinrich Friedrich Brehmer (Abt. 23 A, Nr. 28 a–b, Ehrengrab).

BL Wilhelm Hauschild, 1902–1983, Pressefotograf (Abt. 42, Nr. 173).

BM Yvonne Georgi, 1903–1975, bedeutende-Tanzpädagogin und Choreographin (Abt. 46, Nr. 829).

BN Ferdinand August Callin, 1804–1887, Schuldirektor; Portraitbüste erschaffen von Ferdinand Hartzer (Abt. 30 R, Nr. 5 a–b, Ehrengrab).

BO Sir Julius von Hartmann, 1774–1856, General in den Kriegen gegen Napoleon; vom Gartenfriedhof umgebettet (Abt. 35, Nr. 36 a–b, Ehrengrab).

BP Karl Jatho, 1873–1933, Flugpionier, Familienwappen mit Flugzeug (Abt. 37 G, Nr. 73–74, Ehrengrab).

BQ Heinrich Friedrich Brehmer, 1815–1889, Münzmeister, Portraitrelief von Wilhelm Engelhardt (Abt. 40 R, Nr. 24).

BR Kurt Schwitters, 1887–1948, Maler, Bildhauer, Grafiker und Dichter, bedeutender Vertreter des Dadaismus (Abt. 6, Nr. 95 a–d, Ehrengrab).

BS Gustav Noske, 1868–1946, Oberpräsident der Preußischen Provinz Hannover (Abt. 37 G, Nr. 26 a–b, Ehrengrab).

BT Friedrich Eduard Behrens, 1836–1920, Braunkohlenindustrieller, Stifter der Fritz-Behrens-Stiftung; Bergmannsgestalten auf dem Grabmal geschaffen von Georg Herting (Abt. 6, Nr. 98).

folgte – vermutlich auch nach Plänen von Droste – die erste Erweiterung, die in einem (heute dem Maschsee zugewandten) Halbrund (Abt. 25) ihren Abschluss fand.
Schon 1880 musste der Friedhof wieder erweitert werden. Alle Abteilungen wurden rasterförmig erschlossen. Um die Orientierung zu erleichtern, erhielt eine Wegkreuzung im zweiten Erweiterungsteil durch den „Goldener-Engel-Brunnen" eine besondere Betonung. Bereits 1890 war der Friedhof vollständig belegt und wurde mit der Eröffnung des Stöckener Friedhofs 1891 für Reihengräber geschlossen. In seiner Grundstruktur blieb er dann lange Zeit unverändert. Allerdings wurden ab 1902 die inneren, zunächst für Reihengräber genutzten Grabfelder Zug um Zug umgestaltet. Mehrere aufeinander folgende Gartendirektoren widmeten sich dieser Aufgabe. Die älteren Abteilungen (beispielsweise Abt. 16) zeigen die Handschrift von Julius Trip (bis 1907). Ihm folgten Heinrich Zeininger (1908–1911) und Hermann Kube (1913–1934), der vor allem den Engesohder Friedhof in einen durch Hecken geprägten Friedhof verwandelte. Hermann Wernicke (1934–1948) brachte die Umgestaltung mit den Abteilungen 39 und 40 zum Abschluss.

Urnenhain

Grab von Familie Eichwede

In den 50er und 60er Jahren wurde der Engesohder Friedhof unter der Leitung von Hans Jacobi noch einmal in Richtung Maschsee erweitert. Die nur für Urnenbeisetzungen geeigneten Abteilungen 42–52 zeigen die in dieser Zeit aufkommende Stilrichtung des Rasenfriedhofs, bei dem die starke Gliederung und Trennung der Grabreihen durch Hecken aufgegeben wurde und die Gräber in größeren Feldern in eine Rasenfläche eingebettet liegen. Die Individualität der Gräber rückte zugunsten der Einheitlichkeit einer Grababteilung in den Hintergrund. Nach dem Konzept des Rasenfriedhofs wurden auch in den bestehenden Heckenabteilungen Bereinigungen und Vereinfachungen vorgenommen, aber diese waren nicht so durchgreifend wie auf anderen Stadtfriedhöfen. Bedauerlicherweise mussten die bis dahin erhaltene alte Friedhofsmauer, die die beiden ersten Entwicklungsphasen des Friedhofs abschloss, wegen Baufälligkeit beseitigt werden.
Gegen Ende der 80er Jahre setzte sich unter der Leitung von Ingomar Jockusch mehr und mehr die Erkenntnis durch, dass der Friedhof Engesohde auch als ein Gartendenkmal zu betrachten ist und alte Strukturen zu erhalten und zu erneuern sind. Aus gartendenkmalpflegerischer Sicht sind heute die Abteilungen 16, 25, 34 und 38 wegen ihrer strengen Architektur, die Abteilungen 27 und 37 mit den Hainbuchenbögen, die Urnenabteilung 23 und der alte Urnenhain am Nebeneingang Alte Döhrener Straße besonders sehenswert.

Dem Stadtfriedhof Stöcken eilt in Hannover der Ruf voraus, dass man bei einem Besuch vergessen könne, auf einem Friedhof zu weilen. Tatsächlich ist der Friedhof in seinem Parkteil außergewöhnlich und, wenn dort im Mai die Rhododendren und Azaleen blühen, überwältigend schön.

Zu dieser Wirkung trägt möglicherweise bei, dass beim Empfang am Haupteingang zunächst durchaus die üblichen Erwartungen erfüllt werden. Das Eingangs- und Kapellengebäude strahlt symmetrische Ordnung aus und verweist klar auf den Zweck der Anlage. Das setzt sich im Friedhof mit einer großen, auf dieses Gebäude ausgerichteten Allee fort, die den Friedhof diagonal durchschneidet. Seitlich liegen in strengem Raster die Grabfelder. Die Ordnungsprinzipien folgen den um 1900 gern angewandten städtebaulichen Mustern. Die Reichen wohnten an repräsentativen Straßen, die Ärmsten irgendwo im Hinterhof. In gleicher Weise hatten die wohlhabenden

Familien ihre Gräber an der Hauptachse oder an den Nebenachsen. Sie machten mit imponierenden Denkmalen auf sich aufmerksam. Der einfache Bürger ruhte in den mittleren Feldern. Dieses Prinzip ist von vielen Friedhöfen aus der Gründerzeit bekannt.
Umso mehr überrascht die völlig andere Formensprache im westlich anschließenden Teil. Ein großer Teich mit Insel öffnet weite Blicke auf einen ansprechend gestalteten Park. Erst bei genauerem Hinsehen fallen die in den Park eingefügten Gräber auf. Hier wird ein anderes friedhofskulturelles Prinzip deutlich: Der Mensch kehrt mit seinem Tod in die Natur zurück. Nicht die gesellschaftliche Schichtung wird in der Gestaltung als wesentlich zum Ausdruck gebracht, sondern die Bindung des Menschen an die Natur, die freilich nicht verhehlt, eine künstliche, in diesem Fall von Julius Trip um 1900 geschaffene, Natur zu sein.
Diese Auffassung wirkt auch heute noch sympathisch. Sie hatte den Nachteil, dass auf großer Fläche nur relativ wenige Gräber unterzubringen waren. Als Reaktion darauf ist in den nördlich anschließenden jüngeren Teilen des Friedhofs wieder strenge Funktionalität und Wirtschaftlichkeit zu finden.

Haupteingang

Friedhof und Park zugleich

Naturräumlich gehört das Gelände zur Engelbosteler Moorgeest, die sich überwiegend durch sandige und saure, teilweise auch moorige Böden auszeichnet. Sie bieten eine ideale Voraussetzung für Rhododendren und Azaleen, die auf dem Stöckener Friedhof in Gemeinschaft mit Eiben unter einem Schirm von Eichen, Kiefern und Birken wachsen. Auch exotische Gehölze (zum Beispiel Amberbaum, Magnolie, Scheinzypresse) sind zu finden. Allerdings überwiegen heimische Bäume. Zu den bereits genannten kommen vor allem Linden und Ahornbäume dazu. Eine Ausnahme ist die eindrucksvolle Rosskastanienallee an der südlichen Friedhofsmauer. In vielen Bereichen des Friedhofs werden Rasenflächen heute nur noch ein- bis zweimal jährlich gemäht. Dadurch haben sich artenreiche Wiesen entwickelt.
Mit einer Größe von 54 ha hat der Stadtfriedhof Stöcken in gewisser Weise einen bestimmenden Einfluss auf das Leben im Stadtteil. Einerseits macht er sich isolierend breit und begrenzt andere städtebauliche Entwicklungsmöglichkeiten. Andererseits ist er an dieser Stelle der wichtigste öffentliche Grünraum, Friedhof und öffentlicher Park zugleich, ein prägendes Element der örtlichen Gartenqualität von Stöcken.
Das starke Anwachsen der Bevölkerungszahl von Hannover im Zuge der Industrialisierung machte schon relativ kurze Zeit nach Eröffnung des Engesohder Friedhofs (1864) eine weitere Neuanlage erforderlich. Noch vor der Eingemeindung von Stöcken erwarb die Stadt Hannover dort zunächst ein 23 ha großes Gelände. 1891 erfolgte die erste Beisetzung.

Ehrenhain

Besondere Einzelelemente und Gräber

1. Eingangsgebäude; mit Kapelle und Verwaltung, im neugotischen Stil, Ausführung um 1890 nach einem Entwurf von Paul Rowald; im Eingangsbereich später hierher versetztes Becken mit Trinkgelegenheit für Pferde, Hunde und Vögel; außerdem „Bödeker Engel" , einer von ursprünglich 15 Engeln mit Sammelbüchse (ein zweites Exemplar noch auf dem Friedhof Engesohde vorhanden), 1854 geschaffen vom Bildhauer Georg Hurtzig für Hermann Wilhelm Bödeker, Marktkirchenpastor von 1824–1874.
2. Erster Friedhofsteil; nach Plänen von Paul Rowald um 1890 angelegt, später von Hermann Kube überplant; aus dieser Zeit noch als Heckenfriedhof erhalten: die Abteilungen 5–7 und 10–12; im Übrigen in den sechziger Jahren auf der Grundlage eines Gutachtens von Werner Lendholt stark verändert.
3. Zweiter Friedhofsteil; nach Plänen von Julius Trip 1901/02 als Parkfriedhof gestaltet, umfangreiche Azaleen- und Rhododendronbestände.
4. Dritter Friedhofsteil; nach Plänen von Hermann Kube 1913–1918 angelegt; in den 60er Jahren starke Veränderungen auf Grundlage eines Gutachtens von Werner Lendholt; seit 1989 Grabfeld für Moslems, Verstorbene auf der rechten Seite liegend und nach Mekka ausgerichtet (Abt. 59); seit 1998 Feld für anonyme Urnenbeisetzungen (Abt. 43).
5. Vierter Friedhofsteil; 1964/65 als Rasenfriedhof für Urnenbeisetzungen angelegt, Gräber in eine Rasenfläche eingefügt.
6. Abteilung für Muslime.
7. Feld für anonyme Beisetzungen.
8. Ehrenhain für die Opfer der Weltkriege (Abt. A34 und 54).
9. Werkhof.
10. Lagerplatz.

Bödeker-Engel

Besondere Gräber:

A Mausoleum der Familie Meyer, trauernde Frauengestalt unter einem Baldachin, 1899 (Abt. 2A, Nr. 1).

B Erstes Grab auf dem Stöckener Friedhof, Heinrich Schomburg, gestorben am 1. 1. 1891 (Abt. 3E, Nr. 1).

C Mausoleum des Königlichen Commerzienraths Carl Vering, 1897 (Abt. 1, Nr. 35).

D Mausoleum der Verlegerfamilie Madsack, 1933 nach einem Entwurf des Architekten Fritz Höger (Abt. 1, Nr. 64).

E Bemerkenswerter bootsförmiger Grabstein der Familie Rechberg, um 1903 (Abt. 7C, Nr. 5).

F Richard Wachsmuth, gest. 1910, erster Direktor des Kaiser-Wilhelm-Gymnasiums, Tempelfragment mit Jüngling, die Fackel des Lebens ausdrückend (Abt. A 17, Nr. 36).

G Hinrich Wilhelm Kopf, 1893–1961, Erster Ministerpräsident des Landes Niedersachsen, großer Findlingsstein (Abt. A 23, Nr. 1, Ehrengrab).

H Julius Trip (1857–1907), erster Gartendirektor von Hannover, Findling mit Portrait des Verstorbenen in Kupfer (Abt. A 25; Nr. 1, Ehrengrab)

Mausoleum der Familie Meyer

J Gustav Brandt (1847–1918), Begründer der Gustav Brandt`schen Stiftung (Abt. A 32, Nr. 24 Ehrengrab).

K Gräber von Opfern des Kapp-Putsches, 1920 (Abt. 64 A, Nr. 1–8, 13, Ehrengräber).

L Wilhelm Henze, (1845–1918), Heimatdichter (Abt. 59 A, Nr. 527, Ehrengrab).

M Grabmal Hohmeyer, geschaffen von Bernhard Hoettger, 1917 (Abt. A 34, Nr. 6 a–d).

N Grabmal für die Opfer des Massenmörders Fritz Haarmann, aus den Jahren zwischen 1918 und 1924 (Abt. 49 D, Nr. 189–192, Ehrengrab).

O Heinrich Meister (1842–1906), SPD-Reichstagsabgeordneter (Abt. 45 A, Nr. 13, Ehrengrab).

P Robert Leinert (1873–1940), erster sozialdemokratischer Oberbürgermeister von Hannover, Vereiniger von Hannover und Linden 1920 (Abt. 44, Nr. 25, Ehrengrab).

Q Dr. Kurt Emmerich (gest. 1975), als Schriftsteller unter dem Pseudonym Peter Bamm bekannt (Abt. 32 D; Nr. 16, Ehrengrab).

Grabstätte der Familie Wachsmuth

Die Geschichte des Stöckener Friedhofs lässt sich in vier Abschnitte unterteilen: Am Anfang steht ein von Paul Rowald gestalteter Teil mit dem ebenfalls von ihm entworfenen achteckigen Eingangsgebäude als Ausgangspunkt. Ein strenges, hierarchisch geordnetes, rechteckiges Raster von Haupt- und Nebenwegen erschließt die einzelnen Bestattungsflächen und wird wirkungsvoll von einer diagonal verlaufenden Hauptachse durchschnitten.

Nach der Gründung einer eigenständigen Gartenverwaltung übernahm deren erster Direktor Julius Trip die Erweiterung des Friedhofs in den Jahren 1901/02. In einem starken Gegensatz zur Rowald`schen Planung schuf er auf einer Fläche von 15 ha nach dem Vorbild des Ohlsdorfer Friedhofs in Hamburg einen „Parkfriedhof". Ein 2,5 ha großer Teich bildet das zentrale Element, eine Gestaltungsidee, die von Trip später bei der Anlage des Maschparks erneut aufgegriffen worden ist. Mit dem Teichaushub konnten die benachbarten, für Bestattungen vorgesehene Flächen aufgehöht werden. Bei dem in diesem Teil relativ hohen Grundwasserstand wären die Bedingungen für Beerdigungen sonst nicht günstig gewesen.

Das Hauptwegesystem folgt der geschwungenen Linienführung der Teichufer. Die Grabfelder sind seitlich in einen lockeren Baumbestand eingefügt. In seiner Konsequenz gilt dieser Parkfriedhof heute als ein herausragendes Beispiel dieser Stilrichtung und ist erfreulicherweise fast unverändert erhalten geblieben.

Der zweite Erweiterungsteil entstand in der Zeit von 1913–1918 nach Entwürfen von Hermann Kube, der im Wesentlichen auch den Seelhorster Friedhof geschaffen hat. Die Anlage knüpfte bewusst an das Wegesystem des ersten Teils an und setzte die diagonale Haupterschließung fort. Aller-

Grabstätte von Julius Trip

Grabstätte von Hinrich Wilhelm Kopf

dings ordnete er die seitlichen Wege nicht wie dort in einem 45-Grad-Winkel zur Hauptallee an, sondern rechtwinklig dazu. Der Flächenverbrauch je Grab ist dadurch noch sparsamer. In den Erweiterungsteil wurde ein Ehrenhain für Opfer des Ersten Weltkrieges eingefügt, der später auch die Opfer des Zweiten Weltkrieges aufnahm. Kube erneuerte auch die Grabfelder des ersten Friedhofteils, ohne das Rowald`sche Wegesystem zu verändern.
1964/65 kam es im Norden zu einer letzten kleinen Erweiterung. In dieser Zeit wurden auch im ersten und im dritten Teil des Friedhofs erhebliche Veränderungen vorgenommen. Die lange diagonale Hauptallee wurde gekürzt und ihres Endpunktes beraubt. Ihre platzartigen Aufweitungen an Wegekreuzungen wurden beseitigt. Damit ist vieles von der einzigartigen Wirkung dieser Haupterschließung verloren gegangen, die ursprünglich aus Platanen bestand und heute locker mit Eichen bepflanzt ist. Vielleicht gelingt es eines Tages, wenn die festgelegten Ruhezeiten abgelaufen sind, das wieder zu korrigieren. Auch die von Kube bevorzugten Heckenabteilungen im ersten und im dritten Friedhofsteil sind in den sechziger Jahren weitgehend aufgelöst worden. Stattdessen wurden größere Rasenfelder in Kopf-zu-Fuß-Belegung eingerichtet.
Aus gartendenkmalpflegerischer Sicht sind heute die Abteilungen 5–7 und 10–12 von besonderem Interesse, die als einzige aus der Kube`schen Zeit erhalten geblieben sind. In Fortentwicklung der friedhofskulturellen Bedürfnisse und Bestattungsgewohnheiten wurden im Jahre 1989 eine Abteilung für Moslems (Abt. 59) und 1998 ein Feld für anonyme Urnenbeisetzungen (Abt. 43) eingerichtet.

Stadtfriedhof Ricklingen

Unter den großen alten Friedhöfen von Hannover ist der Ricklinger Friedhof am wenigsten bekannt. Aber wer ihn häufiger aufsucht, wird viel Reizvolles entdecken und immer wieder auf Neues stoßen.
Schon der Eintritt am Haupteingang mit dem durch eine alte Baumallee gefassten Blick auf die Kapelle ist sehr stimmungsvoll. Linker Hand erinnert ein Ehrenhain an im Ersten und im Zweiten Weltkrieg gefallene Soldaten. Hinter dem Kapellenkomplex öffnet sich der Blick in eine lang gestreckte, weite Rasenachse mit seitlich begleitenden Wegen. Der Vordergrund wird durch eine große Ehrenanlage für Kriegsopfer des Zweiten Weltkrieges eingenommen. Quer zu diesem Rasenzug verlaufen Wegeachsen, die dem Friedhof ein einfaches und klares Gerüst geben.
Im alten Teil sind die Hauptwege als Alleen ausgebildet. Besonders charakteristisch sind die von Kastanien und Amerikanischen Eichen gebildete Eingangsallee sowie zwei Seitenalleen aus Kastanien und Buchen. Eine Allee aus Omorika-Fichten, eine Rotdornallee und eine Allee aus Pyramidenhainbuchen sorgen für eine gärtnerische Note.
Die beiden großen Seitenalleen münden an ihren nördlichen Enden in halbkreisförmige Grabfelder, ein Motiv, das auch auf den Stadtfriedhöfen Engesohde und Seelhorst zu finden ist. Außergewöhnlich ist der Urnenhain auf der Südseite, der aus einer kreisförmigen Anlage von Urnengräbern besteht.
Im Westen bricht das strenge Wegeraster des Friedhofs ab. Die Grabfelder sind nach dem Prinzip des Rasenfriedhofs angelegt und orientieren sich in der Ausrichtung an den Straßen Am Grünen Hagen und In der Rehre.

Grab von Kurt Schumacher

Die Böden sind auf dem Ricklinger Friedhof relativ schwer und für Bestattungen deshalb nicht optimal, aber Bäume wachsen in dem Untergrund hervorragend und so zeichnet sich der Ricklinger Friedhof, vor allem in seinen älteren Teilen durch einen beeindruckenden, inzwischen hoch gewachsenen Baumbestand aus. Ein besonderes Charakteristikum sind die von Heinrich Lange geschaffenen Brunnen und Schöpfbecken aus Beton.

Wasserschöpfbecken aus Beton

Ehrenanlage für die Opfer des Zweiten Weltkriegs

Besondere Einzelelemente und Gräber

1. Sonderanlage für den Agnes-Karl-Verband; (Abt. 48).
2. Sonderanlage für das Friederikenstift (Abt. 50).
3. Sonderanlage für die Kongregation der barmherzigen Schwestern (Abt. 4b).
4. Verwaltungsgebäude; um 1910 nach Plänen des Lindener Architekten Ahrend errichtet, 1964/65 durch das Hochbauamt der Stadt erweitert.
5. Großes Betonschöpfbecken; 1924 von Heinrich Lange gebaut.
6. Ehrenanlage; für Gefallene des Ersten und Zweiten Weltkrieges, 1914 eingerichtet, 1947 erweitert.
7. Ehrenanlage; für Opfer des Zweiten Weltkrieges, mit großem Kreuz, 1958.
8. Kapellengebäude mit Leichenhallen; Ursprungsbau 1912, ebenfalls von Ahrend, Hallenbau mit verputzter weißer Giebelseite als Hauptfassade und Dachreiter; Neue Kapelle aus hellem Granit und Leichenhallen um 1965 durch das Hochbauamt der Stadt Hannover gebaut.
9. Zentralbrunnen; zwischen den Abteilungen 22 und U8 von Heinrich Lange 1925, zwei achteckigen Brunnenschalen nach dem Prinzip eines römischen Brunnens. Ein weiterer kleiner Brunnen befindet sich zwischen den Abteilungen 14 und 15.
10. Rundes Wasserbecken; um 1930, Wasseraustritt aus einem dreiarmigen Mittelstück.
11. Urnenhain.
12. Anonyme Gemeinschaftsanlage für Urnenbeisetzungen; (Abt. 52).
13. Buchenallee.
14. Fichtenallee.
15. Hainbuchenallee (in der Fortsetzung nach Norden Kastanienallee).
16. Werkhof.
17. Lagerplatz.

Einige besondere Gräber:

- A Kurt Schumacher, 1895–1952, SPD-Politiker (Abt. 49, Nr. 618, Ehrengrab).
- B Georg Herting, 1872–1951, Bildhauer (Abt. 16, Nr. 123, Ehrengrab).
- C Otto Armknecht, 1853–1908, Armenpastor in Linden (Abt. 8a, Nr. 1–2, Ehrengrab).
- D Wilhelm Heese, 1890–1933, Verfolgter des Naziregimes (Abt. U11, Nr. 64, Ehrengrab).
- E Artur Sonnenberg, 1901–1942, Verfolgter des Naziregimes (Abt. U28, Nr. 1089, Ehrengrab).
- F August Holweg, 1905–1989, Oberbürgermeister (Abt. U30B, Nr. 51, Ehrengrab).
- G Franz Nause, 1903–1943, Verfolgter des Naziregimes (Abt. U43, Nr. 29, Ehrengrab).

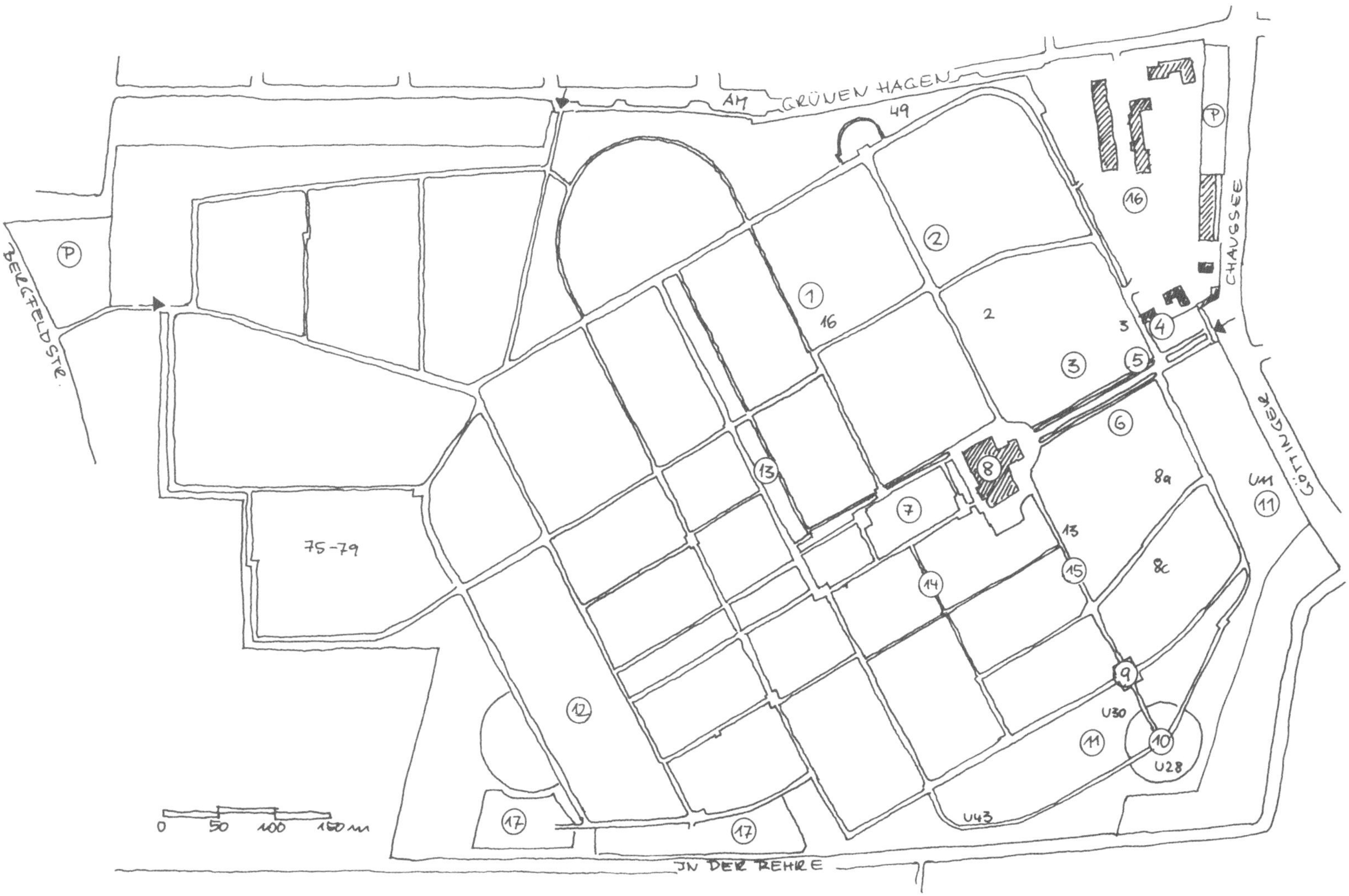
AM GRÜNEN HAGEN
49
BERGFELDSTR.
P
P
CHAUSSEE
GÖTTINGER
1
16
2
2
3
3
4
5
6
8
8a
8c
7
13
13
14
15
9
10
11
11
U30
U28
U43
U11
12
17
17
75–79
0 50 100 150 m
IN DER REHRE

Rundes Wasserbecken im Urnenfriedhof

Naturräumlich liegt der Ricklinger Friedhof am Rande der so genannten Pattenser Ebene und damit schon in der Calenberger Lössbörde. Im Freiraumgefüge der Stadt verbindet er diese mit dem Ricklinger Holz und mit der Leineaue. Der Friedhof ist mit 54 ha der einzige große, öffentliche, grünbestimmte Freiraum in Oberricklingen und hat deshalb auch eine Bedeutung für die stille Erholung.
Eine zu dichte Belegung und unhaltbare hygienische Bedingungen auf den alten Friedhöfen St. Martin, Lindener Berg und Neu Linden veranlassten die Stadt Linden, diese 1906 von der Kirche zu übernehmen und in der Ricklinger und Wettberger Gemarkung einen neuen „Hauptfriedhof Linden" zu eröffnen. Gleichzeitig damit wurde ein selbstständiges Friedhofsamt eingerichtet und mit seiner Leitung der aus Magdeburg stammende Johann Balcke betraut.

Geschichtliche Entwicklung im Zusammenspiel mit gärtnerischer Gestaltung

Balcke hatte eine schwierige Aufgabe zu bewältigen. Die schwache Finanzlage der Stadt Linden und der relativ hohe Grundstückspreis erforderten bei der Erschließung des neuen Friedhofs äußerste Sparsamkeit. Die von Gräbern freigehaltenen Alleen waren das einzige Zugeständnis zu einer gärtnerisch bestimmten Gestaltung. Schon 1908 konnte der Friedhof in einer Größe von zunächst 8 ha eingeweiht werden. Kurz nach Beginn des Ersten Weltkrieges wurde 1914 am Haupteingangsweg eine Ehrenanlage für gefallene Soldaten eingerichtet. Mit der Eingemeindung von Linden kam der Friedhof zur Garten-und Friedhofsverwaltung der Stadt Hannover und heißt seitdem „Stadtfriedhof Ricklingen". In der

Hainbuchenallee

Folgezeit ist der Friedhof immer wieder erneuert und erweitert worden. Zur ersten Urnenbeisetzung kam es 1925. Wegen des großen Zuspruchs, den diese neue Bestattungsart fand, wurden die Urnenabteilungen im südöstlichen Teil des Friedhofs eingerichtet.
In den 30er Jahren richtete das Ulmensterben – wie übrigens auch auf dem Stöckener Friedhof – erheblichen Schaden an. Die Ulme war allgemein in den Städten eine gern gepflanzte, robuste Baumart. Schlagartig war ein wesentlicher Teil des hainartigen Baumbestandes zerstört.

Mit der Wiederbelegung von Flächen wurde 1945 begonnen und es erfolgte eine allmähliche Umwandlung der Abteilungen als Rasenfriedhof. Die neuen, Wettbergen zugewandten Abteilungen 57–79 wurden in der Zeit von 1965–1976 gleich so angelegt. In diese Zeit fällt auch der Bau einer neuen großen Kapelle sowie im Haupteingangsbereich die Errichtung einer neuen Toranlage mit Pförtnerloge, der Bau von Blumenläden (in den 90er Jahren wieder abgerissen), der Anbau von Verwaltungsräumen und die Errichtung eines neuen Werkhofs.

Auf der Grundlage des 1984 vorgelegten Friedhofsplans konnten auf der Westseite des Friedhofs noch vorgehaltene Reserveflächen aufgegeben werden. 1998 wurde in der Abteilung 52 ein Feld für anonyme Urnenbeisetzungen eingerichtet. Als besonders typisch aus der Zeit der Entstehung sind für einen Besuch die Abteilungen 2 und 3 mit vielen wertvollen Grabmalen, außerdem die Abteilungen 8a, 13, 8c, 16 und 49 sowie der gesamte Urnenhain zu empfehlen.

Stadtfriedhof Seelhorst

Jeder der großen Friedhöfe Hannovers hat seine einzigartige Individualität. Das Außergewöhnliche am Seelhorster Friedhof ist der Wechsel von Strenge und Natürlichkeit. Die eigentlichen Bestattungsflächen sind in Anlehnung an barocke Gartenanlagen streng achsial aufgebaut, die randlichen Restbereiche dagegen waldartig bewachsen, sodass die Seelhorster Friedhofsanlage wie in einen Wald hineingeschnitten wirkt.

Obwohl der Haupteingang heute an der Garkenburger Straße liegt, empfiehlt es sich, um die Grundstruktur besser verstehen zu können, den Friedhof vom alten Haupteingang Hoher Weg aus zu besuchen. Hier wird man von einer vierreihigen Lindenallee mit einem Rasensrück in der Mitte empfangen, die auf das Kapellengebäude mit dem inzwischen stillgelegten alten Krematorium zuführt. Durch die hoch gewachsenen Bäume ist der Eindruck eher düster und ernst. Ein Mahnmal für die Opfer hannoverscher Konzentrationslager unterstreicht diese Stimmung. Ganz im Gegensatz dazu geht der Blick auf der anderen Seite der zentralen Bauten über ein offenes, weites Areal, dessen Mittelpunkt ein großes, etwas vertieft liegendes, kanalartiges Wasserbecken bildet. Mit geschnittenen Hecken von Buchen und Kornelkirschen und ebenfalls geschnittenen Lindenalleen werden seitlich und in der

Tiefe wie in einer Abfolge von Einzelgärten die verschiedenen Grababteilungen abgegrenzt. Den östlichen Abschluss bildet ein Halbkreis. In ihm werden auch die Wege halbkreisförmig wieder zurückgeführt.
Im nördlichen, erst nach dem Zweiten Weltkrieg belegten, Teil des Friedhofs ist die stark formalsymmetrische Gestaltung nicht fortgeführt worden. Hier orientieren sich die Grabfelder teilweise an der Linienführung der Peiner Straße und weichen damit bewusst von dem Muster der übrigen Anlage ab. Freiwachsende Hecken säumen die in Rasen eingebetteten Grababteilungen. In einer dieser neueren Abteilungen können sich Angehörige von Verstorbenen, die sich bei der Wahl des Grabsteins keiner strengen Ordnung unterwerfen wollen, relativ frei entfalten und es entsteht ein ziemlich ungeordnetes, buntes Bild. Solche „freien" Abteilungen werden mit Ausnahme von Engesohde auch auf den anderen großen Stadtfriedhöfen angeboten.
In der Anfangszeit hatte der Seelhorster Friedhof einen hohen Anteil an nicht heimischen Nadelgehölzen. Teilweise haben diese inzwischen eine beeindruckende Größe erreicht. Viele mussten aber im Laufe der Zeit beseitigt werden, weil sie sich auf Dauer an die besonderen Standortverhältnisse nicht anpassen konnten. Dadurch wird das Vegetationsbild mehr und mehr durch heimische Baumarten bestimmt.

Ruhezone zwischen den Stadtteilen

In der naturräumlichen Grenzlage der Stadt Hannover zwischen dem Flachland und den Börden gehört der Seelhorster Friedhof schon zur Braunschweig-Hildesheimer Lössbörde. Der Boden ist lehmig-sandig und der Grundwasserstand für Beisetzungen unproblematisch. Mit seiner beachtlichen Größe von 62 ha und zusammen mit dem Waldgebiet Seelhorst und den dazwischenliegenden Kleingärten bildet er heute einen zwischen die Stadtteile Kirchrode, Bemerode, Mittelfeld, Wülfel, Döhren und Seelhorst eingefügten großen Freiraum (der allerdings vom Messeschnellweg durchschnitten wird).

Gute Erreichbarkeit aus allen vier Himmelsrichtungen

Der alte Haupteingang Hoher Weg strahlt mit seiner torartig geöffneten, durch seitliche Gebäude gefassten Empfangsmauer und der Hauptallee im Hintergrund noch heute einen dominierenden Anspruch aus, aber das Vorfeld kann trotz der sternförmig auf den Eingang zugeführten Straßen diese Attitüde nicht stützen. Es ist doch alles recht ländlich, bestenfalls vorstädtisch. Das wird auch ein wesentlicher Grund dafür gewesen sein, den Haupteingang zur Garkenburgstraße zu verlegen, wo die Stadtbahnlinie 8 vorbeifährt (Haltestelle Seelhorst) und sich städtisches Leben entfaltet hat.
Allerdings ist der Eingang selbst mit seinem gebrochenen Betonsteinmauerwerk nicht gerade von überwältigender Schönheit, ein Kind der Nachkriegszeit, bewusst gegen den Strich der alten Friedhofsanlage

Alte Eingangsallee

Besondere Einzelelemente und Gräber

1. Alter Haupteingang Hoher Weg; durch Rundbögen durchbrochene Mauer, durch seitliche Gebäude hofartig gefasst, Architekt Konrad Wittmann 1924.
2. Alter Friedhof Wülfel; bei der Anlage des Friedhofs Seelhorst 1919 einbezogen, nur noch in Resten ablesbar.
3. Mahnmal; für die Opfer der hannoverschen Konzentrationslager, gestalterisch eingefügt in die vierreihige Lindenallee.
4. Grabfeld für Buddhisten.
5. Alter Friedhof Döhren; bei der Anlage des Friedhofs Seelhorst ebenfalls einbezogen.
6. Zentraler Gebäudekomplex; monumentale Ziegelarchitektur, Architekt Konrad Wittmann, 1924, Anbau mit neuer Kapelle aus gebrochenem Betonstein um 1965, Architekt Schlubach; in der Nähe der neuen Kapelle Wasserschöpfbecken mit Tierkreiszeichen von Karl Ahlbrecht, 1930.
7. Wasserbecken mit auf einer Säule stehendem Knaben von Karl Ahlbrecht, vermutlich um 1930 (Abt. 8).
8. Neuer Haupteingang Garkenburgstraße; Architekt Schlubach, um 1965; heute zentrale städtische Friedhofsverwaltung.
9. Urnenanlage mit großem Wasserbecken und im östlichen Teil Kolumbarium (Abt. U4).
10. Ehrenfriedhof für Zwangsarbeiter und Bombenopfer des Zweiten Weltkrieges; Mahnmal für die Opfer der beiden Weltkriege (Abt. 14,18,19).
11. Ehrenfriedhof für niederländische Kriegsopfer.
12. Kolumbarium.
13. Werkhof und Lagerplatz.

Besondere Gräber:

A Familie Heinrich Wattenberg, Bäcker, 1945 ; an den Oberkanten abgerundeter Steinblock aus Dolomit (Abt. 48B, Nr. 856/857).
B Familie Wilhelm Bahle, Gastwirt, 1923; Grabstein aus geschliffenem Sandstein (Abt. Wü4, Nr. 6).
C Familie Ernst Carnehl, 1903; Grabmal auf kleinem Sockel mit dreieckigem Aufsatz und schwarzer Inschrifttafel aus grauem Granit (Abt. Wü4, Nr. 109).
D Familie Armand Fontaine, Rittergutsbesitzer, 1892; Gewölbe mit Erdabdeckung, Grabstelle mit Ziergitter umgeben (Abt. Wü4, Nr. 101, 102,106,107).
E Familie Heinrich Kirchhoff, Malermeister, 1918; Bronzefigur auf einem Quader aus Muschelkalkstein (Abt. Wü2A, Nr. 92).
F Familie Friedhoff, 1908; Block mit einem Kreuz über einem Helm und einem Mantel, Sandstein (Abt. Wü2, Nr. 78A).
G Wilhelm Fahlbusch, 1907–1933, Verfolgter des Naziregimes (Abt. 9, Nr. 1380).
H Familien Klingenhäger und Cohrs, 1927; stehende Frauenfigur aus geschliffenem Kalkstein (Abt. 46A, Nr. 1–3).
I Adolph Langer, Fabrikdirektor, 1907; kniende Frauenfigur auf Sockel (Abt. 57, Nr. 52).
J Familie Halbe, 1917; Adler auf Sockel, Kalkstein (Abt. 12B, Nr. 10).
K Familie Banse, 1904; zwei Grabmale, Grabstein und Kreuz auf Sockel, geschliffener Porphyr (Abt. 57, Nr. 26).
L Familie Laue, 1909; Grabmal aus Eisengitter in der Form einer Pforte (Abt. 57, Nr. 18A).
M Familie Schnee–Rudel–Junge; sitzende Frau mit kleinem Kind auf einem Sockel, Untersberger Marmor (Abt. 4A, Nr. 21–26).
N Ernst Torgler, 1893–1963, Politiker KPD, später SPD, im Reichtagsbrandprozess freigesprochen (Abt. U2J, N5).
O Hermann Knobbe, 1948; Steinblock mit Urne aus Kalkstein (Abt. 22G, Nr. 8).
P Familie Schillig, 1978; betende Frauenfigur auf Sockel aus Thüster Kalkstein (Abt. 15, Nr. 439–441).
Q Familie Ahlhausen, 1943; Hirte mit Lamm auf Sockel, Salzhemmendorfer Dolomit (Abt. 15, Nr. 343–345).

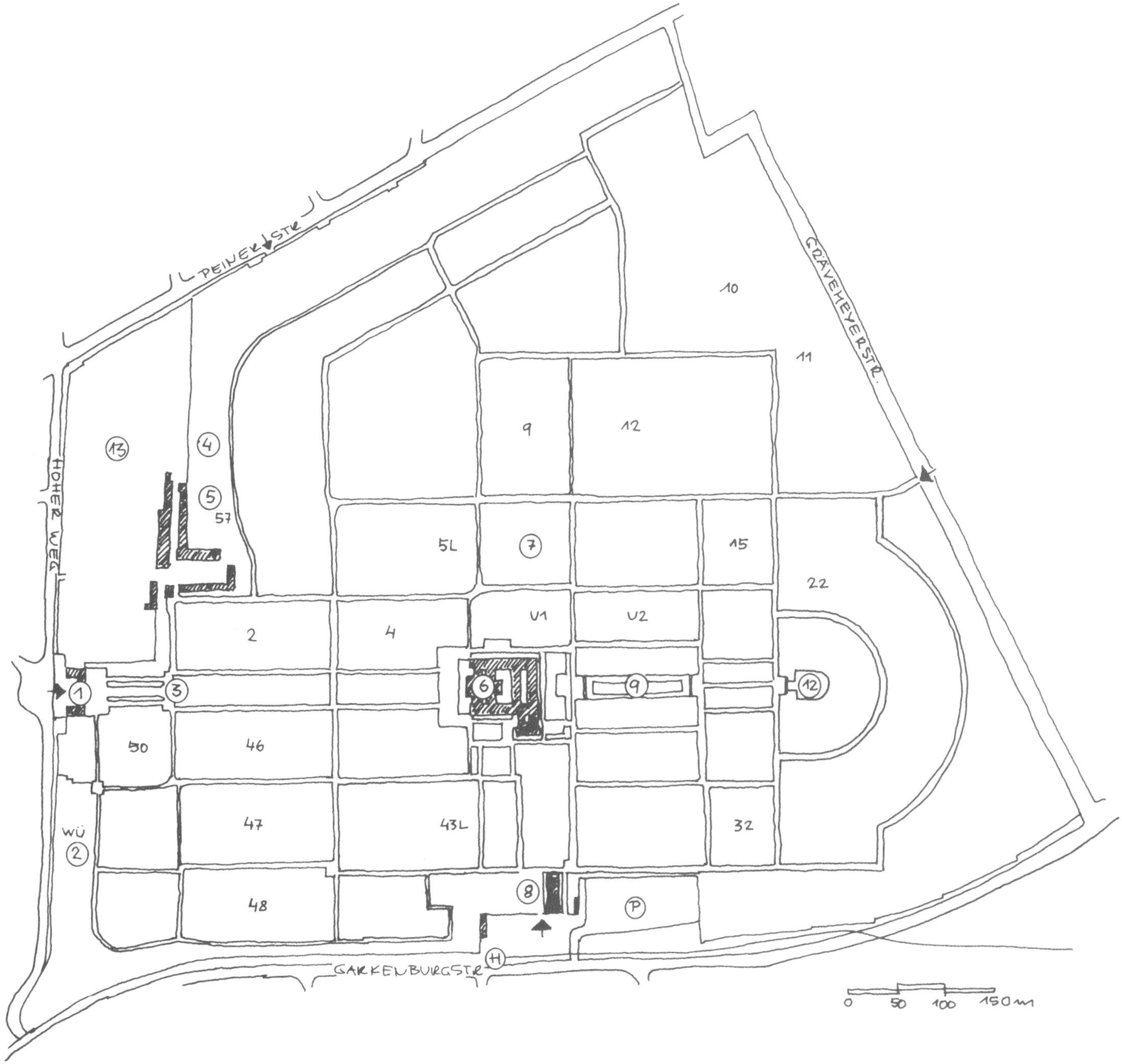
PEINERSTR
GRAVEHEYERSTR.
HOHER WEG
GARKENBURGSTR
10
11
9
12
13
4
5
57
5L
7
15
22
U1
U2
2
4
1
3
6
9
12
50
46
WÜ
2
47
43L
32
48
8
P
H
0 50 100 150 m

gestaltet. Doch ist ein relativ großer Parkplatz vorhanden.
Der Eingang Hoher Weg wird durch die Buslinien 123 und 128 erschlossen (Haltestelle Hoher Weg), die beide mit der Stadtbahn verknüpft sind (z. B. Haltestelle Peiner Straße der Stadtbahnlinien 1, 2 und 8).
Weitere Nebeneingänge sind an der Peiner Straße und an der Grävemeyerstraße zu finden, sodass der Friedhof von allen vier Himmelsrichtungen erreicht werden kann. Spezielle Parkmöglichkeiten werden an den Nebeneingängen nicht angeboten.

Anlehnung an die Herrenhäuser Gärten – symmetrische Grabanlagen zu beiden Seiten der barocken Hauptachse

Die ständig wachsende Bevölkerungszahl und die zunehmende Nachfrage nach Urnenbeisetzungen veranlasste die Stadt Hannover 1919, also noch vor der Eingemeindung von Linden und damit der Übernahme des Ricklinger Friedhofs, im Bereich der Seelhorst einen neuen Friedhof mit Krematorium einzurichten. Die Gesamtplanung übernahm Stadtgartendirektor Hermann Kube. Die Planung der Hochbauten lag in den Händen von Stadtbaurat Paul Wolf, der seinerseits den Architekten Konrad Wittmann beauftragte. In das Gelände wurden zwei kleine, bereits bestehende Friedhöfe für Döhren und Wülfel einbezogen. Die Haupterschließung erfolgte wegen der günstigeren Lage zu Döhren vom Hohen Weg aus. Schon im Gestaltungsentwurf wurden Grabflächen für Urnenbeisetzungen in besonderer Weise berücksichtigt.
Der Seelhorster Friedhof gilt in seinem mittleren Teil noch heute als ein Musterbeispiel einer architektonisch aufgefassten, durch geschnittene Hecken geprägten Anlage. Bemerkenswert ist der Versuch, zu beiden Seiten einer „barocken" Hauptachse eine vollständig symmetrische Aufteilung der Grabfelder zu erreichen. Es ist bekannt, dass sich Kube beim Entwurf der Eingangsallee an den Herrenhäuser Gärten orientierte.
Im April 1945, wenige Tage vor dem Einmarsch der Amerikaner in Hannover, wurden auf dem Seelhorster Friedhof 154 überwiegend russische Zwangsarbeiter erschossen und in bereits vorhandenen Massengräbern von Zwangsarbeitern und Opfern aus Hannoverschen Konzentrationslagern verscharrt. Ein russischer Hauptmann entkam der Erschießung. Als er den Amerikanern davon berichtete, ordneten sie eine Exhumierung der Hingerichteten durch stadtbekannte Angehörige der NSDAP an. In einem langen Trauerzug wurden die Leichen zum Nordufer des Maschsees überführt und dort zur Erinnerung und Mahnung beigesetzt. Auf dem Friedhof selbst erinnern ein Mahnmal für die Opfer der Konzentrationslager in der alten Eingangsallee sowie ein Ehrenfriedhof für die Opfer der Weltkriege im nordöstlichen Teil an die Schrecken der Naziherrschaft und der Kriege. Direkt daneben wurde ein Ehrenfriedhof für niederländische Kriegsopfer eingerichtet.
Nach dem Bau der Stadtbahnlinie zur Messe in den 60er Jahren erfolgte der Bau des neuen Haupteingangs an der Garkenburgstraße. Dort befindet sich heute auch die zentrale Verwaltung für alle städtischen Friedhöfe. Mit der Planung wurde der Architekt Schlubach beauftragt. An den von Wittmann entworfenen Gebäudekomplex aus den 20er Jahren wurde, ebenfalls von Schlubach, in der Architektursprache des neuen Haupteingangs eine weitere Kapelle angebaut.

Wandel in der Gestaltung der Grabanlagen – Erhaltung der alten Strukturen

Die Erschließung neuer Grababteilungen folgte nicht mehr der von Kube bevorzugten Kopf-an-Kopf Belegung mit einer dazwischengeschobenen, geschnittenen Hecke, sondern in hainartig umschlossenen Rasenfeldern. Im Zusammenhang mit Wiederbelegungen wurden die Strukturen im alten Teil des Friedhofs stark verändert. Viele Hecken verschwanden, und die variationsreiche Ausgestaltung der Grababteilungen wurde zugunsten einer übersichtlicheren Feldbelegung aufgegeben. Auch das Wegesystem wurde im Stil der Zeit geglättet. Zum Teil hatten diese Veränderungen wirtschaftliche Gründe. Es musste verstärkt von Handarbeit auf Maschinenarbeit umgestellt werden. Aber hinter diesen Veränderungen stand auch die Überzeugung, dass die alte Gestaltungsform den neuen Zeiten nicht mehr entsprach. Erst in den letzten Jahren wird verstärkt versucht, die alten Strukturen zu erhalten oder wieder zu beleben.
Die Gestaltungsvorstellungen aus der Entstehungszeit zeigen besonders eindrucksvoll die Abteilungen 5L, 15, 32, 43L, 47, 50 und U1. Interessant sind auch die Abteilung 57, die an den alten Friedhof Döhren erinnert, sowie die Abteilung U4 mit dem Kolumbarium, das aus aus einer halbrunden Natursteinmauer gebildet wird. Unter den nach dem Zweiten Weltkrieg erfolgten Umgestaltungen sind die Abteilungen 2, 46, 47 und 48 sehenswert, die in einer durchlaufenden Achse jeweils einen Brunnen in ihrer Mitte aufnehmen.

Ehrenfriedhof für niederländische Kriegsopfer

1997 musste das Krematorium stillgelegt werden, weil es an die heutigen umwelttechnischen Anforderungen nicht mehr angepasst werden konnte. Seitdem übernimmt ein neues, von einem Feuerbestattungsverein betriebenes Krematorium auf dem Friedhof Lahe diese Aufgabe. Es wird überlegt, das alte Krematorium für friedhofskulturelle Ausstellungen zu nutzen.

Stadtfriedhof Lahe

Als jüngster der großen Friedhöfe zeichnet sich der Stadtfriedhof Lahe durch kühle Funktionalität aus. Die Anforderungen eines Friedhofbetriebes werden rationell erfüllt. An keiner Stelle geht die Übersicht verloren. Dennoch hat die Anlage eine besondere ästhetische Ausstrahlung, die sie von den älteren großen Friedhöfen in Hannover unterscheidet. Während diese eher dunkel wirken und überwiegend eine ernste Stimmung verbreiten, wirkt der Friedhof Lahe hell und licht. Er passt in die sandige Landschaft. In seinen Rahmenpflanzungen nimmt er die typische Vegetation der Altwarmbüchener Moorgeest auf. Kiefern und Eichen beherrschen das Bild und fügen den Friedhof harmonisch in das Landschaftsbild ein. Vor dem Haupteingang wird man auf dem langen Weg zwischen Steinmetzbetrieben und Blumengeschäften rechter Hand von einer beeindruckenden Gruppe großer alter Eichenbäume empfangen. Dort stand früher das landwirtschaftliche Gehöft Reinecke. Ein Gedenkstein (s. Seite 128) erinnert daran. Die Feierhallen und betrieblichen Gebäude sind in zentraler Lage am Eingang zusammengefasst. Sie bestehen aus einem Stahlbetonskelett, das mit Ziegelmauerwerk ausgefüllt ist. Sie unterstreichen den der Gesamtanlage zugrunde liegenden Wunsch, durch Helligkeit und klare Gestaltung über die Trauer hinwegzuhelfen.

Klare, ästhetische Ausstrahlung

Der Friedhof selbst besteht aus einer Zusammenfassung mehrerer Friedhofsräume, die über einen dem Kapellenbereich südlich vorgelagerten langen Rasenzug erschlossen werden. Dieser ist hainartig und unregelmäßig mit Bäumen überstellt und wird seitlich durch 2 m hohe, dicht bepflanzte Wälle eingerahmt, die zur Verstärkung der Raumwirkung an ihrem Fuß von niedrigen Mauern eingefasst sind. Von diesem lang gestreckten Grünraum aus gelangt man seitlich in die verschiedenen Friedhofsteile, die ihrerseits auch wieder durch kräftige Randpflanzungen voneinander abgegrenzt sind.

Eingangsbereich

„Unter dem grünen Rasen ..."

Die Gebäude und die Friedhofsanlagen wirken wie aus einem Guss. Dieser Eindruck wird dadurch noch verstärkt, dass auch die dem Friedhof vorgelagerten Steinmetzbetriebe und Blumenläden die gleiche Architektursprache zeigen. Auf dem Friedhof ist konsequent die Idee eines Rasenfriedhofs verwirklicht, das heißt: alle Gräber liegen in einem Rasenteppich. Dieser Eindruck wird durch eine Verkleinerung der Grabbeete erreicht.

Gräber, im Rasen eingebettet

Der Friedhof Lahe hat eine Größe von 36 ha und versorgt das nordöstliche Stadtgebiet von Hannover. Durch seine Lage an der Kirchhorster Straße (genau: Laher-Feld-Straße) ist er für Autofahrer bestens erreichbar. Da er ursprünglich doppelt so groß gedacht war und die Parkplätze schon mit der Ersteinrichtung in voller Zahl ausgebaut wurden, fühlt man sich bei der Ankunft an amerikanische Verhältnisse erinnert. Parkplatzprobleme treten auf dem Laher Friedhof selten auf.
Wer mit dem Fahrrad oder als Wanderer unterwegs ist, kann den Friedhof auf grünen Wegen erreichen. Die Nebeneingänge im Süden und Norden sind Ausgangspunkte empfehlenswerter Wanderungen über den Friedhof. Fahrräder müssen allerdings geschoben werden.

Abteilung der kurdischen Religionsgemeinschaft der Jeziden

Bewältigte Probleme bei der Planung und Anlage

Der Stadtfriedhof Lahe verdankt seine Entstehung dem Wunsch der Stadtverwaltung, für die vier Sektoren von Hannover auch vier große Friedhöfe zu haben, und der falschen Zuversicht der 60er Jahre, dass sich die Einwohnerzahl der Stadt drastisch nach oben bewegen würde. 1962 wurde ein beschränkter Wettbewerb ausgeschrieben. Die Arbeitsgemeinschaft des Landschaftsarchitekten Ruprecht Dröge und der Architekten Ingrid und Peter Böhme erhielt den 1. Preis und wurde mit der Planung beauftragt.

Schwierigkeiten beim Grunderwerb verzögerten den Baubeginn. Außerdem musste das für die Erdbestattungen vorgesehene Gelände wegen des hohen Grundwasserstandes insgesamt um 2 m aufgehöht werden. Dazu wurde vor allem Erdaushub vom U-Bahn-Bau in der Innenstadt verwendet. 1968 konnte der erste Bauabschnitt in der Größe von etwa 20 ha eingeweiht werden. Bis in die 80er Jahre hinein erfolgten noch Erweiterungen. In einem 1984 herausgegeben Friedhofsplan für die gesamte Stadt Hannover wurde bereits festgestellt, dass auf absehbare Zeit keine weiteren Friedhofsflächen gebraucht werden würden. Das ursprüngliche Ziel eines knapp 90 ha großen Friedhofs wurde aufgegeben.

1996 errichtete ein Feuerbestattungsverein als Ersatz für das Krematorium auf dem Friedhof Seelhorst in Ergänzung zu den vorhandenen Gebäuden und in Anknüpfung an die vorhandenen Betriebsgebäude ein neues Krematorium.

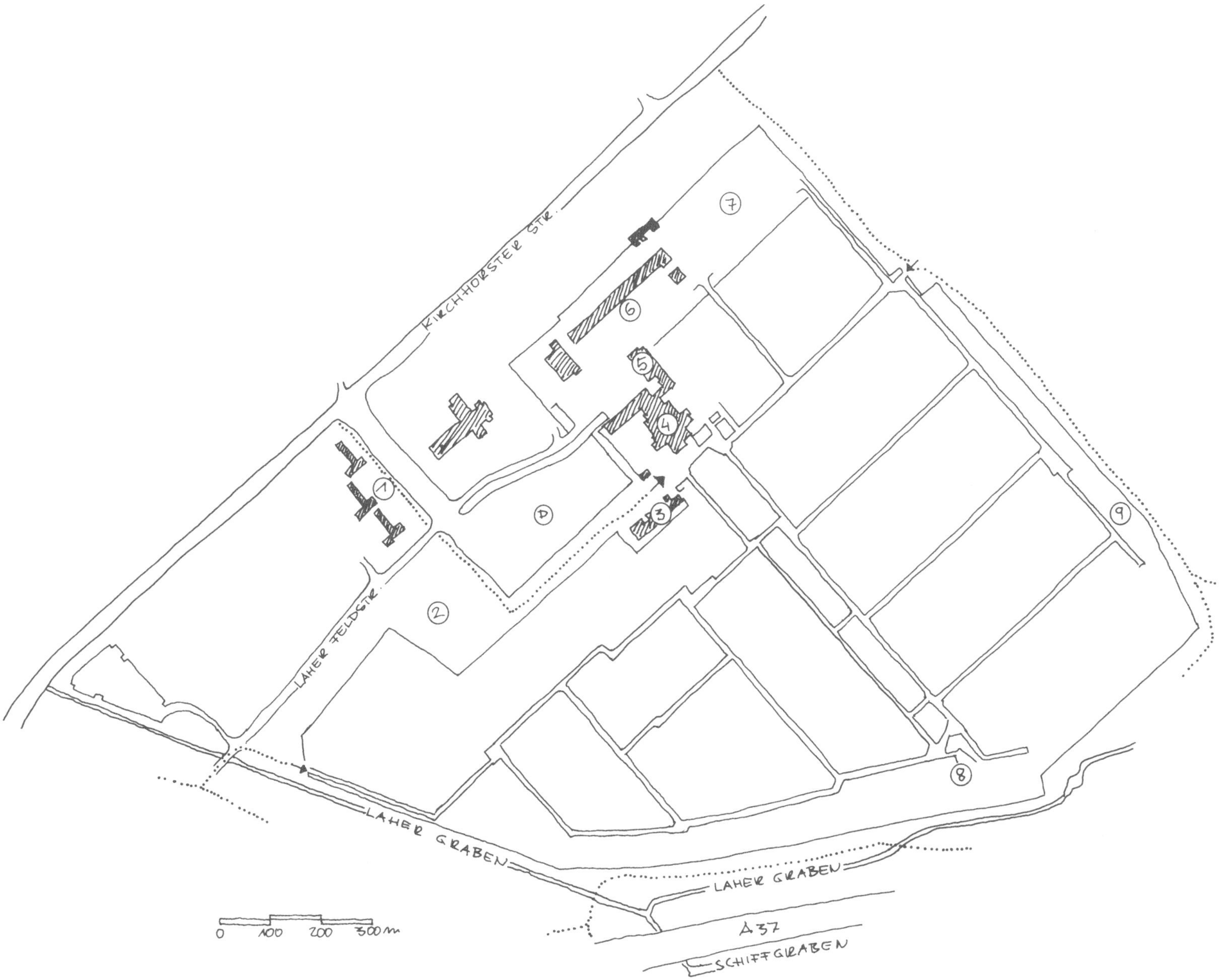

Besondere Einzelelemente

1. Steinmetzbetriebe.
2. Eichenhain; mit Gedenkstein für ehemaligen Hof Reinecke, 1960.
3. Blumengeschäfte, Café.
4. Kapellen- und Verwaltungsgebäude; Fertigstellung 1973 nach einem Entwurf der Architekten Ingrid und Peter Böhme; Stahlbetonskelett mit Ziegelmauerwerk.
5. Neues Krematorium; in Trägerschaft eines Feuerbestattungsvereins, 1996 eröffnet.
6. Werkhof.
7. Lagerplatz.
8. Anonymer Urnenhain; an dieser Stelle seit 1988; Eingangssteine von Mathias Kadolph und Zentralstein von Michael Zwingmann (Abt. 136).
9. Jezidenabteilungen (Abt. 506/507).

HOTEL

Die Stadtbezirke

Die Grundthese dieses Buches lautet, dass Städte auch nach ihren Gartenqualitäten beurteilt werden. Mit dem Gedanken an die Stadt New York verbindet sich immer die Erinnerung an den Central Park im Herzen von Manhattan. London beeindruckt jeden Stadtbesucher durch seine Royal Parks. Paris ist ohne den Jardin du Luxembourg undenkbar und in Hannover sind es die Herrenhäuser Gärten, die dem Wunsch nach einer Gartenwelt als Gegenwelt zur harten städtischen Wirklichkeit entgegenkommen. Dabei haben solche Vorstellungen meistens mit Objektivität wenig zu tun. Der Jardin du Luxembourg ist im Vergleich zum Häusermeer von Paris winzig, es gibt dort viele andere sehenswerte Parks. Es gehört wohl zu den Gesetzmäßigkeiten öffentlicher Kommunikation, dass einzelne Gärten, Parks oder Stadtwälder stellvertretend beleuchtet und herausgehoben, andere dagegen kaum wahrgenommen werden. Alle Hannoveraner kennen außer den Herrenhäuser Gärten noch die Eilenriede und den Maschsee. Darüber hinausgehende Kenntnisse sind jedoch lückenhaft und vage. Den Hermann-Löns-Park und den Hinüberscher Garten kennen nur die in der Nähe Wohnenden.

Ähnlich unausgesprochen und unklar ist die Situation, wenn die weit verbreitete Gartensehnsucht mit der Lebenswirklichkeit verglichen wird. Einerseits wünschen sich die meisten Menschen als Ergänzung ihrer Wohnung einen privaten Freiraum. Um das zu erreichen, ziehen sie sogar aus der Stadt weit aufs Land. Aber in den offiziellen politischen Wohnungsbauprogrammen kommt der Garten in der Regel nicht vor. Diejenigen, die sich solche Programme ausdenken oder darüber entscheiden,

haben selbstverständlich einen eigenen Garten.
Diese allgemeinen Beobachtungen lassen sich – und das ist die zweite These – auch auf Stadtteile übertragen. Die Entscheidung für eine Wohnung in Kirchrode wird vermutlich auch durch die Nähe zum Tiergarten beeinflusst. Jedenfalls wird die grüne Umgebung als vorteilhaft wahrgenommen und trägt später zur Identifikation mit dem Stadtteil bei. Entsprechendes gilt für die Südstadt im Verhältnis zum Maschsee und für Linden in Beziehung zur wilden Leineaue. In Gesprächen zeigt sich jedoch, dass viele Hannoveraner über die öffentlichen grünen Plätze, Gärten, Parks und Naherholungsgebiete ihres Stadtteils nur wenig wissen und noch weniger in der Lage sind, sie im Vergleich mit anderen Stadtteilen darzustellen. Wer sich mit einem grünen Blick zu Wanderungen durch die Stadt aufmacht, wird über viele, bisher unbekannte Gartenelemente erstaunt sein. Erst bei genauerer Betrachtung wird bewusst, was Vahrenheide von Groß Buchholz und Linden von Mittelfeld unterscheidet.
Normalerweise werden ganze Städte oder Stadtteile durch bestimmte Straßenzüge und besonders typische Gebäude identifiziert. Eine interessante Alternative ist, sich fremde Städte über den Besuch ihrer öffentlichen Grünanlagen und Friedhöfe zu erschließen. Man wird dabei wahrscheinlich mehr über ihre Geschichte und die besonderen Lebensgewohnheiten ihrer Einwohner erfahren als bei der Beschränkung auf die üblichen Sehenswürdigkeiten. Das folgende Kapitel will dazu anregen, in Hannover den eigenen Stadtteil aus einem neuen, nämlich dem gärtnerischen Blickwinkel zu betrachten und den Unterschieden zu anderen Stadtteilen nachzuspüren. Die Qualität der Gartenelemente in den

einzelnen Stadtteilen lässt in vielen Fällen zu wünschen übrig. Die Gründe dafür scheinen weniger in der so gern beweinten öffentlichen Armut zu liegen als in mangelnder gesellschaftlicher Aufmerksamkeit und manchmal auch in einer gewissen Hilflosigkeit im Umgang mit solchen Räumen. Es ist doch merkwürdig, dass auf der einen Seite der Begriff „Garten" voller Spiritualität und Romantik steckt, auf der anderen Seite aber grüne Stadtteilplätze hemmungslos vollgestellt werden mit Toilettengebäuden, Transformatorenhäuschen, Schaltkästen, Flaschencontainern, Telefonzellen und Litfaßsäulen. Auch in ihrer formalen Ausgestaltung entsprechen sie häufig nicht dem Anspruch, den sie erheben könnten. Entweder sind sie schlecht oder lieblos entworfen oder ihre früher einmal schöne Form ist durch ungezügeltes Wachstum der Pflanzen oder spätere Veränderungen aus der Fassung geraten.
Die bekannten amerikanischen Landschaftsarchitekten Martha Schwarz und Peter Walker möchten nach einem Bericht im kultur-SPIEGEL die Landschaft und die städtischen Freiräume vor der Unscheinbarkeit retten. Aus den vielen „aschenputteligen Plätzen in unseren Städten" möchten sie „königliche Orte" machen.
Es muss vielleicht nicht überall in Hannover königlich zugehen. Aber wenn der folgende Versuch, die Gartenqualitäten der Stadtteile zu beschreiben, dazu beitragen würde, diese aufmerksamer wahrzunehmen, sich für ihre Erhaltung, Pflege und Entwicklung einzusetzen und so für die Vielgestaltigkeit der Gärten von Hannover zu werben, wäre ein wichtiger Schritt zu einer lebendigen Gartenkultur getan.

Stadtmitte mit Calenberger Neustadt, Oststadt und Zooviertel

Stadtbezirk 1

Städte werden gern konzentrisch mit der City als Mittelpunkt gedacht. In Hannover trifft das auch in der Wirklichkeit noch weitgehend zu. Rathaus, Marktkirche, Hauptbahnhof, Opern- und Schauspielhaus, Historisches Museum, Vergnügungsviertel, Markthalle, Warenhäuser und viele Einzelhandelsgeschäfte haben ihren Standort in der Innenstadt. Der Niedersächsische Landtag und die meisten Ministerien bezeugen unverkennbar die Position Hannovers als Landeshauptstadt. Auch der Schützenplatz liegt noch in der Stadtmitte und wartet die meiste Zeit ungenutzt auf das jährlich wiederkehrende große Fest. Das in der Nachbarschaft liegende Niedersachsenstadion träumt von den vergangenen Zeiten der Zugehörigkeit von Hannover 96 zur ersten Fußball-Bundesliga. Am Kröpcke, wo wichtige Linien des Stadtbahnverkehrs zusammenlaufen, trifft man sich. Bei einer Verabredung an der Kröpcke-Uhr zu warten, verbindet viele Hannoveraner.

Baumlinien führen ins Zentrum der Stadt

Die Dichte des Lebens lässt – so möchte man meinen – dem Element Stadtgrün in der City wenig Spielraum. Aber bei genauerem Hinsehen ist schnell zu erkennen, dass dies nicht der Fall ist. Schon bei der Ankunft am Bahnhof zeigt nicht nur König Ernst-August hoch zu Ross, wo es lang geht, sondern große Platanen-Bäume begrüßen die Ankommenden und in der Bahnhofstraße gepflanzte Schnurbäume weisen freundlich den Weg zum Kröpcke. Dort verzweigen sich die grünen Baumlinien – in der Karmarschstraße zugegebenermaßen etwas dürftig – in verschiedene Richtungen. Nordwestlich führen sie über die Georgstraße und die Lange Laube am Königsworther Platz direkt in die Herrenhäuser Allee. In den letzten Jahren sind Neuanpflanzungen in Richtung Goseriede/Nikolaistraße und Klagesmarkt/Engelbosteler Damm hinzugekommen. In südlicher Richtung teilen sie sich und gehen in die lange Achse der Hildesheimer Straße, in die Marienstraße und in den Friedrichswall über. Niemand mag sich heute noch vorstellen, dass die Hildesheimer Straße und die Marienstraße bis zum Bau der U-Bahn graue, baumlose Straßen waren. Insgesamt sind im Zusammenhang mit der Verlegung der Stadtbahnlinien unter die Erde im Innenstadtbereich etwa 1500, für das Stadtbild sehr wirkungsvolle Straßenbäume neu gepflanzt worden. Aber Bäume sind nicht die einzigen Elemente, die die Beziehung der Innenstadt zur Natur lebendig erhalten.

Gartenatmosphäre am Kröpcke

Plätze und alte Friedhöfe

Grüne Stadtplätze (Klagesmarkt, Steintorplatz, Andreas-Hermes-Platz, Ernst-August-Platz, Andreaeplatz, Rathenauplatz, Georgsplatz, Neustädter Markt) bieten sich als Orte zum Atemholen an. Alte Friedhöfe (Michaelisfriedhof, St.-Nikolai-Friedhof, Neustädter Friedhof, Gartenfriedhof) erzählen Stadtgeschichte und erfreuen mit großen, alten Bäumen die Herzen. Nach den Zerstörungen des Zweiten Weltkrieges entstandene neue Wohngebiete überzeugen mit privaten und gemeinschaftlich nutzbaren Gärten (Kreuzkirchenviertel, Rosmarinhof). Alte Kirchen sind in Grün eingebettet (Kreuzkirche), von Bäumen begleitet (Marktkirche) oder in Efeu und wilden Wein eingehüllt (Ruine der Aegidienkirche).
Die Leine fließt mit einem seit kurzem für Fußgänger und Radfahrer durchgängigen grünen Ufer mitten durch die Stadt und erinnert am Hohen Ufer daran, wo die Stadt und ihr Name (overe = Ufer oder oever = Anhöhe) entstanden. Leine und die am Rande des Stadtbezirks entlangfließende Ihme (über den Schnellen Graben mit dem großen Teil des Leinewassers aufgefüllt) führen nach Süden und Nordwesten direkt in große Naherholungsgebiete.
In welcher Großstadt gibt es mitten in der Stadt einen so großzügig gestalteten öffentlichen Freiraum wie den Waterlooplatz? Noch stärker unterstreichen der in der Nähe liegende Maschpark und der Maschsee die traditionelle Hinwendung der Stadt zu Gartenkunst und Landschaft. Ganz besonders deutlich wird die ausgeprägte Beziehung zur Natur am nordöstlichen Rand des Stadtbezirks, wo – zu Fuß zehn Minuten vom Bahnhof entfernt – der Stadtwald, die Eilenriede, beginnt. In ihrem Randbereich liegen der Zoologische Garten, das Eilenriedestadion, weitere Sportanlagen und – in enger Verknüpfung mit dem Congress-Centrum – der Stadtpark. Es ist kein Wunder, dass in der benachbarten, 1859 eingemeindeten, Oststadt und im Zooviertel ein überwiegend gehobener Standard des Wohnens und Arbeitens anzutreffen ist. Die Eilenriede ermöglicht es vielen in den östlichen Stadtgebieten wohnenden Hannoveranern auf grünen Wegen täglich mit dem Fahrrad zur Arbeit und zurück zu fahren. Wie die Leineaue garantiert sie, dass die Verbindung der Stadtmitte mit den großen landschaftsbezogenen Naherholungs- und Naturgebieten nicht abreißt.
Der Stadt Hannover wird gelegentlich vorgeworfen, dass sie – im Gegensatz zu vielen anderen großen Städten wie Wien, Köln, Hamburg, Frankfurt/Main, Bremen oder Braunschweig – die Chance für eine dauerhafte Umwandlung der ehemaligen Befestigungsanlagen in grüne Wallringpromenaden nicht genutzt habe. Tatsächlich ist in Hannover von dieser früheren Stadtbegrenzung nur noch wenig zu finden, aber – in gewisser Weise von dieser historischen Vorgabe befreit – hat sich die Stadt für eine ganz andere, sehr individuelle Lösung der Verbindung zu Natur und Landschaft entschieden.

Besondere Gartenelemente

1. Neustädter Friedhof (Andreasfriedhof); Als Ersatz für den alten Michaelisfriedhof 1646 hier angelegt und 1876 geschlossen. Sehenwerte Grabmale: die „Geschnürte Jungfer", wegen der lebensgroßen figürlichen Darstellung der hier begrabenen Anna Margaretha Borcherding in einem Kleid mit enger Taille; „Langer Christoph" wegen einer Grabplatte mit einer 2,50 m langen, lebensgroßen Reliefzeichnung; das „Türkengrab" des 1691 verstorbenen Hammet, Lakai der späteren Kurfürstin Sophie; das „Russengrab" des 1813 tödlich verwundeten Kosaken-Offiziers Wassily Gawrilow und Grab des Kapellmeisters und Komponisten Heinrich Marschner (1795–1861); Friedhof wurde 1952 durch den Bau des Continental-Hochhauses (heute Universität) verkleinert und in eine Grünanlage umgebaut, in den 80er Jahren im Zusammenhang mit dem U-Bahnbau Richtung Herrenhausen und Hainholz erneut verändert; eindrucksvoller alter Baumbestand, wichtige Funktion im Grünsystem der Stadt auf dem Weg nach Herrenhausen; Gesamtfläche 1 ha; vor der Friedhofsmauer Gruppe aus fünf großen Steinfiguren „Etude I–V" von Eugene Dodeigne, 1982, früher am Emmichplatz, seit 1985 an dieser Stelle.
2. St. Nikolai-Friedhof; ältester, noch teilweise erhaltener Friedhof von Hannover; Einrichtung vermutlich gemeinsam mit der nur noch als Ruinenrest erhaltenen Nikolaikapelle (erstmals als Leprosenkapelle 1284 erwähnt), mehrfach erweitert, 1866 aufgelassen; um 1900 Umgestaltung nach Entwürfen von Julius Trip in einen öffentlichen Park; im Zusammenhang mit umfangreichen Verkehrsmaßnahmen 1952/53 verkleinert und durch die Celler Straße zweigeteilt; Grabmale seitdem willkürlich verteilt; sehenswertes Hölty-Denkmal, 1901 von Otto Lüer und Karl Gundelach (Lage des Grabes von Ludwig Heinrich Christoph Hölty, 1748–1776, auf dem Friedhof unbekannt); Einbau eines Kinderspielplatzes 1955; Umgestaltung im Sinne eines Ortes der Erinnerung nach einem Planungswettbewerb durch die Landschaftsarchitekten Irene Lohaus und Peter Carl 1999 (1. Bauabschnitt); in Verbindung damit teilweiser Rückbau der Straßen, klarere Begrenzungen, Befreiung von anderen Nutzungen (Umspannwerk, Straßenbahnschleife, Kinderspielplatz), Erklärung eines Baumes zu einem „Wunschbaum"; Fläche 1,5 ha.
3. Ihmeufer; durchgehendes, grünes, mit Wegen für Fußgänger und Radfahrer erschlossenes, rechtes Ufer der Ihme zwischen Schneller Graben im Süden und Justus-Garten im Norden; um 1800 zunächst Gartengrundstücke wohlhabender Bürger, später überwiegend gewerblich, bzw. industriell genutzt; nach dem Zweiten Weltkrieg allmähliche Öffnung für die Allgemeinheit; Justus-Garten beliebter Treffpunkt junger Leute; an der Glockseestraße Skulptur „Große Begehbare Hannover" von Volker Gerlach, 1976.
4. Goetheplatz; kreisrunder Verkehrsplatz mit grüner Mitte; Planung der königlichen Baukommission mit Georg Ludwig Friedrich Laves seit 1853, Fertigstellung 1875; mehrfach umgestaltet, heutige Gestaltung mit großen Platanen von 1962; Skulptur „Tor" von Wolf Gloßner, 1983.
5. Leineufer Innenstadt; nach den Zerstörungen des Zweiten Weltkrieges schon 1952 im Bereich des Leibnizufers Anlage eines Grünzuges mit harter städtebaulicher Kante auf der rechten und weichen landschaftlichen Formen auf der linken Leineseite; an Sonnabenden Nutzung als Flohmarktgelände; nach einem Ideenwettbewerb (1983) Umgestaltung des Wehrs an der ehemaligen Wasserkunst und des Landtagvorplatzes nach Plänen des Architekten Dieter Oesterlen, mit neuer Fußgängerbrücke, geschnittenen Platanen und seit 1998 den von Floriano Bodini geschaffenen „Göttinger Sieben"; im Rahmen des Expo-Projekts „Stadt als Garten" 1997–2000 zwischen Maschsee und Königsworther Straße als durchgängiger Grünzug gestaltet, Landschaftsarchitekten Martin Diekmann und Gruppe Freiraumplanung, wichtige künstlerische Elemente: Skulptur „Umschauende" von Kurt Lehmann, 1957; vor dem Arbeitsamt Giebelstück der ehemaligen Clevertorwache (1790), 1985 hier ungefähr am ursprünglichen Standort aufgestellt; Duvebrunnen, 1916 von Georg Herting für den Neustädter Markt geschaffen, seit 1953 an dieser Stelle; „Nanas" von Niki de St. Phalle, 1974; Plastik „Avenue K" von Keneth Snelson, 1971, zunächst am Waterlooplatz, seit 1997 am Leibnizufer; Plastik „Stahl 17/87" an der Brühlstraße von Erich Hauser.
6. Am Steintor (Steintorplatz); ursprünglich Bestandteil der mittelalterlichen Befestigungsanlage; nach den Zerstörungen des Zweiten Weltkriegs 1954/55 als grüner Verkehrsplatz gestaltet; 1983 im Zusammenhang mit dem U-Bahnbau nach einem Planungswettbewerb von den Architekten Storch und Ehlers, als Abschluss der neuen Georgstraßen-Promenade in einen halbkreisförmigen, mit Linden und Magnolien bestandenen Platz umgebaut; enge räumliche Beziehung zum St.-Nikolai-Friedhof; neuer Standort des 1899 von Carl Dopmeyer geschaffenen Gänselieselbrunnens.
7. Ernst-August-Platz; im Zusammenhang mit dem Bahnhofsbau nach städtebaulichen Entwürfen von G. L. F. Laves und A. Andreae durch E. Neide als parkartige Grünanlage gestaltet; häufig umgebaut; letzte Umgestaltung 1999 in Vorbereitung der Weltausstellung nach Vorschlägen von Hille von Seggern und Lutz Orth; bronzenes Reiterdenkmal für König Ernst-August von D. Rauch, A. Wolff und H. Hesemann, aufgestellt 1861; Platz umrahmt von großen Platanen-Bäumen.
8. Andreas-Hermes-Platz; in Verbindung mit dem Bau der Deutschen Genossenschaftsbank (Architekten I. Lindner-Böge und J. Böge), nach einem Planungswettbewerb durch das Landschaftsarchitekten-Büro Wehberg/Lange/Eppinger/ Schmidtke, 1990/91 als von Bäumen überstellter Kiesplatz mit runden Wasserbecken, Wasserwand, Trauerweiden und Pyramideneichen gestaltet; wichtiges Verbindungselement zur Oststadt und zur List, räumlich-funktionale Verknüpfung mit Deutsche Genossenschaftsbank, Pavillon und Weißekreuzplatz.
9. Weißekreuzplatz; Name nach einem hier aufgestellten Sühnekreuz für den Raubmörder Jasper Hanebuth, 1903 als Schmuck-

platz angelegt; im Zusammenhang mit dem U-Bahnbau und als Einstieg in die Lister Meile 1980/81 nach einem Planungswettbewerb durch die Landschaftsarchitekten Dorle und Holger Haag gestaltet; grüner, durch Pergola begrenzter Platz; Lichtplastik „Orchid" von Christoph Rust, 1999.

10. Städtische Musikschule, Hohenzollernstraße 49; ehemalige Villa Seligmann mit großem Garten; Architekt Hermann Schaedtler, 1906.
11. Kröpcke; als Stadtmittelpunkt empfundene Kreuzung von Bahnhof-, Georg- und Karmarschstraße mit Kröpcke-Uhr als Treffpunkt; im Sommerhalbjahr durch Kübelpflanzen als Garten gestaltet.
12. Rosmarinhof; 1955–56 durch freiwillige Grundstückszusammenlegung ermöglicht; Architekt Konstanty Gutschow und Landschaftsarchitekt Wilhelm Hübotter; private Gärten, Gemeinschaftsgrün, öffentlicher Spielplatz und Durchgang; Brunnen „Mädchen im Regen" von Kurt Lehmann.
13. Neustädter Markt; grüner, von Linden-Bäumen umrahmter Platz neben der Neustädter Hof- und Stadtkirche St. Johannis; in dieser Form seit Anfang der 70er Jahre; im Mittelpunkt Tischbrunnen von Max Sauk 1973/74, Lindenbäume 1985; Kirchenbau 1666/70, im Zweiten Weltkrieg zerstört, 1956/58 äußerlich in alter Form wieder aufgebaut, im Inneren neu gestaltet.
14. Kreuzkirchenviertel; 1950–52 als grüne Oase mitten in der Stadt angelegt; Architekten Georg Seewald, Konstanty Gutschow, Ernst Zinsser und andere, Landschaftsarchitekt Günther Heydenreich; Kreuzkirche 1320/33 gebaut, Turm 1630, Wiederaufbau nach Bombardierung unmittelbar nach dem Zweiten Weltkrieg; um die Kirche Rasenfläche mit einigen alten Grabsteinen an den, im 18. Jahrhundert geschlossenen, Friedhof erinnernd.
15. Ballhofplatz; gepflasterter Platz vor dem Ballhof (Saalbau von 1649, von Herzog Georg Wilhelm für Ballspiele errichtet, heute Theater), durch einige Bäume gegliedert; Brunnen von Helmut Otto Schön 1975; am westlichen Rand Marstalltor (1714 von Remy de la Fosse für ein Gebäude an der Burgstraße entworfen, heutiger Standort Lage des Brühltores zur Burg Lauenrode markierend).
16. Hinrich-Wilhelm-Kopf-Platz; ursprünglich Standort des Adelspalais, nach der Zerstörung im Zweiten Weltkrieg Umgestaltung zu einem mit Eichen überstellten Platz, teilweise zum Parken genutzt; seit 1955 dort ältester, noch erhaltener städtischer Brunnen von 1828 (ursprünglich am Neustädter Markt); beherrscht durch das Landtagsgebäude (ehemaliges Stadtschloss), Portikus von Georg Ludwig Friedrich Laves, 1834, Wiederaufbau nach Kriegszerstörung 1958/61 durch Dieter Oesterlen.
17. Rathenauplatz; grüne Insel im Stadtzentrum; ursprünglich Teil der Befestigungsanlagen, mehrfach umgestaltet, zuletzt 1957, verändert durch das 1994 aufgestellte Mahnmal von Michelangelo Pistoletto für die aus Hannover deportierten und ermordeten Juden ; enge räumliche Beziehung zum Georgsplatz; begrenzt durch eine zwischen Opernplatz und Aegidientorplatz verlaufende Platanenallee (Schorsenbummel); unter hohem Nutzungsdruck leidend.
18. Theaterhof; im Zusammenhang mit dem Bau des Schauspielhauses (1990–92, Architekten Paillard, Leemann und Partner) von Thilo Mucke als mit Bäumen überstandener Hof geplant, 1997 ausgeführt; Künstlerhaus von Conrad Wilhelm Hase 1853–55; ehemalige Cumberlandsche Galerie 1883–85 von Otto Goetze.
19. Aegidienkirche; im Zweiten Weltkrieg zerstört, als Ruine zu einer Gedenkstätte ausgebaut; Plastik „Demut" von Kurt Lehmann, 1959; Nachbildung der Friedensglocke von Hiroshima, 1985; äußere Kirchenwände sehr wirkungsvoll mit Efeu und wildem Wein berankt.
20. Georgsplatz; ursprünglich Teil der Befestigungsanlagen, mehrfach umgestaltet, in seiner heutigen Gestalt im Wesentlichen bestimmt durch eine um 1957 ausgeführte Gestaltung von Werner Lendholt und Erwin Laage unter Einbeziehung einiger alter Bäume als Architekturplatz mit raumbegren-

Gänselieselbrunnen am Steintor

zenden Hochbeeten, einem großen Wasserbecken mit einer Plastik „L'air" von Aristide Maillol und vier Brunnen von Wilhelm Brodhage; durch Platanenallee um 1980 in Verbindung mit dem U-Bahnbau verändert, Plastiken von Horst Antes „Kopf mit zwölf Augen" und „Kopf in der Hand", 1982 hinzugefügt; in den 60er Jahren als „Gute Stube" bezeichnet, später zeitweise von Stadtstreichern heimgesucht; an Freitagabenden beeindruckender Treffpunkt von Motorrad-Freaks mit schweren, brunftig röhrenden Maschinen.

21. Gartenfriedhof; 1741 angelegt, 1864 geschlossen, seitdem in seinem Friedhofscharakter erhalten, aber als öffentliche Grünfläche genutzt; in den 20er Jahren durch einen öffentlichen Kinderspielplatz ergänzt; Einzäunung im Zweiten Weltkrieg eingeschmolzen, wegen der Gefahr der Verwahrlosung in den 80er Jahren wieder mit einem Zaun umgeben (Gitter der ehemaligen Vinnhorster Kanalbrücke); wertvoll vor allem wegen seiner überwiegend aus der Zeit des Klassizismus stammenden Grabmale, historisch interessant die Grabmäler bekannter Persönlichkeiten, beispielsweise Charlotte Kestner, geborene Buff (gestorben 1828, „Lotte" in Goethes „Leiden des jungen Werther"), Georg Friedrich Grotefend (gestorben 1853, Entzifferer der Keilschrift), Heinrich Christian Tramm (gestorben 1861, Architekt des Welfenschlosses); als Besonderheiten: ein waagerecht durch Gitterstäbe wachsender Ahorn (Grab Heinrich Bernhard Röhrs und Naturdenkmal), das „Menschenfressergrab" wegen der eigenartigen Worttrennung auf der Grabinschrift für Heinrich Andreas Jacob Lutz, „Andre – as – Jacob", und „Geöffnetes Grab" der Henriette von Rüling, durch eine Birke geöffnetes Grab mit der Inschrift „Dieses auf ewig erkaufte Begräbnis darf nie geöffnet werden".
22. Aegidientorplatz; als Platz um 1900 entstanden, von Anfang an Verkehrsknotenpunkt, „Straßenbahnkarussell" mit gärtnerischen Schmuckanlagen in der Mitte, zunächst noch für Fußgänger zugänglich, in den 30er Jahren nach Umgestaltung nur noch Verkehrsinsel mit Blumenbeet; in den 50er Jahren erneuter Umbau; 1968 Bau der provisorischen Hochstraße und Neugestaltung im Rahmen des U-Bahnbaus mit Verlagerung der Grünelemente an den Platzrand; 1998/2000 Abriss der Hochstraße und erneuter Umbau mit einigen Baumpflanzungen; Steinplastik „Kugelform" von Karl Hartung (1959), seit 1976 an der Einmündung des Georgswall in den Friedrichswall.
23. Waterlooplatz; im Zusammenhang mit der Entfestigung 1767 zunächst als Exerzierplatz angelegt, in der Form einer Esplanade mit Leibniztempel als Blickpunkt (1790) (dieser 1935 in den Georgengarten umgesetzt); Umgestaltung in ein lang gestrecktes Oval nach Plänen von Georg Ludwig Friedrich Laves 1828/30, Bau der in der Mitte stehenden Waterloosäule 1829/32; nach dem Zweiten Weltkrieg ab 1953 nach Plänen von Rudolf Hillebrecht Aufgabe des formalen Platzes mit der zügig geschwungenen Lavesallee als Hauptverkehrsstraße auf der Nordseite und der eher stillen, durch Baumreihen begleiteten Straße Am Waterlooplatz im Süden; bauliche Fassung durch Schulen, Bezirksregierung, Ministerien und ehemaliges Schloss (Landtagsgebäude); beeindruckende Zufahrt zur Stadt von Südwesten mit Blick auf das Schloss, in Gegenrichtung überraschende, großzügige Aufweitung am Rande der City; enge räumliche Beziehung zum Leinezug in der Innenstadt, zum Maschpark, zum Schützenplatz und zur südlichen Leineaue.
24. Grünfläche am Friederikenplatz; ehemaliger Standort des Friederikenschlösschens, 1961 zur Vorbereitung eines Neubaus der Staatskanzlei abgerissen; alter Baumbestand; Nutzung für kulturelle Zeltveranstaltungen; in der Nachbarschaft beliebter Biergarten.
25. Maschpark; siehe Seite 46
26. Schützenplatz; zunächst am Klagesmarkt, später im Bereich des heutigen Niedersachsenstadions, heutiger Standort mit Platzgestaltung von 1937; weiter Platz für Schützenfest und für sonstige Veranstaltungen genutzt; enge räumliche Beziehung zum Niedersachsenstadion und zum Sportpark, Teil

Andreas-Hermes-Platz

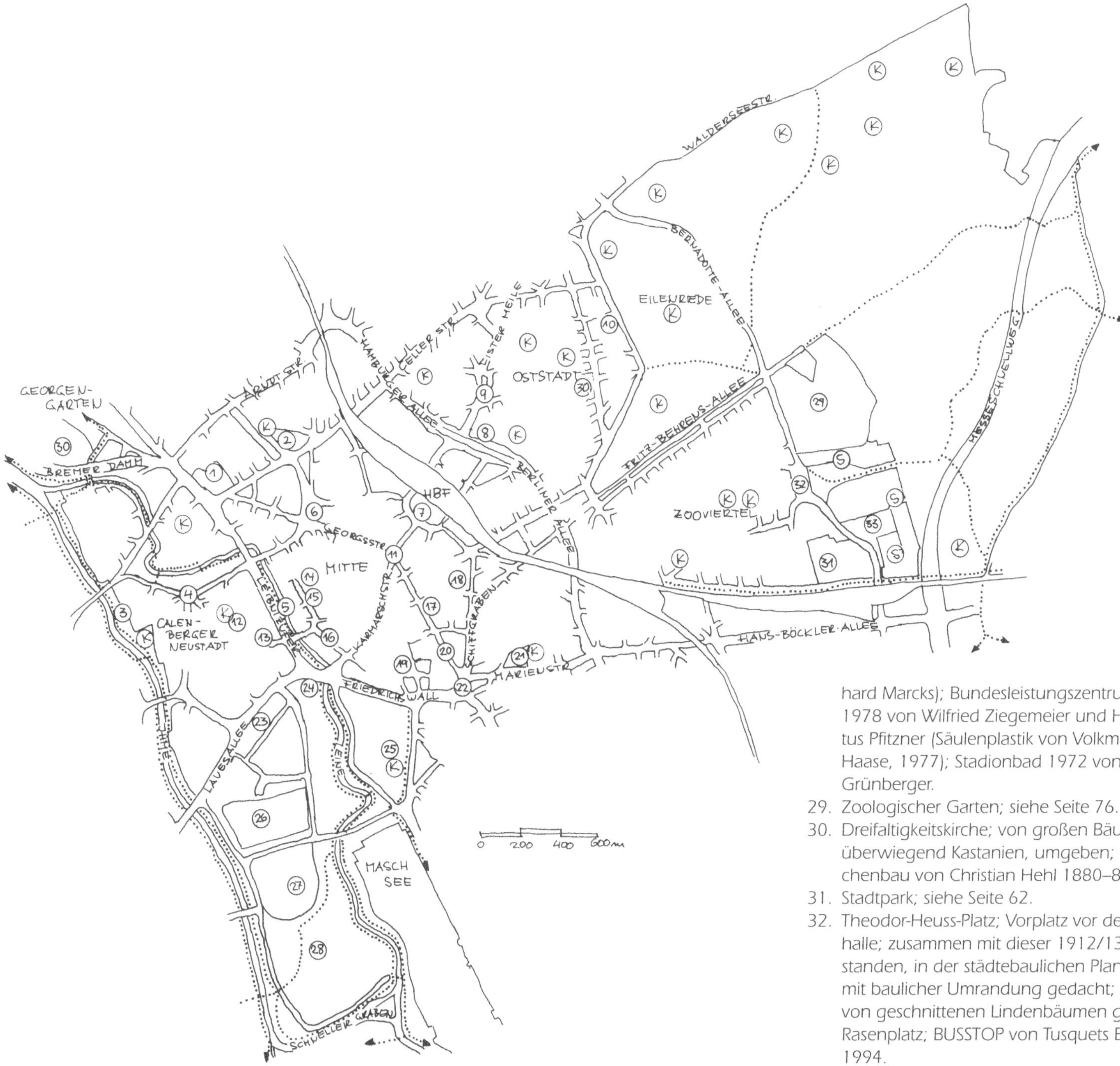

der in Grün eingebetteten Nutzungen südlich der Lavesallee und des Friedrichswalls.

27. Niedersachsenstadion; seit 1951 unter Verwendung von Trümmerschutt gebaut, Einweihung 1957; Planung Rudolph Hillebrecht, Richard Konwiarz, Heinz Goesmann; Plastik „Speerträgergruppe" von Kurt Lehmann, 1964.
28. Sportpark; in Verbindung mit dem Niedersachsenstadion begonnen; Stadionsporthalle 1964 von Werner Dierschke und Harald Leonhardt (Plastik „Staffelläufer" von Gerhard Marcks); Bundesleistungszentrum 1978 von Wilfried Ziegemeier und Hubertus Pfitzner (Säulenplastik von Volkmar Haase, 1977); Stadionbad 1972 von Florian Grünberger.
29. Zoologischer Garten; siehe Seite 76.
30. Dreifaltigkeitskirche; von großen Bäumen, überwiegend Kastanien, umgeben; Kirchenbau von Christian Hehl 1880–83.
31. Stadtpark; siehe Seite 62.
32. Theodor-Heuss-Platz; Vorplatz vor der Stadthalle; zusammen mit dieser 1912/13 entstanden, in der städtebaulichen Planung mit baulicher Umrandung gedacht; seitlich von geschnittenen Lindenbäumen gefasster Rasenplatz; BUSSTOP von Tusquets Blanca, 1994.
33. Clausewitzwiese; öffentliche Grünfläche im Vorfeld der Eilenriede; Grundanlage als Teil der Bundesgartenschau 1951 entstanden; später als großzügiges Spielgelände ausgebaut; zunehmend zugunsten benachbarter Vereinssportanlagen verkleinert.

K. Kinderspielplatz.
S. Sportanlage.

Vahrenwald – List

Stadtbezirk 2

Die Stadtteile Vahrenwald und List haben außer ihrer räumlichen Nähe auf den ersten Blick nicht viel gemeinsam. Die List hatte bereits bei ihrer Entstehung um 1900 den Ruf eines Stadtteils der Bessergestellten. Schon damals hat sie aus ihrer Nähe zur Eilenriede Vorteile gezogen. Die Vordere Eilenriede war in dieser Zeit durch Julius Trip als Waldpark ausgestaltet worden. „Wohnen am Park" garantierte schon um die Jahrhundertwende eine gute Adresse, zog bürgerliche Schichten an, ermöglichte anspruchsvolles Bauen. Zwar waren die Wohnungen in der Regel nicht unmittelbar mit einem Garten verbunden, aber ganz in der Nähe, beispielsweise am Lister Damm, standen in großer Zahl Kleingartengrundstücke zur Verfügung, in denen sich die Lister Bürger zu sommerlichem Gartenleben treffen konnten.
Im Zweiten Weltkrieg blieben große Teile der List von Bombardierungen verschont. Während der Wiederaufbauzeit gab es zunächst eine starke Nachfrage nach Neubauwohnungen oder nach einem Häuschen mit Garten. Die List war nur mäßig attraktiv.

Die List – anspruchsvolles Wohnen am Rand der Eilenriede

Gegen Ende der 60er Jahre aber wurden die Vorzüge des Wohnens in einer Altbauwohnung wieder entdeckt. Die Wohnungen erwiesen sich als sehr individuell und variabel nutzbar, die geschlossene Blockrandbebauung bot in der Außenbeziehung städtisches Ambiente mit kurzen Wegen zum Einkaufen, zur Schule, zur Kneipe. Nach innen fanden sich oft überraschend lauschige, stille Höfe und Gärten. Nachteilig sind inzwischen die hohen Mieten oder Kaufpreise solcher Wohnungen. Für viele ist die List als Stadtteil zum Wohnen dadurch unerschwinglich geworden. Dennoch hält der Nachfrageboom an und dabei spielt die Nähe des Stadtwaldes eine wesentliche Rolle. Wer in der List lebt, fühlt sich anderen gegenüber herausgehoben; denn tatsächlich bietet die Eilenriede vielfältige Möglichkeiten des Aufenthalts und der Bewegung in natürlicher Umgebung. Viele tägliche Ziele sind auf Wegen durch die Eilenriede erreichbar. Man kann zu weiten Ausflügen in die Umgebung starten, ohne erst lange durch Stadtstraßen laufen zu müssen.

Der gute Ruf der List wurde schon früh durch dort angesiedelte Wirtschaftsunternehmen gestützt. Die Namen „Bahlsen" und „Pelikan" standen nicht nur für qualitätsvolle Produkte, sondern waren mit guter Architektur, mit Engagement für die Kunst, mit Bürgersinn und Mäzenatentum eng verbunden. Nach Aufgabe des alten Pelikan-Werks in der Podbielskistraße hat sich das Pelikan-Viertel in den letzten Jahren zu einem anspruchsvollen Quartier für Wohnen, Arbeiten und Geselligkeit entwickelt. Am Tintengraben wird eine wichtige neue Grünverbindung zwischen Eilenriede und Mittellandkanal entstehen.

Vahrenwald – zwischen Stadtteilpark und „Uferpromenade" am Kanal

Ganz anders stellt sich dagegen der Stadtteil Vahrenwald dar. Hier beeinflussten die Vahrenwalder Straße als wichtige Ausfallstraße nach Norden und die Eisenbahnlinien nach Westen und Norden mit dem Güterbahnhof stark die Entwicklung. An der Eisenbahn entstand viel Industrie und Gewerbe mit dem geschwungenen Continental-Backsteingebäude an der Philipsbornstraße (1923) als architektonischem Markenzeichen. Im Umfeld der großen Betriebe wurden eher einfache und erschwingliche Wohnungen gebaut. Der Siedlungsdruck ließ das Entstehen größerer öffentlicher Gärten und Parks nicht zu. Die ausgedehnten öffentlichen Landschaftsräume am nördlichen Stadtrand verschwanden Stück für Stück aus dem erreichbaren Umfeld und mussten einer Bebauung weichen. Die Wege zur Eilenriede und zu den Herrenhäuser Gärten sind recht weit.

Die Vahrenwalder waren mit dieser Entwicklung zunehmend unzufrieden. In den 70er Jahren baute sich unter der Idee der „Chancengleichheit für alle", die damals sämtliche Lebensbereiche erfasste, politischer Druck auf. Er führte zu dem sensationellen Ergebnis, dass am Freizeitheim Vahrenwald zwischen Dragoner- und Husarenstraße auf einem ehemaligen Gewerbegrundstück ein neuer Stadtteilpark geplant wurde, der nach unendlichen Schwierigkeiten bei der Verwirklichung 1997 als Vahrenwalder Park eingeweiht werden konnte.

Bei aller Unterschiedlichkeit fallen doch einige bemerkenswerte Verwandtschaften zwischen den Stadtteilen Vahrenwald und List ins Auge. Auch Vahrenwald besitzt Im Othfelde sein großes, leicht erreichbares Kleingartengebiet. Die für die List typische Blockrandbebauung mit dahinterliegenden, teilweise sehr schönen Innenhöfen ist auch in Vahrenwald zu finden. Allerdings wurden und werden die Höfe häufiger als in der List gewerblich oder für Garagen genutzt. In beiden Stadtteilen sind grüne Stadtplätze zu finden: Jahnplatz, Welfenplatz, Bonifatiusplatz, Moltkeplatz, De-Haën-Platz. Sie waren ursprünglich als Schmuckplätze gestaltet und wurden in den 70er Jahren in vielfältig nutzbare, öffentliche Grünräume für Jung und Alt umgewandelt. Sie sind dadurch zwar funktionstüchtiger, aber nicht immer schöner geworden. Manche Planer und Politiker träumen schon wieder von einer Rekonstruktion der alten Schmuckplätze.

Der Mittellandkanal bildet die nördliche Grenze beider Stadtteile. Am Schnittpunkt mit der Vahrenwalder Straße wird er ziemlich dicht mit Gewerbe- und Dienstleistungsbetrieben belagert, aber auf der übrigen, gut sechs Kilometer langen Strecke begrenzt er den Stadtbezirk als grünes Band. Zwar hatte die Verbreiterung des Kanals in den 90er Jahren zunächst einmal erhebliche Verluste für die Pflanzen- und Tierwelt zu Folge und war heftig umstritten, aber nach Plänen des Büros Nagel/Schonhoff, Hannover, wurden die Ufer im Zuge der Baumaßnahmen jetzt neugestaltet. Die Verknüpfungen zu den benachbarten Baugebieten sind im Zusammenhang damit verbessert worden und die Kanalränder selbst bilden eine attraktive Uferpromenade. Mehrere neue Kanalbrücken werten die Szenerie erheblich auf.

Beide Stadtteile profitieren vom Niedersachsenring, einer am nördlichen Randbereich geplanten Hauptverkehrsstraße zwischen Herrenhausen und Bothfeld. Weil die Verwirklichung dieser Planung an Widerständen aus dem Stadtbezirk gescheitert ist, bietet der Niedersachenring jetzt Radfahrern und Fußgängern eine überwiegend angenehme, ausbaufähige Grünverbindung zwischen den Stadtteilen sowie zu den Herrenhäuser Gärten und in die Eilenriede. Seine von Bebauung frei gehaltene Trasse könnte zusammen mit der Eilenriede und der Leineaue für die Entwicklung eines inneren grünen Ringes genutzt werden.

Besondere Gartenelemente

1. Mittellandkanal; seit 1906 gebaut, 1916 eröffnet, in den 90er Jahren verbreitert; Entwurf für Ufergestaltung Landschaftsarchitektenbüro Nagel/Schonhoff; wichtige Grünverbindung am Nordrand des Stadtbezirks.
2. Kleingartengebiet „Im Othfelde".
3. Kleingartengebiet „Lister Damm".
4. Lister Bad; 1927 eröffnet, 1974 umgebaut; Lage unmittelbar am Mittellandkanal, 5 ha.
5. Niedersachsenring; als Nordtangente geplant, wegen der schwierigen Anschlussmöglichkeiten im Bereich Haltenhoff- und Klopstockstraße nicht verwirklicht; heute wichtige Funktion als Grünverbindung für Fußgänger und Radfahrer, teilweise Brachgelände, in einigen Bereichen Ausstattung mit Spielmöglichkeiten für Kinder.
6. Hainhölzer Friedhof; Auf dem Dorn (auch vom Moorkamp aus erreichbar); um 1857 als kirchlicher Friedhof angelegt; reich an Nadelhölzern jeder Art; 0,7 ha.
7. Jahnplatz; Anlage 1929 als kombinierter Schmuck- und Wochenmarktplatz mit Spielmöglichkeiten für Kinder und einer umgrenzenden Baumreihe; 1959 erneuert; in den 70er Jahren in einen vielfältig nutzbaren Stadtgrünplatz mit einem umfangreichen Kinderspielangebot und Sitzplätzen für die ältere Generation umgestaltet.
8. Rosenbergplatz; in den 30er Jahren als grüner Platz gestaltet, Kinderspielplatz.
9. Continentalplatz; kleiner dreieckiger Platz mit Kinderspielplatz; um 1910 entstanden.
10. Heinrich-Kirchweger-Platz; viereckiger grüner Platz mit Spielmöglichkeiten; um 1910 entstanden.
11. Vahrenwalder Park; als Stadtteilpark auf einem ehemaligen Gewerbegelände entstanden; 1986 Planungswettbewerb, 1. Preis Landschaftsarchitekt Ulrich Brien, und Architekturbüro Mensinga, Rogalla, Partner, Ausführung in zwei Bauabschnitten, Einweihung 1997; zur Umgebung abgeschirmter Park mit großer zentraler Rasenfläche, Kinderspielbereich, Pergola mit Staudenbeeten und Wasseranlage, gestalterische Einbeziehung eines alten Stallgebäudes und einer Reithalle als Reste des um 1870 errichteten Militärinstituts, enge Nachbarschaft zum Vahrenwalder Bad, zum Feizeitheim und zur St. Josephskirche (1911/12, Architekt Jagielski); am Rande des Parks große alte Eiche, Naturdenkmal, 2,5 ha.
12. Moltkeplatz; um 1900 im Zusammenhang mit dem Ausbau der Ferdinand-Wallbrecht-Straße als Schmuckplatz entstanden; in den 70er Jahren als vielfältig nutzbarer Stadtgrünplatz mit Spielmöglichkeiten für Kinder umgestaltet.
13. De-Haën-Platz; um 1912 erste Anfänge zur Entwicklung eines neuen Wohngebietes auf dem ehemaligen Gelände des Betriebs De-Haën nördlich der Waldstraße. Nach Unterbrechung durch den Ersten Weltkrieg um 1925 als T-förmiger Schmuckplatz gestaltet; in den 70er Jahren als vielfältig nutzbarer Stadtgrünplatz mit Spielmöglichkeiten für Kinder umgestaltet.
14. Bonifatiusplatz; durch Schulbauten bestimmter, an die Kollenrodtstraße angehängter Platz in Parabelform (Comeniusschule, 1898/90, Ludwig-Windhorst-Schule, 1900/02, Ricarda-Huch-Schule, 1907, alle von den Architekten Rowald und Wolf gebaut); Platz zunächst als Schmuckplatz angelegt; Umbau 1969/70, zu einem vielfältig nutzbaren Stadtgrünplatz mit Spielmöglichkeiten für Kinder.
15. Welfenplatz; als Exerzierplatz in Verbindung mit Kasernenbauten 1858/60 geschaffen, später mit einer Baumreihe eingefasst; 1934 gärtnerisch gestaltet; Ehrenmal von 1937 für die Gefallenen des Scharnhorster Regiments in den Kriegen 1870/71 und 1914/18; im Zweiten Weltkrieg Bau eines noch heute vorhandenen Bunkers; nach dem Zweiten Weltkrieg durch Bau einer Schule, einer Kindertagesstätte und einer Tankstelle weitgehend aufgelöst, Umgestaltung der Restflächen in einen Stadtgrünplatz mit öffentlichem Kinderspielplatz und Rollschuhbahn; wichtige Funktion als öffentliche Grünfäche in einem dichtbebauten Gebiet.
16. Clementinenhaus; im südlichen Teil, angrenzend an den Welfenplatz und zu diesem herübergrüßend; altes, von hohen Bäumen geprägtes Gartengelände.
17. Markuskirche; in eine Grünanlage eingebettet in exponierter Lage am Rande der Eilenriede; Kirchenbau von Otto Lüer 1902–06.
18. Matthäuskirche; in einen dreieckigen Platz mit hohen Bäumen eingefügt; Kirchenbau von Eduard Wendebourg 1905/06, seit 1972 neuer Kirchensaal von Klaus und Gudrun Vogel.
19. Liliencronplatz; als Grünfläche mit öffentlichen Spielplatz gestaltete Aufweitung im Zuge der Klopstockstraße; wichtiges Element des inneren grünen Ringes.
20. Spannhagengarten; Beispiel für Sozialen Wohnungsbau vor dem Ersten Weltkrieg (1913–15, Architekt R. Koch, Kleefeld-Buchholzer Baugesellschaft); noch heute beeindruckend durch seinen Ruhe und Privatheit ausstrahlenden, großen grünen Innenhof.
21. Platz an der Lortzingstraße; ursprünglich vor dem Ersten Weltkrieg als Schmuckplatz angelegt; heute öffentliche Grünfläche mit Rasen, Büschen und Bäumen.
22. Hainhölzer Bad; vor dem Zweiten Weltkrieg eröffnetes Freibad.

K. Kinderspielplatz
S. Sportanlage
Kl. Kleingartenanlage

De-Haën-Platz

REITER STADION
VAHRENWALD
VAHRENWALDER STR.
LISTER DAMM
AM LISTHOLZE
LISTER KIRCHWEG
PODBIELSKISTR.
WALDERSEESTR.
LIST
EILENRIEDE
DB
0 200 400 600m

Vahrenheide – Sahlkamp – Isernhagen-Süd – Bothfeld – Lahe

Stadtbezirk 3

Nördlich von Hannover sind die Böden sandig und da, wo viel Wasser ist, moorig. Das Gebiet gehört naturräumlich zum Weser-Aller-Flachland und ist damit Teil der Norddeutschen Tiefebene. In der weiteren Untergliederung sind der Stadtteil Vahrenheide der Engelbosteler Moorgeest und Lahe der Warmbüchener Moorgeest zuzuordnen. Dazwischen erstreckt sich im Bereich der Stadtteile Sahlkamp, Bothfeld und Isernhagen-Süd die Wietzeniederung. Sie ist eine alte Talverbindung vom Leinetal bei Hannover zum Aller-Urstromtal durch die Eilenriede. Im Erdzeitalter des Diluviums soll hier zeitweise ein Seitenarm der Leine hindurchgeflossen sein.

In den wenigen noch nicht bebauten Flächen des Stadtbezirks sind die feinen geographischen Unterscheidungen heute kaum wieder zu finden. Eichen, Birken, Ebereschen und Faulbaumbüsche prägen fast durchgehend das Landschaftsbild. An feuchteren Standorten gesellen sich Erlen und Weiden, an trockenen Standorten Kiefern hinzu, an nährstoffreicheren Standorten gelegentlich auch Hainbuchen.

Innerhalb der Stadtstruktur von Hannover wird die Grenze des Stadtbezirks zu den Nachbarbezirken durch den Mittellandkanal und die Autobahn A37 eindeutig markiert. Die Bundesautobahn A2 bildet eine nur an wenigen Stellen überwindbare

Barriere. Sie trennt Vahrenheide und Sahlkamp von der nördlich anschließenden Stadt Langenhagen, Bothfeld von Isernhagen-Süd und Lahe von Altwarmbüchen. Im Osten setzt die Zentraldeponie als inzwischen höchste Erhebung von Hannover eine unübersehbare Landmarke.
Trotz der Autobahn und der unmittelbar an das Stadtgebiet anschließenden Siedlungsgebiete ist die offene Landschaft an einigen Stellen noch gut erreichbar. Für die Stadtteile Sahlkamp und Vahrenheide stellt die Peter-Strasser-Allee und ihre Verlängerung nach Norden über die Autobahn hinweg die wichtigste Verbindung dar. Wenn man aus der List kommend auf der Tannenbergallee mit dem Fahrrad oder zu Fuß den Mittellandkanal überquert, sind die vegetationsbestimmten Freiräume wie Perlen aufgereiht: Lister Bad, Reiterstadion, Grünzug Vahrenheide-Sahlkamp, Kleingärten, militärisches Übungsgelände, und dann schon jenseits der Autobahn: Silbersee, Truppenübungsplatz Isernhagen, Fuhrbleek mit seinen landwirtschaftlichen Flächen und so weiter bis zur Aller. Von Bothfeld aus erreicht man entweder über die Große Heide oder weiter östlich am Laher Graben entlang über die Straße Im Heidkampe die offene Landschaft. Lahe hat direkten Zugang zur Landschaft entweder auch über den Laher Graben oder südlich des Stadtfriedhofs Lahe über die A2 zum Altwarmbüchener See. Angenehm ist dabei, dass mit dem ehemaligen militärischen Übungsgelände an der Kugelfangtrift, dem Segelfluggelände, der Großen Heide, dem Laher Graben und dem Bereich am Stadtfriedhof Lahe noch größere Freiräume in den Stadtbezirk hineinreichen und damit den Stadtteilen einen grünen und luftigen Charakter verleihen. Er wird dadurch noch verstärkt, dass auch die

Stadtteilpark Schwarzwaldstraße

Wohnsiedlungen selbst stark durchgrünt sind.
Auf der Stadtseite erfüllen die Seitenräume von Mittellandkanal und Messeschnellweg (A37) die wichtige Funktion einer Grünverbindung. Seit dem Ausbau des Kanals ist die Aufenthaltsqualität seiner Ufer wesentlich aufgewertet worden.

Stadtteile im Grünen – Vahrenheide und Sahlkamp

Wenn man die Stadtteile des Bezirks in ihrer Freiraumqualität im Einzelnen betrachtet, stößt man auf erhebliche Unterschiede. Sahlkamp und Vahrenheide, überwiegend nach dem Zweiten Weltkrieg auf einem ehemaligen militärischen Übungsgelände entstanden, wirken wie eingebettet in private, gemeinschaftlich nutzbare und öffentliche Grünflächen. In der Versorgung mit Spiel- und Sportflächen werden alle Richtlinien übertroffen. Dicke Kleingartenpakete entlang des Mittellandkanals erfüllen jeden Wunsch nach einem privaten Garten. Manche Kritiker sind sogar der Auffassung, dass hier alles viel zu grün sei, um städtisches, gemeinschaftliches Leben zuzulassen. Die grüne Sauce ergieße sich zu gleichmäßig zwischen die Häuser und lasse unter Rasen, Liguster und Forsythie ein eigenes Stadtteilgefühl gar nicht zu. Diese Kritik sucht auf den falschen Feldern. Nicht die Durchgrünung ist zu beklagen, die ja auch Licht, frische Luft und Vogelgezwitscher in die Wohnsiedlungen bringt, sondern allenfalls die mangelnde Bereitschaft, sich individuell oder gemeinschaftlich um dieses Grün zu kümmern, und das Fehlen von Kristallisationspunkten des Stadtteillebens. Letzteres gilt ebenso für die städtebauliche Gesamtstruktur wie für die Verteilung der Grünflächen.
Im gärtnerischen Bereich ist dazu in den letzten Jahren erheblich nachgebessert worden. Der bis dahin ziemlich langweilig anmutende Grünzug Vahrenheide-Sahlkamp hat links und rechts der Straße Holzwiesen eine Aufwertung als Stadtteilpark

Besondere Gartenelemente

1. Kugelfangtrift; aus nährstoffarmen Sanden mit feuchten Senken bestehendes Gebiet südlich der Autobahn. Früher äußerst kärgliche Landwirtschaft (so genannte Plaggenwirtschaft und Schafbeweidung). Ab 1860 militärisches Übungsgelände, 1995 aufgegeben. Aus der Sicht des Naturschutzes sehr wertvolle, selten gewordene Magerrasen, in den von Panzern festgefahrenen Senken künstlich bereichert (Lebensraum des Kiemenfußkrebses). Geplante Sicherung als Landschaftsschutzgebiet und Entwicklung zu einem naturnahen Erholungsgebiet.
2. Segelfluggelände; ebenfalls zum militärischen Bereich gehörendes Gebiet östlich der Kugelfangtrift, seit 1907 Flugplatz, schon 1903 erster Motorflug durch Karl Jatho, 1953 Einweihung als Segelflugplatz, heute nur noch für Modellfliegerei genutzt; teilweise Sportgelände; wertvolle Sandmagerrasen; seit Übernahme des Grundstücks durch die Stadt 1997 Entwicklung zu einer naturnahen öffentlichen Grünfläche, geplante Sicherung als Landschaftsschutzgebiet.
3. Silbersee; Teichgelände mit Freibad (Stadt Langenhagen).
4. Regenrückhaltebecken.
5. Reiterstadion; Einweihung 1958; Nutzung für Spring- und Dressurreiten, 20 ha.
6. Lister Bad; 1927 eröffnet, 1974 umgebaut; Lage unmittelbar am Mittellandkanal, 5 ha.
7. Grünzug Sahlkamp – Vahrenheide; Anlage im Zusammenhang mit der Entwicklung eines neuen Stadtteils in den 60er Jahren mit vielgeschossigen Wohnhäusern; Idee der systematischen Durchgrünung von Stadtteilen durch stadtteilbezogene Grünverbindungen und übergreifende Grünzüge mit öffentlichen Spiel- und Bolzplätzen; Ausbau zu einem Stadtteilpark mit Teich im Bereich Holzwiesen 1995, Planung Grünflächenamt der Stadt.
8. Stadtteilpark Schwarzwaldstraße; Anlage um 1991 aufgrund einer politischen Initiative mit großem Spielplatz, Planung Grünflächenamt der Stadt.
9. Stadtteilbauernhof Sahlkamp; Einrichtung und Bau im Rahmen des EXPO-Projektes „Stadt als sozialer Lebensraum" 1999 nach dem Modell englischer Cityfarms, Architekt Roland Beckedorf.
10. Militärisches Übungsgelände; s. Seite 127.
11. Stadtische Baumschule.
12. Große Heide; siehe Seite 127.
13. Bothfelder Anger; Sicherung und Ausgestaltung als öffentliche Grünfläche mit Spielmöglichkeiten in den 80er Jahren, Planung Grünflächenamt der Stadt.
14. Grasdachsiedlung; Anfang der 80er Jahre gebaut, Architekten Boockhoff und Rentrop.
15. Freie Waldorfschule Bothfeld; Planung Anfang der 80er Jahre; Architekten Boockhoff und Rentrop, Landschaftsarchitekt Gustav Störzer.
16. Stadtfriedhof Bothfeld – Burgwedeler Straße; 1910 eröffnet, Grab des bei einer Demonstration 1967 in Berlin von der Polizei getöteten Benno Ohnesorg, 7,6 ha.
17. Kirchlicher Nicolaifriedhof Ebelingstraße; 1854 eröffnet, 0,7 ha.
18. Israelitischer Friedhof – Burgwedeler Straße; 1924 eingeweiht, alte Friedhofshalle am Tage der Reichskristallnacht 1938 zerstört, neue Halle 1960, Architekt Hermann Guttmann.
19. Kirche St. Nicolai et Antonii; unter hohen Bäumen Reste des alten Friedhofs mit einigen wertvollen Grabsteinen; Kirche mit markantem Turm aus Rennschlackenstein (14. Jahrhundert), Kirchenschiff 1910/12 von Eduard Wendebourg.
20. Uslarplatz; kleiner grüner Platz mit Kinderspielplatz an der Einmündung der Gartenheimstraße in die Straße Am Klingenkampe.
21. Stadtfriedhof Isernhagen – Birkenweg; 1960 eröffnet, 1,1 ha.
22. Platz am Ludwig-Sievers-Ring; im Zusammenhang mit Wohnungsbauten der Ärzteversorgung um 1990 verwirklicht.
23. Stadtfriedhof Lahe; siehe Seite 108.
24. Altwarmbüchener See; siehe Seite 208.

K. Öffentlicher Kinderspielplatz.
S. Sportanlage.
Kl. Kleingartenanlage.

Gedenkstein Hof Reinecke am Laher Friedhof

WIETZE
DER GRÜNE RING
ISERNHAGEN-SÜD
PRÖSSENTRIFT
VARRELHEIDE
A2
LANGENFORTHER STR
GENERAL-WEVER-STR
AN DEN HILLIGENWÖHREN
BURGWEDELER STR
KUGELFANGTRIFT
VAHRENWALDER STR
PETER-STRASSER-ALLEE
VAHRENHEIDE
SAHLKAMP
BOTHFELD
LAHER HEIDE
LAHE
LAHER GRABEN
KIRCHHORSTER STR
MESSESCHNELLWEG
MISBURGER WALD
PODBIELSKISTR
PASTEUR-ALLEE
SUTELSTR
EULENKAMP
LISTER DAMM
HOLZWIESEN
MITTELLAND-KANAL
0 200 400 600m

Stadtteilbauernhof Sahlkamp

mit einem in der Mitte liegenden Teich erfahren, der besonders von Kindern gern aufgesucht wird. Weiter östlich ist ein Stadtteilbauernhof entstanden. Auch an der Schwarzwaldstraße wurde ein kleiner Stadtteilpark angelegt. Mit dem Ankauf des Segelfluggeländes ergibt sich die Chance, diese immerhin gut 25 ha große Fläche zu einem unverwechelbaren, naturnahen öffentlichen Park auszugestalten. Seit die Stadt Hannover Teile von Vahrenheide zum Sanierungsgebiet erklärt hat, sind gute Voraussetzungen für weitere strukturelle Verbesserungen vorhanden.

Bothfeld – Eichen erinnern an die ringförmige Struktur

Der Stadtteil Bothfeld hat sich nach der Eingemeindung 1907 aus den ringförmig angelegten alten Dörfern Bothfeld und Klein Buchholz nach allen Himmelsrichtungen entwickelt. Große, alte Eichen zeichnen noch heute diese Ringform nach und sind ein Charakteristikum des Stadtteils. Der in der Mitte liegende Bothfelder Anger, ursprünglich wohl eine feuchte Wiesensenke, wurde in den letzten zwanzig Jahren zu einer öffentlichen Grünfläche mit Spielmöglichkeiten für Kinder und Treffpunkten für Jugendliche ausgestaltet. Eindrucksvoll ist die am Westrand des ehemaligen Dorfkerns liegende Bothfelder Kirche mit dem Kirchturm aus Rennschlackenstein. Auf dem ehemaligen Kirchhof stehen noch einige bemerkenswerte Grabsteine. Drei Friedhöfe, der Stadtfriedhof Bothfeld, mit dem nördlich anschließenden Teichgelände, der jüdische Friedhof und der kirchliche Nicolaifriedhof erleichtern die Wiedererkennung bestimmter Bereiche des Stadtteils. Auch die Grünverbindungen an der Posener Straße und an der Einsteinstraße oder der Stadtgrünplatz am Ludwig-Sievers-Ring tragen zur Einmaligkeit der jeweiligen Orte bei. Durch ihre eigenwilligen Bauformen haben sich in der Grasdachsiedlung und auf dem Gelände der Freien Waldorfschule ganz außergewöhnliche Gartencharaktere etabliert.

Bothfelder Anger

Am Laher Graben

Wohnen mit Qualität in Isernhagen-Süd

Isernhagen-Süd ist ein typischer Villenvorort der Bessergestellten. Der Wunsch nach einem Einfamilienhaus mit Garten ist hier für die meisten seiner Bewohner in Erfüllung gegangen. Das Ergebnis ist keineswegs immer begeisternd schön. Aber man findet doch viele Grundstücke, bei denen Haus und Garten eine sehr überzeugende Einheit bilden. Das wirklich Herausragende am Stadtteil Isernhagen-Süd ist seine enge landschaftliche Verbundenheit. Die lang gestreckte und zerfaserte Siedlungsstruktur garantiert kurze Wege in Feld und Flur. Die Große Heide reicht bis unmittelbar an den Stadtteil heran. Die Wietze und die Alte Wietze, die vielen Eichen als Straßenbäume und der Stadtfriedhof mit seinen Nebenflächen bringen die heimische Vegetation direkt vor die Haustür.

Lahe – ein Stadtteil mit viel Gewerbe und Grünzügen, aber ohne Bewohner

Als Stadtteil ist Lahe kaum zu finden. Er hat ein kleines Wohngebiet am Klingenkampe. Das Übrige besteht überwiegend aus Gewerbeflächen. Von dem ebenfalls 1907 eingemeindeten kleinen Dorf ist so gut wie nichts erhalten geblieben. Die von den Stadtplanern erhoffte anspruchsvolle städtebauliche Entwicklung links und rechts der Kirchhorster Straße hat noch nicht so richtig überzeugend eingesetzt. Die großen Einkaufsmärkte jenseits der Autobahn mögen für relativ wenig Geld gute Ware bieten. Für die dort Wohnenden sind sie eher eine Belastung.
In seinen Gartenqualitäten ist Lahe durchaus privilegiert. Westlich des Stadtteils erstrecken sich die Wiesen des Laher Grabens. Im Süden liegt jenseits der Kirchhorster Straße der Stadtfriedhof Lahe mit seinen kühlen, in den sechziger Jahren entstandenen Bauten und Anlagen. An seinem Südrand hat sich im Verlauf des Laher Grabens, durch einen Lärmschutzwall gegen die A37 geschützt, ein Grünzug ganz eigener Schönheit entwickelt, der bereichert durch einen Hochzeitshain (wo jung verheiratete Paare einen Erinnerungsbaum pflanzen können), zwei verwunschene Teiche und ein kleines Waldstück für Radfahrer und Fußgänger eine sehr angenehme Verbindung zum Altwarmbüchener See und zum Misburger Wald ermöglicht.

Groß Buchholz – Kleefeld – Heideviertel

Stadtbezirk 4

Die östlichen Stadtteile von Hannover werden durch ihre Lage zur Eilenriede geprägt. Sie liegen entweder vor oder hinter dem Stadtwald. In jedem Fall profitieren sie von seinen Schönheiten. Ihre Einwohner haben das feste Bewusstsein, in einer Großstadt im Grünen zu leben. Die Stadtteile, die wie Groß Buchholz und Kleefeld hinter der Eilenriede liegen, bieten zusätzlich das Gefühl des Schutzes vor dem Druck der Großstadt. Man genießt alle Vorzüge einer citynahen Lage, aber man wohnt oder arbeitet doch schon in grüner, in einigen Bereichen fast ländlicher Umgebung. Wer in der Innenstadt beschäftigt ist, kann den Arbeitsplatz bequem mit dem Fahrrad erreichen. Man fühlt sich nach einem Weg durch die Eilenriede in die Stadt wie mit Waldluft frisch aufgetankt und auf dem Weg nach Hause wirkt der Wald als Filter für Stress und Ärger.
Der Stadtteil Kleefeld gehörte ursprünglich zur Aegidien-Gartengemeinde. 1829 wurde das Gebiet zur Ortschaft „Kleefeld" erklärt, 1859 nach Hannover eingemeindet. Danach setzte wegen der günstigen Lage zur Innenstadt bald eine städtebauliche Entwicklung ein, die mit der Eröffnung des Kleefelder Bahnhofs im Jahr 1912 zusätzlich beschleunigt wurde.
Am Rande der Eilenriede gelegen und weithin sichtbar, betonte die 1902 eingeweihte Petrikirche wie ein Ausrufungszeichen die Bedeutung Kleefelds als einer der angesehendsten Villenvororte Hannovers der damaligen Zeit. Schon 1904 wurde ein Bebauungsplan für ein Landhausviertel am Nordrand der Eilenriede aufgestellt. In seinem westlichen Teil mit relativ kleinen

Grundstücken stehen die Häuser „ohne Bauwich" unmittelbar nebeneinander. Im östlichen Teil sind sie auf großen Grundstücken freistehend „mit Bauwich". Die Bebauung wurde im Wesentlichen bis zum Zweiten Weltkrieg abgeschlossen und es entstand ein noch heute viel bewundertes Villenviertel mit einer ungewöhnlich abwechslungsreichen, anspruchsvollen Architektur.
Für Gartenliebhaber ist der westliche Teil interessant, weil er eine Fülle verschieden gestalteter Vorgärten vorzuweisen hat. Zudem ist die Fichtestraße – ein in Hannover seltener Fall – mit japanischen Kirschbäumen bepflanzt, die zur Blütezeit verschwenderisch Frühlingsgefühle verbreiten. Trotz seiner Lage an der viel befahrenen Kirchröder Straße unterstreicht der als Grünanlage gestaltete Kantplatz den Gartencharakter dieses Bereiches von Kleefeld. Für das östlich anschließende Gebiet mit den frei stehenden Häusern sind heute die großen, alten Bäume, überwiegend Eichen, typisch. Bei aller Vielgestaltigkeit der Häuser und Gärten im Einzelnen wirkt das Viertel unter dem hohen Baumschirm dadurch einheitlich und edel.

Eingangsbereich Nackenberger Friedhof

Kleefeld – die Gartenstadt

Auf der anderen Seite der Kirchröder Straße liegt die Kleefelder Gartenstadt. Sie wurde auf einem Gelände des ehemaligen Ritterguts Kleefeld von 1927 an geplant und sollte das gesamte Gebiet zwischen Uhlhornstraße, Eisenbahnlinie, Heimchenstraße und Kirchröder Straße umfassen. Zur Ausführung kam 1930 auf der Grundlage eines Planungswettbewerbs unter hannoverschen Architekten nur der westliche Teil. Ihre besondere Ausstrahlung verdankt die Kleefelder Gartenstadt auch ihrer sorgfältigen gartenarchitektonischen Planung durch Wilhelm Hübotter und Oswald Langerhans. Trotz der relativ engen Bebauung sind die privaten Gärten hinter den Häusern gut nutzbar. Baumbestandene Straßen, eine platzartige Aufweitung an der Wallmodenstraße sowie Vorgärten betonen den in Grün eingebetteten einheitlichen Charakter dieses Stadtteils.
Während das Landhausviertel überwiegend wohlhabenden Bürgern und die Kleefelder Gartenstadt dem „besser gestellten Mittelstand" vorbehalten blieb, ist das nördlich der Bahnlinie liegende Gebiet vor allem durch Geschosswohnungsbau für bescheidenere Ansprüche gekennzeichnet. Aber auch hier ist die städtebauliche und architektonische Gestaltung relativ anspruchsvoll. Plätze wie der Schaperplatz und der Schweriner Platz erleichtern die Orientierung. Hinter den Häusern liegen oft begrünte Innenhöfe, teilweise mit privaten Gärten. Nördlich schließen große Kleingartengebiete an. Die Wege zwischen Wohnung und Garten sind kurz. Die nahe Eilenriede, der Stadtpark, der Hermann-Löns-Park mit dem Kleefelder Bad, die Grünverbindungen entlang der Bahn und durch die Kleingartenanlagen bieten im Stadtteil Kleefeld abwechslungreiche Natur- und Gartenerlebnisse.

Das Heideviertel – kurze Wege in die Natur

Das Heideviertel, 1936 begonnen, überwiegend aber nach 1945 bebaut, wirkt beim ersten Eindruck vielleicht etwas gesichtslos, aber für Menschen, die stadtnah mit Gärten wohnen wollen, ist es ideal und noch bezahlbar. Die Grundstücke sind überwiegend groß genug, um private Gartenleidenschaften abdecken zu können. Der Hermann-Löns-Park, die Breite Wiese,

Besondere Gartenelemente

1. Buchholzer Mühle; um 1860 gebaut, 1971 als Gaststätte ausgebaut; Blickfang am Ufer des Mittellandkanals im Bereich Nottelmannufer und Meersmannufer.
2. Klingerplatz; grüne Aufweitung an der Einmündung der Klingerstraße in die Podbielskistraße.
3. Lenbachplatz; grüner Platz mit Kinderspielplatz zwischen Tischbeinstraße und Klingerstraße südlich der Messiaskirche.
4. Naturfreundegelände; als Luftbad in den 20er Jahren eingerichtet, von den Nationalsozialisten geschlossen; seit Ende des Zweiten Weltkrieges von den Naturfreunden mit Tagungs- und Übernachtungshaus betrieben.
5. Rehmer Feld mit Grünverbindung; aus der Sicht des Naturschutzes wertvolles Brachgelände am Rande des ehemaligen Dorfes Groß Buchholz; Grünverbindung zur Klingerstraße aus den sechziger Jahren; Kinderspielplätze.
6. Reste des alten Dorfes Groß Buchholz; an der Pinkenburger Straße ehemaliger Dorfmittelpunkt in den 1990er Jahren durch den Bildhauer Bernd Maro mit einer dörflichen Tierszene gastaltet.
7. Regenrückhaltebecken; Endpunkt einer Grünverbindung auf der Südseite des Messeschnellweges; Verknüpfung zum Misburger Wald und zum Laher Graben auf der anderen Seite des Schnellweges.
8. Schiffgraben; missglückter Versuch der Stadt Hannover, die hohen Fuhrkosten für Torf aus dem Altwarmbüchener Moor durch den Bau und Betrieb eines schiffbaren Grabens zu verringern; 1746 Beginn der Bauarbeiten, 1751 Aufgabe des unrentablen Vorhabens.
9. Grünzug Roderbruch; um 1980 angelegt als nutzbare Grünfläche für die Bürger des nahen Stadtteils, als „grüne" Wegeverbindung und als stadtteilgliederndes Grünelement.
10. Bundessortenamt; 1982 auf dem Gelände eines ehemaligen Barackenlagers eingeweiht.
11. Schwardtmannscher Garten; früher großes Gartengrundstück, wegen fehlender Verkaufsbereitschaft des Eigentümers für Bauzwecke um 1980 als öffentliche Grünfläche in den Stadtteil Roderbruch einbezogen.
12. Karl-Wiechert-Allee; um 1970 als Haupterschließungsstraße für den Roderbruch und als Querverbindung zwischen Weidetorkreisel und Kirchröder Straße gebaut.
13. Schweriner Platz; um 1920 als Teil eines städtebaulichen Konzepts von Paul Wolf entstanden; mit Kinderspielplatz.
14. Schaperplatz mit Ebellstraße; in Verbindung mit einem Bebauungskonzept von Karl Elkart zwischen 1925 und 1930 angelegt.
15. Gartenstadt Kleefeld; Planungswettbewerb 1927, Planung Stadtbauamt mit Architekten Kölliker & Springer und Fricke sowie Gartenarchitekten Wilhelm Hübotter und Oswald Langerhans; Beginn der Bauarbeiten 1927, im Wesentlichen 1930 als 1. Bauabschnitt eines größeren Baugebietes abgeschlossen.
16. Friedhof Nackenberg; 1886 eröffnet, 1972 außer Dienst gestellt; schöne mit Efeu bewachsene Backsteinmauer.
17. Petrikirche; am Rande der Eilenriede in eine von Linden gefasste Grünfläche eingebettet, am Endpunkt der Hans-Böckler-Allee weithin sichtbar; Architekt Eduard Hillebrand, 1899–1902; Anbau durch Architekten Bahlo, Köhnke, Stoßberg, 1993.
18. Landhausviertel ohne Bauwich; Baubeginn 1900.
19. Kantplatz; mit Bäumen locker bestandener Rasenplatz am Rande des Landhausviertels ohne Bauwich; zur Kirchröder Straße hin geöffnet.
20. Landhausviertel mit Bauwich; Baubeginn 1904.
21. Eilenriede; siehe Seite 66.
22. Kleefelder Bad; zeitgleich mit dem Hermann-Löns-Park 1937 entstandenes Freibad; siehe Hermann-Löns-Park, Seite 56.
23. Hermann-Löns-Park; siehe Seite 56.

Grünzug Roderbruch mit „Telemax"

Altes Bauernhaus in Groß Buchholz

Ebellstraße mit Schaperplatz

Bundessortenamt

Buchholzer Mühle am Mittellandkanal

der Tiergarten bieten beste Möglichkeiten für Spaziergänge oder Fahrten mit dem Fahrrad. Das Gleiche gilt auch für die östlich des Osterfelddamms gelegene Vogelsiedlung (Baubeginn 1954). Sie ist allerdings mehr zum Mittellandkanal und zum Grünzug Roderbruch hin orientiert. Nördlich von Kleefeld sitzt seit den 60er Jahren die Medizinische Hochschule als Riesenklotz und nicht besonders einladend in der Mitte des heutigen Stadtbezirks. Die großen Gebäude von Dienstleistungsunternehmen an der Karl-Wiechert-Allee pflegen vor allem ihre Selbstdarstellung und widersetzen sich damit dem Wunsch nach einem einheitlichen städtebaulichen Bild. Aber die Karl-Wiechert-Allee selbst gehört mit ihrer großzügigen Platanenbepflanzung zweifellos zu den angenehmen Hauptverkehrsstraßen von Hannover. Jedes Jahr Ende März oder April erfreut sie die auf Frühling eingestellten Herzen mit Tausenden von blühenden Osterglocken. Die anliegenden privaten Grünanlagen sind teilweise anspruchsvoll gestaltet, beispielsweise am Zentralgebäude der Preussag nach einem Entwurf des Landschaftsarchitekten Uwe Isterling, am 1998 fertig gestellten, neuen Verwaltungsgebäude der KKH nach Plänen des Landschaftsarchitekten Gustav Lange, und im Bereich der 1999 gebauten Viktoria-Versicherung nach einem Entwurf von Wiggenhorn und van den Hövel.

Gelungene Freiraumplanung im Stadtteil Roderbruch

Das neue Wohngebiet des Stadtteils Roderbruch vermittelt auf den ersten Blick das typische Bild der Stadtplanung in den 60er und 70er Jahren, die gern in städtebaulichen Dominanten dachte. Bei einem Besuch verrät der Stadtteil aber schnell, dass die Bewohner sich hier sehr wohl

fühlen. Die mehrgeschossigen Wohnhäuser warten nicht nur mit dem üblichen Einheitsgrün auf, sondern sind teilweise liebevoll gestaltet. In vielen Fällen haben die Bewohner der Erdgeschosswohnungen direkt erreichbare Terrassen. Kleinere öffentliche Grünflächen, wie der Schwardtmannsche Garten, bieten Spiel- und Aufenthaltsmöglichkeiten in grüner Umgebung. Die zur Integrierten Gesamtschule Roderbruch gehörenden Freiräume und die südlich daran anschließende Bezirkssportanlage sind üppig bemessen.
Als der Stadtteil Roderbruch entstand, hatte in der offiziellen Freiraumplanung die Idee der Grünverbindungen und Grünzüge Hochkonjunktur. Der Grünzug Roderbruch ist unter allen diesem Gedanken verpflichteten Versuchen in Hannover am überzeugendsten gelungen. Er schließt im Westen an die Eilenriede an, reicht im Osten bis an den Mittellandkanal und ist damit für Fußgänger und Radfahrer eine herausragende Wegeverbindung. Er ist aber auch breit genug, um im Bereich der Wohngebiete Roderbruch und Neue Landstraße die vielfältigen Aufgaben eines Stadtteilparks zu erfüllen. In der Nähe der Wohngebiete ist er eher landschaftsarchitektonisch, im Vorfeld der Eilenriede eher naturnah gestaltet. Besonders eindrucksvoll sind dort die wie auf einer Versammlung herumstehenden, kräftigen Wildrosenbüsche. An den Rändern des Grünzugs liegen große Kleingartenanlagen, sodass alle Wünsche nach einem Garten als Ergänzung zur Wohnung problemlos erfüllt werden können. Zwischen Osterfelddamm und Milanstraße grenzt das Zentralgelände des Bundessortenamtes unmittelbar an den Grünzug an. Dort werden Neuzüchtungen von Kulturpflanzen begutachtet. Die regelmäßig veranstalteten Tage der offenen Tür nutzen Gartenliebhaber gern für einen Blick auf die strengen Verfahren der Sortenprüfung.

Rehmer Feld

Groß Buchholz – Natur(schutz) im Stadtteil

Das alte Dorf Groß Buchholz, dem der Stadtteil seinen Namen verdankt und das 1907 nach Hannover eingemeindet wurde, liegt auf der Nordseite des Messeschnellwegs. Der ehemalige dörfliche Mittelpunkt ist am alten Eichenbestand noch gut ablesbar. Die in die ehemaligen Hofgebäude eingezogenen Gastwirtschaften und Dienstleistungsbetriebe erfüllen gehobene Ansprüche. Ansonsten ist Groß Buchholz ein ganz normales Wohngebiet mit einer Mischung aus verschiedenen Wohnformen und einem aktiven Bürgerleben.
Zwischen Klingerstraße und Groß Buchholzer Kirchweg erstreckt sich ein kleiner Grünzug, der einer Aufwertung entgegensieht. Seinen östlichen Abschluss bildet das so genannte Rehmer Feld, eine weitgehend der Natur überlassene Brachfläche. Sie war vor einigen Jahren Streitgegenstand zwischen Stadtplanern, die dort bauen lassen wollten, und Naturschützern, für die das Gebiet besonders erhaltenswert war. Den nicht sehr überzeugenden politischen Kompromiss kann man heute studieren. Das Rehmer Feld ist in gewisser Weise ein Denkmal für den Anspruch des Naturschutzes, auch im besiedelten Bereich wertvolle Biotope zu schützen. Die einen sehen darin die verpasste Chance eines gediegenen Baugebietes. Andere hätten dort lieber eine nutzbare öffentliche Grünfläche gesehen und empfinden den jetzigen Zustand als wüst und unübersichtlich. Für die Naturschützer aber ist es das Dokument eines erfolgreichen Kampfes für wilde Natur in der Stadt.
Groß Buchholz ist über den Messeschnellweg begleitende Wege gut an die großen Naherholungsgebiete Eilenriede, Misburger Wald, Laher Graben und Altwarmbüchener See angebunden. Hier liegt (auf der Nordseite des Schnellweges) auch die Trasse des alten Schiffgrabens, der seinen Namen als Transportweg zwischen den Altwarmbüchener Wäldern und Mooren nie überzeugend verdiente. Nach dem Ausbau des Mittellandkanals, der den Stadtteil im Norden durchschneidet, haben dessen Seitenräume für den Naturschutz und die Erholung erheblich an Bedeutung gewonnen.

Misburg – Anderten

Stadtbezirk 5

In einer Zeit, in der durch niedergehenden Kohlebergbau und die Konzentration der Eisenverhüttung im Ruhrgebiet und in Ostdeutschland riesige ehemalige Industriereviere aufgegeben worden sind, ist der Umgang mit solchen Stadtbrachen für Stadtplaner, Landschaftsplaner und Künstler zum Thema der Zeit geworden. Lehrer und Studenten der Fachhochschulen und Universitäten stürzen sich mit Begeisterung auf solche Flächen. Die Stadt Hannover hat auf diesem Feld zum Kummer mancher, die dem Zeitgeist nahe sein wollen, nicht sehr viel zu bieten – außer Misburg. Hier gibt es durch die Zementindustrie riesige Löcher in der Landschaft. Das „Deurag-Nerag-Gelände", früher ein bedeutender Standort der Petrochemie, liegt wüst und der Boden ist verseucht. Eisenbahn und Mittellandkanal mit Stichkanal zerschneiden den Stadtbezirk kreuz und quer. Autobahnen kreisen ihn ein. Die Zentraldeponie liegt gleich hinter dem Misburger Wald. Wenn in Misburg stadtplanerische Probleme auftauchen, heißt es in Verwaltung und Rat der Stadt gern „typisch Misburg". Ist also ein Leben im Stadtbezirk Misburg/Anderten demzufolge nicht zu empfehlen?
In der ersten Reaktion mag ein „Nein" nahe liegen, bei genauerer Betrachtung werden jedoch erhebliche Vorzüge sichtbar. Diejenigen, die sich als Misburger oder Anderter fühlen, und das sind nicht wenige, werden

nie hier wegziehen wollen. Die Struktur der beiden Stadtteile ist verwirrend. Die Idylle eines Kleingartens und der Gigantismus technischer Bauwerke liegen ganz dicht beieinander. Eine Annäherung an akademisch-perfekte Siedlungsstrukturen wird man im Stadtbezirk vergeblich suchen, aber er steckt voller Überraschungen und ist reich an Nischen, in denen es sich gut leben lässt. Beide Stadtteile sind erst 1974 nach Hannover eingemeindet worden. Auch deshalb haben sich die Misburger und Anderter noch ein ganz eigenes Lebensgefühl bewahrt.

Wohngebiet am Seelberg

Liebe auf den zweiten Blick – Misburg hat viele Gesichter

Misburg ist aus einem Dorf hervorgegangen, von dem nur noch wenig, zum Beispiel der alte Friedhof Am Seelberg, übrig geblieben ist, der seit seiner Auflassung 1921 als öffentliche Grünfläche genutzt wird. Mit der Gründung der Zementwerke 1877 begann eine starke Entwicklung zu einer industriell geprägten Siedlung, die durch den Bau des Mittellandkanals und des Misburger Hafens (1917) noch einen zusätzlichen Schub erhielt. Der starke Vorrang wirtschaftlicher Interessen und die Beanspruchung dafür geeigneter Grundstücke erschwerte eine im üblichen Sinne geordnete städtebauliche und grünplanerische Entwicklung.
Dadurch steckt Misburg noch heute im Umgang mit dem Thema Garten und Landschaft voller Widersprüche. Hinter dem leuchtenden Begriff „Meyers Garten" verbirgt sich eine ziemlich langweilige, allenfalls durch ein paar Bäume veredelte Straßenkreuzung. Der so genannte „Stadtpark" von Misburg ist ein bis in die Mitte des Stadtteils vorstoßendes Anhängsel des Misburger Waldes, aber die Verbindung ist ganz dünn und alles andere als einladend. Die Gestaltung des „Parks" entspricht in keiner Weise seiner zentralen Lage im Stadtteil. Dabei haben die Misburger offenbar ein grünes Herz, denn um die Erhaltung einer alten Eiche in der Waldstraße wurde vor einigen Jahren entschlossen gekämpft. Ein vermuteter Angriff auf das „Siegelwäldchen", eine Grünverbindung zwischen Buchholzer Straße und Kampstraße, mobilisierte verteidigungsbereite Bürger. Die Lage des Stadtteils am Misburger Wald wertet die in der Nähe liegenden Wohnsiedlungen erheblich auf. Seine Ausstattung mit Sport- und Freizeitanlagen ist anspruchsvoll. Der Stadtfriedhof Misburg hat mit Recht als Stätte der Erinnerung im Stadtbezirksrat einen hohen Stellenwert. Am Seelberg ist vor einigen Jahren ein kleines, neues Wohngebiet mit einer wohl durchdachten Freiraumgestaltung entstanden. Dagegen ist der Zugang zu den Seckbruchwiesen im Südosten des Stadtteils selbst für Ortskundige kaum möglich. Dabei bieten gerade diese Wiesen, ähnlich wie der Hermann-Löns-Park, durch die Verbindung von kalkhaltigem Boden und von Natur aus hohem Grundwasserstand beste Voraussetzungen für eine reiche Flora und Fauna.
Nur wenige Grundstücke in Misburg gehören der Stadt. Durch den Ausbau des Mittellandkanals in den 90er Jahren konnten allerdings zusätzliche öffentlich nutzbare Grünflächen gewonnen werden. Überhaupt sind die freiraumplanerischen Perspektiven in Misburg günstig. Die bereits fertig gestellten Teile der neuen Siedlung Steinbruchsfeld weisen im Wohnumfeld eine hohe Qualität auf. Außerdem wird dort ein Stadtteilpark entstehen. Der Grüne Ring wird die Anbindung an andere offene Landschaftsräume, insbesondere zum Laher Graben, zum Altwarmbüchener See und zur Breiten Wiese verbessern. Auf dem Deurag-Nerag-Gelände soll ein Gewerbe-

Blauer See

gebiet mit Anschluss an den Mittellandkanal entstehen. Eine neue Grünverbindung wird Misburg mit der jenseits des Kanals liegenden Breiten und Nassen Wiese verknüpfen. Der Kanal selbst wird im Zuge der Verbreiterung in seinen Seitenräumen besser nutzbare Wege erhalten. Ein zwischen Stadt und Zementindustrie gemeinsam erarbeitetes Konzept für eine geordnete Entwicklung im Bereich der Kalkmergelgruben kann längerfristig neben Wohnbau- und Gewerbeflächen attraktive Erholungsmöglichkeiten und für den Naturschutz wertvolle Flächen entstehen lassen. Voraussetzung ist, dass die Misburger das wirklich wollen und sich geduldig und zäh für die Wiedergewinnung der durch Industrie und Verkehr eingeengten „Freiräume" einsetzen.

Grube der Zementindustrie in Misburg

Angenehmes Wohnen in Anderten in außergewöhnlicher landschaftlicher Umgebung

Anderten hat den Entwicklungsschub besser überstanden. Zwar wird dieser Stadtteil noch stärker als Misburg durch Eisenbahn, Mittellandkanal und Autobahnen zerschnitten oder eingegrenzt, aber der Kernbereich westlich des Kanals blieb von industrieller Entwicklung weitgehend verschont. „Am Bache" ist das alte Dorfzentrum noch heute spürbar. Ein Kriegerdenkmal und ein paar schöne alte Bäume betonen die historische Bedeutung des Platzes. Von hier aus hat sich in der zweiten Hälfte des 19. Jahrhunderts Anderten stark ausgebreitet. Der Stadtteil gilt als ein guter Wohnstandort. Viele Wohnungen sind mit einem Garten verbunden. Die Lage zum öffentlichen Nahverkehr und im Straßennetz ist günstig. Ein besonderer Vorteil ist die außergewöhnliche landschaftliche Umgebung. Im Westen liegt der Tiergarten, ehemaliges fürstliches Jagdrevier und heute ein beliebtes Erholungsgebiet, unmittelbar vor der Haustür. Die Breite und die Nasse Wiese im Norden bieten in einer eigenartigen Mischung von technischen Bauten, Sportanlagen, Naturflächen und zunehmend umweltfreundlicher Landwirtschaft reizvolle Landschaftsbilder und verbinden zudem mit dem Hermann-Löns-Park und der Eilenriede.
Der Mittellandkanal im Osten bildet zwar eine starke Barriere, aber durch die Hindenburgschleuse ist dieser Bereich immer interessant. Mit dem Ausbau des Kanals sind außerdem mindestens auf seiner Westseite sehr gute Wegeverbindungen nach Norden in Richtung Misburg und Groß-Buchholz und nach Süden zur Gaim und in Richtung Sehnde entstanden. Im Süden schließlich liegt der breite Kalkrücken des Kronsberges, der über den Ohefeldweg und den Scheibenstandsweg schnell erreicht werden kann. Eine alte Holländerwindmühle an der Nordkante des Kronsberges signalisiert sozusagen schon zur Begrüßung, dass auf dem Kronsberg ein frischer Wind weht. Der Hauptverbindungsweg des Grünen Ringes läuft zwischen Mittellandkanal und Kronsberg durch Anderten hindurch.
Nur östlich des Kanals hat die offene Landschaft wenig zu bieten. Der Weg durch das Gewerbegebiet ist nicht sehr verlockend. Auch jenseits des Siedlungsrandes lassen eine große Mergelgrube und die Verkehrstrassen von Eisen- und Autobahn ein angenehmes Landschaftsgefühl nicht aufkommen.

Besondere Gartenelemente

1. Öffentliche Grünflächen am Mittellandkanal; im Zusammenhang mit der Verbreiterung des Kanals entstanden, Planung Landschaftsarchitekturbüros Nagel und Schonhoff sowie Gruppe Freiraumplanung, 1996–2000.
2. Geplanter Stadtteilpark Steinbruchsfeld. In der Nachbarschaft „Regenbogensiedlung"; Architektenbüro Schmidts, Landschaftsarchitektin Johanna Spalink-Sievers, seit 1997.
3. Siegelwäldchen; als Grünverbindung etwa 1960 entstanden, 1 ha.
4. Blauer See, durch Bodenabbau künstlich entstandenes Gewässer, in Verbindung mit Vereinsgebäuden betreut vom Touristenverein „Die Naturfreunde", Ortsgruppe Misburg, öffentlich zugänglich.
5. Stadtfriedhof Misburg; Forstgrund, 1921 eingeweiht, Kapellengebäude von Architekt Siegfried Erlhoff und große Stahlplasik von Fritz Kühn, 1963, 8 ha.
6. „Stadtpark" Misburg; historisch zum Teil Garten des „Alten Forsthauses", seit 1752 Sitz eines Oberforstamts; von 1804–1816 Lebensmittelpunkt von Carl von Beaulieu-Marconnay als Forstmeister und seiner Familie der Gräfinnen von Egloffstein, damals Treffpunkt eines von Weimar beeinflussten literarischen Zirkels mit August Kestner; Forsthaus 1964 für Rathausneubau abgerissen, Gedenktafel von Ulrike Enders, Reste eines alten Laubengangs als Verbindung vom Forsthaus zum Garten noch heute vorhanden, Umwandlung in einen Stadtpark mit öffentlichem Spielplatz um 1970, 7 ha.
7. Ehemaliger Gemeindefriedhof Misburg; 1827 eröffnet, mit der Einweihung des neuen Friedhofs 1921 geschlossen; öffentliche Grünfläche mit einigen Grabsteinen.
8. Wohngebiet „Am Seelberg" mit öffentlichem Spielplatz; Architekt Gerd Laage und Partner, Landschaftsarchitektin Johanna Spalink-Sievers, 1994.
9. Misburger Bad; Hallenfreibad 1986.
10. Sonnensee; durch Bodenabbau künstlich entstandenes Gewässer, mit Umfeld privat genutzt als Freikörperkultur-Gelände.
11. Breite und Nasse Wiese; siehe Seite 216.

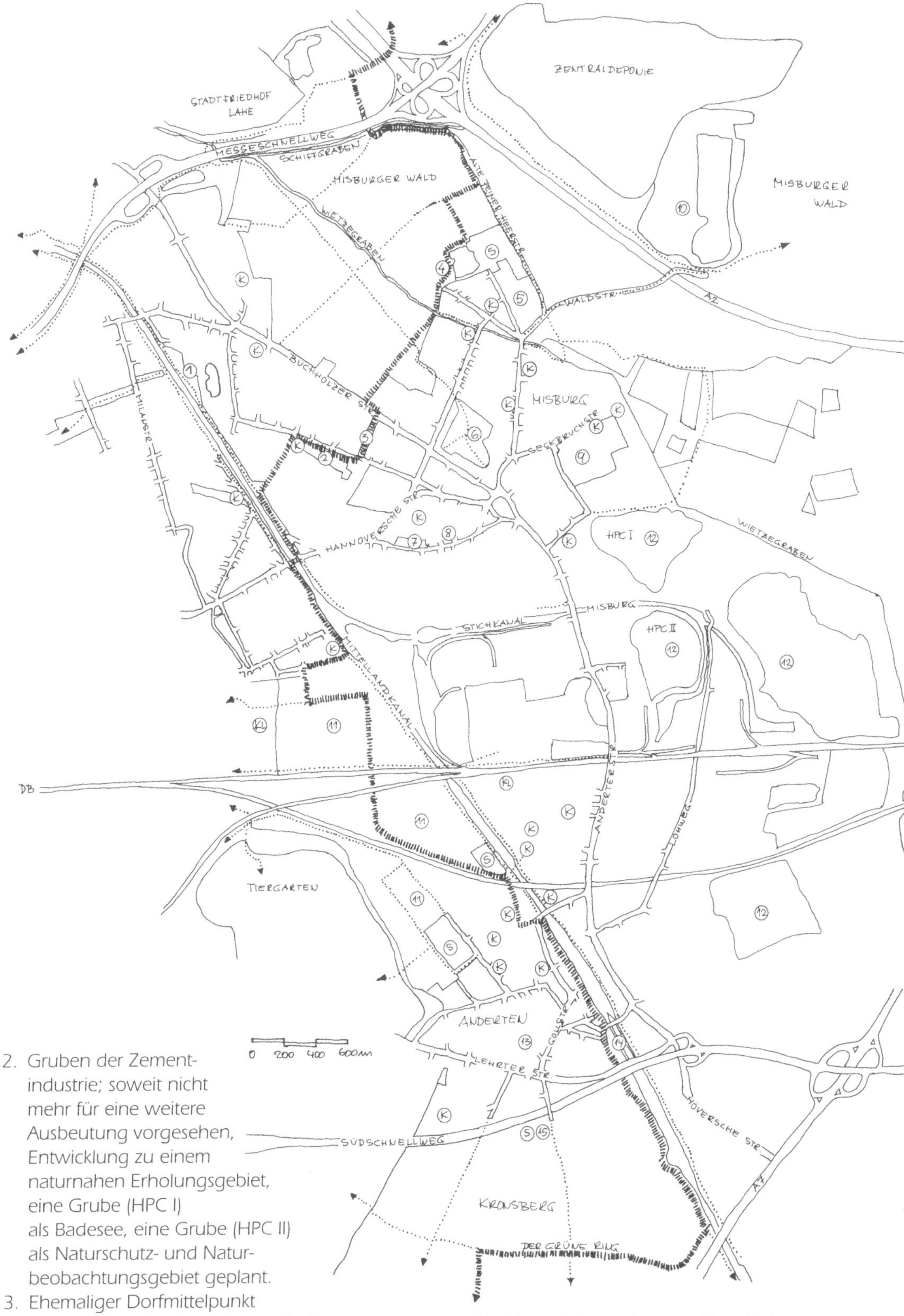

12. Gruben der Zementindustrie; soweit nicht mehr für eine weitere Ausbeutung vorgesehen, Entwicklung zu einem naturnahen Erholungsgebiet, eine Grube (HPC I) als Badesee, eine Grube (HPC II) als Naturschutz- und Naturbeobachtungsgebiet geplant.
13. Ehemaliger Dorfmittelpunkt „Am Bache"; alter Baumbestand mit Kriegerdenkmal und öffentlichem Spielplatz.
14. Hindenburgschleuse; gebaut zwischen 1919 und 1928 als damals größte Binnenschifffahrtsschleuse Europas, 15 m Hubhöhe.
15. Holländerwindmühle; 1854 gebaut, heute als Wohnhaus genutzt.

Kirchrode – Bemerode – Wülferode

Stadtbezirk 6

Naturräumlich gesehen gehört der Stadtbezirk Kirchrode – Bemerode – Wülferode zum Kirchröder Hügelland. Nur in der am Nordrand liegenden Mardalwiese stürzt das Gelände in einem für hannoversche Verhältnisse dramatischen Schwung in das Weser-Aller-Flachland hinab. Wäre da nicht der hohe Bahndamm der Güterumgehungsbahn, hätte man das Gefühl, weit ins Land blicken zu können. Diese von der Tiergartenstraße aus noch offene Kante war in den letzten Jahren hart umkämpft, weil einerseits die Grundbesitzer die besondere Eignung dieses Geländes als Wohngebiet hervorhoben, andererseits die Naturschützer seinen außergewöhnlichen naturräumlichen Wert erkannt hatten. Die Naturschützer blieben vorerst Sieger und die Kirchröder behielten auch optisch einen ungehinderten Zugang zu einem großen, durch die Mardalwiese, den Tiergarten, den Hermann-Löns-Park und die Eilenriede gebildeten Erholungsgebiet. Diese Privilegierung zeichnet überhaupt das Grundgefühl der Einwohner von Kirchrode aus: Die meisten haben ein Einfamilienhaus mit Garten und sie wohnen nach ihrem eigenen Empfinden in einer schönen landschaftlichen Umgebung. Dabei trifft das in Wirklichkeit nur für die Nordseite zu. Im Westen schließen die Güterumgehungsbahn, große Kleingartengebiete und die Tierärztliche Hochschule den Stadtteil ein, im Süden bildet der Südschnellweg eine scharfe Barriere und im Osten grenzt der Stadtteil Anderten unmit-

telbar an. Allerdings kennen Ortskundige die Möglichkeiten des Durchganges zum Kronsberg mit seinen außergewöhnlichen landschaftlichen Reizen.
Innerhalb der Bebauung ist die Ausstattung Kirchrodes mit öffentlich zugänglichen Grünräumen vergleichsweise bescheiden. Schön ist die dörflich wirkende Situation an der Jakobi-Kirche mit dem kirchlichen Friedhof daneben. Auch der in Kirchrode liegende Stadtfriedhof Anderten hat noch eine ländliche Ausstrahlung, während der Stadtfriedhof Kirchrode am Döhrbruch eher wie zufällig abgelegt wirkt. Die gärtnerische Ausgestaltung des heutigen Kerns an der Kreuzung Tiergartenstraße/Brabeckstraße/Großer Hillen erinnert ein wenig an „Unser Dorf soll schöner werden".

Kirchrode – Villen und gepflegte Bescheidenheit

Für jemanden, der sich für Villen und ihre Gärten interessiert, ist Kirchrode eine unerschöpfliche Fundgrube. Aus dem denkmalpflegerischen Blickwinkel sind die Kaiser-Wilhelm-Straße, teilweise auch die Lange-Hop-Straße, die Jöhrensstraße und die Elisabethstraße mit Bauten aus der Zeit um 1900 für einen Spaziergang sehr zu empfehlen. Die Magnolienblüte in den Vorgärten der Kaiser-Wilhelm-Straße ist in jedem Frühjahr erneut ein herausragendes Ereignis. Bemerkenswert sind aber auch Anlagen wie der Hirschanger, unmittelbar nach dem Zweiten Weltkrieg entstanden, bescheidene Reihenhäuser eigentlich, aber mit vergleichsweise großen Gärten. Am Bünteweg erinnern der heute zur Tierärztlichen Hochschule gehörende Westfalenpark oder die ehemalige Villa Beindorff an früheren Reichtum und an ein um 1900 in

Kirchroder Friedhof „Kleiner Hillen"

Hannover stark ausgeprägtes Bedürfnis, in ländlicher Umgebung große Gartengrundstücke zu gestalten und zu bewirtschaften. Aber auch Kirchrode blieb nicht von den vielerorts zu beobachtenden individuellen Sehnsüchten nach einem Haus wie in Hollywood oder im Schwarzwald verschont.
Viele Einfamilienhausgrundstücke grenzen sich zudem hermetisch gegen die Außenwelt ab. Man erlebt ein ganz eigenartiges Nebeneinander von Protz und gepflegter Bescheidenheit. Die Grundstückspreise lassen sicherlich das Herz eines jeden Immobilienmaklers höher schlagen. Trotzdem breiten sich neben gebauter Selbstdarstellung ganz normale Kleingartenkolonien aus.
Zu den Besonderheiten von Kirchrode gehört eine ungewöhnlich große Zahl von sozialen Einrichtungen, die über eigene Gärten verfügen und damit das gärtnerische Erscheinungsbild des Stadtteils erheblich beeinflussen: Bildungsstätte und Heimvolkshochschule Kirchröder Turm, Birkenhof Wohnstift, Landesbildungszentrum für Blinde, Blindenheim, Deutsches Taubblindenwerk, das Krankenhaus Henriettenstiftung und Heinemannhof zählen dazu.

Bemerode – zwischen Seelhorst und Stadtteilpark

Bemerode war noch um 1900 ein kleines Dorf, das sich an der Gabelung der Straßen zwischen Wülferode, Wülfel und Kirchrode gebildet hatte. Es gab zwei Rittergüter, von denen das eine über einen relativ großen Gutspark verfügte, der noch heute vorhanden ist. Von dieser Kernzelle aus hatte sich Bemerode schon bis zur Eingemeindung 1974 nach allen Seiten hin stark entwickelt. Die daraus entstandene Siedlungsstruktur stellt keine stadtplane-

Kapelle Bemerode

Westfalenhof

rische Glanzleistung dar. Immerhin sind in den 80er und 90er Jahren drei neue Wohngebiete, „Bemerode-West", „Am Spargelacker" und am „Seelhorster Garten" entstanden, die in der Gestaltung öffentlicher und halböffentlicher Freiräume diskutable neue Akzente setzen. Sie lehnen sich an die Seelhorst an, ein Waldgebiet, das, im Westen des Stadtteils gelegen, mit seinem Ausläufer, dem „Lagerwäldchen", die Emslandstraße berührt und mit einer anschließenden Grünverbindung fast das Stadtteilzentrum erreicht. Auf der anderen Seite der Brabeckstraße schließt in östlicher Richtung der Stadtteilpark Bemerode an. Die darin liegenden Möglichkeiten einer „grünen Taille", eines das Ortsbild prägenden Freiraumelements könnten und sollten noch viel konsequenter genutzt werden. Dazu bieten sich auch die zwischen der Bemeroder Straße und der Straße Am Sandberge liegende Sportanlage mit Festplatz und der östlich der Brabeckstraße liegende bereits erwähnte Gutspark an.

Kronsberg – neuer Stadtteil am Reißbrett mit „Gartendenken" entworfen

Hat man erst den östlichen Rand des Stadtteilparks erreicht, ist man auch am Fuße des Kronsberges angelangt. Hier entsteht zur Zeit ein neuer Stadtteil, Hannovers größtes Entwicklungsprojekt. Insgesamt sind 6000 Wohnungen geplant. Überlegungen zur Erweiterung der Stadt auf den Kronsberg hatte es schon früher gegeben. Sie waren ein wesentlicher Grund für die Eingemeindung von Bemerode und Wülferode im Jahr 1974. Aber erst mit der Entscheidung für die Weltausstellung EXPO 2000 in Hannover nahmen die Pläne konkrete Formen an. 1992 wurde ein großer internationaler städtebaulich-landschaftsplanerischer Wettbewerb ausgelobt, der von den Architekten Arnaboldi/Cavadini aus Locarno zusammen mit dem Landschaftsarchitekten Guido Hager gewonnen wurde. Wesentlich waren an diesem Konzept: seine kompakte, in reguläre Baublöcke gegliederte Struktur und seine Begrenzung auf den Westhang des Kronsberges.

Zum ersten Mal umfasst eine Weltausstellung auch dezentrale, so genannte „weltweite" Projekte. Die Stadt Hannover beteiligt sich mit drei Projekten an diesem Ausstellungselement. Alle drei Projekte sind mindestens zum Teil auf dem Kronsberg angesiedelt. Mit dem Projekt „Ökologische Optimierung Kronsberg" werden vorbildliche Konzepte für die Bereiche Energie, Abfall, Wasser und Boden verwirklicht. Im Rahmen des Projekts „Stadt als sozialer Lebensraum" entstehen vor allem im neuen Stadtteilzentrum beispielhafte Lösungen für Stadtteilkulturarbeit. Im Rahmen des Projekts „Stadt als Garten" wird bei der Planung und Ausgestaltung des Stadtteils konsequent „Gartendenken" praktiziert.
Das beginnt damit, dass trotz der relativ hohen Baudichte möglichst viele Wohnungen mit privaten Gärten oder gemeinschaftlich nutzbaren Freiräumen verbunden werden. Alle Straßen haben Bäume.
Das Regenwasserversickerungskonzept erzeugt durch seine breiten Versickerungsmulden ein ganz ungewöhnliches Straßenbild. Jedes Wohngebiet erhält in günstiger Lage die erforderlichen öffentlichen Spielplätze sowie auf kurzen Wegen erreichbare Quartierparks. Kindertagesstätten und Schulen werden mit ökologisch vorbildlichen Freiräumen ausgestattet.
So genannte Streifenparks werden auf lange Sicht das Wohngebiet gliedern. Der wichtigste Spiel- und Sportpark, der als Grünzug bis nach Mittelfeld und damit in die Nähe der südlichen Leineaue reicht, ist in seinem Kernbereich zwischen Laatzener Straße und Basisstraße bereits ausgestaltet worden. Er ist im Wesentlichen durch die

Datenverwaltungsgesellschaft (dvg) finanziert worden und damit ein gutes Beispiel dafür, wie bei knappen öffentlichen Mitteln privatwirtschaftliches Engagement bei der Verwirklichung öffentlicher Parks helfen kann. Nach Osten wird der neue Stadtteil durch eine etwa 2,5 km lange, zweireihige Randallee begrenzt, die in ihrer inneren Reihe aus Kaiserlinden, einer in Hannover sehr gern gepflanzten Lindensorte, besteht und deren äußere Reihe aus Vogelkirschen gebildet wird, die auf dem Kalkrücken des Kronsberges besonders gute Standortverhältnisse finden. Neben dieser Vogelkirschenreihe beginnt zunächst mit einem als Allmende bezeichneten breiten Streifen Grasland die offene Landschaft. Ihm folgt, genau über den Kronsberg-Kamm laufend, ein neu aufgeforsteter Waldstreifen, der durch Waldlichtungen gegliedert wird. Aussichtshügel, willkommenes Ergebnis eines ökologischen Bodenmanagements, sind in den Waldstreifen eingefügt. Sie garantieren einen freien Blick auf Stadt und Land. Der Plan, den Kronsberg mit einer Aufwaldung auf dem Kamm einen grünen Hut aufzusetzen, stammt schon aus einem 1987 vorgelegten, vom Rat beschlossenen Landschaftsplan. Das übrige Konzept wurde im Wesentlichen von dem Schweizer Landschaftsarchitekten Dieter Kienast im Rahmen einer Werkstatt 1994 entwickelt, an der verschiedene Landschaftsarchitektenbüros beteiligt waren. Nach einem Entwicklungs- und Erprobungsvorhaben des Bundesamts für Naturschutz wird auf dem Kronsberg-Kamm eine beispielhafte Verknüpfung von Naherholung, Naturschutz und Landwirtschaft angestrebt.
Jenseits des intensiver gestalteten Kammbereichs bestimmt nach Norden, Osten und Süden Landwirtschaft das Landschaftsbild des Kronsberges. Von Feldhecken begleitete Wege gliedern die Landschaft und schaffen Verbindungen zu den benachbarten Stadtteilen, nach Laatzen und zu den beiden Waldgebieten Gaim und Bockmer Holz.
Auf dem Südkronsberg stellen die umweltfreundlich produzierenden und vermarktenden Herrmannsdorfer Landwerkstätten (Kronsberg-Hof) eine besondere Attraktion dar. Dem landwirtschaftlichen Betrieb sind eine Metzgerei, eine Käserei, eine Bäckerei, ein Markt und eine Brauerei mit Wirtshaus sowie ein Bildungswerk angeschlossen.
Im Winkel zwischen Messegelände, Pavillongelände der Weltausstellung (zukünftiges Gewerbegebiet) und Südrand der geplanten Wohnbebauung bieten der Parc agricole und der EXPO-Park-Süd einen reizvollen Übergang zwischen gebauter Stadt und freier Landschaft.
Während der Weltausstellung dienen die „Gärten im Wandel" der Gliederung des Pavillongeländes. Danach werden sie ein wichtiges Gestaltungselement innerhalb eines Gewerbegebietes sein.

Blick auf Wülferode

Wülferode – dörflich geprägter Lebensraum umgeben von vielfältiger Landschaft

Mitten in diesem großen Landschaftsraum liegt Wülferode, letzte noch nicht ganz ausgelöschte Bastion dörflichen Lebens im Stadtgebiet von Hannover.
Der Blick vom nördlichen Aussichtshügel auf Wülferode mit dem vorgelagerten Friedhof vermittelt tatsächlich noch den Eindruck eines bäuerlich geprägten Dorfes. Ein Spaziergang durch das Dorf belehrt dann aber doch schnell, dass die Großstadt nicht fern ist. Städtisch geprägte Einfamilienhäuser bestimmen den gesamten östlichen Teil von Wülferode. Wer hier wohnt, ist wirklich noch ringsherum von offener Landschaft umgeben und kann sie auf kurzen Wegen erreichen.

Besondere Elemente, Kunstwerke, Bauten

1. Hang der Mardalwiese; Grenze zwischen dem Weser-Aller-Flachland im Norden und den Börden im Süden.
2. Hermann-Löns-Park; siehe Seite 56.
3. Tiergarten; siehe Seite 36.
4. Kaiser-Wilhelm-Straße; sehr eindrucksvolle Villenbauten aus der Zeit um 1900 mit zum Teil schönen Vorgärten.
5. Im Büntefelde; grüner Platz mit öffentlichem Kinderspielplatz.
6. Ehemalige Villa der Familie Beindorff Bünteweg 3, 1905 gebaut; stark verwilderter Garten von Julius Trip mit „Brezelwegen", Pavillon und Teich; privat.
7. „Westfalenhof" – Bünteweg 17; Gebäude von 1912, Park mit Teich und einem Gartenhäuschen aus Fachwerk, interessante Pflanzensammlung; heute zur Tierärztlichen Hochschule gehörend; zur Weltausstellung im Jahr 2000 um einen Heil- und Giftpflanzengarten bereichert; halböffentlich.
8. Jakobi-Kirche; in Grün eingebettet, gemeinsam mit dem Pfarrhaus einen dörflichen Charakter vermittelnd; Ursprung des Kirchenbaus 12. Jahrhundert, heutiger Saalbau 1782/84; Grabdenkmal in der Form eines Obelisken der Familie Beaulieu, um 1810.
9. Kirchlicher Friedhof „Kleiner Hillen"; 1864 eröffnet, mit einigen schönen Grabsteinen aus dem 19. Jahrhundert, 1 ha.
10. Stadtfriedhof Anderten mit Friedhof der Anstaltsgemeinde Henriettenstiftung, Ostfeldstraße; 1876 eingeweiht; von einer aus der Entstehungszeit stammenden Mauer umgeben; einige schöne Grabmale aus der Anfangszeit (z. B. Gruft der Familie Kowerding, 1984), 1,7 ha.
11. Stadtfriedhof Kirchrode, Döhrbruch; 1905 eröffnet, 1,3 ha.
12. „Heinemannstift", Brabeckstraße; als Damenstift der Minna-James-Heinemannstiftung 1930/31 gebaut; Architekt Henry van de Velde, Gartenarchitekt Wilhelm Hübotter; angestrebte Einheit von Architektur und Natur durch eingefügte Nachkriegsbauten weitgehend zerstört.
13. Kirchlicher St.-Johannis-Friedhof, Brabeckstraße; 1864 eingeweiht, 1,5 ha.
14. Lagerwäldchen; 1939 zur Unterbringung von Soldaten gebaut, zur Tarnung mit Bäumen bepflanzt; nach dem Krieg kurze Zeit Gefangenenlager, danach für Flüchtlingsfamilien genutzt; nach Abriss der Gebäude Teil der Seelhorst.
15. Gutspark, Brabeckstraße 163; Teil eines ehemaligen Rittergutes, vermutlich in der letzten Hälfte des 19. Jahrhunderts entstanden, mit schönem Gartenpavillon, privat, 1,5 ha.
16. Kapelle Bemerode, Wülfeler Straße 5; grüner Vorplatz mit Kriegerdenkmal; Kapellenbau von Wilhelm Lüer, 1866/67.
17. Stadtteilpark Bemerode; entstanden um 1970, nach Stadtbahnbau 1999 neu gestaltet, bestimmt durch Teich (Regenrückhaltebecken), Spielmöglichkeiten für Kinder und Wegebeziehungen, durch Stadtbahnlinie zerschnitten, 9 ha.
18. Zwei Quartierparks im Stadtteil Kronsberg; auf der Grundlage eines Planungswettbewerbs (1. Preis) durch die Landschaftsarchitekten Irene Lohaus und Peter Carl geplant; Spiel mit Licht und Schatten, Offenheit und Geschlossenheit, 1999/2000 verwirklicht, 1,0 und 1,4 ha.
19. Kronsberg-Kamm; Aufforstungen und Erschließung seit 1987; weiter augestaltet nach einem Strukturkonzept von Dieter Kienast; Verknüpfung von wilder Natur, artifizieller Gestaltung und Landwirtschaft; wichtige Elemente: Randallee, Aussichtshügel, Wald, Allmende, Waldlichtungen, 1995–2000 verwirklicht, ca. 100 ha.
20. Spiel- und Sportpark; Landschaftsarchitekten Nagel und Schonhoff; breiter, 1,5 km langer

Kronsbergallee

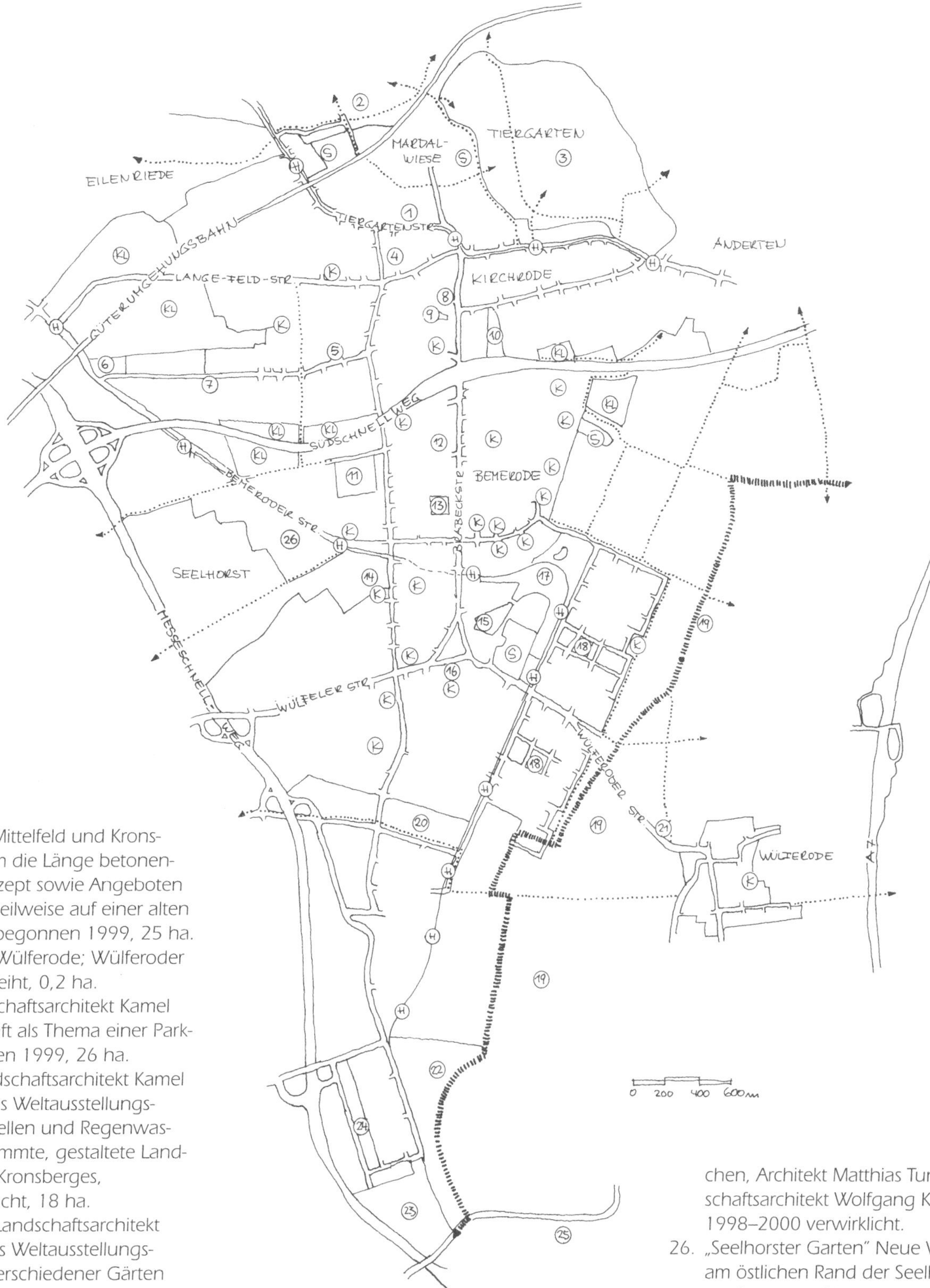

Grünzug zwischen Mittelfeld und Kronsbergkamm mit einem die Länge betonenden Gestaltungskonzept sowie Angeboten für Spiel und Sport, teilweise auf einer alten Müllkippe gelegen; begonnen 1999, 25 ha.

21. Kirchlicher Friedhof Wülferode; Wülferoder Staße, 1877 eingeweiht, 0,2 ha.
22. Parc agricole; Landschaftsarchitekt Kamel Louafi; Landwirtschaft als Thema einer Parkgestaltung; begonnen 1999, 26 ha.
23. EXPO-Park-Süd; Landschaftsarchitekt Kamel Louafi, Berlin, Teil des Weltausstellungsgeländes, durch Quellen und Regenwasserrückhaltung bestimmte, gestaltete Landschaft am Fuße des Kronsberges, 1998–2000 verwirklicht, 18 ha.
24. Gärten im Wandel; Landschaftsarchitekt Kamel Louafi, Teil des Weltausstellungsgeländes, Abfolge verschiedener Gärten aus der Stadt (Plaza) in die Landschaft (EXPO-Park-Süd) hinausführend, 1998–2000 verwirklicht, 2,6 ha.
25. Herrmannsdorfer Landwerkstätten am Kronsberg (Kronsberg-Hof); ökologische Landwirtschaft; Lebensmittel-Herstellung und -Vermarktung nach dem Modell der Herrmannsdorfer Landwerkstätten bei München, Architekt Matthias Tunnemann, Landschaftsarchitekt Wolfgang Körner, 1998–2000 verwirklicht.
26. „Seelhorster Garten" Neue Wohnsiedlung am östlichen Rand der Seelhorst; Architekten Bertram – Bünemann – Partner; öffentliche Grünfläche zwischen Siedlung und Waldrand mit künstlichem Teich, Landschaftsarchitekten Wiggenhorn und van den Hövel, begonnen 1999.

Südstadt – Bult

Stadtbezirk 7

Ähnlich wie die List gilt die Südstadt als eine privilegierte Wohngegend. Das hängt mit der günstigen Lage zur Innenstadt, der guten Anbindung an den öffentlichen Nahverkehr, den guten Einkaufsmöglichkeiten besonders in der Hildesheimer Straße und in der Sallstraße und dem qualifizierten Angebot an Schulen zusammen. Aber wer von den Wohnqualitäten dieses Stadtteils schwärmt, hat immer auch im Blick, dass der Maschpark, der Maschsee, der Stadtfriedhof Engesohde, der Vierthaler-Teich, die Hoppenstedtwiese (siehe Seite 153), die Eilenriede und die Bult ihn wie eine grüne Perlenkette umfassen. Von dort aus kann man sich über die Leineaue und die Eilenriede alle Naherholungsgebiete von Hannover mit dem Fahrrad erschließen. Nur an der nördlichen Grenzlinie der Marienstraße und der Hans-Böckler-Allee findet diese grüne Umrahmung keine Fortsetzung. Aber immerhin präsentieren sich beide Straßenzüge mit einem aufmunternden Baumschmuck. Der Gartenfriedhof liegt direkt auf der anderen Seite der Straße und der Stadtpark ist nicht weit.

Mit Bäumen bestandene Straßen sind für beide Stadtteile charakteristisch. In manchen Straßen, beispielsweise Altenbekener Damm, Stresemannallee, Elkartallee, Rudolf-von-Bennigsen-Ufer, Geibelstraße und Hans-Böckler-Allee, haben Alleen eine lange Tradition.

Melanchthonkirche

Die Südstadt, Grün dominiert in den Straßen ...

Andere wieder, wie die Hildesheimer Straße und die schon genannte Marienstraße, haben sich erst im Zusammenhang mit dem U-Bahn-Bau ein grünes Kleid zulegen können. Beiden Stadtteile fehlen größere öffentliche Parks, aber ein abwechslungsreiches Geflecht von individuell, gemeinschaftlich oder öffentlich nutzbaren Gärten, Grünanlagen und grünen Plätzen lässt nicht das Gefühl aufkommen, in einer Steinwüste zu leben,
Im Stadtteil Bult und am südlichen Rand der Südstadt beispielsweise sind mehr oder weniger noble Einfamilienhausgrundstücke mit frei stehenden Villen oder mit Reihenhäusern zu finden. Besonders überraschend ist, dass sich in unmittelbarer Nachbarschaft des Aegidientorplatzes im Winkel zwischen Marienstraße und Hildesheimer Straße noch so etwas wie eine Gartenvorstadtidylle erhalten hat. Kaum kehrt man der verkehrsreichen Hildesheimer Straße den Rücken, bewegt man sich in einer anderen, durch Gärten bestimmten Welt. Die Situation erinnert noch ein wenig an die „Gartenleute", die nach dem Dreißigjährigen Krieg diese Gegend bewohnten und bewirtschafteten und denen die Gartenkirche und der Gartenfriedhof ihre Namen verdanken.

... in den Innenhöfen

Um die Geibelstraße herum haben viele blockartig zusammengefasste Wohngebäude große Innenhöfe, die privat oder gemeinschaftlich als grüne Oasen genutzt werden können. Das begründet die hohe Wohnqualität vieler Geschosswohnungen in der Südstadt. Wer sich mit einem Innenhof als Garten noch nicht ausreichend bedient fühlt, kann zwischen einem großen Angebot an schnell erreichbaren Kleingärten, beispielsweise in der Tiefenriede

Markt auf dem Stephansplatz

Besondere Gartenelemente

1. Stadtpark; siehe Seite 62.
2. Gartenfriedhof; s. Stadtbezirk 1, Seite 116.
3. Stift zum Heiligen Geist; Heiligengeiststraße; Gartenanlage aus der Zeit der Entstehung um 1895, öffentlich zugänglich.
4. Maschpark; Flächen um das Niedersächsische Landesmuseum und ein kleiner grüner Platz an der Lemförder Straße, im zeitlichen Zusammenhang mit dem Maschpark entstanden, siehe Seite 46.
5. Haus der Jugend; Spiel- und Sportgelände in Verbindung mit dem Haus der Jugend; dieses 1950/51 mit Hilfe der Vereinigten Staaten von Amerika erbaut.
6. Schmuckplatz; gegenüber der Einmündung der Kleinen Düwelstraße in die Sallstraße; um 1910 entstanden; Brunnen 1911 von Roland Engelhard; heute überwiegend Kinderspielplatz.
7. Bereich Pauluskirche – Meterstraße; grüne Insel mit Bäumen in einem dichtbebauten Gebiet; Kirchenbau 1880–83 von Eduard Hillebrand; nach Kriegszerstörung 1957/58 durch W. Ziegler wieder aufgebaut; in der Nachbarschaft großer Spiel- und Bolzplatz.
8. Wildermuthweg – Grünverbindung zwischen Bandelstraße und Hildesheimer Straße; beliebter kleiner Spielplatz; an der Ausmündung Hildesheimer Straße platzartige Gestaltung mit Constructa-Brunnen von Konstanty Gutschow 1962 als Nachtrag zum Constructa-Block 1950/51.
9. „Oesterleyplatz"; grüne Verkehrsinsel an der Oesterleystraße mit einigen alten Bäumen; bisher ergebnislose, jahrelange Diskussion über eine Umgestaltung in einen vielseitig nutzbaren Stadtgrünplatz.
10. Brehmhof; kleiner Platz, in Verbindung mit der Bebauung nach einem städtebaulichem Entwurf des Architekten F. W. Schick und des städtischen Bauamts seit 1924 entstanden.
11. Robert-Koch-Platz; in Verbindung mit der Wohnbebauung an der Brehmstraße in den 20er Jahren entstanden, öffentlicher Spielplatz, auf der Südseite begrenzt durch Turnhalle und Mensa der Tierärztlichen Hochschule, 1931 von dem Architekten Franz Erich Kassbaum und Karl Grabenhorst entworfen.
12. Stephansplatz; um 1900 zunächst als Schmuckplatz entstanden, Ende der 20er Jahre mit einer strengen Baumumrandung als Spielplatz und Marktplatz gestaltet; in den 70er Jahren erneut durch das Garten- und Friedhofsamt zu seiner heutigen Form umgestaltet.
13. Geibelplatz; auf der Grundlage eines Bebauungsplans aus den 90er Jahren des 19. Jahrhunderts 1930 im Zusammenhang mit der Erschließung eines neuen Wohngebietes und einer Hochhausbebauung am Ende der Geibelstraße (Architekt Ziegler) entstanden; ursprünglich Schmuckplatz mit geschnittenen Platanenbäumen und Staudenanlage, lange in vereinfachter Form erhalten, 2000 erneuert, öffentlicher Spielplatz.
14. Bertha-von-Suttner-Platz; im Erschließungskonzept für die Südstadt in seiner außergewöhnlichen Dreiecksform bereits um 1900 festgelegt; Gestaltung unter dem Namen Carl-Peters-Platz um 1932 mit Kastanienalleen entlang der Sallstraße/Stresemannallee, Staudenpflanzungen mit Kinderspielplätzen ebenfalls unter Kastanienbäumen; 1935 Enthüllung des Carl-Peters-Denkmals; Umgestaltung 1970/71 zu einem vielseitig nutzbaren Stadtgrünplatz; erneute Anpassungen um 1990; Umbenennung 1996 nach heftiger Diskussion in der Öffentlichkeit und im Rat über die Rolle von Carl Peters als Gründer der Kolonie Deutsch-Ost-Afrika.
15. Alte Bult; seit 1906 als Pferderennbahn genutzt, 1970 aufgegeben mit dem Ziel einer Nutzung als Hauptverwaltungsstandort für IBM Deutschland; nach Aufgabe dieser Pläne teilweise Bebauung mit Kinderkrankenhaus, sozialpädiatrischem Zentrum und einer Sonderschule, übriger Bereich heute große, naturnah gehaltene Grünfläche in einer sehr schönen Randlage zur Eilenriede; trotz Verlagerung der Pferderennbahn nach Langenhagen durch einen Reitstall immer noch eng mit Pferdehaltung verbunden; große Hundewiese; 1988 Anlage eines Hiroshima-Gedenkhains mit 110 Kirschenbäumen zur Erinnerung an 110 000 Tote beim Atombombenabwurf auf Hiroshima 1945; seit 1998 Landschaftsschutzgebiet, 35 ha.
16. Grünverbindung Elkartallee; zwischen Maschsee und Bult, mit öffentlichen Spielplätzen, baumbestanden, von Schulen begleitet; besonders auffällig das vom Architekten Franz Erich Kassbaum entworfene, 1929 fertig gestellte Gebäude des heutigen Fachbereichs Erziehungswissenschaften der Universität Hannover.
17. Stadtfriedhof Engesohde; siehe Seite 84.
18. Hoppenstedtwiese (Tiefenriede); in Verbindung mit Schulbauten, der Anlage von Sportanlagen und Kleingärten am Nordrand der Eilenriede als öffentliche Grünanlage mit Spielmöglichkeiten für Kinder in den 60er Jahren entstanden; über Grünverbindungen aus der Südstadt sehr gut erreichbar; in den 70er Jahren durch einen Spielpark ergänzt, 4 ha.
19. Vierthaler-Teich; siehe Maschsee, Seite 50.

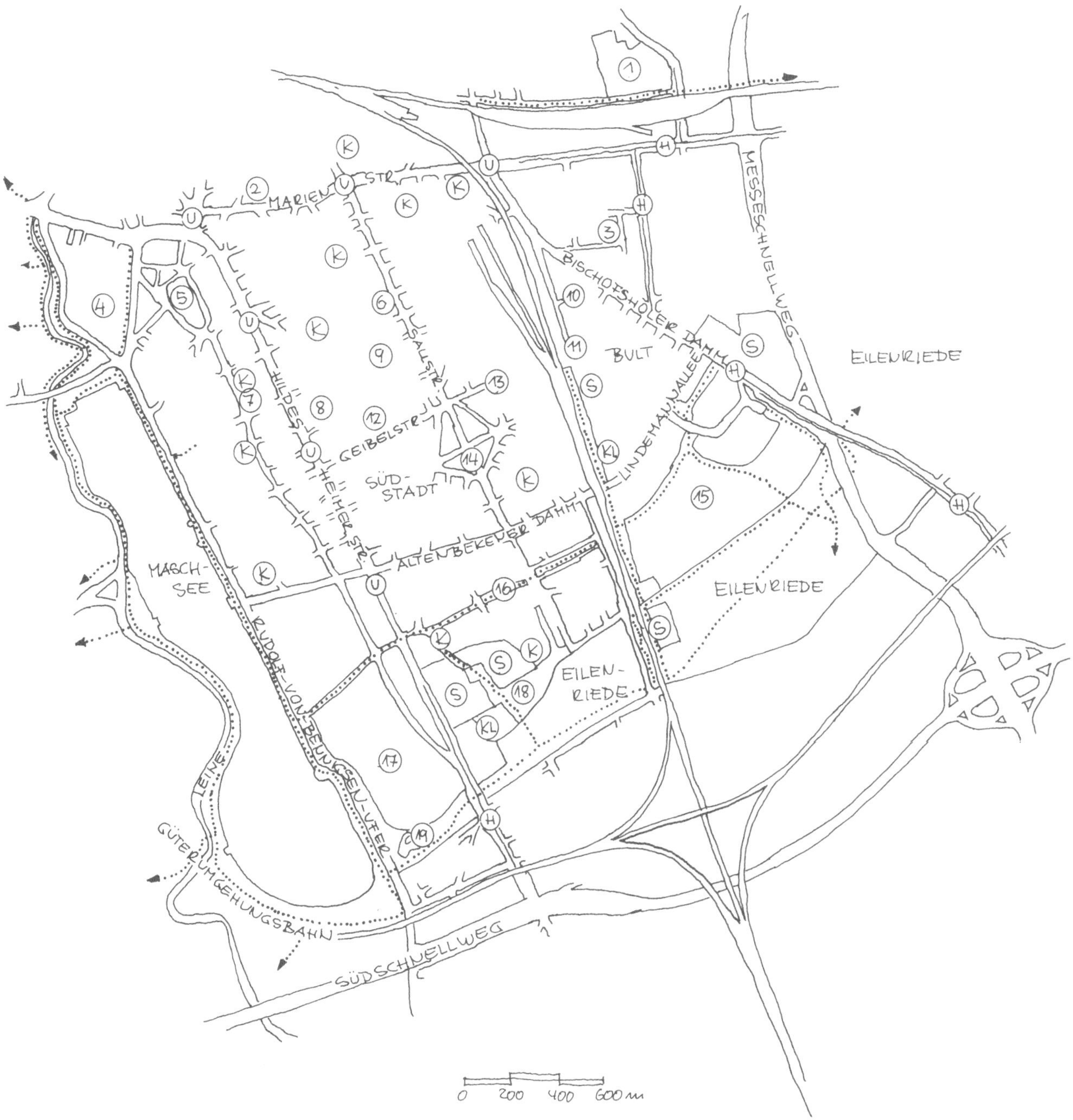
MARIEN STR
MESSESCHNELLWEG
BISCHOFSHOLER DAMM
EILENRIEDE
BULT
SALLSTR
GEIBELSTR
HILDESHEIMER STR
SÜD-
STADT
LINDEMANNALLEE
ALTENBEKENER DAMM
MASCH-
SEE
RUDOLF-VON-BENNIGSEN-UFER
EILENRIEDE
EILEN-
RIEDE
LEINE
GÜTERUMGEHUNGSBAHN
SÜDSCHNELLWEG
0 200 400 600 m

Stift zum Heiligen Geist

(siehe Foto S. 153), am Rande der Bult, westlich von Waldheim oder in der Leineaue wählen.

… auf öffentlichen Plätzen

Auch öffentliche Grünanlagen und unter diesen vor allem die grünen Plätze haben für das Stadtteilgefühl der Südstädter eine große Bedeutung. Das gilt besonders für den Bertha-von-Suttner-Platz, den Geibelplatz und den Stephansplatz. Der Stephansplatz ist schon deshalb allgemein bekannt, weil hier jeden Freitag Markt stattfindet (s. Seite 149). Dann wird das eher zurückhaltende, aus Rasen und Bäumen bestehende Grün des Platzes durch geerntetes und feilgebotenes Grün als Obst und Gemüse oder als bunte Blumenpracht immer wieder neu belebt. Der Geibelplatz atmet mit seinen geschnittenen Platanen noch die architektonische Strenge der 20er Jahre, und der Bertha-von Suttner-Platz hat sich nach seiner Umgestaltung Anfang der 70er Jahre zu einem wahren Kinderparadies entwickelt. Kinderspielplätze sind auch für die erwachsenen Begleitpersonen beliebte Treffpunkte. Bei schönem Wetter herrscht am Wildermuthweg, auf der Hoppenstedtwiese und an anderen, für Kinder geeigneten Orten das pralle Leben. Es könnte noch mehr solcher Gelegenheiten geben, aber bei der hohen Bevölkerungsdichte stoßen sich die verschiedenen Nutzungswünsche hart im Raum. Beispielsweise ist es bis heute nicht gelungen, das kleine grüne Dreieck zwischen Krausenstraße, Oesterleystraße und Hartmannstraße, allgemein bekannt unter „Oesterleyplatz", in einen nutzbaren Stadtgrünplatz umzuwandeln. Es hängt nicht nur am fehlenden Geld, sondern auch daran, dass eine alle zufrieden stellende Lösung schwer zu finden ist. Die einen wünschen sich einen Kinderspielplatz, andere einen Biergarten und wieder andere möchten die Parkplätze vor der Haustür nicht verlieren.

Hiroshima-Gedenkhain auf der Bult

Hoppenstedtwiese

Die Enge der Bebauung in der Südstadt findet in der großzügigen Ausgestaltung der Schulen und Sportanlagen an ihrem südlichen Rand einen willkommenen Ausgleich. Wer die Tellkampfschule, die Ludwig-Windhorst-Schule, die Freie Waldorfschule oder die Elsa-Brändström-Schule besucht oder besucht hat, dürfte die Beziehung zur Natur noch nicht ganz verloren haben.

Der Stadtteil Bult als Gartenstadt

Anders als in der Südstadt sind im Stadtteil Bult die meisten Wohnungen mit individuell nutzbaren Gärten verbunden. Man lebt in einer Gartenstadt. Dieses Empfinden wird durch den Robert-Koch-Platz als grüne Mitte, die benachbarten Sportanlagen und die ideenreichen Gartenversuche eines begeisterten Gärtners rund um die Melanchthon-Kirche (s. Seite 149) verstärkt. Auf der anderen Seite des Bischofsholer Damms sind der alte Baukomplex der Tierärztlichen Hochschule und vor allem das Stift zum Heiligen Geist noch mit Gärten verbunden. Auch die baumbestandenen Hauptverkehrsstraßen tragen zur Durchgrünung bei und lassen das hohe Verkehrsaufkommen fast vergessen.

Döhren – Wülfel – Waldhausen – Waldheim – Seelhorst – Mittelfeld

Stadtbezirk 8

Bei oberflächlicher Betrachtung wirken alle Wohngebiete links und rechts der Hildesheimer Straße vom Zentrum bis zur Stadtgrenze nach Laatzen als eine Einheit, aber in Wirklichkeit sind die Unterschiede erheblich und das kommt auch in den Freiraumqualitäten zum Ausdruck. Ähnlich wie in Kleefeld ist für die beiden Stadtteile Waldhausen und Waldheim von großer Bedeutung, dass sie schon hinter der Eilenriede liegen. Sie ist ihr grüner Schutzwall gegen den Lärm der inneren Stadt, sie schirmt gegen die kalten Nordwinde ab und lässt auf ihrer Südseite friedlich die Sonne scheinen. Man ist gern bereit zu verdrängen, dass diese Südseite auch mit den Belastungen der Güterumgehungsbahn und des Südschnellwegs aufwartet.

Exklusives Wohnen in Waldhausen

Waldhausen verdankt seine frühe Entstehung als anspruchsvoller Villenvorort der seit 1872 zwischen Steintor und Döhrener Turm verkehrenden Pferdebahn. Schon vor dem Ersten Weltkrieg waren die Güntherstraße und der Bereich bis zur Wiener Straße weitgehend bebaut. Viele Häuser und Gärten sind einen Spaziergang wert. Besonders in der Güntherstraße finden sich große Gärten mit mächtigen alten Bäumen. Die Qualität der Gärten wird seit einigen Jahren durch eine privat organisierte Kunstaktion „Wintergärten" eindrucksvoll unterstrichen. Während man normalerweise relativ achtlos an privaten Gärten vorbeisieht, wecken die überwiegend in die Vorgärten gestellten Kunstwerke Aufmerksamkeit und man sieht plötzlich nicht nur die Kunstwerke, sondern auch die Gärten. Das Gebiet zwischen Wiener Straße und Salzburger Straße wurde im Wesentlichen in den 20er Jahren gebaut. In der Mitte liegt der Kärntner Platz, durch die Timotheus-Kirche hervorgehoben, etwas verlot-

tert, aber mit den auf der Wiese locker verteilten Pyramiden-Hainbuchen von eigenartigem Reiz.
Insgesamt profitiert Waldhausen als Wohngebiet nicht nur von der Eilenriede, sondern auch von der Nähe des Maschsees und der verbindenden öffentlichen Grünfläche am Vierthaler-Teich. Auch der nördlich daran anschließende Engesohder Friedhof mit seinen vielen alten Grabmalen und den anspruchsvoll gestalteten Grünanlagen beeinflusst das Gartenbewusstsein der Waldhausener.

Waldheim – anspruchsvolle Gestaltung trotz genossenschaftlichen Wohnungsbaus

Während die Bauherren von Waldhausen von Anfang an entweder wohlhabende Bürger waren oder spekulativ auf reiche Mieter setzten, verdankt der Stadtteil Waldheim seine Entstehung dem 1900 gegründeten Beamten-Wohnungs-Verein. Die bis zum Ersten Weltkrieg gebauten Häuser zwischen Liebrechtstraße und Brandensteinstraße zeichnen sich durch eine auffallend anspruchsvolle Gestaltung aus, die für den genossenschaftlichen Wohnungsbau ungewöhnlich ist. Das Straßenbild wird durch breite Vorgärten geprägt. Die stark durchgrünte Bebauung östlich der Brandensteinstraße ist teilweise in den 30er, teilweise auch erst in den 50er Jahren entstanden. In seinen Naherholungsmöglichkeiten konzentriert sich Waldheim auf die nahe Eilenriede. Östlich schließen große Kleingartengebiete an. Der dort verlaufende Lenzberg-Weg bietet Fußgängern und Radfahrern eine gute Verbindung zum Waldgebiet der Seelhorst und zum Seelhorster Friedhof.

Döhren – nachindustrieller Charme am Ufer der Leine

Bis zur Eingemeindung 1907 nach Hannover gehörten Waldheim und Waldhausen zu Döhren. Das Dorf Döhren, urkundlich erstmals 983 erwähnt, lag auf einem Geestrücken oberhalb der Leine. Zwar ist von dem alten Dorf außer der Kirche so gut wie nichts mehr vorhanden, aber die Hinwendung zur Leine zeichnet Döhren noch heute aus.
Die Leine zieht an dieser Stelle eine elegante, weite Schleife. Die Situation wurde schon früh für den Bau und Betrieb einer Wassermühle genutzt. 1667 baute Johann Duwe hier zur Wasserregulierung der Leine das erste Wehr. 1868 kam es zur Gründung der „Döhrener Wolle", einer Wollwäscherei und -kämmerei mit zeitweise bis zu 2000 Beschäftigten. Sie war etwa 100 Jahre lang bis zu ihrer Stilllegung 1973 für die Entwicklung von Döhren in diesem Bereich bestimmend. Viele Gebäude erinnern noch an diese Zeit: der Uhrturm, das Pförtnerhäuschen am Eingangsgebäude mit dem Glockendach, die ehemalige Direktorenvilla, Wiehbergstraße 22, vor allem aber die ehemalige Arbeitersiedlung „Döhrener Jammer", heute von privaten Eigentümern liebevoll erhalten und ausgestaltet. Ein Gang durch diese Siedlung erfreut jeden Gartenfreund.
Eine außergewöhnliche Situation ist auf der Leineinsel entstanden. Als Gewinner eines Planungswettbewerbs haben hier die Architekten Darbourne, Dark und Weber aus London nach dem Abriss der Betriebsgebäude die Wohngebäude bis direkt an die Leine herangerückt und so eine harte

Ehemaliges Rittergut Wülfel, Parkansicht

Güntherstraße

Kärntner Platz

Fiedeler Platz

Besondere Elemente, Kunstwerke, Bauten

1. Stadtfriedhof Engesohde; siehe Seite 84.
2. Eilenriede; siehe Seite 66.
3. Maschsee; siehe Seite 50.
4. Vierthaler-Teich; siehe Maschsee Seite 50.
5. Kärntner Platz; in den 50er Jahren in Verbindung mit der Timotheus-Kirche angelegt.
6. Fiedeler Platz; als Schmuckplatz um 1900 entstanden, in den 70er Jahren in einen vielfältig nutzbaren Stadtgrünplatz" umgestaltet; Nutzung für Wochenmarkt.
7. Bereich St. Bernward; Kirchenvorplatz durch hohe Bäume bestimmt, zur Hildesheimer Straße hin offen; in Verbindung mit dem benachbarten Kinderspielplatz einziger öffentlicher Freiraum in diesem Bereich, ergänzt durch die Außenanlagen des St.-Joseph-Waisenhauses; Kirchenbau 1892/93 von Christoph Hehl.
8. Alter Friedhof Döhren; Fiedelerstraße, Anfang des 19. Jahrhunderts angelegt, um 1890 geschlossen; heute als öffentliche Grünfläche mit Spielplatz genutzt; einige alte Grabsteine noch vorhanden; Kriegerdenkmal für die im Ersten Weltkrieg gefallenen Döhrener Bürger; unmittelbare Nachbarschaft zum Spielpark Döhren.
9. Bereich St. Petri, Am Lindenhofe; hohe Bäume mit Gartengelände; auf dem Platz vor der Kirche Denkmal für Friedrich August von Geyso, gestorben 1787; Turm der Kirche 14. Jahrhundert, Gebäude nach Kriegszerstörung 1949 neu gebaut (Architekt Bartning).
10. Leineaue; siehe Seite 196.
11. Leineinsel Döhren; bis 1972 Werksgelände der Döhrener Wollkämmerei und -wäscherei „Döhrener Wolle"; nach Stilllegung Architektenwettbewerb (1980), 1. Preis Architektenbüro Darbourne, Dark und Weber; Konzept mit Randbebauung an der Leine, dazwischenliegenden öffentlichen Wegen und einem innenliegenden Weiher.
12. Wiehbergpark; Ende des 19. Jahrhunderts entstandener privater Park zur Direktorenvilla, Wiehbergstraße 22, gehörend; nach Stilllegung der „Döhrener Wolle" Umwandlung in einen naturnahen, waldartigen Park; 2,5 ha.
13. Alter Friedhof Wülfel; Hildesheimer Straße 367, vermutlich Anfang des 19. Jahrhunderts angelegt; nach Auflassung um 1890 Umwandlung in eine öffentliche Grünfläche mit Spielplatz, einige wenige erhaltene Grabsteine.
14. Stadtfriedhof Seelhorst; siehe Seite 102.
15. Waldgaststätte; Vor der Seelhorst; am Rande des Waldgebietes gelegen, ursprünglich Jagdhaus, für Werner von Graevemeyer 1852 gebaut..
16. Rübezahlplatz; Anfang der 50er Jahre vor allem für Flüchtlinge aus Schlesien in Verbindung mit der Baumesse „Constructa" 1951 entstanden; von unregelmäßig gepflanzten Lindenbäumen gesäumt, für Wochenmarkt genutzt; Gartenarchitekt Günther Heydenreich; Rübezahlbrunnen 1954 von Kurt Lehmann.
17. Grünberger Weg; Wohnumfeldverbesserung und Ersatzmaßnahme für Pferdeturmkreuzung, „Brunnentreff" von Joachim Schubotz, 1995–1998.
18. Wiehbergstraße 55; privater Park zur 1904 errichteten ehemaligen Villa des Fabrikdirektors der Nietenfabrik.
19. Wülfeler Brauerei-Gaststätten.
20. Hildesheimer Straße 430; privater Park des ehemaligen Rittergutes Wülfel, Gebäude in seiner heutigen Form 1852.
21. Messegelände; Freiraumstruktur mit so genannten Grünfingern: Allee der Vereinigten Bäume, Gartenwelle, Erdgarten, Messepark und Nordallee zur Verbesserung der Aufenthaltsqualität bei Messeveranstaltungen; Landschaftsarchitekt Dieter Kienast; Ausführung zur Weltausstellung EXPO 2000.
22. Plaza; Gliederung durch große Blöcke von Platanen unter Einbeziehung vorhandener Pappeln; Landschaftsarchitekten Wehberg/ Eppinger/Schmidtke; Ausführung zur Weltausstellung EXPO 2000.
23. Wäldchen an der Plaza; Rest des ehemaligen Ritterguts Kronsberg; 1857 von Laatzen dorthin verlegt, seit 1913 „Zöglingsanstalt" des Stephansstiftes, im Zweiten Weltkrieg zerstört.
24. Spiel- und Sportpark; Landschaftsarchitekten Nagel und Schonhoff; breiter, 1,5 km langer Grünzug zwischen Mittelfeld und Kronsbergkamm mit einem die Länge betonenden Gestaltungskonzept sowie Angeboten für Spiel und Sport; teilweise auf einer alten Müllkippe gelegen, 1999 begonnen, 25 ha.
25. Landschaftsraum Kronsberg; s. Seite 220.

BULT
WALDHEIM
WALDHAUSEN
SÜDSCHNELLWEG
GÜTERUMGEHUNGSBAHN
SEELHORST
STADTFRIEDHOF SEELHORST
WALD SEELHORST
MESSESCHNELLWEG
BEMERODER STR.
WÜLFELER STR.
DÖHREN
LEINE
SCHÜTZENALLEE
HILDESHEIMER STR.
PEINER STR.
GARKENBURGSTR.
WIEHBERGSTR.
WÜLFEL
AM MITTELFELDE
MITTELFELD
BRÜCKSTR.
WILKENBURGER STR.
LAATZENER STR.
KRONSBERGSTR.
DER GRÜNE RING
0 200 400 600 m

Waldgaststätte in der Seelhorst

städtebauliche Kante entstehen lassen. Auf engem Raum übertreffen sich die Bewohner gegenseitig in ihrem Bemühen um die blumenreichste Terrasse. Von einem öffentlichen Randweg aus führt eine noch aus Werkszeiten übrig gebliebene Stahlbrücke aus Fachwerkträgern auf die andere Seite der Leine. Dort wird man sofort von einer scheinbar wilden Natur umfangen. Das Wehr mit dem geplanten Wasserkraftwerk und das gerade erst fertig gestellte Umflutgewässer unterstreichen die Bedeutung des Wassers in diesem Landschaftsraum.
An die „Döhrener Wolle" erinnert auch der bis an die Leine heranreichende Wiehbergpark, ehemals zur bereits erwähnten Direktorenvilla gehörend. Er war längere Zeit vernachlässigt worden und bis zur Übernahme durch die Stadt bereits waldartig zugewachsen. Niemand wagte, den verlotterten Zustand durchgreifend zu ändern. Es hat ja tatsächlich seinen Reiz, in einer durch Wasser und schweren Boden bestimmten Gegend zu zeigen, mit welcher Dynamik die Natur gartengestalterisches Bemühen in relativ kurzer Zeit auszulöschen vermag.
Das früher zur Döhrener Wolle gehörende „Birkenwäldchen" wurde bei der Erneuerung des Gesamtbereichs in einen öffentlichen Spielplatz umgewandelt und hat mit seinem hainartigen Baumbestand eine unverwechselbare Ausstrahlung.
Während die Entwicklung südlich der Alemannstraße stark von der „Döhrener Wolle" beeinflusst wurde, konnten sich in dem nördlich anschließenden Gebiet schon um die Jahrhundertwende städtische Wohnnutzungen unterschiedlichen Standards ausbreiten. Der Fiedeler Platz bildet die grüne Mitte dieses Wohngebietes. Leider wird er diesem Anspruch heute in keiner Weise gerecht und wirkt – wie übrigens viele Stadtgrünplätze – ausgelaugt. Das haben inzwischen auch die Bürger und der zuständige Stadtbezirksrat erkannt. Sie fordern nicht nur eine Erneuerung der Spielbereiche, sondern eine Verbesserung der Aufenthaltsqualitäten für den Platz insgesamt. Um die angemessene Art der Gestaltung wird heftig gerungen.
Aus einem an der Fiedeler Straße gelegenen Friedhof, der Anfang des 19. Jahrhunderts als Döhrener Friedhof dort eingerichtet worden war, ist inzwischen eine öffentliche Grünfläche entstanden. Sie bildet mit einem südlich davon gelegenen Spielpark eine räumliche Einheit. Ein Kriegerdenkmal und einige alte Grabsteine erinnern noch an die frühere Friedhofsnutzung.
Der Bereich westlich der Hildesheimer Straße ist überwiegend erst nach dem Zweiten Weltkrieg mit Wohn- und Gewerbebebauung aufgesiedelt worden. In dem Gebiet bis zur Eisenbahnlinie gibt es über besondere Grünqualitäten nichts zu berichten.

Seelhorst – Gartenidylle zwischen Stadtfriedhof und Wülfeler Bruch

Östlich der Bahn, im Stadtteil Seelhorst, haben sich teilweise noch paradiesische Zustände erhalten. Das gilt vor allem für den Bereich „Wülfeler Bruch". Die Bewohner haben dort große Gartengrundstücke, bauen und wirtschaften, wie sie wollen, lassen Gänse oder Enten schnattern und trinken an lauen Sommerabenden in der Waldgaststätte Seelhorst ihr kühles Bier. Dieses Gebäude diente ursprünglich dem Leutnant a. D. Werner von Graevemeyer als Jagdhaus (gebaut 1852). An diese adligen Zeiten erinnert auch ein östlich der Waldwirtschaft aufgestellter Obelisk.

Wülfel – die Leineaue lädt zum Naturerlebnis ein

In Wülfel erfolgte die Entwicklung zum Industrievorort noch ausgeprägter als in Döhren. Vorher war auch Wülfel ein Dorf gewesen, das wie Döhren seine Entstehung dem hohen Geestrand auf der rechten Leineseite verdankte und 1907 eingemeindet wurde.

Größere öffentliche Grünflächen sind in Wülfel nie entstanden. Erwähnenwert ist der alte aufgelassene Friedhof Mahrarensweg. Mit hohem, altem Baumbestand machen das alte Dorf (Dorfstraße), die Gärten des ehemaligen Rittergutes, Hildesheimer Straße 430 (siehe Seite 155), und einer ehemaligen Fabrikdirektorenvilla, Wiehbergstraße 55, auf sich aufmerksam. Aber sie sind nicht öffentlich zugänglich.

Trotzdem braucht man die Wülfeler nicht zu bedauern; denn die weite Leineaue liegt ihnen zu Füßen. So können die Döhrener jederzeit darauf hinweisen, dass die gesamte Leineaue bis an die Brückstraße heran eigentlich ihnen gehört. Die besondere Hinwendung zur Leineaue ist noch heute am Knick der Hildesheimer Straße im Bereich der Wülfeler Brauerei-Gaststätten spürbar. Dort ist ein Blick über die Leineaue noch möglich. Alle anderen Blickrichtungen sind in Wülfel ohnehin durch Industrie- und Gewerbegebiete und durch die unmittelbar anschließende Stadt Laatzen versperrt.

Mittelfeld – grüne Oasen im Schatten des Messegeländes

Eine Sonderrolle spielt der Stadtteil Mittelfeld. Sein Name vermittelt zunächst keine verlockende Botschaft. Mit einem Wohnsitz in Mittelfeld direkt am Messegelände wird man nicht protzen. Dabei hat der Stadtteil im Grünsystem der Stadt eine sehr günstige Lage. Mit dem Stadtfriedhof Seelhorst, dem Waldgebiet der Seelhorst und den dazwischenliegenden Kleingärten auf der Nordseite und dem großen Kleingartengebiet auf der Südseite, das in den letzten Jahren in einen bis zum Kronsberg reichenden Grünzug einbezogen werden konnte, steht ein abwechslungsreiches Angebot an Grünräumen zur Verfügung.

Die Besiedlung des Stadtteils begann erst Anfang des 20. Jahrhunderts. Die größeren Teile wurden nach dem Zweiten Weltkrieg bebaut. Als ein besonders gelungenes Beispiel des Nachkriegsstädtebaus gilt die Siedlung um den Rübezahlplatz, die im Zusammenhang mit der Baumesse „Constructa" 1951 entstand. Die inzwischen hoch gewachsenen Lindenbäume und der Rübezahlbrunnen verleihen dem Platz einen sehr individuellen Charakter. Ein bemerkenswertes, neues Gartenelement ist der „Brunnentreff", ein kleiner Platz am Grünberger Weg, der in den letzten Jahren als Mittelpunkt einer so genannten Wohnumfeldverbesserung gestaltet worden ist. Er verdankt seine Entstehung zum Teil dem Bau der neuen Pferdeturmkreuzung. Weil dort Wald beseitigt und Flächen zusätzlich betoniert wurden, war nach dem Naturschutzgesetz an anderer Stelle ein Ausgleich zu leisten. Die Entsiegelung des Grünberger Weges und das Pflanzen zusätzlicher Bäume wurden als eine derartige, gesetzlich vorgeschriebene, Maßnahme anerkannt.

Zu Mittelfeld gehört auch das Messegelände, Fluch und Segen des Stadtteils zugleich. Einerseits sind die Belastungen in Zeiten großer Messeveranstaltungen erheblich. Andererseits profitiert der Stadtteil von den guten Verkehrsanschlüssen und die Messe hat ja auch eine identitätsstiftende Wirkung. Die Mittelfelder besitzen in der Regel ein bescheidenes Häuschen mit Garten. Aber nur fünf Minuten entfernt herrscht die Welt von Hightech, ATP-Turnier und Rolling Stones.

Während der Vorbereitung auf die Weltausstellung hat das Messegelände nach Plänen des Landschaftsarchitekten Dieter Kienast erheblich an Freiraumqualität gewonnen. Bis dahin waren gärtnerische Elemente dort eher zufällig verteilt und dienten oft mehr der Verkehrslenkung als dem Wechselspiel von dichtem Messeangebot und erholsamer Pause. Das Kienast-Konzept sorgt mit seinem System von „Grünfingern" für eine klarere Gliederung des Geländes. Besonders spektakulär ist die Allee der Vereinigten Bäume, in der einheimische und fremdländische Baumarten und -sorten einträchtig nebeneinander wachsen und die damit als Symbol für eine friedliche Internationalität der Menschen gelten kann. Auf der anderen Seite des Messeschnellweges liegt die baumbestandene große Plaza mit dem Deutschen Pavillon, der Arena und anderen großen Gebäuden. Auch sie ist zur Weltausstellung neu entstanden.

Allee der Vereinigten Bäume

Ricklingen – Oberricklingen – Mühlenberg – Wettbergen – Bornum

Stadtbezirk 9

Die Leineaue teilt das Stadtgebiet von Hannover in zwei ungleiche Teile. Wer auf der Westseite der Stadt wohnt, fühlt sich dem Calenberger Land mit seinen Höhenzügen, dem fruchtbaren Ackerland und den von Westen heranreisenden Wolkenfeldern zugehörig. Man wohnt schon fast im Leinebergland. Der Benther- und der Gehrdener Berg liegen vor der Tür. Der Deister lädt weithin sichtbar zu einem Besuch ein.

Im Stadtbezirk 9 bilden Ricklingen, Bornum und Wettbergen die geschichtsträchtigen Orte und als ursprünglich eigenständige Dörfer Ausgangspunkte für die Entwicklung der anderen Stadtteile. Bornum wurde 1909 und Ricklingen 1913 zunächst nach Linden eingemeindet. Beide kamen gemeinsam mit Linden 1920 zur Stadt Hannover. Wettbergen verlor erst 1974 seine Selbstständigkeit.

Ricklingen – kurze Wege in die weite Leineaue

Ricklingen hat ähnlich wie Döhren oder Wülfel eine ausgeprägte Beziehung zur Leineaue. Einerseits stellte die Leine mit ihren starken Hochwassern immer eine Gefahr dar. Das Dorf musste sich gegen die Leine und auch gegen die Ihme schützen. Andererseits hatte die hier weite Aue viel Grünland für das Vieh und bietet auch heute noch eine wunderbar naturnahe, vielfältige Landschaft mitten in der Stadt. Wanderer, Radfahrer, Spaziergänger, Badebegeisterte, Waldläufer, Angler, Kleingärtner, Naturapostel, Landschaftsästheten und Sportler, alle kommen zu ihrem Recht und kein Ricklinger käme auf die Idee, sich zusätzlich noch einen größeren öffentlichen Park zu wünschen. Allerdings tragen auch die relativ sparsam verteilten zusätzlichen Gartenelemente im Baugebiet wesentlich zum Stadt-

teilgefühl bei und helfen, die Belastungen durch den Südschnellweg und die Bundesstraße 3 zu übersehen.
In Ricklingen ist es gelungen, den ehemaligen Dorfkern als eine geschlossene Einheit lebendig zu erhalten und durch Wohnbebauung zu ergänzen. Ein Spaziergang durch die Beekestraße und zum Edelhof wird selbst kritische Gemüter überzeugen. Am südlichen Ende der Stammestraße sind die ehemaligen Hofanlagen durch große Kastanienbäume geschmückt. Dadurch entsteht ein ganz eigenes Ortsbild. Sehenswert und zum Dorf passend ist auch der etwas weiter südlich An der Bauerwiese gelegene Michaelisfriedhof.
Die städtische Entwicklung von Ricklingen setzte mit dem Bau der Eisenbahnlinien ein (seit 1872 die Altenbekener Eisenbahn, ab 1909 die Güterumgehungsbahn). In engem Zusammenhang mit einem neuen Wohngebiet entstanden Ende der 20er Jahre der Friedrich-Ebert-Platz und der städtebaulich sehr interessante „Terrassenhof" zwischen Göttinger Chaussee und Friedrich-Ebert-Straße. Der aus dem Vogesenplatz hervorgegangene Schünemannplatz wurde in seiner heutigen Form erst nach dem Zweiten Weltkrieg angelegt. Durch seine Lage am Ricklinger Stadtweg als wichtiger Einkaufsstraße müsste er eigentlich die zentrale öffentliche Grünfläche von Ricklingen sein.

Michaelisfriedhof

Oberricklingen – Gartenenthusiasten unter sich

Der Stadtteil Oberricklingen war bis Ende des 19. Jahrhunderts noch völlig unbebaut. Die Besiedlung begann kurz nach der Jahrhundertwende im Bereich Menzelstraße und Schnabelstraße und erfasste in den 20er Jahren das gesamte Gebiet zwischen Göttinger Chaussee und Bartold-Knaust-Straße. Viele Häuser wurden erst nach dem Zweiten Weltkrieg gebaut.
Das „grüne" Kleid von Oberricklingen wird durch private Gärten und durch den Stadtfriedhof Ricklingen bestimmt. Fast alle Häuser sind mit privaten Gärten verbunden. Diese sind teilweise so groß, dass sie bei entsprechender Bewirtschaftung einen wesentlichen Beitrag zum Speiseplan einer Familie leisten können. Wer – von Gartenbegeisterung beseelt – einen großen Garten bewirtschaften will, ist in Oberricklingen gut aufgehoben, und wer sich als Spaziergänger für private Gärten interessiert, wird reich belohnt. Vieles bleibt allerdings hinter den Häusern in der Tiefe der Gärten verborgen und es entsteht eine anregende Balance zwischen dem, was man sieht und dem, was fantasierende Neugier vermutet.

Nenndorfer Platz

Besondere Gartenelemente

1. Bornumer Holz
2. Friedrich Ebert-Platz; 1927–29 mit Randbebauung nach Plänen der Architekten A. Haro und F. w. Schick entstanden; überwiegend geplasteter, mit Bäumen bestandener Platz in der Form eines angeknickten Rechtecks mit einem Brunnnen, nach einem Entwurf von L. Vierthaler „Mädchen mit Fischen".
3. „Terrassenhof"; um 1931 entstanden; terrassenförmig ansteigender, baumbestandener Platz an der Friedrich-Ebert-Straße gegenüber der Einmündung der Konrad-Hänisch-Straße mit arkadenartigem Durchgang zur Göttinger Chaussee.
4. Schünemannplatz (früher Vogesenplatz); Entstehung in den 30er Jahren, Gestaltung als Stadtgrünplatz mit Spiel- und Bolzplatz 1964; Brunnen von Karl Cravatzo (von ihm stammte der letzte Bahnhofsbrunnen), 1960 gestiftet von Christian Schünemann.
5. Bereich Michaeliskirche; geprägt durch hohe Bäume; Kirche 1888 eingeweiht (Architekt Theodor Knust).
6. Leineaue; siehe Seite 196
7. Edelhof; ältester Teil des Dorfes Ricklingen, als Herrensitz der Familie von Alten entstanden; mit Kapelle aus dem 14. Jahrhundert, Herrenhaus, alter Schule und Nebengebäuden sowie einer starken Durchgrünung mit Bäumen in einem alten, um 1850 angelegten Park.

Brunnen am Friedrich-Ebert-Platz

8. Michaelisfriedhof; evangelischer Friedhof, eingerichtet 1856; Kapelle von 1908, Architekt Hermann Schaedtler; geschnittene Lindenallee zwischen Hauptportal und Kapelle, 2 ha.
9. Ricklinger Bad; Anlage ursprünglich vom Schwimmverein Aegir; 1956 Übernahme und Ausbau durch die Stadt, 1974 Erweiterung.
10. Gedenkstätte; drei für die Opfer der Kriege 1870/71, 1914/18 und 1939/45 aufgestellte Denkmale.
11. Ricklinger Holz.
12. Freibad Hemmingen.
13. Nenndorfer Platz; langgestreckter Anger; aufgrund einer städtebaulichen Planung von Paul Wolf nach der Eingemeindung von Ricklingen in den 20er Jahren entstanden.
14. Dormannstraße; zwischen Gronostraße und Am Kiffkampe eingefügter, vor dem Zweiten Weltkrieg entstandener, lang gestreckter, grüner Platz; heute überwiegend als Kinderspielplatz genutzt.
15. Marktplatz Oberricklingen; grün gefasster Platz; Butjer-Brunnen von Jürgen Klein 1959.
16. Wullanger; rechteckiger, mit Bäumen bestandener Platz; städtebauliche Planung wie 13 von Paul Wolf in den 20er Jahren.
17. Christianplatz; in den 50er Jahren nach von Paul Wolf entwickelten Plänen als kleiner, grüner Platz gestaltet; durch Parkplatznutzung entwertet.
18. Martensplatz; überwiegend steinerner Platz mit Bäumen; in seiner Grundanlage 1918 entstanden; Umgestaltung in Verbindung mit der benachbarten, 1949/50 gebauten Schule.
19. Platz zwischen Menzelstraße und Schnabelstraße; kleiner quadratischer, heute als Spielplatz genutzter, baumbestandener Platz; ältester Teil von Oberricklingen aus der Zeit um 1900.
20. Grünlinde; quadratischer, nach Plänen von Paul Wolf 1926/28 entstandener, heute durch große Bäume geprägter Platz.
21. Stadtfriedhof Ricklingen; siehe Seite 96.
22. Stadtteilpark Mühlenberg; um 1970 in Verbindung mit der Entwicklung des neuen Stadtteils entstanden; räumlicher Zusammenhang mit Mühlenberger Markt, dort Anna-Blume-Brunnen von Max Sauk, 1986.
23. Grünverbindung Wettbergen-West; Anfang der 90er Jahre in Verbindung mit der Entwicklung des neuen Stadtteils entstanden.
24. Stadtfriedhof Wettbergen „Oberes Bergfeld"; Hamelner Chaussee, eröffnet 1914, geschlossen 1976, 0,3 ha.
25. Friedhof Wettbergen „Im Dorfe"; Hauptstraße, geschlossen 1976, 1998 als kirchlicher Friedhof wieder geöffnet, 0,2 ha.
26. Landschaftsraum Wettbergen; s. Seite 164.
27. Wettberger Holz.

Edelhof

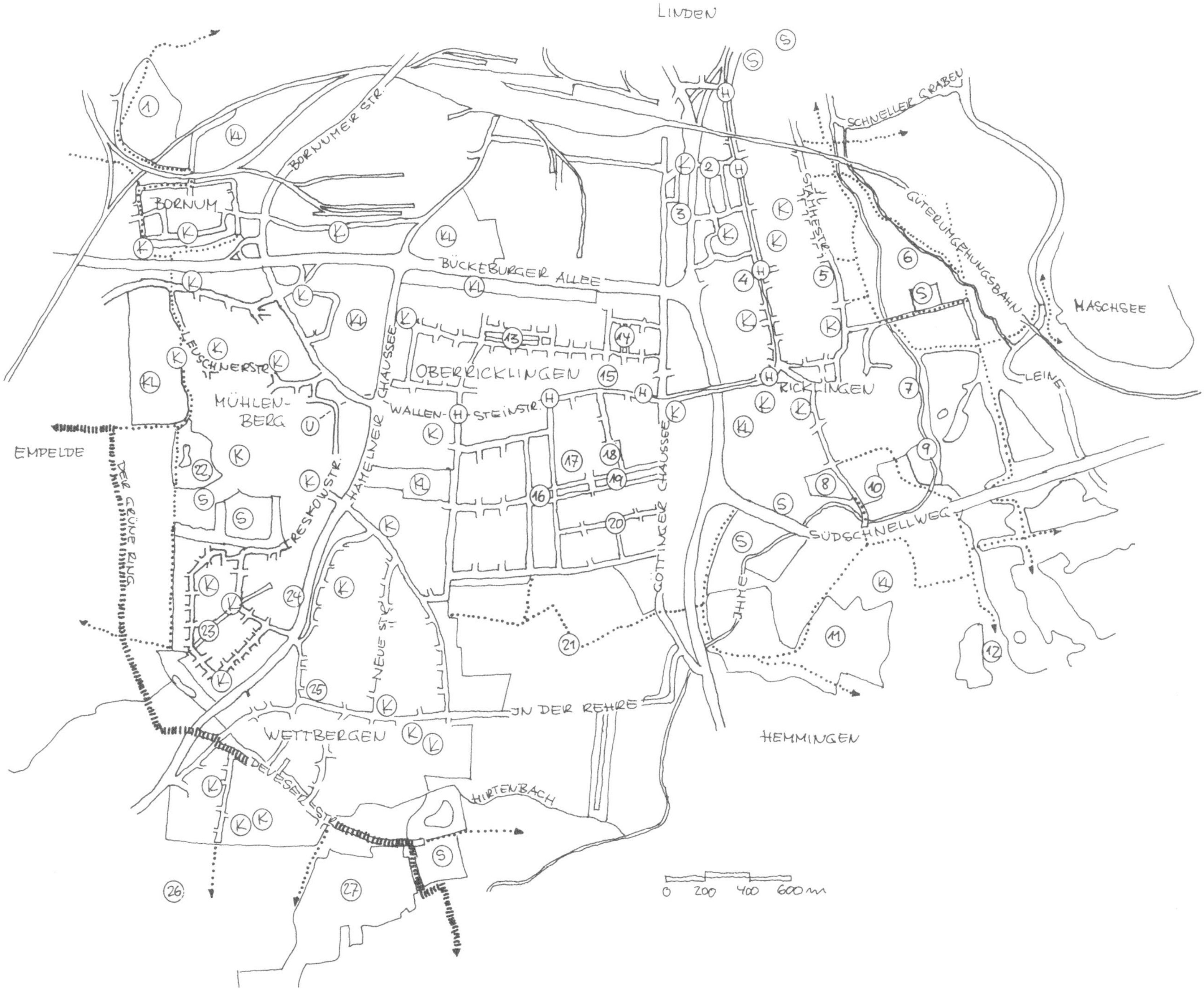
LINDEN
BORNUM
BORNUMER STR.
BÜCKEBURGER ALLEE
SCHNELLER GRABEN
GÜTERUMGEHUNGSBAHN
MASCHSEE
LEINE
STAMMESTR.
OBERRICKLINGEN
RICKLINGEN
WALLENSTEINSTR.
LEUSCHNERSTR.
MÜHLENBERG
EMPELDE
DER GRÜNE RING
TRESKOWSTR.
HAMELNER CHAUSSEE
GÖTTINGER CHAUSSEE
SÜDSCHNELLWEG
IHME
NEUE STR.
IN DER REHRE
WETTBERGEN
DEVESER STR.
HIRTENBACH
HEMMINGEN
0 200 400 600 m

Am Rand von Mühlenberg

Seit einigen Jahren werden diese großen Grundstücke zunehmend mit Einfamilienhäusern in der zweiten Reihe bebaut. Aus stadtplanerischer Sicht ist diese Nachverdichtung vernünftig, aber sie wird das Gartengesicht des Stadtteils stark verändern.
In das einfache Muster der Straßen und privaten Grundstücke sind an verschiedenen Stellen grüne Plätze eingefügt: nördlich der Wallensteinstraße der Nenndorfer Platz und die Dormannstraße, beide ungewöhnlich lang gestreckt, im südlichen Gebiet Wullanger, Grünlinde, Martens- und Christianplatz sowie am östlichen Ende der Bebauung Menzel- und der Schnabelstraße. All diesen Plätzen ist anzusehen, dass sie nicht so richtig ernst genommen werden. Dabei könnten sie doch wichtige Kristallisationsorte für ein gemeinschaftliches Leben im Stadtteil sein. Durch die Konzentration auf den eigenen Garten scheinen in Oberricklingen auch die Außenbeziehungen ein wenig aus dem Blickfeld geraten zu sein. Die Verknüpfungen mit den großen, offenen Landschaftsräumen, beispielsweise mit dem Benther Land im Westen und dem Ihmetal im Süden, könnten besser sein.

Wettbergen – erfolgreiche grünplanerische Gestaltung

Im Vergleich dazu sind die Einwohner von Wettbergen gesegnet. In drei Himmelsrichtungen haben sie noch offene, abwechslungsreich strukturierte Landschaft vor der Haustür. Der durch den Stadtteil hindurchführende Hirtenbach mit den begleitenden privaten und öffentlichen Grünflächen verstärkt diesen Landschaftsbezug. Ein Wettberger Haushalt ohne Wanderschuhe und Fahrräder ist schwer vorstellbar.
Wettbergen wurde erst 1974 eingemeindet und dementsprechend eigenständig ist hier noch die Grundauffassung. Der frühere dörfliche Charakter ist im Bereich „An der Kirche" mit Hofanlagen, Kapelle und Friedhof noch heute erkennbar. Während die bauliche Entwicklung südlich des Hirtenbaches dem Ortsunkundigen ziemlich verworren erscheint, folgten die

Entwicklungen nach Osten (Wilhelmstraße) und vor allem die in den 80er Jahren geplante Erweiterung auf der Westseite der Hamelner Chaussee klaren städtebaulichen Vorstellungen. Wettbergen-West ist ein Musterbeispiel eines auch nach grünplanerischen Gesichtspunkten geplanten Stadtteils.
Der einzige, schon vorher vorhandene Ansatzpunkt war der neue, inzwischen aber auch stillgelegte Wettberger Friedhof. In seiner Nähe entspringt eine Grünverbindung, die mitten durch das Baugebiet hindurchführend die Anbindung an die offene Landschaft sicherstellt.

Wettberger Teich

Mühlenberg – verborgene Reize trotz des miserablen Rufes

Der Stadtteil Mühlenberg liegt nördlich davon, von Wettbergen-West durch eine üppige Bezirkssportanlage, einen Stadtteilpark, einen Spielpark und Grünverbindungen deutlich abgesetzt und zugleich verbunden. Beide Stadtteile profitieren von diesen öffentlichen Spiel-, Sport- und Grünflächen, die einerseits gut an die benachbarte offene Landschaft anschließen, andererseits aber auch bis an das Zentrum Mühlenberg mit Stadtbahnanschluss heranführen. Das Baugebiet selbst ist eine typische Erfindung der 60er und 70er Jahre, als Stadtplaner meinten, mit Wohnhochhäusern guten Städtebau und preiswerte Wohnungen verwirklichen zu können. Heute weiß man, dass solche Hochhäuser nur sehr speziellen Wohnansprüchen gerecht werden und für Familien mit Kindern problematisch sind. Stärker als Erwachsene sind Kinder in ihren Lebensbedürfnissen auf Bodenhaftung angewiesen. Am Mühlenberg werden in diesem Zusammenhang immer wieder die Häuser am Canarisweg als abschreckendes Beispiel genannt und gelegentlich auch mit dem gesamten Stadtteil identifiziert. Sehr zu Unrecht – denn am Mühlenberg lässt es sich gut leben. Viele haben einen privaten Garten oder mindestens eine Terrasse oder einen Balkon an der Wohnung. Wem das nicht reicht, der kann in unmittelbarer Nachbarschaft einen Kleingarten pachten, und wer sich auskennt, kann nicht nur ins Calenberger Land hinauswandern oder radeln, sondern auf verschwiegenen Wegen in Verlängerung der Leuschnerstraße unter der Bückeburger Allee hindurch nach Bornum, von dort ins Bornumer Holz und durch Kleingartenanlagen bis zum Lindener Berg oder entlang der Hermann-Ehlers-Allee und der Carlo-Schmid-Allee bis zum Fössegrünzug gelangen.

Mühlenberger Markt

Bornum – abgeschiedenes Wohnen am Rande der Stadt

Bornum ist selbst eingefleischten Hannoveranern kaum bekannt. Aus einem Dorf hervorgegangen, hat der Stadtteil durch Verkehr und Industrialisierung schwer gelitten. Wenn man sich seine Lage auf dem Stadtplan vergegenwärtigt, wirkt er von Eisenbahn- und Straßentrassen wie stranguliert. Aber die Wirklichkeit ist wesentlich freundlicher. Man wohnt zurückgezogen wie auf einer Insel und kann doch jederzeit den Kontakt mit den benachbarten Wohngebieten aufnehmen.

Linden – Limmer

Stadtbezirk 10

Niemand wird die Geschichte und das Selbstverständnis von Hannover richtig verstehen, wenn Linden darin keine besondere Rolle spielt. Menschen, die in diesem heutigen Stadtteil geboren und aufgewachsen sind, bezeichnen sich selbst in der Regel keineswegs als Hannoveraner, sondern sind stolz darauf, Lindener zu sein. Dabei wird allerdings stillschweigend und selbstverständlich vorausgesetzt, dass Linden und Hannover tatsächlich heute eine untrennbare Einheit bilden. Aber Linden war bis zur Eingemeindung im Jahre 1920 eine selbstständige Stadt mit gut 60.000 Einwohnern, lebte in Konkurrenz zu Hannover und verfügte über alle Einrichtungen, die eine Stadt ausmachen. Dazu gehörten auch die öffentlichen Grün-, Spiel- und Sportanlagen sowie die Friedhöfe.

Wie das so geht, wenn Städte sich kräftig entwickeln, waren die Dörfer Badenstedt 1908, Bornum, Davenstedt und Limmer 1909 und Ricklingen 1913 nach Linden eingemeindet worden. Bei der geschichtlichen Analyse kommen Gartenfreunde zu dem unerwarteten Ergebnis, dass die Entwicklung von Linden mit einer engen Beziehung zu Garten und Landschaft verbunden war.

Linden – ein mustergültiges Gartendorf

Linden lag als ein unbedeutendes kleines Dorf am Rande des aus Kalkstein bestehenden Lindener Berges, als 1688 der Hofmarschall und spätere Reichsgraf von Platen der Familie von Alten den Lindener Besitz abkaufte und einen 77 ha großen Barockgarten anlegte, der also größer war als der Große Garten von Herrenhausen und in der Nord-Südausdehnung vom heutigen Lindener Markt bis zum Deisterkreisel reichte. Die seitliche Zufahrt zum Schloss führte über die Von-Alten-Allee. Der kurfürstliche Hof selbst nutzte schon von 1652 an das Gelände der ehemaligen Quirrenburg für einen großen Küchengarten, mit Zufahrt von der Gartenallee, der bis 1866 bestand. Diese beiden Gartenschwerpunkte forderten strebsame Bürger von Hannover und Linden heraus, nachzuziehen. Die Ufer der Ihme waren von großen und kleinen Gärten mit Lusthäusern begleitet. Anfang des 19. Jahrhunderts galt Linden weit und breit als das Gartendorf schlechthin und hätte in einem Wettbewerb sicherlich den ersten Preis gewonnen.

Kleingartenanlage am Lindener Berg

St.-Martins-Kirche

Abrupter Wandel zu einer Industriestadt

Der Umschwung in eine ganz andere Entwicklungsrichtung ging von der gräflichen Familie von Alten aus, die nach dem Rückkauf des großen Gartens vielleicht in Geldnöten war, verschiedene gewerbliche Unternehmungen startete und damit wieder Aktivitäten privater Unternehmer auslöste, unter denen Johann Egestorff mit seinen Steinbrüchen am Lindener Berg und der Salzförderung am Benther Berg der erfolgreichste war. Ihm kam zugute, dass die Ihme durch den Bau des Schnellen Grabens seit Mitte des 17. Jahrhunderts bis Linden schiffbar war. Die Altenbekener Bahn (1872), die Güterumgehungsbahn (1909) und der Leineabstiegs- und der Stichkanal Linden (Fertigstellung 1917) beschleunigten und verstärkten um 1900 die gewerblich-industrielle Entwicklung von Linden und ließen die Gartengeschichte zunehmend in Vergessenheit geraten. Heute wird versucht, sie wieder ins Bewusstsein zurückzuholen, an noch vorhandene Strukturen aus der Vergangenheit anzuknüpfen und mit den Vorstellungen unserer Zeit weiter zu entwickeln.

Am Fuße des Lindener Berges

Die topographische Situation von Linden wird durch den Lindener Berg und durch die Ihme bestimmt. Der Lindener Berg ist einer der letzten Ausläufer des Mittelgebirges am Rande der Norddeutschen Tiefebene. Er ist nach dem Kronsberg Hanno-

Besondere Gartenelemente

1. Nördliche Leineaue; siehe Seite 196.
2. Volksbad Limmer; 1925 Einweihung, 1950 Wiedererrichtung.
3. Stichkanal Linden; mit Hafenschleuse 1917 in Betrieb genommen; im Bereich des Limmer Brunnens zum Baden genutzt.
4. Bereich Nikolai-Kirche; Kirche unter hohen Bäumen in herausgehobener Position; ehemaliger Kirchhof von Mauern eingefasst mit einigen alten Grabsteinen; Findlingsdenkmal für den Prediger Jacobus Sackmann; Kirchenschiff 1787/91 von C. H. Brückmann, Turm erst 1898 vollendet.
5. Herrenhäuser Gärten, siehe Seite 14.
6. Bad; ehemaliges Freibad, heute für Musikveranstaltungen genutzt, beliebter Treffpunkt Jugendlicher.
7. Herrenhäuser Wehr und Schleuse; Herrenhäuser Wehr und Alte Schleuse in Verbindung mit der Wasserkunst im 18. Jahrhundert gebaut; Alte Schleuse 1768/69 erbaut, 1997/99 restauriert; Wehr in Zusammenhang mit dem Bau des Leineabstiegskanals und der Schleuse um 1910 verändert; Erneuerung mit Fußgängerbrücke 1957; Bau eines Wasserkraftwerks mit Fischaufstiegsanlage 1998/99.
8. Limmerbrunnen; Reste des ehemaligen Limmerholzes; nach Entdeckung einer Schwefelquelle durch den Botaniker Friedrich Erhardt 1779 zu einem Badeteich entwickelt, 1794 von der königlichen Kammer als Ausflugs- und Badelokal eröffnet; 1873 an Vollmeier Wedekind verkauft; dessen Wohnhaus (Limmer Brunnen 11) von G. L. F. Laves 1817 zunächst an der Jägerstraße gebaut und dann hierher umgesetzt; Badebetrieb 1961 eingestellt; Ausflugslokal und Kurhaus 1976 abgebrannt; heute waldartiger Baumbestand mit Lichtung.
9. Stadtgrünplatz an der Einmündung der Brunnenstraße und der Tegtmeyerstraße in die Harenberger Straße; um 1990 mit Stadtbahnbau gestaltet.
10. Alter Stadtfriedhof Limmer, Harenberger Straße, 1845 eröffnet, 1902 geschlossen, 0,9 ha.
11. Neuer Stadtfriedhof Limmer, Eichenbrink; 1902 eröffnet, 1972 geschlossen, 0,8 ha.
12. Ratswiese; in Verbindung mit einer Kleingartenanlage wichtiger Einstiegsbereich in die Leineaue von Limmer aus.
13. Stadtfriedhof Fössefeld Friedhofstraße, um 1868 als Militärfriedhof angelegt, geschlossen 1971, 1,3 ha.
14. Fössebad mit Grünverbindung entlang der Fösse; zunächst wilde Badestelle, wegen des hohen Salzgehalts (guter Auftrieb) als „Fösseschweiz" bei den Einwohnern von Linden und Limmer sehr beliebt. 1854 durch Aufstau der Fösse Umwandlung in eine Badeanstalt; 1876 durch ein als „Fössepark" bezeichnetes großes Freigelände erweitert; 1925 Anlage eines 100-Meter-Betonbeckens; 1955 Schließung des Flussfreibades wegen schlechter Wasserqualität und Bau des heutigen Hallenfreibades (1958/60).
15. Bethlehemplatz; mit dem Bau der Bethlehemkirche (Architekt Karl Mohrmann) ab 1906 entstanden; ursprünglich vorgesehene Erweiterung der Wohnbebauung nach Westen nicht ausgeführt; stattdessen heute mit einem Grünzug entlang des Westschnellwegs verbunden.
16. Pfarrlandplatz und Brackebuschgarten; um 1910 angelegt mit dem Ziel einer stärkeren Durchgrünung von Linden-Nord; 1974 teilweise mit einer Kindertagesstätte bebaut, gleichzeitig um die westlich daran anschließende, zur Dornröschenbrücke führende Grünverbindung mit Spielplatz erweitert und mit dem schon 1950 angelegten Brackebuschgarten zusammengefasst; auf der Südseite des Pfarrlandplatzes Wochenmarkt; St.-Benno-Kirche 1901/02 von Christian Hehl.
17. „Schmuckplatz" Ahlemer Straße; als Schmuckplatz um 1900 durch Überschneidung des neu entstandenen Straßenrasters von Linden-Nord mit dem alten Koppelweg Kötnerholzweg entstanden; nach dem Zweiten Weltkrieg als Spielplatz umgebaut, mehrfach verändert; jetzige Gestaltung nach Auswertung der Ergebnisse eines 1990 durchgeführten Planungswettbewerbs (1. Preis Landschaftsarchitekt H. H. Kraft) 1998/99 nach intensiver Bürgerbeteiligung ausgeführt.
18. Grünfläche Wilhelm-Blum-Straße/Stärkestraße; im Rahmen der Sanierung in den 80er und 90er Jahren durch Umwidmung ehemaliger Gewerbegrundstücke mit öffentlichem Spielplatz entstanden; durch Justus-Garten-Brücke wichtiger Verknüpfungsbereich mit den Ihmeuferwegen.
19. Am Küchengarten; an den hier gelegenen, 1652 eingerichteten und 1866 geschlossenen königlichen Küchengarten erinnernd; Erstanlage 1912 nach Plänen des Architekten Sasse als Schmuckplatz; 1951 Umgestaltung in einen Verkehrskreisel; heutige Gestaltung aus der Zeit um 1974; gepflasterter Platz mit Kinderspielangeboten, gegen den Verkehr durch eine Gehölzpflanzung abgeschirmt; Verknüpfung mit einer Grünverbindung entlang der Rampenstraße; über Fußgängerbrücke mit Ihmezentrum und Ihmeuferwegen verbunden.
20. Ihme- und Leineufer; durchgehendes, überwiegend grünes, für Fußgänger und Radfahrer erschlossenes, linkes Ufer der Ihme und Leine zwischen Ohedamm im Süden und Schleuse am Leineverbindungskanal im Norden; um 1800 zunächst private Gartengrundstücke wohlhabender Bürger, später gewerblich industriell genutzt; Öffnung für die Allgemeinheit nach dem Zweiten Weltkrieg, letztes Teilstück am Schwarzen Bären 1999/2000.
21. Lichtenbergplatz; zunächst unter dem Namen Wittekindplatz als Schmuckplatz entstanden (Fluchtlinienplan 1889, Baubeginn 1894, Umbenennung 1910); allmählich durch eine in der Mitte stehende, große Kastanie beherrscht; nach Fällung des kranken Baumes 1998 Umgestaltung und Neupflanzung einer Kastanie.
22. Platz an der Gartenallee; zwischen Stephanusstraße, Gartenallee und Eleonorenstraße durch den Bau der Minister-Stüve-Straße 1889 entstanden; zunächst bebaut; um 1960 als öffentliche Grünfläche gestaltet; 1978 Einbeziehung des begleitenden Stücks der Minister-Stüve-Straße und Zusammenfassung mit einem südlich anschließenden Kinderspielplatz.
23. Lindener Marktplatz; um 1895 in Verbindung mit dem Lindener Rathaus (Architekt Emil Seydel, 1899) für den Lindener Wochenmarkt entstanden; ursprünglich regelmäßig mit Ulmen bepflanzt, 1896 mit dem von Lindener Bürgern gestifteten

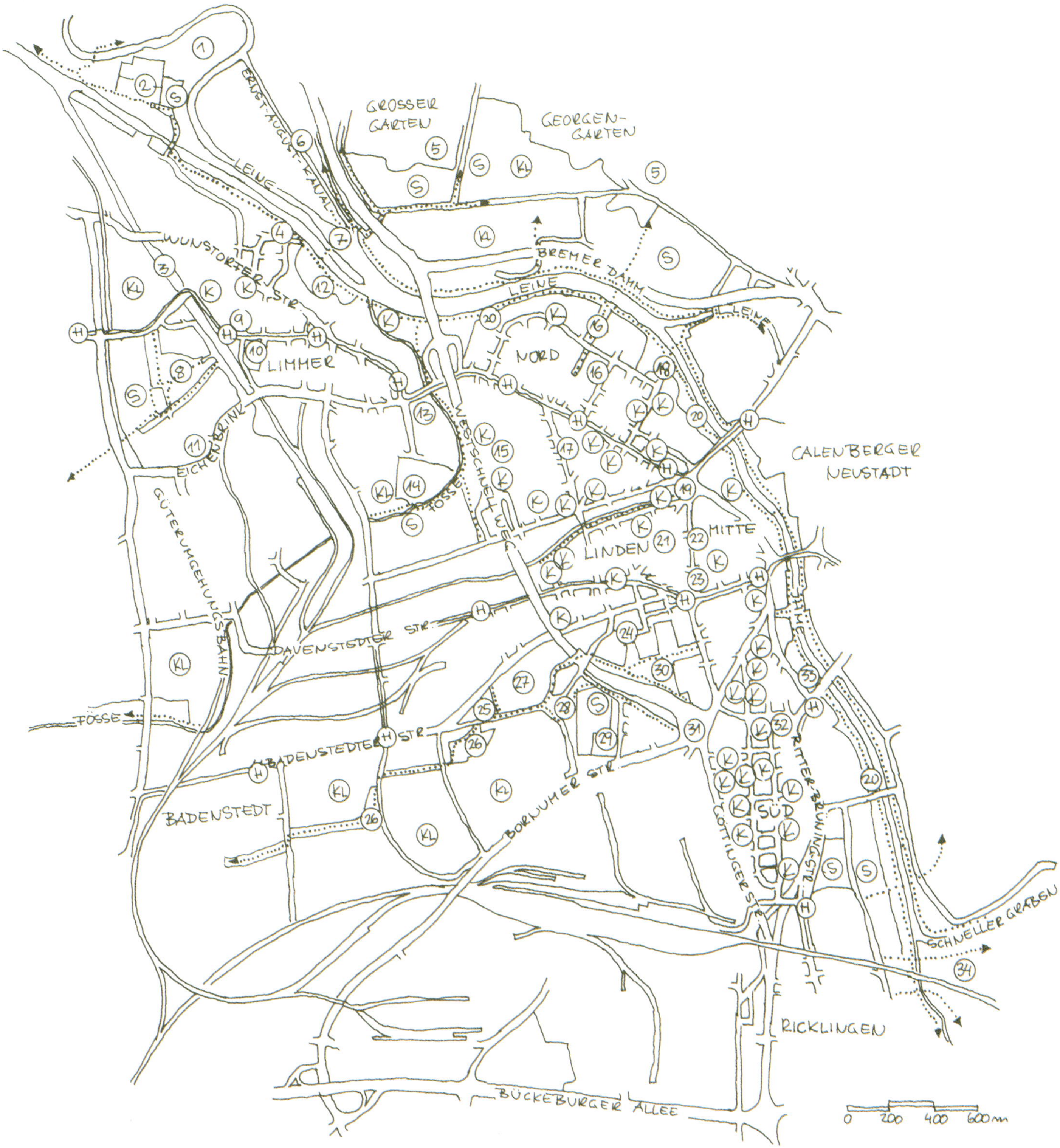
GROSSER GARTEN
GEORGEN-GARTEN
ERNST-AUGUST-KANAL
LEINE
WUNSTORFER STR.
BREMER DAMM
LIMMER
NORD
CALENBERGER NEUSTADT
EICHENBRINK
FOSSE
WESTSCHNELLWEG
LINDEN
MITTE
GÜTERUMGEHUNGSBAHN
DAVENSTEDTER STR.
BADENSTEDTER STR.
BADENSTEDT
BORNUMER STR.
GÖTTINGER STR.
RITTERBRUNNINGSTR.
SÜD
SCHNELLER GRABEN
RICKLINGEN
BÜCKEBURGER ALLEE
0 200 400 600m

Grünes Leineufer Linden/Limmer mit Blick auf die Bethlehem-Kirche

Nachtwächterbrunnen von Hans Dammann bereichert; heutige Gestaltung aus dem Jahr 1977: Platz zweigeteilt, mit einigen Bäumen bepflanzt, nördlicher Teil außerhalb der Marktzeiten als Parkplatz genutzt, südlicher Teil Vorfläche vor dem Rathaus mit Brunnen.

24. Bereich der St.-Martin-Kirche; Standort einer Kirche seit 1285; Neubau 1727, neogotischer Turm von Conrad Wilhelm Hase 1853, Kirche bis auf den Turm 1943 zerstört, Neubau von Dieter Oesterlen 1957; Umfeld ehemaliger Friedhof, 1862 geschlossen, noch erhalten: Gedenkstein für den hier begrabenen Johann Egestorff; räumliche Verknüpfung mit dem Von-Alten-Garten.
25. Botanischer Schulgarten Linden, Am Lindener Berge 50; auf einem ehemaligen Steinbruchgelände 1919/1920 eingerichtet, vorwiegend Schulgarten für die Lindener Schulen, Teil des Schulbiologiezentrums, 2 ha, werktags geöffnet.
26. Grünverbindung durch Kleingärten am Lindener Berg; in Richtung Bornumer Holz, teilweise über alte Gruben führend.
27. Stadtfriedhof Am Lindener Berge (Lindener Bergfriedhof); eingerichtet seit 1862 in Rasterform mit Haupt-und Nebenwegen, 1965 geschlossen; neben einer Kapelle und einem Brunnen aus der Zeit um 1900 zahlreiche interessante Grabmäler auf einem für hannoversche Verhältnisse ungewöhnlich hängigen Gelände; reiche Pflanzen- und Tierwelt (besonders auffällig: Schneeglöckchen und Blausterne im zeitigen Frühjahr); beherrschendes Gebäude Küchengartenpavillon an der Straße „Am Lindener Berge", vermutlich 1741 von Johann Paul Heumann als Lusthaus und Point de Vue an der Nordgrenze des Küchengartens (heute Pavillonstraße gebaut), seit 1866 zunächst in einem Privatpark an der Ihme, seit 1924 an dieser Stelle, mit dem ehemaligen, noch aus der Barockzeit stammenden Tor zum Küchengarten an der Gartenallee zu einer gestalterischen Einheit zusammengefasst, 6,1 ha.
28. Lindener Berg; Alte Mühle heute als Gastwirtschaft genutzt; ursprünglich 1392 als Warte gebaut, seit 1651 Zwangsmühle für Linden und die umliegenden Dörfer, 1927 stillgelegt; daneben Aussichtspunkt; Villa Osmers (Am Lindener Berg 36), um 1900, Architekt C. Arend, Hochwasserbehälter 1876/78, Architekt O. Wilsdorf.
29. Lindener Volkspark; mit Wettkampfbahn auf zugeschütteten Steinbrüchen 1922 angelegt; als öffentliche Grünanlage zugunsten der eingezäunten Sportanlage zunehmend verkleinert und heute als eigenständiger Park kaum noch wahrnehmbar; öffentlicher Kinderspielplatz, Egestorff-Denkmal von 1935, gestaltet durch Georg Herting, 1,5 ha.
30. Von-Alten-Garten; seit 1280 im Besitz der Familie von Alten; nach 1688 vom Oberhofmarschall und späteren Reichsgrafen Franz Ernst von Platen als Barockgarten angelegt (Gärtner René Duharon, späterer Hofgärtner von Celle); 1728 Rückkauf durch die Familie von Alten; 1780 Umwandlung in einen englischen Landschaftspark; Schloss im Zweiten Weltkrieg zerstört; danach Umgestaltung des südlichen Teils in eine öffentliche Grünanlage mit Kinderspielangeboten; schöner alter Baumbestand; Von-Alten-Allee als Seiteneinfahrt zum Schloss noch heute ablesbar; Torhäuser an der Posthornstraße von 1911; „Brüningstein" an Ritter Brüning erinnernd (im Streit um einen Jagdfalken im Jahre 1413 erschlagen); 1999 Erweiterung um einen bisher privaten Gartenteil, nach einem Entwurf von Andreas Ackermann, dabei teilweise Restaurierung der alten Schlossterrasse; Mauer an der Straße „An der Wachsbleiche" Rest der ehemaligen Südgrenze des Gartens; Kirchstraße 17 barockes Portal aus dem früheren Von-Alten-Garten, 8 ha.
31. Deisterplatz; ursprünglich Vorplatz vor der Zentralallee des Von-Alten-Gartens; 1912 nach den Prinzipien des malerischen Städtebaus als Stadteinfahrt gestaltet; heutige Form als Verkehrskreisel in den sechziger Jahren in Verbindung mit dem Bau des Westschnellweges entstanden; mit großen Pappeln überstellt.
32. Platz an der Erlöserkirche; Kirchenbau von Conrad Wilhelm Hase 1878–82; umgeben von Bäumen mit öffentlichem Kinderspielplatz; Nachbildung einer Pferdetränke 1982 von Lindener Bürgern gestiftet.
33. Laportescher Garten; öffentliche Grünanlage mit Kinderspielplatz, vermutlich an eines der an Leine- und Ihmeufer gelegenen Gartengrundstücke erinnernd; Grünanlage nach dem Bau der U-Bahn Ende der neunziger Jahre neu gestaltet und um einen ehemaligen Gartenteil der Städtischen Hautklinik Linden erweitert, 2 ha.
34. Südliche Leineaue; siehe Seite 224.

vers zweithöchste natürliche Erhebung (99 m ü. N.N.). Die früher gerühmten weiten Blicke über Stadt und Land sind heute allenfalls in schmalen Ausschnitten mehr zu ahnen als zu genießen, aber dass der Lindener Berg ein Berg ist, das merkt jeder, der ihn besteigt. Er ist im 19. und 20. Jahrhundert durch Bodenabbau stark gebeutelt worden. Schlimmer ist, dass die entstandenen Gruben danach mit Abfällen aller Art verfüllt wurden und heute teilweise schwer belastet sind. Sie, ohne dass Gefahr von ihnen ausgeht, in ein Erholungskonzept einzubinden, ist keine leichte Aufgabe. Aber davon abgesehen kann doch erfreulicherweise festgestellt werden, dass sich der Lindener Berg immer noch überwiegend in einem grünen Kleid präsentiert. Stadt- und gartengeschichtlich ist er ein höchst attraktives Terrain. Wer weiß schon, dass die heute als Gartenwirtschaft dienende, ehemalige Mühle aus einer 1392 gebauten Warte hervorgegangen und damit Lindens ältestes Gebäude ist? Wer hat sich auf dem Lindener Bergfriedhof nicht schon über den reizvollen Küchengartenpavillon gewundert oder mindestens davon gehört, dass dort im zeitigen Frühjahr Tausende von Schneeglöckchen und Scilla blühen? Westlich des Friedhofs stößt man auf den ins Gelände eingekuschelten Botanischen Schulgarten Linden. Südlich breiten sich Kleingärten aus und man kann auf grünen Wegen bis in das Bornumer Holz gelangen. Westlich der Mühle befand sich im Krieg eine Flakstellung. Heute ist es ein Aussichtspunkt ohne überzeugende Aussicht, weil hochgewachsene Bäume teilweise die Blicke verstellen. Zwischen diesem und der Mühle hindurch gelangt man zum Lindener Stadion, an dessen Rand sich – von der Gewalt sportlicher Interessen an die Seite gedrängt – auf einem zugeschütteten

Alte behauene Steine im Von-Alten-Garten

Steinbruchgelände noch Reste des Lindner Volksparks befinden. Über allem thronen zwei Gebäude, die den uneinheitlich interessanten Charakter des Lindener Berges unterstreichen: der wie eine Burg wirkende, noch heute betriebene Wasserbehälter und die türmchengeschmückte, aufwendige Villa Osmers. Außerdem sind dort die außergewöhnlichsten Nutzungen zu finden: eine Champignonzucht, der Jazz-Club Hannover, eine Volkssternwarte und ein privater Garten, der als Biotop die heimische Fauna retten hilft. Wandert man vom Lindener Berg die Wachsbleiche hinunter, wird man von einer Kalksteinmauer begleitet, die früher die Südgrenze des Von-Alten-Gartens bildete.

Geschichtsträchtige Orte: der Von-Alten-Garten und der Küchengarten

Um den Garten selbst zu erreichen, muss man allerdings erst den vom Autoverkehr umtosten Deisterplatz überwinden. Früher war hier der Haupteingang mit einer vierreihigen Lindenallee, die zentral auf das Schloss zuführte. Die Geschichte des Von-Alten-Gartens ist aus gärtnerischer Sicht ein Trauerspiel mit tröstlichem Ausgang. Anders als der Große Garten Herrenhausens und ähnlich wie der Welfengarten wurde er schon im späten 18. Jahrhundert nach der neuen englischen Mode in einen Landschaftspark umgewandelt. Die Familie von Alten hatte 1728 das Gartengelände zurückgekauft und veräußerte im Laufe der Zeit Teile davon für andere Nutzungen. Die Lindenallee wurde 1925 abgeholzt, das Schloss 1945 bei einem Bombenangriff zerstört, die Südwestflanke des Gartens durch den Westschnellweg aufgerissen. 1967 kam ein Teilstück des Von-Alten-Gartens in den Besitz der Stadt und wurde im Stil der Zeit mit Betonmäuerchen und vielen Sitzplätzen in eine öffentliche Grünanlage umgestaltet. 1996 konnte die Stadt auch den restlichen, bis dahin noch privaten Teil erwerben und als einen stillen, beschaulichen Stadtteilgarten öffnen. Der Garten erstreckt sich heute von der Niemeyerstraße bis zum Deisterplatz und ist die zentrale öffentliche Grünanlage von Linden-Mitte und Linden-Süd. Die lange Geschichte ist noch spürbar, wenn man den Von-Alten-Garten von der Posthornstraße aus betritt. Dort sind noch einige alte Gebäude und Gartenelemente zu finden. Sonst sind aus früherer Zeit nur wenige Erinnerungsstücke

Schleuse am Stichkanal Linden

erhalten. Beeindruckend ist der überwiegend aus Buchen und Linden zusammengesetzte alte Baumbestand.
Vom fürstlichen Küchengarten ist überhaupt nichts mehr vorhanden. Nur die Küchengartenstraße, der Platz „Am Küchengarten" und die Gartenallee erinnern mit ihren Namen an den historischen Ort. Der Platz ist heute als Stadtgrünplatz gestaltet und Ausgangspunkt für eine parallel zur Rampenstraße und der Hafenbahn verlaufende Grünverbindung.
Die vormals gerühmte Hinwendung von Linden zur Ihme war im Zuge der Industrialisierung verloren gegangen. Nach dem Zweiten Weltkrieg gelang es in kleinen Schritten und mit langem Atem, die Ufer wieder freizulegen, sodass heute auf beiden Flussseiten, nur durch die Benno-Ohnesorg-Brücke unterbrochen, durchgehende, die Ihme begleitende Wege vorhanden sind. Im südlichen Abschnitt weitet sich das grüne Ufer vom Laporteschen Garten an und führt an Sportanlagen vorbei direkt in die südliche Leineaue. Im Norden wird das grüne Band von der Leinertbrücke an breiter, hat im Bereich der Wilhelm-Bluhm-Straße und der Brackebuschstraße grün bestimmte Verknüpfungen nach Linden-Nord und reicht unter dem Westschnellweg hindurch über die Mündung der Fösse bis nach Limmer. Die Dornröschenbrücke verbindet mit dem anderen Ufer, wo nicht nur die Herrenhäuser Gärten locken, sondern in der Steintormasch auch Hunderte von Kleingärten als private Paradiese der Bürger von Linden-Nord liegen.

Alternatives Wohnen – Wohnen mit Alternativen

Linden ist in allen seinen Quartieren ein äußerst vielschichtiger Stadtteil, hat eine komplizierte, aber höchst interessante Baustruktur, bietet Wohn- und Arbeitsmöglichkeiten für jedes Bedürfnis und ist wohl auch deshalb bei jungen Leuten sehr beliebt. Freilich hatte die dichte Bebauung früher auch erhebliche Nachteile. Auf der Vorderseite waren die Straßen überwiegend eng und boten wenig Raum für Bäume. Auch die Hinterhöfe waren in der Regel bebaut. Das führte zu äußerst ungesunden Lebensverhältnissen, beengt, mit schlechter Luft, wenig Sonne und vergleichsweise hohen Mieten, und manifestierte sich in Verbindung mit sozialpolitischen Protesten durch Begriffe wie „Rotes Linden" oder „Steinernes Linden". Umfangreiche Sanierungsvorhaben, die sich beginnend in den 60er Jahren bis in die 90er Jahre hineinzogen, haben die Wohnqualität sehr verbessert. Sie waren mit vielen Begrünungsmaßnahmen verbunden. An der für Linden typischen baulichen Dichte konnten und sollten sie jedoch nichts ändern. Sie ist ein wesentlicher Grund dafür, dass die kleinen öffentlichen Grünflächen und Stadtplätze innerhalb der bebauten Gebiete als Freiräume eine große Bedeutung haben und intensiv genutzt werden. Genannt seien hier der Bereich um die Bethlehemkirche, der „Schmuckplatz" an der Ahlemer Straße und der Pfarrlandplatz in Linden-Nord, der Platz Am Küchengarten, der Lichtenbergplatz, der Platz an der Gartenallee und der Bereich um die Martinskirche in Linden-Mitte, die Grünbereiche am Mimi-Fuhlrott-Gang, an der Charlottenstraße und an der Erlöserkirche in Linden-Süd. Auch die – wo immer möglich – eingestreuten Kinderspielplätze sind unersetzlich. Die Nutzung dieser grünen Oasen ist nicht immer so, wie sie sich Politiker und Planer vorgestellt haben, was Nachbarn oft beklagen. Die Grünflächen sind oft umstritten und finden so höchste kommunalpolitische Aufmerksamkeit. Als vor einigen Jahren eine alte Kastanie auf dem Lichtenbergplatz aus Altersgründen gefällt werden musste, entwickelte sich der Vorgang des Absägens zu einem ganz Linden bewegenden Trauerfall.

Die Fösse bildet die Grenze zwischen Linden und Limmer. Im Lindener Industrie- und Gewerbegebiet ist sie kanalartig gefasst, am Lindener Hafen sogar gedükert. Erst in ihrem letzten Abschnitt darf sie sich bis zu ihrer Mündung in die Leine in einer breiteren, öffentlichen Grünverbindung bewegen, an deren Rand das beliebte Fössebad liegt. Stadtplaner und Grünplaner wünschen sich seit langem, dass diese Verbindung wenigstens als grüner Schnürsenkel mit einem Rad-Fußweg auch westlich der Straße Am Lindener Hafen fortgesetzt werden kann, um dann jenseits der Güterumgehungsbahn Anschluss an den großen, in die Landschaft hinausführenden Fössegrünzug zu finden.

Limmer, von Industrie und Gewerbe geprägt ...

Auch der Stadtteil Limmer ist aus einem Dorf hervorgegangen, das mit Sicherheit schon im 12. Jahrhundert bestand. Der Name soll sich von „Lehmberg" ableiten, was darauf hindeutet, dass die hochwasserfreie Lage des Ortes an der Leine für eine Ansiedlung günstig war. Limmer behielt bis zum Ende des vorigen Jahrhunderts seinen dörflichen Charakter. Er wurde im ehemaligen Dorfkern (Große Straße/Sackmannstraße) bis heute nicht ganz ausgelöscht. Rund um die mit einem alten Friedhof und Bäumen umgebene Nikolai-Kirche wird noch ländliche Stimmung verbreitet. Alles andere ist in Limmer von Industrie und Gewerbe, von Verkehrstrassen (Güterumgehungsbahn, Stichkanal Linden, Leineabstiegskanal, Westschnellweg) und städtischen Wohnbauten überprägt.

... mit stillen grünen Winkeln

Aber wer in Limmer zu Hause ist, kennt die verschwiegenen grünen Ecken. Drei außer Dienst gestellte Friedhöfe, der alte und der neue Stadtfriedhof Limmer sowie der Stadtfriedhof Fössefeld, bereichern den Stadtteil. Die Haltestelle der Stadtbahnlinie 10 weitet sich zu einem vor wenigen Jahren neu gestalteten grünen Stadtplatz. Der Limmer Brunnen erinnert an das früher viel größere Limmer Holz und einen seit Ende des 18. Jahrhunderts bestehenden Badebetrieb. Die schwefelhaltige Quelle ist ausgetrocknet, das ehemalige Kurhaus mit Gaststätte nach einem Brand spurlos verschwunden. Stattdessen soll man im Stichkanal Linden heute wieder wunderbar schwimmen können. Vom Limmer Holz aus führt in Verlängerung der Holzrehre eine Brücke über die Güterumgehungsbahn nach Davenstedt und von dort kann man auf abwechslungsreichen Wegen ins Benther Land gelangen. An verschiedenen Stellen, am Eichenbrink, am Schleusengrund und entlang des Leineverbindungskanals liegen Kleingärten.

Findlingsdenkmal für Jacobus Sackmann vor der Nicolaikirche

Die Leine lädt ein

Besonders attraktiv ist Limmer auf der der Leine zugewandten Seite. Wenn man zum Beispiel an der Ratswiese die verkehrsreiche und in ihrer Baustruktur verworrene Wunstorfer Straße hinter sich gelassen hat, öffnet sich plötzlich eine ungeahnte Wasserwelt mit dem Leinewehr, einem neuen Wasserkraftwerk mit Fischaufstiegsanlage, der Schleuse im Leineabstiegskanal und der alten Schleuse zum Ernst-August-Kanal. Das Wehr rauscht. Die Blätter der Pappeln rascheln im Wind. Auf der anderen Seite grüßt die alte Wasserkunst. Wege führen in die Mittlere Leineaue, in Richtung Stadt und nach Herrenhausen, Stöcken, Ahlem, Letter, zu den Herrenhäuser Gärten und Marienwerder.

Ahlem – Davenstedt – Badenstedt

Stadtbezirk 11

Der Weg nach Westen führt in Hannover für Autofahrer und Nutzer öffentlicher Verkehrsmittel immer zunächst durch herbes, industriell geprägtes Gebiet. Hat man die Güterumgehungsbahn erst hinter sich gelassen, wird es luftig und grün. Das Calenberger Land zeigt sein Gesicht.

Die drei Stadtteile des Bezirks sind aus kleinen Dörfern hervorgegangen. Ahlem und Davenstedt gehörten lange zur Kirchengemeinde von Limmer, Badenstedt zu St. Martin in Linden. Badenstedt wurde 1908, Davenstedt 1909 zunächst nach Linden und 1920 mit Linden nach Hannover eingemeindet. Ahlem verlor erst 1974 seine Selbstständigkeit.

Auf den ersten Blick scheinen vor allem Davenstedt und Badenstedt einander sehr ähnlich zu sein. Es gibt viele, die diese beiden Stadtteile in der Vorstellung nicht so recht auseinander halten können. Bei genauerer Beschäftigung trifft das natürlich nicht zu. Durch die gemeinsame Lage in der hannoverschen Börde sind zwar auch im Gartencharakter Verwandtschaften vorhanden, aber geschwisterliche Individualitäten werden doch schnell erkennbar.

Ahlem – zwischen Bergrücken und Leineaue

Ahlem hat nicht nur die weite Landschaft des Heisterbergs und des Mönckebergs vor den Augen, sondern über die Ziegelstraße auch Zugang zur Leineaue. Die Einwohner von Ahlem können dort frei wählen: zwischen Wanderungen zu den Herrenhäuser Gärten, in die Innenstadt, nach Stöcken oder zum Kloster Marienwerder und zum Hinüberschen Garten. Der Stichkanal Linden stellt zwar eine starke Barriere dar, aber er verbindet auch mit der „weiten Welt".

An das alte Dorf, das sich im Bereich der Krugstraße befand, erinnern heute nur noch wenige Gebäude. Sehenswert ist das kleine Heimatmuseum. Wer vom Alexander-Aue-Weg kommend die Wunstorfer Straße überquert, stößt auf den bemerkenswerten Straßenzug der Mönckebergallee. Für hannoversche Verhältnisse stark ansteigend und von Villen begleitet wirkt sie wie eine Straße in Bad Harzburg. Sie endet am Eingang zum Ahlemer Friedhof mit zentraler Orientierung auf die Kapelle als Ziel aller menschlichen Mühsal. Die Mönckebergallee hat auch in ihrem näheren Umfeld Interessantes zu bieten. Das beginnt mit dem noch vor der Eingemeindung gebauten Ahlemer Rathaus und dem dahinterliegenden kleinen Park, dem man etwas mehr Ausstrahlung gönnen möchte. Auf der Nordseite erstreckt sich, hinter Häusern gelegen, der Spahnsche Garten. Aus einem Steinbruch mit Kalkwerk hervorgegangen, im Zweiten Weltkrieg mit Hilfe von Zwangsarbeitern in einen Obstgarten verwandelt, später zum Verbrennen von Abfällen genutzt und 1995 im Rahmen einer Schenkung an die Stadt gelangt, dokumentiert er auf seine Weise die Industriegeschichte von Ahlem, Verwundungen der Landschaft zeigend, mit und in dem alten Kalkbrennofen-Gebäude von Umweltbelastungen erzählend, aber im Frühjahr zur Obstbaumblüte in weiß und rosa beglückend.
In der Seitenstraße „Am Ahlemer Turm" steht linker Hand ein imponierendes, fachwerkverziertes Gebäude, das, 1895 als Ausflugsgaststätte gebaut, heute als Polizeigebäude dient. Spätestens hier stößt man auf das Ahlemer Holz. Wegen der großen Bäume, und durch die Eilenriede verwöhnt, glaubt jeder Hannoveraner zunächst, ein umfangreiches Waldgebiet vor Augen zu haben, aber wer hineingeht ist schnell wieder draußen, landet am Sportplatz oder am Friedhof oder blickt ins weite Land. Wendet man sich von der Straße „Am Ahlemer Turm" nach Osten, bietet der von Birken gesäumte Wilhelm-Raabe-Weg eine angenehme Grünverbindung, die an einem privaten, aus einer Grube hervorgegangen Teichgelände vorbei und über die Richard-Lattorf-Straße hinweg an der platzartigen Aufweitung Grüner Brink endet.

Lehr- und Versuchsanstalt Ahlem

Englischer Friedhof

Geschichtsträchtig ist das gartenbaulich genutzte Gelände zwischen Harenberger Straße und Wunstorfer Straße. Die Justus-von-Liebig-Schule, die Lehr- und Versuchsanstalt für Gartenbau und das Pflanzenschutzamt Hannover sind hier untergebracht (außerdem Fachbereich Bioverfahrenstechnik der Fachhochschule Hannover). Seine Entstehung verdankt das Gelände dem Verein zur Förderung des Handwerks und Gartenbaus in jüdischen Volksschulen, der das Gelände 1891 kaufte und dort seit 1918 eine „Israelitische Gartenbauschule" betrieb, in der junge Menschen auf ihre Auswanderung nach Palästina vorbereitet wurden. Unter den Nationalsozialisten kam das Gelände an die Reichsvereinigung der Juden in Deutschland, eine von den Nationalsozialisten eingesetzte Zwangsorganisation. Von 1941 erfolgten von hier aus Deportationen nach Auschwitz. 1943 wurde in Ahlem eine Gestapo-Außenstelle für die in Hannover internierten Zwangsarbeiter mit Gefängnis und Hinrichtungsstätte eingerichtet. Ein Mahnmal

Besondere Gartenelemente

1. Leineaue; siehe Seite 196.
2. Benther Land; siehe Seite 232.
3. Stadtfriedhof Ahlem; Mönckebergallee, 1913 eingerichtet, 5 ha.
4. Ahlemer Holz; Reste des früheren Gemeindewaldes, 11 ha.
5. Englischer Friedhof; im Auftrag der Commonwealth War Graves Commission 1947 angelegt, Kapelle mit Hallen und Erinnerungsstein 1950/51 (Architekt P. D. Hepworth).
6. Limmerbrunnen; Reste des ehemaligen Limmerholzes, nach Entdeckung einer Schwefelquelle durch den Botaniker Friedrich Erhardt 1779 zu einem Badeteich entwickelt; 1794 von der königlichen Kammer als Ausflugs- und Badelokal eröffnet, 1873 an Vollmeier Wedekind verkauft, dessen Wohnhaus (Limmer Brunnen 11) von G. L. F. Laves 1817 zunächst an der Jägerstraße gebaut und dann hierher umgesetzt; Badebetrieb 1961 eingestellt; Ausflugslokal und Kurhaus 1976 abgebrannt; heute waldartiger Baumbestand mit Lichtung.
7. Ahlemer Stadtpark; 1856 von Konsistorialrat Ernst Camman mit exotischen Bäumen angelegt; 1930 als „Cammans Garten" von der Gemeinde Ahlem gekauft, 1966 Bau des Ahlemer Rathauses, mit einem öffentlichen Kinderspielplatz verbunden, 1,5 ha.
8. Willy-Spahn-Park; ursprünglich Kalksteinbruch mit Kalkbrennerei (seit 1850), Ringofen von 1925, Betrieb wegen erschöpfter Kalkvorkommen 1930 eingestellt; seit 1938 von Willy Spahn mit Hilfe von russischen Kriegsgefangenen als Obstplantage und zur Herstellung von Obstbrause genutzt, Betrieb 1960 eingestellt; 1996 als Stiftung von der Stadt Hannover mit dem Ziel der Entwicklung und Ausgestaltung zu einem naturnahen Park übernommen, Gebäude des Kalkbrennofens als „lebendiges" Industriedenkmal im Gespräch, 4 ha.
9. Grüner Brink; 1959 angelegt, Kinderspielplatz, Nutzung für Wochenmarkt.
10. Lehr- und Versuchsanstalt für Gartenbau; 1891 vom Verein zur Förderung des Handwerks und Gartenbaus in jüdischen Schulen erworben; 1893 Wohnheim für jüdische Waisenknaben; seit 1918 „Israelitische Gartenbauschule"; 1939 Übernahme durch die Reichsvereinigung der Juden Deutschlands, eine von den Nationalsozialisten eingesetzte Zwangsorganisation; ab 1941 Zusammenstellung von Deportationszügen nach Riga und Auschwitz, 1943 Gestapo-Außenstelle mit Gefängnis und Hinrichtungsstätte; 1955 Übernahme durch die Landwirtschaftskammer Hannover mit Justus-von-Liebig-Schule (seit 1976 beim Landkreis Hannover), Lehr- und Versuchsanstalt für Gartenbau, Pflanzenschutzamt, außerdem Fachbereich Bioverfahrenstechnik der Fachhochschule Hannover und Tiergesundheitsamt; seit 1987 Mahn- und Gedenkstätte für die Verfolgten des Nationalsozialismus im ehemaligen Direktorenhaus sowie Mahnmal am Standort der ehemaligen Laubhütte, 1993 von Hartwig von der Heyde gestaltet: 12 Kalksteinstelen als Symbol der 12 Stämme Israels und der 12 von den Nationalsozialisten zerstörten Synagogen im Landkreis Hannover.
11. Friedhof Velber.
12. Grüne Mitte Davenstedt West; grüner Anger in der Mitte der in den 80er Jahren entstandenen Siedlung mit Spielangeboten für Kinder und Grünverbindungen.
13. Fössegrünzug; bis nach Linden in die Stadt hineinführender öffentlicher Grünzug mit Spielangeboten für Kinder entlang der Fösse zwischen Davenstedt und Badenstedt; wichtiges Element im Grünsystem der Stadt.

Grünverbindung am Rande von Davenstedt-West

Baumbestandene Straße in Badenstedt (Am Lohgraben)

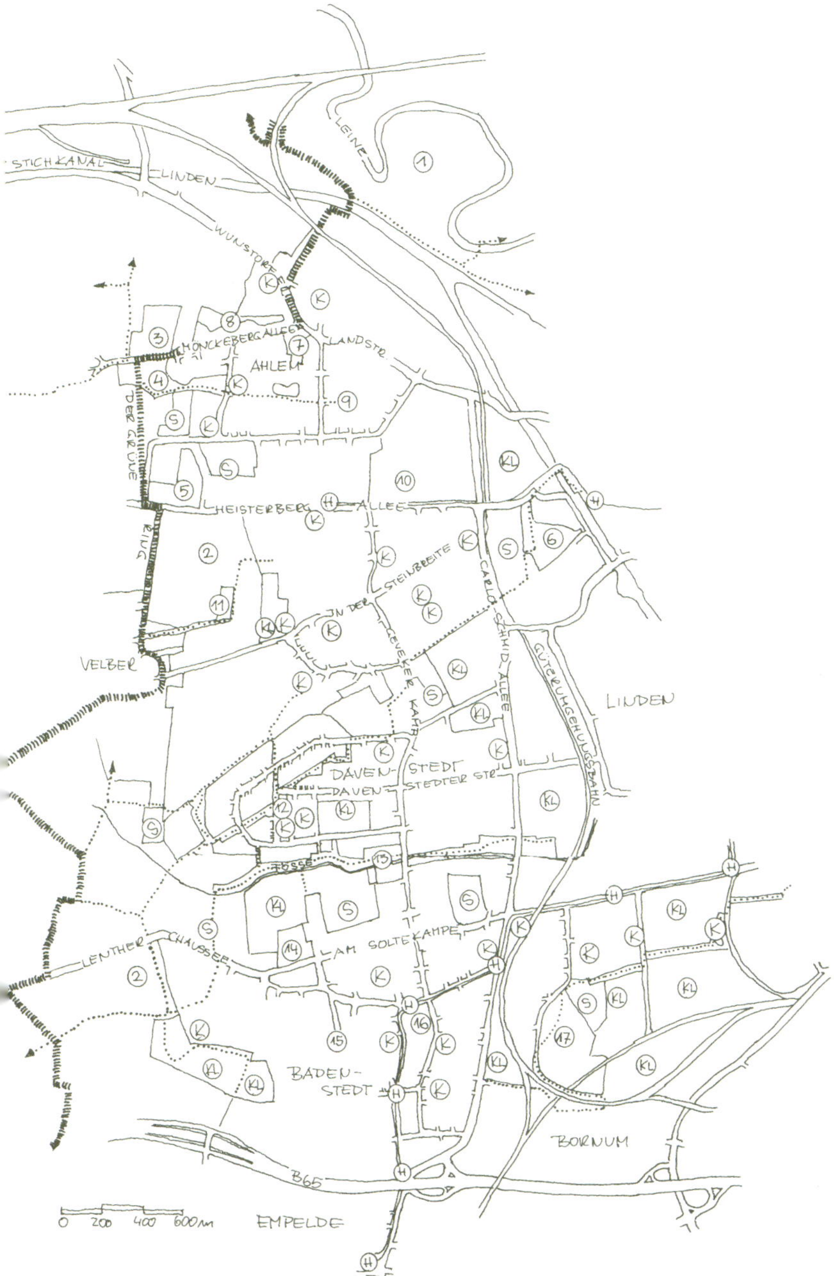

Grüne Mitte Davenstedt

Alter Kalkbrennofen im Willi-Spahn-Park

14. Neuer Stadtfriedhof Badenstedt, Im Born, eingerichtet 1909, 4,7 ha.
15. Siegfriedplatz; um 1920 als grüner Platz angelegt; heute überwiegend als Kinderspielplatz genutzt.
16. Alter Friedhof Badenstedt, Eichenfeldstraße, eingerichtet in der zweiten Hälfte des 19. Jahrhunderts, außer Dienst gestellt 1965, 0,3 ha.
17. Bornumer Holz; Reste des alten Gemeindewaldes von Bornum; von hier aus wichtige Grünverbindung in Richtung Stadtmitte zum Lindener Berg, 10 ha.

Altes Dorf Davenstedt

und eine Gedenkstätte erinnern an diese schrecklichen Zeiten. Nach dem Zweiten Weltkrieg übernahm die Landwirtschaftskammer Hannover die Einrichtungen. Seitdem sind viele Gärtner und Floristen in Ahlem ausgebildet worden und haben dort ihre berufliche Heimat.

Davenstedt – Kleingartenoasen und Fössegrünzug

In Davenstedt muss man das frühere Dorf zwischen Davenstedter Straße und Gewecker Kamp suchen. Die Straßennamen „Altes Dorf" und „Flohrgang", die alte St.-Johannis-Kapelle und einige von Mauern gefasste Gehöfte mit hohen Bäumen verweisen auf einen Ort mit Geschichte. Die städtische Entwicklung von Davenstedt hatte zwei Ansatzpunkte. An der Harenberger Straße entlang auf dem Weg nach Velber bewirkten Steinbrüche und Kleingewerbe eine zunehmende Besiedlung. Das Gebäude „In der Steinbreite 38" wurde um 1900 als Ausflugsgaststätte gebaut. Die Gegend hat offenbar vielen so gut gefallen, dass sie dort ein Häuschen haben wollten. Der andere Ansatzpunkt war das alte Dorf. Die Bebauung entwickelte sich im Wesentlichen zu beiden Seiten der Davenstedter Straße. Im Ergebnis haben diese beiden Entwicklungskräfte dazu geführt, dass die Grenze nach Ahlem verschwimmt und der Stadtteil heute bis dicht an die Stadtgrenze heranreicht. Zwischen den beiden Siedlungsteilen hat sich ein breiter Gürtel von Kleingärten gebildet. Er ist sozusagen die grüne Lunge von Davenstedt, nach Osten mit Anschluss an das Limmer Holz, nach Westen am Brachvogelweg in einer schmalen Öffnung noch in die offene Landschaft vor Velber übergehend.
Die neue Siedlung Davenstedt West hat ein ausgetüfteltes System von Grünverbindungen mit einer grünen Mitte an der Freboldstraße. Um die Siedlung herumführende

Fössegrünzug

Wege eröffnen Blicke in die Landschaft. Als optische Barriere hilft das Wäldchen „Großer Bruch" dabei, dass der nahe Ortsrand von Velber nicht zu sehr ins Auge springt. Von hoher Freiraumqualität ist der Fössegrünzug am Südrand von Davenstedt. Zwar hat die Fösse durch Zuflüsse aus der Halde bei Empelde und aus anderen Quellen einen Salzgehalt, der jedes tierische Leben im Wasser unmöglich macht, aber an ihren Ufern wächst eine interessante, salzliebende Pflanzenwelt (z. B. Strandaster). Wer auf dem uferbegleitenden Weg entlanggeht, erlebt abwechslungsreiche Bilder, städtisch geprägt, mit vielen natürlichen Elementen als Garten gestaltet. Der Fössegrünzug führt in die offene Landschaft hinaus. Man kann sich dem Velber Holz zuwenden oder der Anziehungskraft des Benther Berges hingeben.

Westrand von Hannover

Badenstedt – Ausgangspunkt für Stipvisiten an die Fösse, ins Bornumer Holz oder ins Leinebergland

Badenstedt breitet sich auf der Südseite des Fössegrünzuges aus, der eine klare Grenze zwischen den beiden Stadtteilen bildet. An seinem Rande liegt der neue Badenstedter Friedhof. Er war vor einigen Jahren ein politisch heiß umkämpfter Ort. Wegen der für Beerdigungen ungünstigen Bodenverhältnisse hatte die Friedhofsverwaltung der Stadt vorgeschlagen, ihn außer Dienst zu stellen, also keine neuen Grabrechte mehr zu vergeben. Aber die Bezirkspolitiker widersetzten sich zäh und erfolgreich. Sie versuchten sogar eine Erweiterung des Friedhofs durchzusetzen. Dazu ist es bisher zwar nicht gekommen, aber der Friedhof ist nach wie vor offen.

Vom alten Dorfkern links und rechts der Empelder Straße ist nur wenig erhalten, aber der Bereich um die Paul-Gerhardt-Kirche mit dem alten Badenstedter Friedhof und einem teilweise sehr schönen Baumbestand besitzt noch eine dörfliche Anmutung. Es wäre zum Vorteil für Badenstedt, wenn sich im Gerangel um Baurechte und Möglichkeiten der Vermarktung von Grund und Boden die Idee durchsetzen würde, mitten im Zentrum so etwas wie einen öffentlichen Stadtteilgarten zu entwickeln.

Denn Badenstedt hat, sieht man vom Siegfriedplatz am Kriemhildeweg ab, innerhalb der Ortslage keine größeren, nutzbaren öffentlichen Grünflächen zu bieten. Seine besonderen Wohn- und Lebensqualitäten offenbart der Stadtteil erst in den Außenbeziehungen. Am östlichen Rand liegen das als Erholungswald gut erschlossene Bornumer Holz und von dort aus kann man durch ein großes Kleingartengebiet auf öffentlichen Wegen zu Fuß oder mit dem Fahrrad bis nach Linden gelangen. Auf der anderen Seite nach Westen präsentiert sich der Benther Berg mit einem abwechslungsreichen Vorland. Der Hauptverbindungsweg des Grünen Ringes führt dort entlang und verbindet so den Stadtbezirk mit den anderen offenen Landschaftsräumen am Stadtrand von Hannover. Im Süden, schon auf der Empelder Seite, hockt etwas bedrohlich eine hohe Abraumhalde. Sie wirkt wie eine Landmarke, weithin sichtbar, als bedürfte es des Hinweises: Leute, hier beginnt das Leinebergland.

Herrenhausen – Stöcken – Burg – Ledeburg – Leinhausen – Marienwerder

Stadtbezirk 12

Bei dem Begriff „Herrenhausen" denkt jeder sofort an die Herrenhäuser Gärten, aber der Stadtbezirk hat auch sonst in Gartendingen viel zu bieten. Er ist allerdings keineswegs der durch fürstliche Gärten geadelte Wohnort von Wohlhabenden, sondern hat seit dem Bau der Eisenbahnlinien nach Wunstorf und Bissendorf schon früh eine stark industriell-gewerbliche Entwicklung genommen. Die riesigen Areale des ehemaligen Bundesbahnausbesserungswerks, von Varta, Continental in Stöcken und das Volkswagenwerksgelände prägen das Leben und das Bild des Bezirks. Dementsprechend bunt ist die Baustruktur und die soziale Zusammensetzung der Bevölkerung. Wenn jemand sich als „Stöckener" bezeichnet, schwingt ähnlicher Stolz mit wie bei den „Lindenern". Auf die besondere Mischung von Wohnung, Kneipe, Sport- und Kleingartenverein kommt es an. Man hat gleichermaßen unübersehbare Industrieanlagen mächtiger Arbeitgeber, verwundete Landschaft und schön gestaltete Natur vor Augen. Die Bundesbahntrassen, die Autobahn, der Westschnellweg und der Mittellandkanal zerschneiden den Stadtbezirk in verschiedene Teile. Sie sind nur an wenigen Stellen überwindbar, lästig, Lärm und schlechte Luft verbreitend, aber auch in gewisser Weise schützend und gut für das Entstehen von Zugehörigkeitsgefühlen zu einem bestimmten Stadtteil.

Die Schicksal von Herrenhausen ist lange Zeit fast ausschließlich dadurch bestimmt worden, dass 1636 der Herzog von Calenberg auf die Idee kam, Hannover zur Residenz zu erheben. Durch die Herrenhäuser Gärten wurde die alte Dorflage aufgelöst, die Höfe an die Herrenhäuser Straße und an die Schaumburgstraße umgesiedelt, der freundlicher wirkende Name „Haringehusen" ausgelöscht.

Verdener Platz

Herrenhausen– facettenreiche Baustruktur zwischen Kleingartenkolonie und Herrenhäuser Gärten

Obwohl als Folge der Industrialisierung nach 1900 eine kräftige Bauentwicklung einsetzte, ist es noch heute schwierig, sich für einen Stadtteilmittelpunkt zu entscheiden. Ist es der Bunker am Marktplatz oder die Herrenhäuser Kirche oder die Kreuzung Haltenhoffstraße/Schaumburgstraße? Zu dieser geschichtlich gewachsenen Unklarheit passt, dass sich der Bahnhof Herrenhausen in Burg und der Bahnhof Leinhausen in Herrenhausen befinden. Es sind wohl eher besondere, gebaute Orte, die so etwas wie ein Herrenhäuser Stadtteilbewusstsein entstehen lassen, neben den bereits genannten der Herrenhäuser Friedhof, vielleicht auch die Tankstelle Röttger am Herrenhäuser Markt, die Brauerei, das Klärwerk, das „Architektenghetto" an der Herrenhäuser Straße, das Kirchenamt der Evangelischen Kirche Deutschlands, die Fachhochschule für Kunst und Design, die „Garteninstitute" der Universität.
Zweifellos kennt jeder im Stadtteil die Herrenhäuser Gärten genau, aber das tägliche Gartenleben spielt sich im eigenen Garten, im unmittelbaren Wohnumfeld oder im Kleingarten ab. Der Kleingartenverein „Berggarten" beispielsweise, der einen eigenen Zugang zum Berggarten hat, konnte im Laufe der Jahre viele Preise für seine besonders liebevoll gestaltete und gepflegte Anlage gewinnen. Außerdem liegt die Leineaue direkt vor der Nase, zwar durch den Westschnellweg abgetrennt, aber über Durchlässe doch bequem erreichbar. Dort liegen Sportanlagen, das nahe Freibad Limmer, das bei jungen Leuten beliebte „Bad", in dem Musikveranstaltungen stattfinden. Vor allem aber ist dort wilde Natur zu finden, eindrucksvoll im Wechselspiel mit den kunstvoll gepflegten königlichen Gärten, eindrucksvoll auch, weil der Blick zu den Rändern immer wieder kontrastreiche Bilder auf städtisch Gebautes liefert.

Burg – Siedlungstupfer zwischen Schulgarten, Freiluftschule und Reiherholz

Herrenhausen wurde gemeinsam mit dem Stadtteil Burg schon 1891 eingemeindet. Dieser verdankt seinen Namen einer Burg, die der Graf von Roden vermutlich im 13. Jahrhundert dort errichtete. Von der Burg ist nichts mehr erhalten und auch das später dort vorhandene Rittergut wurde im Zweiten Weltkrieg restlos zerstört. Mehr als die Hälfte der Fläche des Stadtteils ist heute Gartenland. Große Kleingartenanlagen bieten die Möglichkeit des Ausgleichs und der Erholung in natürlicher Umgebung. Von herausragender, gesamtstädtischer Bedeutung sind die zwischen Vinnhorster Weg und Burgweg liegenden schulischen Anlagen mit dem Botanischen Schulgarten Burg, der Freiluftschule Burg und dem Reiherholz.
Im Bereich des ehemaligen Schulverkehrsgartens zwischen der Freiluftschule und der Paul-Dohrmann-Schule haben sich junge Leute auf einem Wohnwagenplatz ihre eigene Vorstellung vom Wohnen im Grünen verwirklicht.

Leinhausen – Einstiegsmöglichkeit in die mittlere Leineaue

Im Gegensatz dazu ist Leinhausen fast vollständig bebautes Gebiet. Das Bad Leinhau-

Kleingärten in der Spannriede

sen liegt wie eine einsame, grüne Insel zwischen Wohnbebauung, Heizkraftwerk und neuem ÜSTRA-Depot. Noch diesseits des Westschnellweges bietet allerdings der Heimatweg eine unerwartete Einstiegsmöglichkeit in die Mittlere Leineaue. Wenn diese Vorfläche bewusster gestaltet wäre, könnte sie die Aufgaben eines Stadtteilparks erfüllen. Durch eine Unterführung verbunden erstreckt sich jenseits des Westschnellwegs die Leineaue. Auf ehemaligem Ziegeleigelände ist dort in den letzten 20 Jahren wieder eine abwechslungsreiche weite Auelandschaft gestaltet worden. Als ein Vorhaben des EXPO-Projekts „Stadt als Garten" wurden dort 1999/2000 Flächen gezielt abgetragen, um schon bei geringen Hochwässern der Leine Überschwemmungen zu ermöglichen und damit die biologische Vielfalt zu erhöhen. Die Erholungsnutzung wird dadurch nicht beeinträchtigt.

Ledeburg – gärtnerische Selbstverwirklichung und Spaziergänge in der Spannriede

Die Leinhäuser können als historischen Anknüpfungspunkt immerhin auf das ehemalige Gut Leinhausen verweisen, das für das Bundesbahnausbesserungswerk aufgegeben werden musste und gemeinsam mit dem Gutsbezirk Herrenhausen 1928 zum Stadtgebiet von Hannover kam. Ledeburg dagegen ist ein reines Kunstgebilde, als Stadtteil erst 1960 aus Teilen der Gemarkung Herrenhausen und Stöcken entstanden. Die Bebauung begann zögerlich nach 1900 und entwickelte sich von der Buschriede und der Gretelriede aus nach Osten und Norden. Mit großer städtebaulicher Geste laufen mehrere Straßenzüge am Verdener Platz zusammen. Das von Paul Wolf entworfene Bebauungskonzept kam allerdings nur ansatzweise zur Ausführung und so wirkt der Platz in seiner durch Kleinsiedlungen geprägten Umgebung ein wenig zu groß geraten. In dieser Gegend kommen Gartenfreunde voll auf ihre Kosten. Die Möglichkeiten gärtnerischer Selbstverwirklichung sind auf den großen Grundstücken unerschöpflich und auch für Gartenspaziergänger gibt es viel zu sehen. Das setzt sich in dem nördlich anschließenden großen Kleingartengebiet fort. Wahrscheinlich haben die vielen Gartenbesitzer gar nicht den Wunsch oder vielleicht auch nicht die Zeit für Ausflüge in die weitere Umgebung. Wenn aber doch, dann müssen sie sich auf den Weg durch Vinnhorst hindurch oder an der Schulenburger Landstraße entlang begeben, um zum Mittellandkanal zu gelangen. Dort finden sie dann alle Wahlmöglichkeiten, die „Der Grüne Ring" zu bieten hat. Im westlichen Teil von Ledeburg ermöglicht die Spannriede Gartenerlebnisse der ganz besonderen Art. Einerseits ist sie ein richtiger kleiner Wald, andererseits öffnet sie sich an den Rändern zu parkähnlich gestalteten öffentlichen Grünflächen. Auf dem Stadtplan erkennt man Waldlichtungen. Strebt man diesen erwartungsvoll und in der Vorstellung zu, sich auf einer Waldwiese niederlassen zu können, stößt man verblüfft auf dicht gepackte Kleingärten, deren Besitzer sich diese Sonneninseln vor hoher grüner Kulisse in schlechten Zeiten erobert und nie wieder hergegeben haben.

Stöcken – Muße und Erholung auf dem Friedhof im Schatten von Heizkraftwerk und Industrieanlagen

Die Spannriede kann auch als ein Grünzug aufgefasst werden, der über die Hogrefestraße hinweg in das Stöckener Gemeindeholz und immer am Stöckener Bach entlang in die Leineaue führt. Früher schnitt das eingezäunte Freigelände des Stöckener Bades tief in das Gemeindeholz hinein. Nach der Stilllegung des Freibades ist auf der Nordseite des Holzes eine sehr schöne, öffentlich zugängliche Waldrandwiese entstanden.

An das Gemeindeholz angelehnt, zu beiden Seiten des Stöckener Baches, lag früher das Dorf Stöcken. Einige ehemalige Hofgebäude sind noch vorhanden. Nach der Eingemeindung 1907 blieb die Baustruktur des Stadtteils zunächst noch dörflich. Große Teile der heutigen Wohnbebauung sind erst nach dem Zweiten Weltkrieg entstanden. Der städtische Zugriff auf Stöcken setzte allerdings auf andere Weise schon im 19. Jahrhundert ein, als die Stadt Hannover ein großes Areal für die Anlage eines Friedhofs kaufte. Für viele Hannoveraner ist heute Stöcken mit dem Stöckener Friedhof identisch. Für die Stöckener ist der Friedhof nicht nur Bestattungsort und Gedenkstätte, sondern insbesondere in seinem von Julius Trip gestalteten Parkteil auch ein Ort der Muße und der stillen Erholung in gärtnerisch gestalteter, natürlicher Umgebung.

Auf der Nordseite der Mecklenheidestraße lassen die Produktionsanlagen von Continental und Volkswagen nur wenig Raum für pflanzliches Wachstum. Der Weg entlang der Stelinger Straße ist für Radfahrer eine Zumutung. Man wird sich vielleicht mit den Augen anerkennend und mit Sympathie für die Ästhetik von Industrieanlagen am Heizkraftwerk Stöcken festhalten können, aber für Gartenbegeisterte wird die Situation erst wieder erträglich, wenn sie den Mittellandkanal überschritten haben. Dort können sie entweder nach rechts abbiegend der Mecklenheide entgegenstreben oder nach Überquerung der Autobahn in der Schwarzen Heide und in der nördlich anschließenden Gemarkung von Berenbostel und Engelbostel das Glück des Naturerlebens suchen. Durch die Erschließung großer Flächen östlich der Stelinger Straße mit Wohn- und Gewerbebauten hat es hier in den letzten Jahren erhebliche Veränderungen gegeben. Die Stadt bewegt sich unerbittlich in die Landschaft hinaus. Nur in westlicher Richtung präsentiert sich diese noch in ihrem kargen, norddeutschen, bäuerlichen Kleid. Ein parallel zur Autobahn verlaufender Weg führt zum Krankenhaus Heidehaus, das – kurz nach der Jahrhundertwende mit einer sehenswerten Architektur als Lungenheilanstalt in ein stilles ländliches Gebiet hineingebaut – heute vom Verkehr der Bundesautobahn und der Bundesstraße 6 umtost wird.

Der Zugang zur Leineaue ist von Stöcken aus an verschiedenen Stellen möglich. Traditionell bewegen sich die Stöckener am Wochenende auf der Garbsener Landstraße nach Marienwerder, früher zu Fuß, heute wohl eher mit dem Auto oder mit dem Fahrrad. Hier ist im Bereich des Hinüberschen Gartens am Übergang zwischen Leineaue und Geest außergewöhnlich bewegte, schöne Landschaft zu finden, durch das Kloster zusätzlich veredelt. Durstige Seelen können sich in der Klosterschänke am Friedhof zu einer Tasse Kaffee oder zu einem Glas Bier niederlassen.

Marienwerder – Klostergut und außergewöhnliche Architektur

Die Stadt Hannover kaufte das Klostergut Marienwerder 1928. Eine Bebauung in großem Umfang erfolgte jedoch erst nach dem Zweiten Weltkrieg. Spektakulär war in den 60er Jahren unter Experten des Städtebaus das Baugebiet zwischen Quantelholz und Westermannweg. In Winkelform gebaute Flachdachhäuser mit ummauerten Gartenhöfen ließen ein enges Netz von schmalen Gassen und kleinen Plätzen entstehen, das jeden Ortsunkundigen verwirrt und heute, schon leicht verwittert, eine ganz eigenartige Ausstrahlung hat. Der Hang des Stadtteils zu außergewöhnlicher Architektur hat sich in den letzten Jahren mit einem hufeisenförmigen Baukomplex auf dem ehemaligen Gutsgelände erneut offenbart. Wirklich nutzbare private Gärten sind dabei zwar kaum entstanden, aber das ist in dieser von Wald und Park geprägten Gegend vielleicht auch nicht so wichtig. Eigentlich müsste man die Siedlung Marienwerder der Stadt Garbsen zuordnen; denn der Übergang zur Ortslage von Havelse ist nahtlos. Aber die Bürger von Marienwerder sind stolz darauf, in herausgehobener Umgebung zu Hannover zu gehören. Das Gebiet nördlich der Garbsener Straße war bis vor wenigen Jahren eine Art Niemandsland, der Varta-Batterie-Fabrik vorgelagert. Seit dort die Straßenbahnlinie nach Garbsen entlangläuft und eine Erschließung für gehobenes Gewerbe in Gang gekommen ist, hat sich das grundlegend geändert.

Der dort verlaufende Roßbruchgraben ist über Jahrzehnte zur Ableitung von Industrieabwässern genutzt worden. Die Bleibelastung des Bodens in seinem Umfeld ist erheblich und die Nutzbarkeit der Freiflächen dadurch stark eingeschränkt. Seit klar ist, dass eine Reinigung des Bodens viel zu aufwendig wäre, darf sich dort die Natur entwickeln, scheinbar unberührt, über vergiftetem Untergrund.

Universität – Grüne Fachbereiche

Besondere Elemente, Kunstwerke, Bauten

1. Friedhof Garbsen.
2. Städtisches Krankenhaus Heidehaus; seit 1906 im Landhausstil als Lungenheilanstalt von der Provinz Hannover in ein Waldgebiet hineingebaut; seit 1920 bei der Stadt.
3. Landschaftsraum Schwarze Heide; siehe Seite 200.
4. Kinderwald; aufgrund einer Initiative des Sängers Manfred Kindel zur Weltausstellung Expo 2000 entstandenes Wäldchen auf einer vorher von der Wasser- und Schifffahrtsdirektion zur Ablagerung von Boden genutzten Fläche.
5. Mecklenheide; Stadtwald mit wichtiger Erholungsfunktion.
6. Klosterforst; früher zum Kloster Marienwerder gehörender Wald, heute städtisch, 73 ha.
7. Friedhof Marienwerder; 1862 eingeweiht, 1914 erweitert, kirchlich, 2 ha.
8. Hinüberscher Garten; siehe Seite 42.
9. Mahnmal; zur Erinnerung an das Konzentrationslager Stöcken (Außenlager des KZ Neuengamme), 1987 von Hans-Jürgen Breuste.
10. Kloster Marienwerder; siehe Hinüberscher Garten, Seite 42; Wohngebiet auf dem früheren Gutsgelände überwiegend durch die Architekten Bertram–Bünemann–Partner geplant.
11. Leineaue; siehe Seite 196.
12. Gemeindeholz und Spannriede; Reste des alten, zum Dorf Stöcken gehörenden Gemeindewaldes, teilweise parkartig überprägt, 24 ha.
13. Gedenkstätte Am Stöckener Bach; am westlichen Rand des Gemeindeholzes für die Kriegsopfer der beiden Weltkriege.
14. Stöckener Bad; Einweihung als Freibad 1956; in den 70er Jahren als Hallenfreibad ausgebaut; Ende der 80er Jahre als Freibad aufgegeben; ehemaliger Freibadebereich heute attraktive Waldrandfläche.
15. Verdener Platz; Städtebauliche Planung von Paul Wolf aus den 20er Jahren, öffentlicher Kinderspielplatz.
16. Stadtfriedhof Stöcken; siehe Seite 90.
17. Gedenkstätte Osnabrücker Straße; Findling in einem Kiefernhain für die Kriegsopfer des Ersten Weltkrieges; von Rotdornbäumen gesäumter und mit einer niedrigen Berberitzenhecke eingefasster Rasenplatz; vermutlich in den 20er Jahren entstanden.
18. Bad Leinhausen; als Werksbad des Bundesbahn-Ausbesserungswerks vor dem Zweiten Weltkrieg entstanden; heute öffentliches Freibad, ungeheizt.
19. Schulbiologiezentrum; siehe Seite 78.
20. Herrenhäuser Friedhof, Kiepertstraße; eingerichtet 1859; hoher Baumbestand; besonders sehenswert: das von C. Dopmeyer 1886 geschaffene Malortie-Grabmal, kirchlich, 0,7 ha.

Neues Wohngebiet Marienwerder

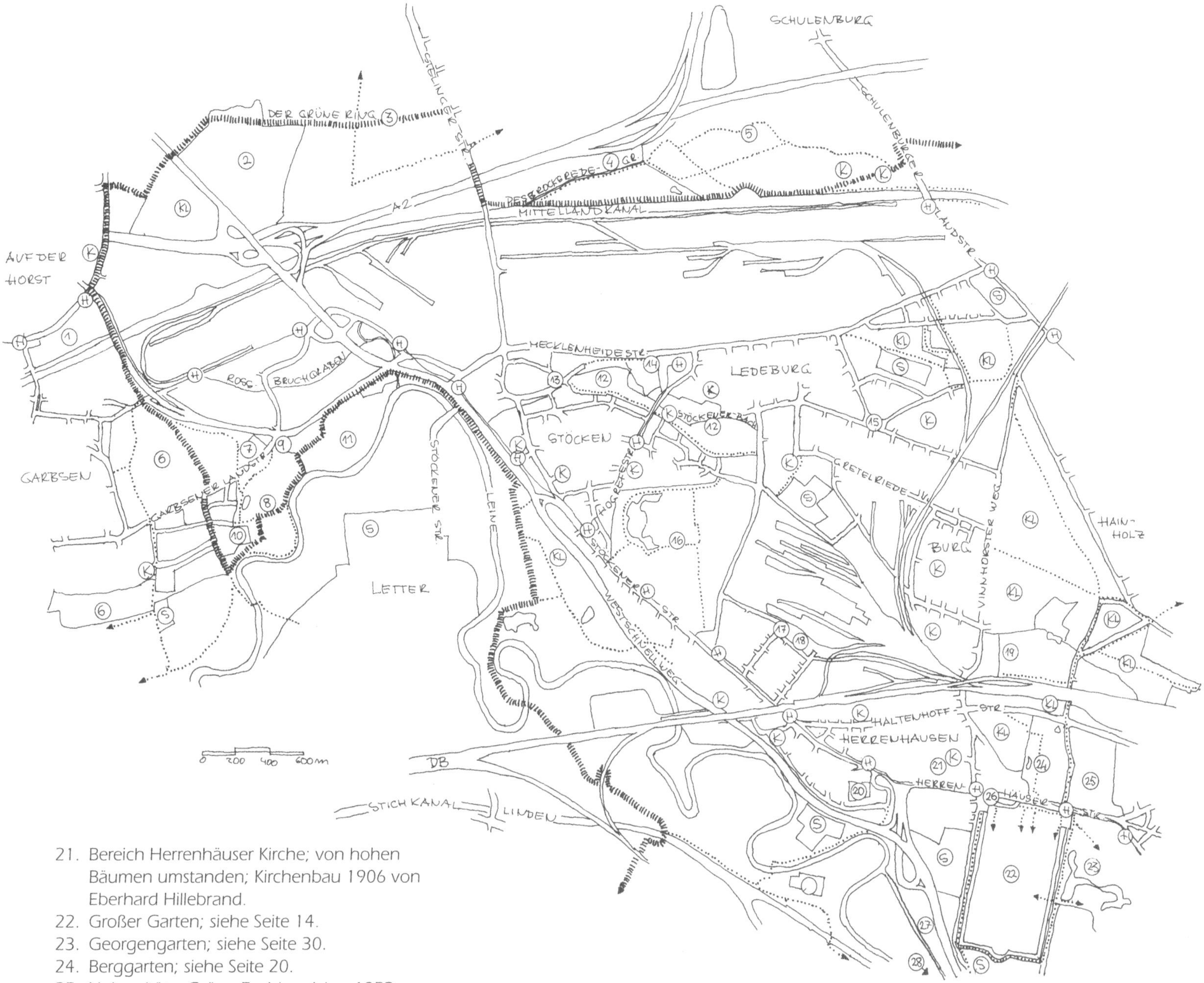

21. Bereich Herrenhäuser Kirche; von hohen Bäumen umstanden; Kirchenbau 1906 von Eberhard Hillebrand.
22. Großer Garten; siehe Seite 14.
23. Georgengarten; siehe Seite 30.
24. Berggarten; siehe Seite 20.
25. Universität – Grüne Fachbereiche; 1952 zunächst noch als Hochschule für Gartenbau und Landeskultur gebaut (seit 1947 zunächst in Sarstedt), im selben Jahr Eingliederung als IV. Fakultät in die Technische Hochschule; heute Fachbereiche Biologie, Gartenbau sowie Landschaftsarchitektur und Umweltentwicklung der Universität; Gartenanlagen überwiegend von Heinrich Wiepking mit späteren Ergänzungen, außerdem für Forschungszwecke genutzte Freiflächen und Gewächshäuser.
26. Hardenbergsches Haus mit Garten; 1747/50 von Johann Paul Heumann für den damaligen Gartendirektor Friedrich Karl von Hardenberg gebaut; 1998 von der Herrenhausen-Beteiligungsgesellschaft übernommen und zu einem Gästehaus umgebaut (Architekten Schweger und Partner, nach einem Planungswettbewerb Neugestaltung des verwahrlosten Gartens durch Irene Lohaus und Peter Carl, 1999/2000.
27. „Bad"; ehemaliges Freibad, heute für Musikveranstaltungen genutzt, beliebter Treffpunkt Jugendlicher.
28. Wasserkunst und Schleuse am Herrenhäuser Wehr; Herrenhäuser Wehr und alte Schleuse in Verbindung mit der Wasserkunst Anfang des 18. Jahrhunderts gebaut; Schleuse zum Ernst-August-Kanal 1768/69 gebaut, 1997/2000 im Rahmen des EXPO-Projekts „Stadt als Garten" restauriert; heutiges Gebäude der Wasserkunst von Georg Heinrich Schuster und Richard Auhagen mit Maschinen der Firma Egestorff 1861/63 gebaut (1977/79 restauriert); Besichtigungen möglich.

Nordstadt – Hainholz – Schulenburg – Vinnhorst

Stadtbezirk 13

Wie ein schmaler Keil sitzt der Stadtbezirk 13 im nördlichen Hannover. Er reicht vom Rand der Innenstadt bis an die Grenze von Langenhagen. Die verbindende Lebensader bilden der Engelbosteler Damm und die Schulenburger Landstraße. Allerdings ist das Zusammengehörigkeitsgefühl von jemandem, der in der Nordstadt wohnt, mit jemandem, der in Vinnhorst lebt, wahrscheinlich nicht besonders stark ausgeprägt.

Die Nordstadt ist aus einer der Gartengemeinden hervorgegangen, die dem mittelalterlichen Stadtkern vorgelagert waren. In diesem Fall war es die Steintorgartengemeinde. Die „Gartenleute" siedelten dort seit etwa 1600 überwiegend auf gepachtetem Land und betrieben Gartenbau. Bei der Eingemeindung 1859 lebten hier immerhin schon 20.000 Einwohner. Als ein Erinnerungsstück aus dieser Zeit hat sich am Judenkirchhof 11 ein „Gartenhaus" erhalten, das 1820 gebaut wurde und damit das älteste erhaltene Gebäude der eigentlichen Nordstadt ist. Der gegenüber auf einem Sandhügel liegende alte Judenfriedhof war schon seit dem 17. Jahrhundert Begräbnisstätte. Er ist also noch älter. Weil er zu klein geworden war und zu dicht am geplanten königlichen Schloss lag, wurde er 1861 stillgelegt und an die Strangriede verlegt. Fast gleichzeitig entstand dort nach Schließung des alten der neue St.-Nikolai-Friedhof.

Schon damals war der Platz in der Nordstadt eng geworden. Ziemlich planlos, aber kraftvoll hatte sich die bauliche Entwicklung dieses äußerst günstig gelegenen Gebietes vollzogen; denn neben der unmittelbaren Nachbarschaft zur Innenstadt und der Lage an wichtigen Straßen war auch die Nähe zur Residenz vorteilhaft. Erst nach der Eingemeindung entstand allmählich die heute für den Stadtteil typische Bebauung, östlich des Schneiderbergs in geschlossener, mehrgeschossiger Blockbebauung, westlich überwiegend in offener Bauweise für gehobenen Bedarf. Der um den Güterbahnhof herum liegende Bereich wurde im Zweiten Weltkrieg stark zerstört und bald danach ohne Veränderung der städtebaulichen Struktur in schlichter Bauform wieder aufgebaut.

Nordstadt – geballte Wohnflächen mit Zugang zum Welfengarten und Georgengarten

Außer den bereits genannten Friedhöfen gab es noch in den 80er Jahren in der Nordstadt so gut wie keine öffentlich nutzbaren Grünflächen oder Stadtplätze. Zudem sind die privaten Freiräume an den Häusern vielfach äußerst klein und zusätzlich mit Gewerbebebauung durchmischt. Gebäudekomplexe, wie der Brüggemannhof, die eine bewusste Freiraumgestaltung zeigen, sind eine Ausnahme. Allerdings liegen der Welfengarten und der Georgengarten in der Nähe. Sie werden von den Nordstädtern deshalb auch als ihre Stadtteilparks empfunden und gern besucht. Mit der Erklärung wesentlicher Teile der Nordstadt zum Sanierungsgebiet besserten sich allmählich die Gartenqualitäten innerhalb des Stadtteils. Hervorzuheben sind in diesem Zusammenhang die boulevardartige Gestaltung des Engelbosteler Damms, der Umbau der Bereiche um die Christus-Kirche und die Luther-Kirche, die schwierige Ordnung im Bereich des Sprengelgeländes und die Anlage des neuen Stadtteilparks Möhringsberg auf dem Gebiet des ehemaligen Hauptgüterbahnhofs. In einem Straßenbegrünungsprogramm wurden viele Bäume gepflanzt. Aber neben diesen eher spektakulären Vorhaben hat sich die Situation an vielen Stellen in der Nordstadt verbessert. Ein Gartenbesuch lohnt sich. Das schließt auch die vornehmeren Teile westlich des Schneiderbergs ein, wo die Gärten teilweise schön und einladend gestaltet sind. Ausdrücklich genannt sei hier das Grundstück Alleehof 6. Das zurückhaltend edle Wohnhaus mit Garten, 1953 gebaut, ist ein Spätwerk von Walter Gropius.

Hainholz – Vielfalt mit besonderem Charme

Unüberwindliche Schienenstränge trennen die Nordstadt von Hainholz. Nur am Engelbosteler Damm mit der Schulenburger Landstraße als Fortsetzung ist eine Querung möglich. Wohl auch deshalb lassen sich Ortsunkundige in der Regel bei ihrer Vorstellung von Hainholz durch die Schulenburger Landstraße beeinflussen. Das ist nicht gerade eine Empfehlung; denn sie gehörte bisher nicht zu den Schönheiten hannoverscher Ausfallstraßen und wird erst jetzt in Verbindung mit dem Ausbau der

Blick auf den alten Judenkirchhof

Besondere Gartenelemente

1. Leineuferpromenade am Bremer Damm; Gestaltung mit dem Bau der Straße und der Dornröschenbrücke 1959.
2. Kleingartenanlage Steintormasch; um 1900 als Gartengelände für die Einwohner der Nordstadt und von Linden entstanden; zur Weltausstellung EXPO 2000 im Rahmen des Projekts „Stadt als Garten" ausgestellt.
3. „Bad"; ehemaliges Freibad; heute für Musikveranstaltungen genutzt.
4. Wasserkunst und Schleuse am Herrenhäuser Wehr; Herrenhäuser Wehr und alte Schleuse in Verbindung mit der Wasserkunst Anfang des 18. Jahrhunderts gebaut; Schleuse zum Ernst-August-Kanal 1768/69 gebaut, 1997/2000 im Rahmen des EXPO-Projekts „Stadt als Garten" restauriert; heutiges Gebäude der Wasserkunst von Georg Heinrich Schuster und Richard Auhagen mit Maschinen der Firma Egestorff 1861/63 gebaut (1977/79 restauriert); Besichtigungen möglich.
5. Großer Garten; siehe Seite 14.
6. Berggarten; siehe Seite 20.
7. Georgengarten; siehe Seite 30.
8. Welfengarten; siehe Seite 26.
9. Brüggemannhof; von Franz Hoffmann im Auftrag des Spar- und Bauvereins ab 1912 gebaut; begrünter Innenhof.
10. Platz an der Christus-Kirche; das Kirchengebäude umfassender Baumkranz; in einem Planungswettbewerb ursprünglich als Gebäudekranz gedacht, Planung Architekt Lutz Schleich, Ausführung 1999; Kirchenbau 1859/64 von Conrad Wilhelm Hase.
11. Alter Judenfriedhof; am Judenkirchhof; eindrucksvoll auf einem Sandhügel angelegt und von einer Mauer umschlossen, eingerichtet im 17. Jahrhundert, ältester Grabstein 1654; neben dem Eingang ein in Stein gehauener Schutzbrief von 1671; stillgelegt 1865, 0,3 ha.
12. Bereich St. Marien-Kirche – Marschnerstraße; unter hohen Bäumen in einer sonst ziemlich steinernen Umgebung; Kirchenbau 1886/90 von Christoph Hehl, nach Kriegszerstörung Neubau durch Wilhelm Fricke.
13. Platz an der Luther-Kirche; 1998 nach intensiver Bürgerbeteiligung aus einem bis dahin grünen in einen mit Bäumen bestandenen, steinernen Platz umgestaltet mit einer restaurierten Pferdetränke aus der Zeit um 1905, Kirchenbau 1896/98 von Eduard Hillebrand.
14. Neuer St.-Nikolai-Friedhof, An der Strangriede; 1863 als Ersatz für den alten St. Nikolai-Friedhof angelegt; Friedhofskapelle 1866 vom Architekten Ludwig Droste, 4,4 ha.
15. Israelitischer Friedhof, An der Strangriede; 1864 als Ersatz für den alten Judenkirchhof eingeweiht; einige alte Platanen vemutlich aus der Zeit der Anlage; Predigthalle 1863/64 vom Architekten Edwin Oppler, dort seit 1988 ständige Dokumentation „Juden in Hannover", 1 ha.

Marien-Kirche in Hainholz

Grünfläche Voltmerstraße/Bömelburgstraße

16. Stadtteilpark Möhringsberg; die frühere gewerbliche Nutzung als Motiv aufgreifende Gestaltung, Landschaftsarchitekten Latz und Schulz, 1997–2000, 1 ha.
17. Am Hopfengarten; grüner Verkehrsplatz, zwischen den Bahnanlagen und der Straße Am Hopfengarten Kinderspielbereich, an der Schulenburger Landstraße altes Pissoir.
18. Dorfanger Hainholz; geprägt durch Marien-Kirche, ursprünglich Friedhof, heute mit Bäumen überstellte Rasenfläche mit Kinderspielplatz; Chor der Kirche aus der Zeit um 1400, Turm und Kirchenschiff 19. Jahrhundert.
19. Hainhölzer Friedhof; Auf dem Dorn; um 1857 angelegt.
20. Grünfläche Voltmerstraße/Bömelburgstraße; dreieckige, hainartig mit Bäumen bewachsene öffentliche Grünfläche vor der Berufsschule; Skulpturen aus Beton und Ziegelsteinen, 1984/85 von Siegfried Neuenhausen zusammen mit Strafgefangenen gestaltet.
21. Schulbiologiezentrum; siehe Seite 78.
22. Niedersachsenring; seit den 60er Jahren geplanter Teil des Tangentenrings, überwiegend in städtischem Besitz; seit einiger Zeit Planungsidee einer von Herrenhausen nach Buchholz reichenden grünen Spange.
23. Hainholzer Bad; vor dem Zweiten Weltkrieg eröffnetes Freibad.
24. Kleinhaussiedlung, Schulenburger Landstraße 167–225; zur Linderung der großen Wohnungsnot 1923 von Paul Wolf geplant.

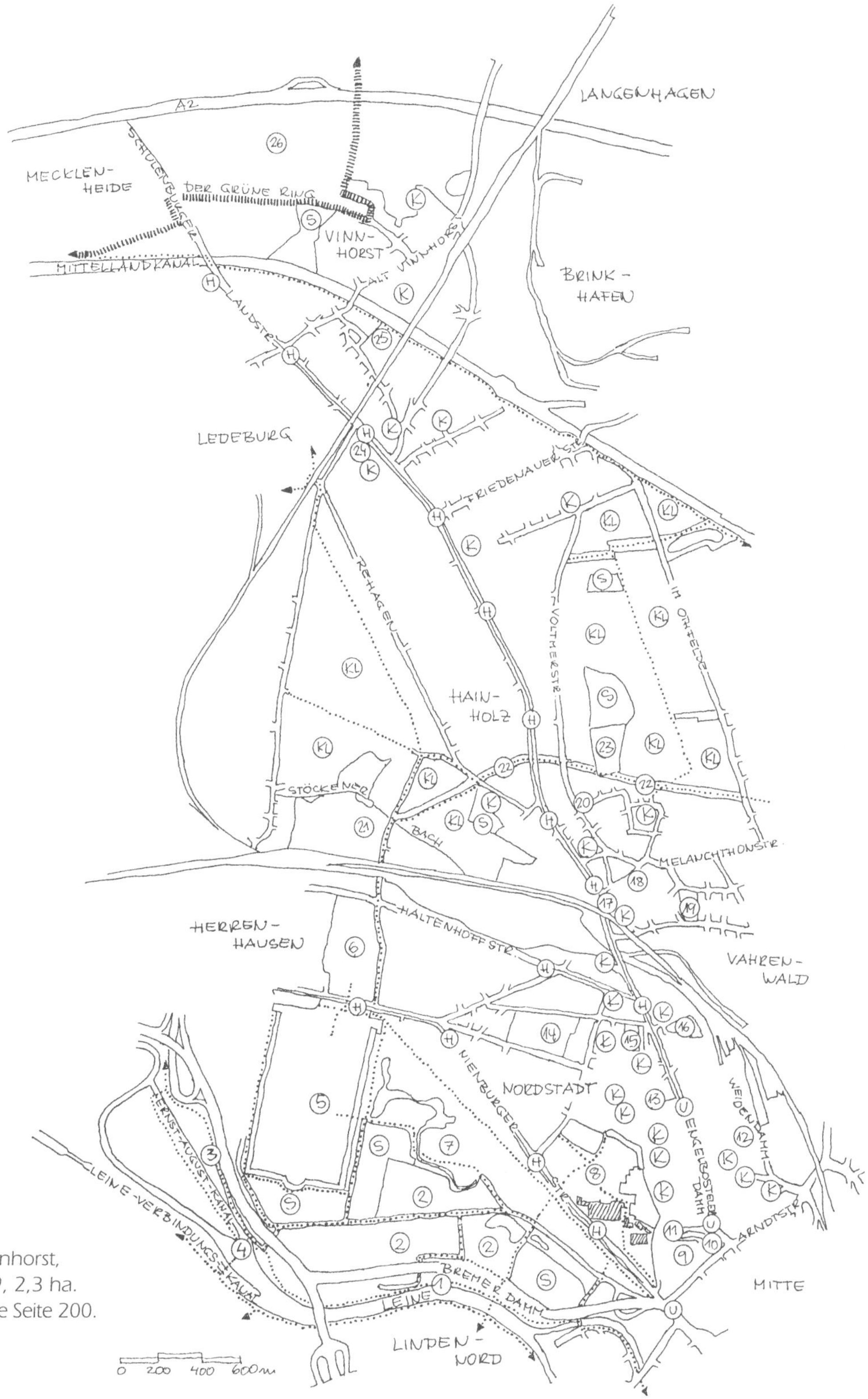

25. Stadtfriedhof und Volkspark Vinnhorst, Kalabisstraße; eingerichtet 1949, 2,3 ha.
26. Landschaftsraum Vinnhorst; siehe Seite 200.

S Sportanlage
K Kinderspielplatz
Kl Kleingartenanlage
H/V Haltestelle der Stadtbahn

Dorfrand von Vinnhorst

Stadtbahnlinie durch begleitende Baumpflanzungen eine grüne Fassung erhalten. Bei dem Begriff „Hainholz" denken viele sofort an Bahnanlagen, lieblos hingehauene Gewerbebauten und an das Gefängnis. Aber wer sich die Mühe macht, rechts und links der Schulenburger Landstraße den Stadtteil zu erkunden, der wird über die Vielfalt und den besonderen Charme der örtlichen Situation erstaunt sein. Die Hainholzer wissen das sowieso und schätzen gerade diese unterschiedlichen Gesichter ihres Stadtteils. Die platzartige Aufweitung an der Einmündung der Fenskestraße und der Straße Am Hopfengarten in die Schulenburger Landstraße ist ein solcher Ort, eine eigenartige Mischung von Bahnhofsvorplatz, Stadtgrünplatz und Verkehrsgrünfläche. Sie weckt Interesse, den Stadtteil kennen zu lernen.

Weil Hainholz aus einem Dorf hervorgegangen ist, trägt das Gebiet um die schöne Marien-Kirche herum noch dörfliche Züge, wenn auch in reizvoll gewandelter Form. Das zeigt die Kirche selbst, die zwar noch einen Chor aus dem 14. Jahrhundert hat, aber sich im Übrigen im 19. Jahrhundert ein neues Kleid zugelegt hat. Daneben befindet sich ein Dorfanger, aber bei genauerem Hinsehen offenbart er die Struk-

turen städtischer Gestaltung und Nutzung. In der Nähe, schon auf Vahrenwalder Gebiet, liegt der Friedhof, still, aber von Gewerbe-, Verwaltungs- und Wohngebäuden rings umstellt. Innerhalb der nördlich anschließenden Wohnbebauung, im westlichen Teil überwiegend aus der Zeit um die Jahrhundertwende, im östlichen Teil nach dem Zweiten Weltkrieg gebaut, stößt man immer wieder auf kleine grüne Oasen, von denen die an der Bömelburgstraße und an der Nahtstelle von Prußweg und Fenskestraße gar nicht so klein sind. Obwohl in diesem Kernbereich dicht und mehrgeschossig bebaut, wirkt Hainholz dadurch wie von Grün durchzogen.
Auf dem Weg nach Norden überquert man irgendwann die Niedersachsenringtrasse. Sie war als Nordtangente für Autofahrer gedacht. Aber die Nähe zu vorhandener Wohnbebauung und die Schwierigkeit der Einfädelung in das übrige Tangentensystem haben die Verwirklichung verhindert. Aus der Sicht eines Freiraumplaners ist das ein Glücksfall; denn die Trasse gehört überwiegend der Stadt und ist fast frei von Bebauung. Bisher wirkt sie eher wie ein vergessener Grenzstreifen. Nur ein westliches Stück zwischen Rehagen und Burgweg ist als Entlastungsstraße ausgebaut worden. Geflügelte Visionen wachsen bei dem Gedanken, zwischen Herrenhausen und Buchholz eine grüne Spange zu entwickeln und damit einen inneren grünen Ring zu schließen, der im Übrigen durch die Eilenriede und die Leineaue gebildet wird. Diese Grünspange könnte für Fußgänger und Radfahrer quer zum radialen, auf das Zentrum gerichteten Straßensystem und (weitgehend) frei vom Autoverkehr neue Wege erschließen und zugleich Aufgaben einer für Kinderspiel, Erholung und Naturschutz geeigneten, öffentlichen Grünfläche erfüllen. Auch das Hainholzer Bad, die Sportanlagen und die vielen am West- und am Ostrand des Stadtbezirks liegenden Kleingärten wären dann viel besser erreichbar.

Brücke über den Mittellandkanal

Vinnhorst – alte Dorfstrukturen und modernes Wohnen

Die große Bedeutung solcher gegen den Strich verlaufenden Linien wird heute schon am Mittellandkanal deutlich, der seit seinem Ausbau in den 90er Jahren als ein für Fußgänger und Radfahrer höchst attraktives grünes Band das nördliche und östliche Stadtgebiet von Hannover durchzieht. Doch er liegt schon im Bereich des Stadtteils Vinnhorst und bevor die Gartenqualitäten dieses letzten Stadtteils dargestellt werden, sei noch auf eine von Stadtbaurat Paul Wolf geplante Kleinhaussiedlung an der Einmündung des Vinnhorster Weges in die Schulenburger Landstraße hingewiesen. Sie ist nur teilweise zur Ausführung gekommen, aber wer sich entschließt, in die kleine Stichstraße hineinzugehen, wird den Reiz einer bescheidenen, inzwischen gealterten, auf Gartenbau und Selbstversorgung ausgerichteten Siedlung erkennen.

Vinnhorst, erst 1974 eingemeindet, beginnt auf der anderen Seite der Schulenburger Landstraße. Wie so häufig bei von der Stadt eroberten Dörfern wird der Besucher zunächst von ausgedehnten Einfamilienhaussiedlungen empfangen. Sie stammen überwiegend aus der Zeit nach dem Zweiten Weltkrieg. Nur das heutige Zentrum an der Straße „Alt Vinnhorst" trägt noch die Züge der zwanziger und dreißiger Jahre. Der Friedhof wurde unmittelbar nach dem Zweiten Weltkrieg angelegt. In der Verknüpfung mit einem kleinen Volkspark sowie einem Spielgelände und in seiner Lage am Mittellandkanal ist dieser öffentliche Gartenraum auf eine angenehme Art und Weise dem Tod und zugleich dem Leben zugewandt.
Der alte Dorfkern von Vinnhorst, vermutlich in seinen Anfängen schon im 12. Jahrhundert entstanden, liegt jenseits des Kanals. Dort haben sich, dem Mittellandkanal, der Eisenbahn und der Autobahn zum Trotz, ländliche Strukturen erhalten. Die Verheißung des Gartenglücks liegt vor allem im Norden und im Westen, wo malerisch einige alte Eichengruppen herumstehen und noch Landwirtschaft betrieben wird. In der Ferne wartet die Mecklenheide auf einen Besuch.

Landschaftsräume

Bei der Beschreibung der Stadtteile ist deren enge Verknüpfung mit bestimmten Landschaftsräumen in ihrer unmittelbaren Nachbarschaft schon dargestellt worden. Die Gartenqualität der Stadtteile wird wesentlich durch sie bestimmt. Bei dieser Qualifizierung spielt die besondere naturräumliche Randlage von Hannover eine wichtige Rolle. Mitten durch die Stadt verläuft in Ost-West-Richtung die Grenzlinie zwischen der fruchtbaren und topografisch bewegten Bördelandschaft im Süden und dem nördlich anschließenden, überwiegend durch arme Sande gekennzeichneten Weser-Aller-Flachland. Das landschaftliche Gefüge wird zusätzlich durch die von Südosten nach Nordwesten verlaufende Leineaue bereichert. Diese wiederum hat in der Wietzeniederung, ungefähr am Maschsee ansetzend und durch die Eilenriede nach Norden verlaufend, einen interessanten Seitenast, von dem vermutet wird, dass ihn die Leine vor langer Zeit mindestens teilweise durchflossen hat. Im Ergebnis führt diese differenzierte naturräumliche Struktur dazu, dass die Landschaften an den inneren und äußeren Stadträndern von Hannover von Natur aus ganz unterschiedliche Charaktere haben.

Landschaftsräume als Erholungsgebiete für die Stadtteile

Die jeweils besondere kulturelle und wirtschaftliche Entwicklung hat ein Übriges dazu beigetragen, dass die Landschaft am Rande von Bemerode ganz anders aussieht als die vor Badenstedt und diese wiederum völlig andere Züge trägt als die Leineaue bei Wülfel oder die Schwarze Heide bei Stöcken. Die Identität eines Stadtteils wird deshalb, sofern er einen noch offenen Landschaftsraum berührt, immer auch durch diesen mitbestimmt. Die Landschaftsräume haben als Erholungsgebiete für die in der Nähe liegenden Stadtteile eine große Bedeutung. Menschen sind auf den Kontakt mit Natur und Landschaft als Lebensgrundlage angewiesen. Daneben sind diese Landschaftsräume wichtige Lebensräume für wild lebende Pflanzen und Tiere und sie dienen dem ökologischen Ausgleich. Die Stadtstruktur von

Hannover belegt, dass eine Großstadt durchaus selbst in ihren Grenzen für ein ausgewogenes Verhältnis zur natürlichen Umwelt sorgen kann, ohne wirtschaftliche Nachteile zu haben. Erholung muss nicht zwangsläufig irgendwo ganz weit draußen nach langen Fahrten mit dem Auto gesucht werden. Flora und Fauna finden, wenn man sie nicht mit Macht ausgrenzen will, in der vielfältigen Struktur von Städten heute in der Regel bessere Lebensvoraussetzungen als in intensiv landwirtschaftlich genutzten Gebieten. Auch bezogen auf die Stoffkreisläufe muss eine Stadt nicht ausschließlich auf Kosten ihres Umlandes leben. Sie kann selbst um sauberes Wasser, gute Luft und um umweltfreundlichen Anbau und dazu passende Vermarktung landwirtschaftlicher Produkte bemühen.
Die Stadt Hannover verfügt zur Zeit noch über ein Freiraumsystem, das von fast allen Wohngebieten aus kurze Wege zu größeren offenen Landschaftsräumen garantiert. Allerdings zeigt sich, dass diese Qualität keineswegs auf Dauer gesichert ist, sondern gegen bauliche Entwicklungswünsche immer wieder verteidigt werden muss. Das ist nur dann Erfolg versprechend, wenn diese Landschaften als unersetzbar angesehen werden. Es reicht nicht aus, sich vielleicht darüber zu freuen, dass beispielsweise außerhalb von Wettbergen noch Feldwege für Spaziergänge mit dem Hund vorhanden sind, sondern die Landschaftsräume müssen in ihrer jeweiligen Besonderheit geschätzt und als Teil in einem Gesamtsystem gesehen werden. Immerhin sind die meisten der offenen Landschaftsräume im Stadtgebiet von Hannover inzwischen als Landschaftsschutzgebiete, in Teilen sogar als Naturschutzgebiete ausgewiesen und dadurch nicht ohne weiteres für eine bauliche Nutzung freizugeben.

Die Wichtigsten von ihnen, zehn insgesamt, werden im Folgenden in ihrer spezifischen naturräumlichen und geschichtlich gewachsenen Ausprägung beschrieben. Die äußeren fügen sich zu einem um das Stadtgebiet herumführenden Grünen Ring zusammen. Das innere Stadtgebiet wird durch zwei zusätzliche Naturbänder, die Leineaue und eine in West-Ost-Richtung verlaufende Abfolge von großen Freiräumen (Ricklinger Holz, Leineaue, Eilenriede, Hermann-Löns-Park, Breite/Nasse Wiese), erschlossen.

Der Grüne Ring

Koordiniert durch den Kommunalverband Großraum Hannover ist in den letzten Jahren ein durchgängiger etwa 80 km langer Weg geschaffen worden, der im grünen Ring der Landschaftsräume die Stadt umrundet. Die landschaftlichen Unterschiede am Stadtrand von Hannover können auf diesem Weg besonders gut erlebt werden. Der Weg führt teilweise auch durch besiedeltes Gebiet, sodass im Wechsel von bebauten Flächen und Freiräumen die enge Verknüpfung der Stadt Hannover mit ihren Nachbargemeinden und die der Stadtteile mit den ihnen benachbarten Landschaftsräumen erfahren werden kann.
Die Trasse des Grünen Ringes ist aufgrund eines Vorschlages von Katrin Volk und Norbert Schittek nicht mit den üblichen Hinweisschildern, sondern mit kräftiger blauer Farbe gekennzeichnet worden. Sie wird durch Innen- und Außenschleifen ergänzt und bietet damit Variationsmöglichkeiten. Vielfalt, Eigenart von Schönheit von Natur und Landschaft können so im unmittelbaren Umfeld der Großstadt vergleichend erlebt werden.

Nördliche Leineaue

In der nüchternen Planersprache kommt die nördliche Leineaue im Stadtgebiet von Hannover als Begriff gar nicht vor. Die geografische Landesaufnahme der Bundesanstalt für Landeskunde und Raumforschung kennt nur das „Neustadt-Stöckener-Leinetal". Es reicht im Süden ungefähr bis zur Südtangente und im Norden bis nach Neustadt. Hannoveranern ist die Bezeichnung „Nördliche Leineaue" geläufig. Sie beginnt am Rande der Innenstadt, ungefähr da, wo Leine und Ihme am Justus-Garten zusammenfließen. Ihre nördliche Grenze ist nicht festgelegt und wird letztlich durch den persönlichen Erkundungsdrang bestimmt.

Bis zum Herrenhäuser Wehr sind die Leineufer städtisch geprägt. Auf der linken Seite reichen die Stadtteile Linden und Limmer dicht an den Fluss heran. Beim Weg aus der Stadt führt eine durchgehende Uferpromenade unter dem Westschnellweg hindurch und über die Einmündung der Fösse hinweg zum Wehr, zur Schleuse am Leineverbindungskanal, zum Limmer Bad und in die Leineaue hinein. An verschiedenen Stellen ist der Weg mit den benachbarten Stadtteilen gut verknüpft und mehrere Brücken bieten die Möglichkeit, die Flussseite zu wechseln. Im Aufstaubereich des Wehres wird die Leine breit. Es ist eine der wenigen Stellen im Stadtgebiet von Hannover, wo die Bezeichnung „Stadt am Fluss" auch außerhalb von Hochwässern angemessen erscheint. Demonstrativ wird die Leine bei schönem Wetter hier sogar für Wasserski-Fahrten genutzt. Es erfordert hohes Können, die 180-Grad-Kurve zu meistern.

Herrenhäuser Wehr, Ernst-August-Kanal und Leineverbindungskanal

Auf der anderen Uferseite sind die landschaftlichen Verhältnisse komplizierter. Der Bremer Damm bildet eine massive Barriere – und vom Königsworther Platz oder vom Weddigenufer den richtigen Einstieg zu finden, ist schwierig. Die viel befahrene Straße wirkt belastend. Hinter der Gaststätte „Dornröschen" wird die Situation langsam besser. Der auf einem Deich geführte Weg wird von Kleingärten begleitet. Durchstiche unter dem Bremer Damm bieten die Möglichkeit, in der Steintormasch noch mehr Kleingärten kennen zu lernen. Kurze Wege führen zu den Herrenhäuser Gärten, zur Universität und in die Nordstadt.
Das Herrenhäuser Wehr hat sich in den letzten Jahren zu einer Sehenswürdigkeit entwickelt. Jeder ist von der Gewalt des herabstürzenden Wassers gefesselt. Technisch Interessierte finden in einem neuen Wasserkraftwerk mit Fischtreppe, in der wieder hergestellten alten Schleuse und in der alten Wasserkunst ein reiches Besichtigungs- und Diskussionsfeld.
Flussabwärts wird von hier ab die Aue weit. Ernst-August-Kanal und Leineverbindungskanal verweisen noch gradlinig auf die Jahrhunderte alte Kunst des Wasserbaus. Die Leine selbst aber beginnt frei zu mäandern, taucht im Gelände irgendwo auf, fließt gelegentlich scheinbar rückwärts und verschwindet dann wieder. Es ist für das suchende Auge ein reizvolles, aber gar nicht leichtes Spiel, ihren Lauf an der Ufervegetation zu verfolgen.
Es gibt vom Wehr aus verschiedene Varianten, sich die weitere nördliche Leineaue zu erschließen. Am wenigsten ist der Weg unterhalb des Westschnellwegs zu empfehlen, es sei denn, jemand möchte wissen, wo das berühmte „Bad" liegt, in dem sich die Jugend nachts gern zu Musikveranstaltungen trifft. Dagegen führt der Weg auf der linken Seite des Ernst-August-Kanals in einen Bereich der Aue, der mit seinen hohen Baumgruppen schon fast vergessene Bilder alter Flusslandschaften wachruft. Allerdings bewahren im weiteren Verlauf die in die Leineaue hineingebauten Sportanlagen, das Freibad Limmer und vor allem die Baukante von Herrenhausen mit den drei Studentenwohnhäusern und dem Kraftwerk im Hintergrund davor, dass die Gefühle zu romantisch werden.
Der dritte, wirklich weiterführende Weg begleitet den Leineverbindungskanal an der Schleuse zunächst auf der limmerschen Seite, wechselt dann im Verlauf des Stockhardtweges auf die Auenseite, findet an der Ziegelstraße über den Kanal eine Verbindung nach Ahlem, unterquert die Einfädelungsspur der Güterumgehungsbahn und die der Hauptstrecke von Hannover nach Westen, bietet Blicke auf die Kläranlage, um dann nach Überqueren einer Leinebrücke wieder lieblichere Gefilde zu erreichen. Ohne dass der Wanderer es merkt, berührt der Weg zwischendurch Seelzer Gemeindegebiet. Noch vor der Brücke kann über die Uferstraße Letter erreicht werden.

Durch liebliche Auenlandschaft zum Hinüberschen Garten

Von der Ziegelstraße an bewegt man sich übrigens auf der blaumarkierten Trasse des Grünen Ringes. Vor dem Betrachter breitet sich jetzt wieder naturnahe Auenlandschaft aus, bei Niedrigwasser friedlich wirkend,

Beim Herrenhäuser Wehr; am rechten Bildrand die „Drei warmen Brüder", Lindener Heizkraftwerk

Leineaue bei Marienwerder

bei Hochwasser aber die ganze beeindruckende Gewalt des Flusswassers zeigend. Bei solchen Gelegenheiten ist weit und breit alles überschwemmt, Natur pur mitten in der Stadt. Aber bei Trockenheit weiden hier Rinder und Schafe, auf der Seite von Letter wird sogar geackert. Von Leinhausen und Stöcken aus werden an verschiedenen Stellen unter dem Westschnellweg hindurch oder über Ampeln Zugänge in diesem Bereich angeboten.
Erst bei genauerem Hinsehen wird deutlich, dass hier nur noch wenig im Originalzustand vorhanden ist. Aber die von Bodenabbauvorhaben zurückgelassenen Wunden sind inzwischen freundlich verheilt. In die Aue hineingebaute Kleingartenanlagen zeigen, dass sich die Gartenleidenschaft der Hannoveraner auch durch drohende Hochwasser nicht abschrecken lässt. Durch gezielte Abgrabungen zur Erleichterung von Überflutungen in den tiefer liegenden Grünlandflächen ist die Gefahr für die Kleingärtner geringer geworden.
Auf dem Weg stadtauswärts wird es am Rande von Stöcken noch einmal eng und für Wanderer ziemlich unangenehm. Die Leine rückt so dicht an die verkehrsreiche Straße Am Leineufer heran, dass der Weg zeitweise direkt an der Straße geführt werden muss. Originell ist im Einmündungsbereich des Stöckener Baches die unkonventionelle Unterquerung der Straße durch einen Fuß-/Radweg in Richtung des ehemaligen Dorfes Stöcken. Das Profil der Tunnelröhre, ursprünglich als Kuhtunnel für die Stöckener Bauern angelegt, ist gerade breit genug, um dem Bach und dem Weg nebeneinander Platz zu geben. Durch den inzwischen schon geübten Wechsel von eng und weit, von städtisch und ländlich, von laut und still lässt sich hoffentlich niemand von dieser Durststrecke entmutigen; denn der westlich davon liegende Hinübersche Garten entschädigt für alle Unbequemlichkeiten.
Der Schöpfer dieses Gartens, Jobst Anton von Hinüber, war ja nicht nur Gartenkünstler, sondern vor allem Verwalter des Klostergutes Marienwerder. Sein Wunsch, Ökonomie und Schönheit zu verbinden und das Ganze auch noch an ein altes Kloster anzulehnen, ist in diesem Bereich der Leineaue immer noch auf eine romantisch verklärende Weise spürbar. Die reizvolle Landschaft lädt zum Verweilen ein. Man möchte das Kloster Marienwerder kennen lernen. Vielleicht ist danach die Neugierde geweckt, dem Fluss auf dem begleitenden Deich weiter zu folgen. Aber dann verlässt man irgendwann das Stadtgebiet und damit den Gegenstand dieses Buches. Wanderer des Grünen Ringes wenden sich westlich des Klosters nach Norden und finden durch den Klosterforst hindurch, über die Straßen Auf der Horst und Schönebecker Allee – das ist keine Strecke zum Jubeln – am Springrad Anschluss an den Landschaftsraum Schwarze Heide.

„Der grüne Ring", Kennzeichnung des Weges; hier: bei Marienwerder

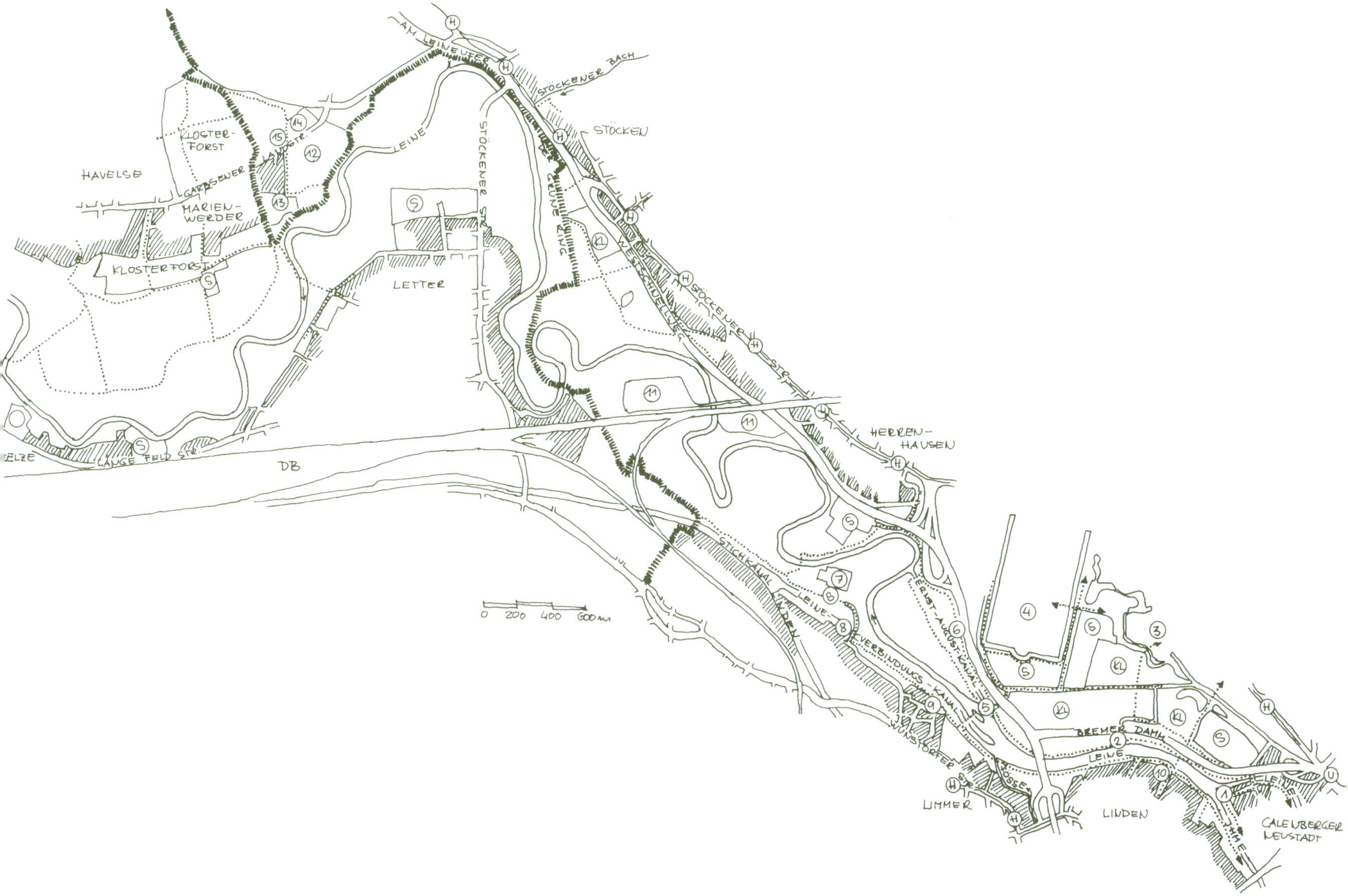

Blaue Wegmarken des Grünen Ringes

Hinweise auf wichtige Einzelelemente

1. Justus-Garten; s. Stadtbezirk 1, Seite 116.
2. Gaststätte „Dornröschen".
3. Georgengarten; siehe Seite 30.
4. Großer Garten; siehe Seite 14.
5. Herrenhäuser Wehr; siehe Stadtbezirke 10 und 12, Seiten 168 und 185.
6. „Bad"; siehe Stadtbezirk 12, Seite 180.
7. Volksbad Limmer; siehe Stadtbezirk 10, Seite 168.
8. Schleuse am Leineverbindungskanal; siehe Stadtbezirk 10, Seite 168.
9. Nikolai-Kirche; siehe Stadtbezirk 10, Seite 168.
10. Gerhard-Uhlhorn-Kirche.
11. Klärwerk.
12. Hinüberscher Garten; siehe Seite 42.
13. Kloster Marienwerder; siehe Hinüberscher Garten.
14. Friedhof Marienwerder; siehe Stadtbezirk 12, Seite 184.
15. „Klosterschänke".
16. Friedhof Seelze.

S Sportanlage.
Kl Kleingartenanlage.
H/V Haltestelle der Stadtbahn.

Schwarze Heide – Mecklenheide – Altes Dorf Vinnhorst

Ursprünglich erstreckte sich die Engelbosteler Moorgeest über das gesamte innere und das nördliche Stadtgebiet von Hannover. Ihren deutlich über der Leine liegenden, überwiegend trockenen und sandigen Böden verdankt die Stadt vermutlich ihre Entstehung. Von menschlicher Nutzung unbeinflusst würden hier Buchen-Eichen-Birkenwälder wachsen, in feuchten Niederungszonen kämen Erlen hinzu. Die Böden sind relativ leicht zu bewirtschaften, aber die Erträge waren bis zur Erfindung der mineralischen Düngung doch recht dürftig. Bis ins 19. Jahrhundert hinein bestanden weite Flächen aus Heidelandschaft.

Die überwiegend gute Eignung als Baugrund hat dazu geführt, dass die Engelbosteler Moorgeest im Stadtgebiet von Hannover bis auf wenige noch offene Flächen unter Häusern und Straßen verschwunden ist. Eine zusätzliche Belastung brachten der Mittellandkanal und die Autobahn. Sie garantieren dafür, dass man an keiner Stelle in diesen Restlandschaften ihre Bedeutung für Wirtschaft und Verkehr vergisst. Damit sind in gewisser Weise sogar reizvolle Landschaftserlebnisse verbunden; denn während der Wanderer sich in durch Wald und Landwirtschaft geprägtem natürlichen Gelände

Kraftwerk Stöcken

bewegt, hat er gleichzeitig doch immer wie zur Provokation technische Anlagen oder Bauwerke vor Augen oder hört den Lärm, den sie verbreiten. Die Türme des Heizkraftwerks Stöcken scheinen ihn wie zwei große stille Wächter zu beobachten.

Die Schwarze Heide – Relikt einer melancholischen norddeutschen Landschaft

Wer sich von Westen auf dem Grünen Ring auf den Landschaftsraum zubewegt, wird nach der Überquerung der B6 zunächst von dem etwas verlotterten Waldgebiet des städtischen Krankenhauses „Heidehaus" empfangen. Nur mit Hilfe der blauen Wegmarkierungen oder einer Wanderkarte ist der richtige Pfad in die dahinterliegende Schwarze Heide zu finden. Ohne Vorankündigung breitet sie sich dann plötzlich aus. Birken und Eichen, Weiden und Faulbaumbüsche begleiten den Weg durch diese melancholische norddeutsche Landschaft. Wo Erde frisch umgebrochen ist, oder im Bereich von Gräben oder feuchten Senken riecht es eigentümlich säuerlich.

Viel Zeit bleibt nicht, sich dem spröden Charme dieser noch ländlichen Gegend hinzugeben; denn an der Stelinger Straße beginnt schon wieder städtebauliches Entwicklungsgebiet. Auch bei der eben beschriebenen Restlandschaft der Schwarzen Heide ist keineswegs sicher, dass sie auf Dauer erhalten bleibt. In D-Mark oder Euro rechnende Köpfe werfen begehrlich abschätzende Blicke auf sie und überlegen, ob hier noch ein weiteres, rentables Gewerbegebiet entstehen könnte. Eine sympathischere Planungsvariante geht von der verlockenden Vorstellung aus, nach dem großen Erfolg der Kiesteiche in der südlichen Leineaue und des Altwarmbüchener Sees auch in der Schwarzen Heide für die im nördlichen Stadtgebiet lebende Bevölkerung einen Badesee zu planen. Der Untergrund ist als Material für den Straßenbau oder für andere Zwecke durchaus abbauwürdig, sodass der See für wenig öffentliches Geld anzulegen wäre. Aber das sind Zukunftsvisionen. Die raue Wirklichkeit zwingt den Wanderer, sich zu entscheiden, entweder den Weg in die freie Landschaft über die Stelinger Berge in Richtung Resse zu suchen oder die Zähne zusammenzubeißen und auf der viel befahrenen Stelinger Straße die Autobahn zu überqueren und am Kanal dem Waldgebiet der Mecklenheide entgegenzustreben. Die Stelinger Straße mit ihrer 1999 verbreiterten Brücke ist übrigens auch die einzige Möglichkeit, um von Stöcken aus in die Schwarze Heide zu gelangen. Für Fußgänger ist der Weg eine ziemliche Tortur. Radfahrer haben immerhin den Vorteil, sie

„Mönchsgang"

schneller hinter sich bringen zu können. Die vom Desbrocksriedegraben durchflossenen Flächen zwischen Autobahn und Kanal zeigen sich zur Zeit noch in einem ziemlich wüsten Zustand, aber sie werden beim Ausbau des Mittellandkanals nur vorübergehend als Spülflächen verwendet und später zu einer abwechslungsreichen, teils von Bäumen bewachsenen, teils offenen Landschaft ausgestaltet. Besonders zu erwähnen ist der hier entstehende Kinderwald, der mit viel Gesang und eifrigen kleinen Händen vorbereitet worden ist.

Deponie neben der Mecklenheide

Die Mecklenheide – facettenreicher Waldbestand mit hohem Freizeitwert

Der bequeme Weg am Kanal entlang könnte dazu verleiten, den Wald „Mecklenheide" links liegen zu lassen, aber ein Besuch ist sehr zu empfehlen; denn sie ist keineswegs ein vorrangig der Holzgewinnung dienender, langweiliger Kiefernwald, der als Waldtyp nördlich von Hannover relativ häufig vorkommt, sondern überrascht mit einem kleinteiligen Gefüge unterschiedlicher Baumbestände. Interessierte entdecken Buche, Eiche, Birke, Kiefer, Erle, Ahorn, Linde, Fichte, Lärche, Esche und manches mehr. Schattige Tümpel tauchen auf, es quakt und tiriliert, Lichtungen und Spielplätze laden zum Verweilen ein, eine Schutzhütte bewahrt davor, bei Regen nass zu werden und ein Forstpfad vermittelt botanische Erkenntnisse.
Der ehemalige Forst hat sich in den letzten 40 Jahren zu einem richtigen Erholungswald entwickelt. Da der Norden von Hannover mit solchen naturnahen Angeboten nicht besonders reich gesegnet ist, wird die Mecklenheide von den Einwohnern sehr geschätzt. Passend zu dieser Bedeutung bietet die Schulenburger Landstraße am östlichen Ende der Mecklenheide für Fußgänger und Radfahrer sowie für Nutzer öffentlicher Verkehrsmittel gute Verbindungen von Süden aus Richtung Vinnhorst, Ledeburg und Hainholz sowie von Norden aus Richtung Schulenburg und Engelbostel.

Reizvolle Relikte landschaftlicher Strukturen beim alten Dorf Vinnhorst

Freunde der Landschaft folgen am besten dem Grünen Ring, wenden sich nach Osten und gelangen so über Feldwege zum alten Dorf Vinnhorst. Sie werden ihre Entscheidung nicht bereuen. Zwar erwartet sie, eingeschnürt durch Autobahn, Eisenbahn und städtische Siedlungsentwicklung nur ein relativ kleines landschaftliches Erinnerungsstück, aber dieses wirkt bei bestimmten Wetterlagen und Lichtverhältnissen fast perfekt: Hohe Erlen begleiten einen Graben, Eichengruppen stehen groß und schweigend in den Wiesen und Weiden oder beschirmen geduldig alte Bauerngehöfte. Es ist das einzige noch erhaltene Fleckchen im Stadtgebiet von Hannover, das solche früher sehr verbreiteten Dorfrandstrukturen des Flachlandes zeigt, und es sollte alles dafür getan werden, sie zu erhalten. Dass die städtische Wirklichkeit dann doch anders aussieht, wird spätestens bei Erreichen des Stadtteils Vinnhorst deutlich. Die dörflichen Strukturen erweisen sich als Rudimente. Es wird gewohnt und gearbeitet wie in anderen Stadtteilen von Hannover auch.
Der Grüne Ring führt mit einer Brücke für Fußgänger und Radfahrer über die Autobahn nach Godshorn und von da aus nach Langenhagen. Eine andere Empfehlung ist, wieder den Mittellankanal anzusteuern und auf dessen Südseite zu Fuß oder mit dem Fahrrad die neue Uferpromenade entlang in Richtung Vahrenwald und möglicherweise noch weiter zu wandern. Der Mittellandkanal läuft auf dieser Stadtstrecke quer zu allen Richtungen, die Auto- oder Stadtbahnfahrer gewöhnt sind. Völlig neue Perspektiven fordern dazu heraus, sich über den jeweiligen Standort Klarheit zu verschaffen. Der Anblick von Schiffen im Binnenland und eine große Zahl anspruchsvoll neu gebauter Brücken lassen diese Tour zu einem unvergesslichen Erlebnis werden.

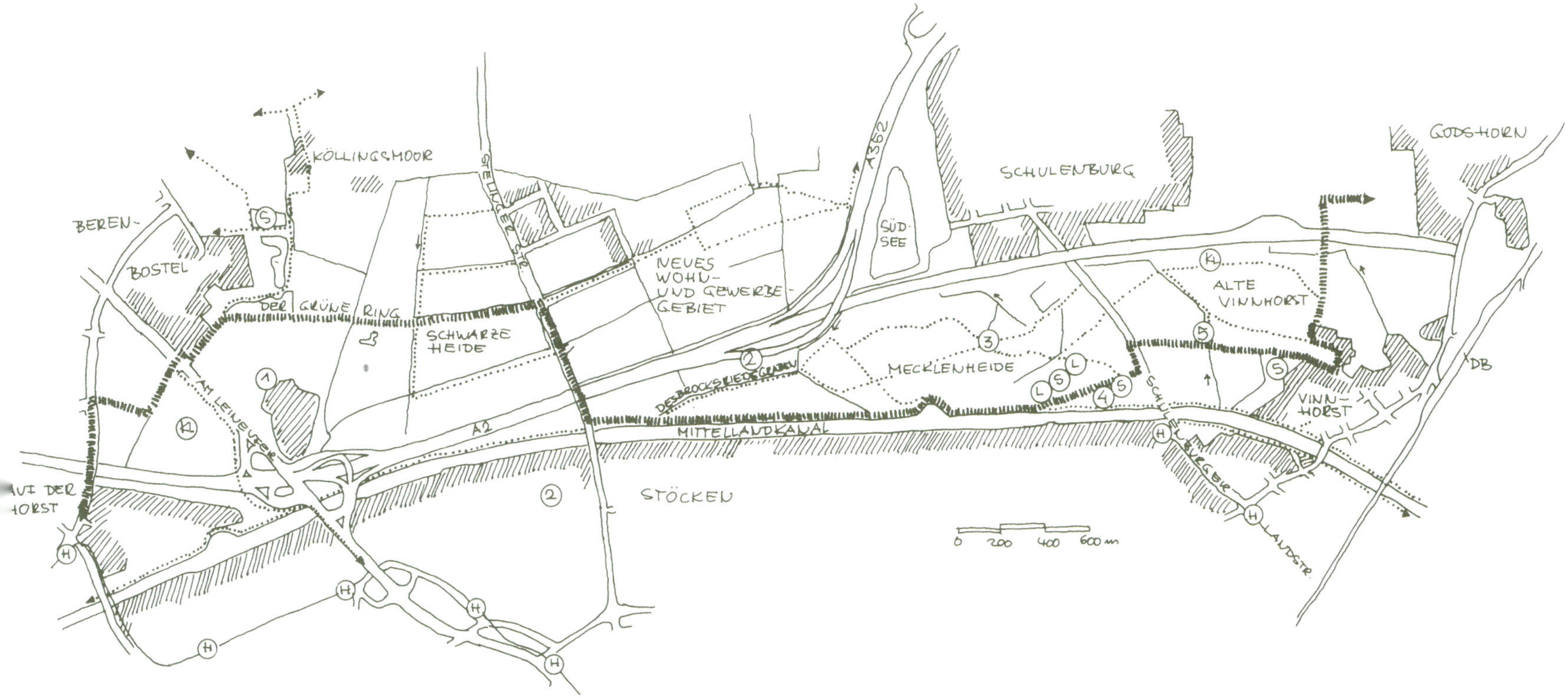

Wichtige Hinweise auf Einzelelemente

1. Stätisches Krankenhaus „Heidehaus", siehe Stadtbezirk 12,Seite 184.
2. „Kinderwald"; EXPO-Projekt der Umweltbildung des Sängers und Liedermachers Manfred Kindel.
3. Schutzhütte.
4. Botanischer Forstpfad.
5. Gedenkstein für Rittmeister Carl Graf von Beust, hier tödlich gestürzt am 16. 08. 1874.
6. Heizkraftwerk.

S Sportplatz.
Kl Kleingartenanlage.
L Liegewiese.
K Kinderspielplatz.
H Haltestelle der Stadtbahn.

Gedenkstein für Carl Graf von Beust

Weidende Schafe in der Schwarzen Heide

Spielplatz in der Mecklenheide

Wietzeniederung mit Kugelfangtrift, Segelfluggelände, militärischem Übungsgebiet und Große Heide

Eine der wichtigsten Radwegverbindungen aus dem inneren Stadtgebiet in die offene Landschaft im Norden führt über die Tannenbergallee, die Straße Am Jagdstall und die Peter-Strasser-Allee durch Vahrenheide nach Norden. Sie nimmt auch die vom Mittellandkanal kommende innere Schleife des Grünen Ringes auf.

Noch bis zum Zweiten Weltkrieg gab es hier ausgedehnte militärische Übungsgelände und den Flughafen Vahrenwald. Der in Hannover gern erwähnte Karl Jatho hat dort 1903 als Erster in Deutschland Motorflugversuche unternommen. Heute sind die sandigen, armen Heiden, die eine intensive Landwirtschaft nicht zuließen, bis auf wenige Reste verschwunden. Dass diese noch vorhanden sind, ist den Kasernenstandorten an der nordöstlichen Peripherie von Hannover zu verdanken. Die Bundeswehr brauchte sie für Übungen im Gelände und als Durchfahrt zu einem größeren Übungsgelände nördlich der Autobahn.

Die deutsche Wiedervereinigung führte zu einer Verringerung der militärischen Präsenz in Hannover. Die Bundeswehr war auf die Flächen südlich der Autobahn nicht mehr angewiesen und gab sie frei. Kaum war das geschehen, tauchten Überlegun-

gen zur Vermarktung dieser letzten Freiräume im nördlichen Stadtgebiet auf. Sie sollten bebaut oder mindestens vorübergehend während der Weltausstellung für Parkplätze verwendet werden.
Aus landschaftsplanerischer und ökologischer Sicht wäre das sehr bedauerlich; denn in ihrem Charakter sind sowohl die Flächen an der Kugelfangtrift als auch das so genannte Segelfluggelände einzigartig. „Sandmagerrasen" heißt das Zauberwort, das die Augen von Naturschützern zum Leuchten bringt. Nirgends sonst in Hannover ist dieser früher weit verbreitete Typ einer von bäuerlichen und später militärischen Interessen ausgepressten Landschaft so unverfälscht erhalten geblieben wie hier.

„Sandmagerrasen" – eine schützenswerte Landschaftsform

Keine landschaftsgestalterischen Harmonisierungsbemühungen glätten das Bild. Immerhin sind die Flächen schon durch Lärmschutzwände oder -wälle vor den Belastungen der Autobahn geschützt. Der Blick von der verlängerten Peter-Strasser-Allee nach Westen bringt die harte Silhouette der Bebauung an der Vahrenwalder Straße mit dem eindrucksvollen alten Wasserturm ins Bild. Selten ist die Stadtrandsituation mit weiten, durch Bäume kaum verstellten Blicken so klar erlebbar. Merkwürdig und faszinierend zugleich hat sich in dieser Jahrhunderte lang gebeutelten Landschaft eine heute selten gewordene und gefährdete Lebensgemeinschaft von Pflanzen und Tieren herausgebildet. Viele Flächen sind durch das Naturschutzgesetz geschützt. Zur Zeit läuft ein Verfahren, das gesamte Areal als Landschaftsschutzgebiet zu sichern und zu einem naturnahen Erholungsgebiet zu entwickeln.

Durch die Wietzeniederung ...

Die verlängerte Peter-Strasser-Allee bietet die Möglichkeit, unabhängig vom Autoverkehr die Autobahn zu überqueren. Den direkt auf der anderen Seite liegenden Silbersee kann man links oder rechts umrunden, sofern er nicht selbst als Ziel eines Ausflugs mit Badevergnügen ausgewählt wird. Die linke Umrundung mündet in einen Weg, der an der östlichen Baukante von Langenhagen zunächst am Flussgraben, später an der Wietze entlang und an der Pferderennbahn Neue Bult vorbei weit in die Landschaft hinausführt. Zu empfehlen ist, den hinter der Kläranlage liegenden künstlichen Berg „Wietzeblick" zu besteigen, der wie schon der Name andeutet, gute Rundblicke über Langenhagen und die Wietzeniederung bietet. Bei genauerem Hinsehen ist in östlicher Richtung der Verlauf der Wietze zu erkennen. Die Begradigung dieses Flüsschens hat auf seiner Nordseite eine weitgehend ausgeräumte Ackerlandschaft entstehen lassen. Auf seiner Südseite liegt ein größeres militärisches Übungsgelände, das von der Bundeswehr immer noch genutzt wird. Spaziergänger und Radfahrer werden geduldet. Das ist erfreulich; denn in diesem Gelände hat das Militär durch Deckung bietende Gehölzpflanzungen im Wechsel mit freien Schussfeldern ganz nebenbei und vermutlich über einen Zeitraum von 100 Jahren so etwas wie eine ideale Parklandschaft entstehen lassen.
Wer den Silbersee rechts umrundet und die viel befahrene Bothfelder Straße überquert, taucht in diese Landschaft ein, die über ein dichtes Wegenetz verfügt. Das Gelände ist leicht bewegt. Große offene Flächen werden durch waldartige Bestände und einzelne Baumgruppen gegliedert. Wären da nicht hin und wieder militärische Attrappen, könnte man meinen, sich in einem Englischen Park zu bewegen. Die Orientierung erscheint zunächst nicht einfach, aber mit der Maxime „immer geradeaus" wird irgendwann der Randweg an der Wietze erreicht, der zugleich die Hauptroute des Grünen Ringes aufnimmt. Nicht weit vom Ortsrand von Isernhagen-Süd entfernt biegt diese über eine Wietzebrücke nach Norden ab.

... in die Große Heide

Wer auf der Südseite bleibt, kann den Stadtteil Isernhagen-Süd auf unterschiedlichen Wegen durchwandern oder in südlicher Richtung um diesen herum der Großen Heide zustreben. Es ist fast erstaunlich, dass sie überhaupt noch existiert. Von allen Seiten wird sie von Bebauung dicht bedrängt und wäre sie – anders als der Name vermuten lässt – nicht ein Wald, in dem bekanntlich Bäume wachsen, die den Bau- und Ent-

Militärisches Übungsgelände

Große Heide

wicklungsdrang einer Stadt einen gewissen Widerstand entgegensetzen, hätte sie sich wahrscheinlich schon zugunsten einer Ansammlung von Häuschen aufgelöst. So aber stellt sie, obwohl sie von der Autobahn durchschnitten wird, noch so etwas wie einen großen Grünkeil dar, der tief in den Stadtteil Bothfeld hineinreicht. Sie nimmt eine wichtige Grünverbindung aus der Stadt in die Landschaft auf. Zur Zeit wird um die Waldvorflächen am Südrand der Großen Heide heftig gestritten. Dort sollte zwischen Wald und Sportanlagen eine autofreie Siedlung entstehen. Nachdem sich nicht genug Interessenten für dieses Projekt gefunden hatten, wäre es möglich gewesen, die Freiflächen zu erhalten. Aber es wird wohl auch hier und möglicherweise nicht nur hier so kommen, wie es kommen muss: Die Bebauung schreitet voran. Gute Gründe lassen sich immer finden. Einer davon ist die in der Nähe vorbeiführende Stadtbahnlinie 7. Über sie kann man in jedem Fall den hier beschriebenen Landschaftsraum der Wietzeniederung sehr gut erreichen. Eine andere Möglichkeit bietet die über die Peter-Strasser-Allee führende Stadtbahnlinie 8.

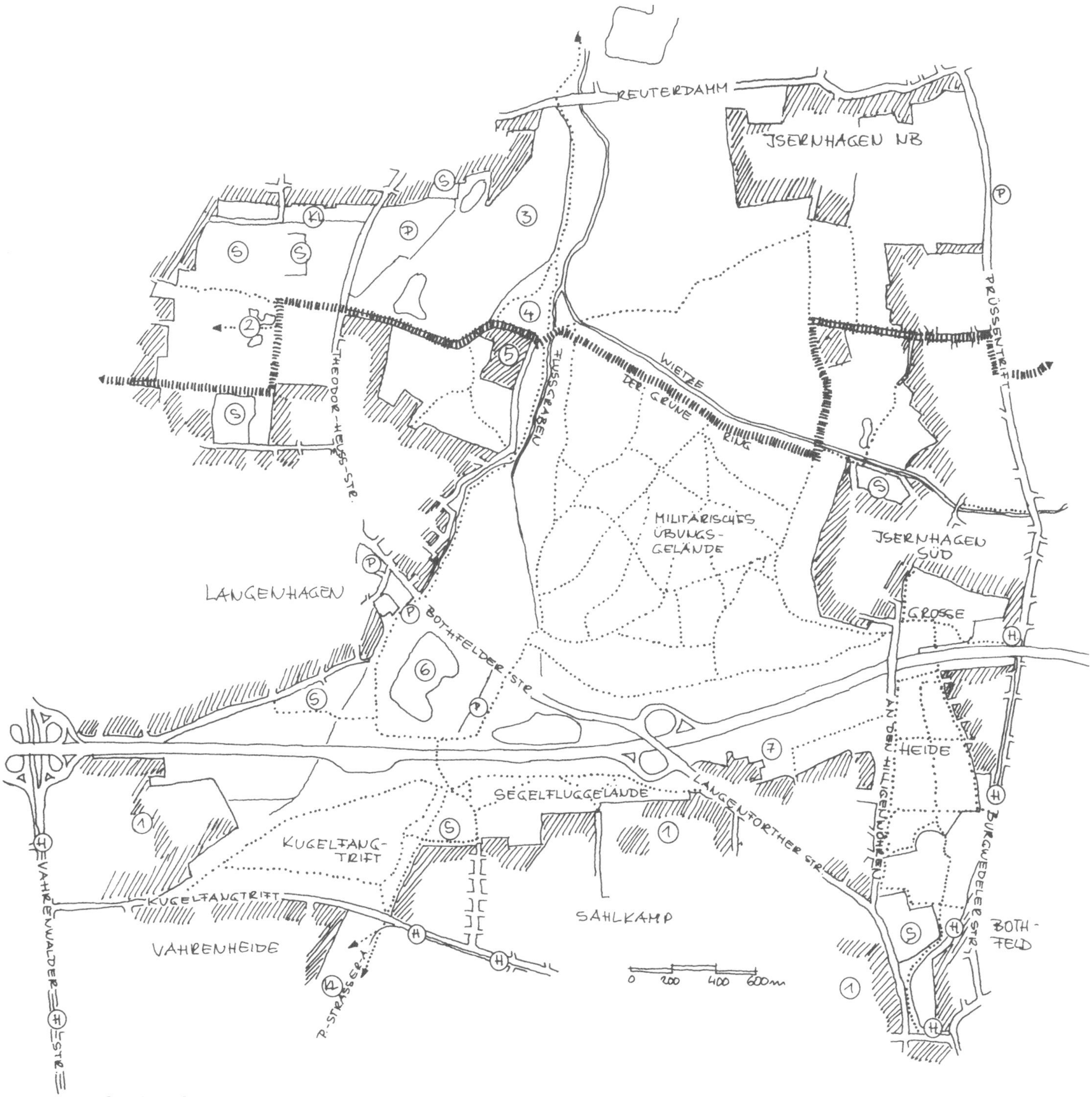

Hinweise auf wichtige Einzelelemente

1. Kasernengelände.
2. Stadtpark Langenhagen.
3. Pferderennbahn; „Neue Bult".
4. Aussichtshügel „Wietzeblick".
5. Klärwerk Langenhagen.
6. Freibad „Silbersee".
7. Städtische Baumschule.

S Sportanlage.
Kl Kleingartenanlage.
H Haltestelle der Stadtbahn.
P Parkplatz.

Warmbüchener Moorgeest mit Laher Graben und Altwarmbüchener See

Die Warmbüchener Moorgeest zeigt naturräumlich gesehen eine dritte Variante des Flachlandes. Während die Engelbosteler Moorgeest idealtypisch gesehen eine vom Grundwasser relativ wenig beeinflusste, sandige, arme Heidelandschaft darstellt und die Wietzeniederung zeigt, welche Wirkungen große, flache Senken entfalten, wird es in der Warmbüchener Moorgeest unter dem Einfluss von stehendem, hohen Grundwasser in überwiegend sandigen Böden allmählich hochmoorig. Die Birke ist neben der Eberesche und der Eiche eine Leitbaumart. Öhrchen- und Grauweiden wachsen an Rändern von Gräben und Kolken. Besonders augenfällig sind die dicken Bulten des Pfeifengrases und in den Wäldern breitet sich gern der Adlerfarn aus, der im Sommer grün und vital wuchert und im Herbst braun und schlaff die Wedel hängen lässt. Am ausgeprägtesten ist dieser Landschaftstyp noch rund um den Altwarmbüchener See zu finden.

Beschwerlicher Weg zu ungewöhnlichen Landschaften

Wer zu Fuß oder mit dem Fahrrad aus der Stadt dorthin gelangen will, findet zunächst durch die Eilenriede und den Grünzug Roderbruch überwiegend grünbestimmte Wege mit abwechslungsreichen Stadt- und Landschaftsbildern. Dann allerdings bleibt als einziger möglicher Zugang nur eine relativ schmale Grünverbindung entlang des Messeschnellweges. Seit dieser

durchgehend mit Lärmschutzanlagen versehen ist, sind die Belastungen durch den starken Autoverkehr deutlich verringert worden, und es ist letztlich eine Mentalitätsfrage, ob es gelingt, sie ganz zu verdrängen. Nach der Unterquerung des Messeschnellweges hat man plötzlich das Gefühl, die Stadt hinter sich gelassen zu haben. Durch den Lärmschutzwall und den künstlich etwas aufgehöhten Stadtfriedhof Lahe ist das Gelände bewegt. Der Laher Graben fließt in einem fast lieblich wirkenden, besonnten Tal. Weiter östlich sorgen ein künstlich entstandener, aber sehr natürlich wirkender Teich und ein Wäldchen für Abwechslung. Wer im späten Frühjahr dort entlang wandert, wird von den am Teichufer wachsenden Blumenbinsen entzückt sein.
An der Alten Peiner Straße trifft man auf den Grünen Ring. Die Zivilisation nimmt den Wanderer wieder fest in den Griff. Es soll Leute geben, die Angst haben, die Brücke über die hier sehr breite Autobahn zu überqueren. Da jeder weiß, dass Glückseligkeit nur durch vorherige Mühsal erreicht werden kann, ist mutige Entschlossenheit erforderlich. Man muss sie auch jenseits der Autobahn im Bereich des Moorwaldweges als Hauptzufahrt zur Deponie und in einem durch wildes Gewerbe geprägten Umfeld noch eine kleine Weile bewahren.

Der Altwarmbüchener See: künstlich angelegt, vielfältig genutzt

Aber dann liegt da plötzlich groß und die meiste Zeit des Jahres still der Altwarmbüchener See, künstlich angelegt, aber inzwischen durch die Natur erobert. Sein Wasser ist so sauer, dass es sich ganz weich anfühlt. Es ist zum Schwimmen sehr gut geeignet. Jenseits des verlängerten Messeschnellweges thront ruhig, majestätisch und mächtig die Zentraldeponie Hannover. An Sommertagen mit Badewetter herrscht am See Tag und Nacht mächtiger Trubel. Es wird gegrillt, gebadet, geschrien, gelacht, getrunken, gespielt und geliebt. Zarte Gemüter sollten an solchen Tagen auf der Südseite des Sees stadtauswärts streben. Schon auf Gemeindegebiet von Isernhagen werden sie mit der beschriebenen Moorlandschaft belohnt: nicht sehr groß und immer in Gefahr zuzuwachsen, aber Kenner finden hier sogar noch den seltenen Sonnentau. Moorlandschaft findet man übrigens auch noch auf der Rückseite der Mülldeponie. Wer sie kennen lernen will, muss auf dem Moorwaldweg den Schnellweg unterqueren und an der Deponie vorbei am Schnellweg entlang nach Norden wandern. Wer sich dagegen südlich hält, gelangt parallel zur Autobahn in den nördlichen Teil des Misburger Waldes.

Am Laher Graben

Doch wir kehren noch einmal zum Laher Graben am Friedhof zurück. Dort bietet die Alte Peiner Heerstraße eine günstige, wenn auch nicht autofreie Verbindung mit dem südlichen Teil des Misburger Waldes und dem Stadtteil Misburg. Folgt man dem Lauf des Laher Grabens nach Nordwesten, gelangt man zunächst zu einem Hochzeitshain, in dem Jungvermählte als Zeichen

Altwarmbüchener See

Laher Graben

des Glücks Bäume pflanzen können. An der Kirchhorster Straße bietet die Endhaltestelle der Stadtbahnlinie 3 die Möglichkeit, den Ausflug zu beenden.
Wer noch nicht zufrieden ist, kann dem Laher Graben weiter nach Norden folgen. Von links und rechts machen die Stadtteile Bothfeld und Lahe auf sich aufmerksam. Dazwischen breiten sich Wiesen und Weiden aus. Pferde grasen friedlich und in großer Zahl vor sich hin, Reiter durchziehen das Gelände.
Am Laher Graben ist die Beziehung zwischen den naturräumlichen Gegebenheiten und der Landschaftsentwicklung einleuchtend nachzuvollziehen. Ursprünglich waren alle Flächen bewaldet. Im Bereich des Laher Grabens wuchsen wahrscheinlich feuchte Eichen-Hainbuchen- oder Buchen-Eichen-Wälder, auf den trockenen Geestrücken Eichen-Birken- und Buchen-Eichen-Wälder. Diese Wälder verschwanden vom 15. Jahrhundert an durch Holznutzung und Überweidung. Am Laher Graben entwickelten sich Wiesen und Weiden, an den höher gelegenen Stellen, meist in unmittelbarer Nähe der Dörfer, Ackerflächen und im übrigen Bereich ausgedehnte Heiden. Namen wie Laher Heide, Im Heidkampe oder Farrelheide erinnern noch daran.
Verbesserte Methoden der Landwirtschaft, die Einführung von Kunstdünger und der Aufbau einer gezielten Waldwirtschaft führten im 19. Jahrhundert dazu, dass die Geestflächen entweder aufgeforstet (Reste davon sind in der Laher Heide noch zu sehen) oder ackerbaulich genutzt wurden. Die letzte „Fruchtfolge" war die Bebauung dieser Flächen. Als freie Flächen sind, wenn man die Kartierungen der Landesvermessung unterschiedlicher Zeiten vergleicht, nur die feuchten Wiesen und Weiden im Zuge des Laher Grabens übrig geblieben.

Am Laher Graben

Stimmungsvolle Landschaft zwischen Isernhagen und Altwarmbüchen

An der Laher Heide endet der abseits vom Straßenverkehr geführte Wanderweg und man muss sich damit abfinden, gemeinsam mit den Autofahrern die Straßen Im Klingenkampe und Im Heidkampe zu teilen. Diese Gemeinsamkeit setzt sich auch auf der anderen Seite der Autobahn in der Straße In den Gärten noch eine Weile fort, aber dann wird die Landschaft richtig schön. Äcker, Wiesen, Weiden und kleine Waldstücke bilden ein enges und vielgestaltiges Mosaik von Räumen. Der Laher Graben und vor allem die Wietze prägen das Bild.
Einzelne Baumgruppen, Hecken, Teiche und ein Netz von Gräben bereichern zusätzlich. Es ist völlig gleichgültig, in welcher Jahreszeit man diese Landschaft besucht, ob bei Raureif im November, bei Schnee, zur Blüte der Weiden, in der Aufbruchstimmung des Frühlings oder bei heißem hochsommerlichen Wetter: Sie ist immer reizvoll.
Die Bürger von Isernhagen Süd kennen diese in einem Stadtumfeld seltenen Qualitäten. An einem Wechsel des Wohnortes sind sie selten interessiert. Ein Geflecht von Wegen bietet viele Wahlmöglichkeiten. Die Schönheit der Landschaft reicht bis weit in den Landkreis hinein. Ungefähr an der Nordgrenze des Stadtteils Isernhagen Süd verläuft die Trasse des Grünen Ringes. Sie führt nach Westen durch Isernhagen Süd hindurch in die Wietzeniederung oder nach Osten ins Altwarmbüchener Moor.

Laher Teich

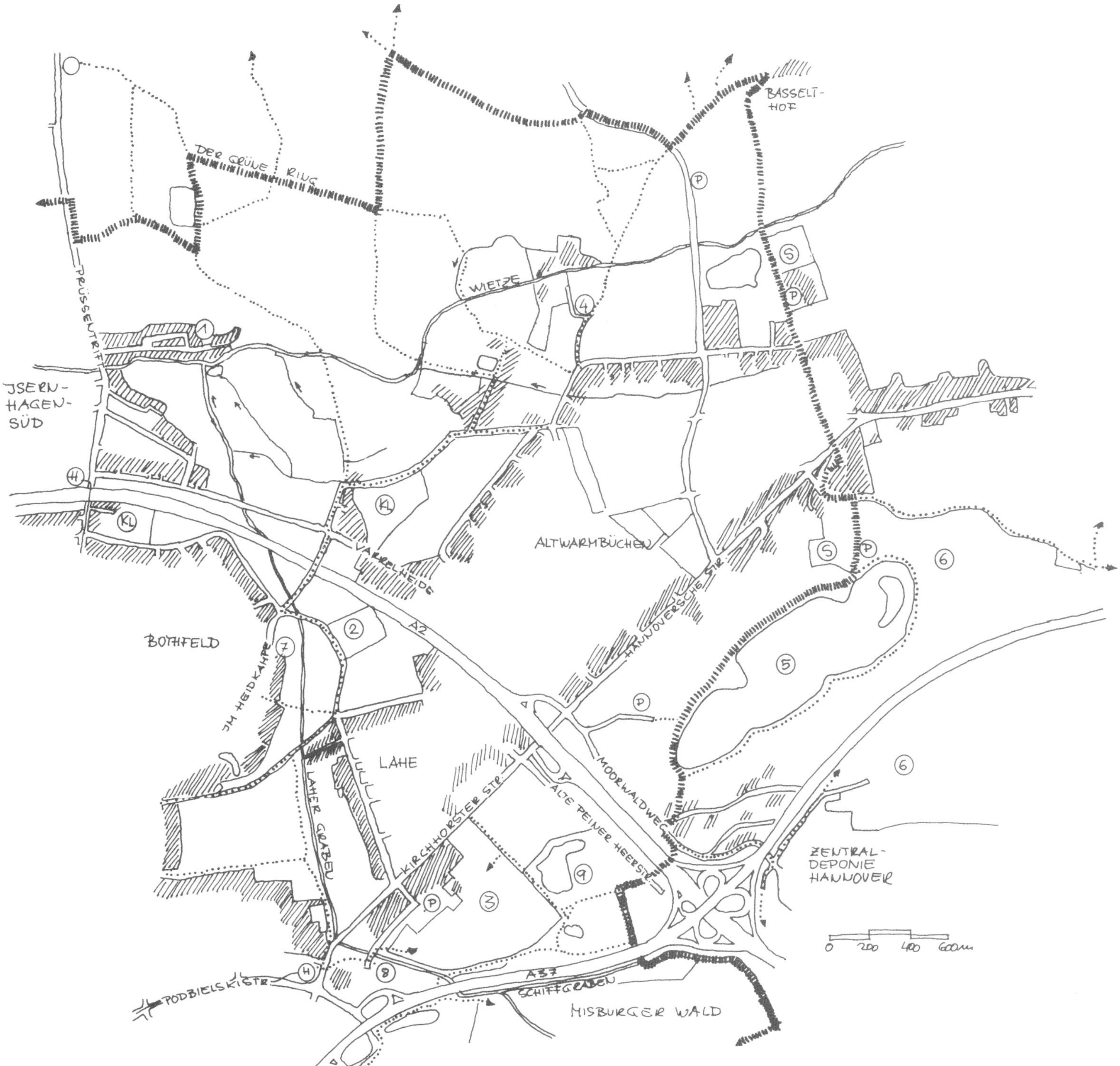

Hinweise auf wichtige Einzelelemente

1. Stadtfriedhof Isernhagen.
2. Umspannwerk.
3. Stadtfriedhof Lahe, siehe Seite 108.
4. Kläranlage.
5. Altwarmbüchener See; 1978–1982 im Zusammenhang mit dem Bau der A37 als naturnaher Badesee entstanden.
6. Altwarmbüchener Moor.
7. Reiterhof.
8. Hochzeitshain.
9. Laher Teiche.

S Sportanlage.
Kl Kleingartenanlage.
H Haltestelle der Stadtbahn.
P Parkplatz.

Misburger Wald und Seckbruchwiesen

Kein anderer Landschaftsraum in Hannover wird so stark von Autobahnlinien beeinflusst wie der Misburger Wald mit den Seckbruchwiesen. Hinzu kommen als Belastungen die Abfalldeponie auf der anderen Seite der A2 und der Mergelabbau durch Zementwerke, der Landschaftserlebnisse in den Seckbruchwiesen zur Zeit kaum zulässt.
Wer ein Beispiel für die These sucht, dass die Qualität einer Landschaft etwas mit ihrer Wertschätzung als Naturraum und ihrer Erschließung für das Landschaftserleben zu tun hat, der kann es hier finden. Die geraden, mit dem Lineal gezogenen Wege im Misburger Wald orientieren sich mehr an den Notwendigkeiten einer forstwirtschaftlichen Nutzung als an den Erholungsbedürfnissen der Bevölkerung. Da sich diese nicht unterdrücken lassen, haben sich überall Trampelpfade gebildet. Wegweiser fehlen. Auch die Artenzusammensetzung der Waldbäume und die Form der Holzernte belegen den Vorrang staatsforstlicher Betrachtung. Unverständlich ist, dass 50 Jahre nach dem Ende des Zweiten Weltkrieges mitten im Wald gewohnt werden darf, als würde in Hannover verzweifelte Wohnungsnot herrschen. Der Wald ist dadurch von Autos heimgesucht und wirkt verlottert. Es fehlen offene Waldwiesen und Spielangebote für Kinder. Die Eingänge sind alles andere als einladend. Irgendwie stolpert man hinein.

Dieser Wald muss schöner werden

Dabei bietet die Lage des Misburger Waldes in unmittelbarer Nachbarschaft zum Stadtteil eigentlich beste Voraussetzungen für eine Ausgestaltung als Erholungswald. Die Waldflächen diesseits der Autobahnen sind in dieser Beziehung durchaus mit der Vorderen Eilenriede in der Innenstadt vergleichbar. Mit dem so genannten Misburger Stadtpark reicht der Wald bis in das Zentrum bei Meyers Garten hinein. Viele Wohngebiete von Misburg grenzen unmittelbar an ihn an. Er ist für sie der Landschaftraum vor der Haustür, aber er ist dafür nicht gerüstet. Vielleicht würde eine ähnliche Institution wie der Eilenriedebeirat in der richtigen Weise Einfluss nehmen. Durchlässe am Messeschnellweg sind an zwei Stellen vorhanden, an der Alten Peiner Heerstraße, die hier zugleich auch die Trasse des Grünen Ringes aufnimmt, und weiter westlich am Regenrückhaltebecken. Allerdings ist die Zuführung aus dem Misburger Wald dort nur über einen Trampelpfad möglich.
Die Autobahn A2 kann nur über die Waldstraße überquert werden. Auf der anderen Seite liegt zunächst der Sonnensee, der als FKK-Gelände privatisiert und nicht öffentlich zugänglich ist. Dann wird das Waldbild interessanter. Nördlich liegen die Reste des Altwarmbüchener Moores. Seit der Erweiterung der Zentraldeponie, dem Bau der Nord-Süd-Autobahn und des verlängerten Messeschnellweges ist nicht viel davon übrig geblieben. Südlich steigt das Gelände zum Grauberg immerhin fast 10 m an, sodass sich unterschiedliche Waldzusammensetzungen ergeben. Wer weiter will, muss die Autobahn, in diesem Fall die A7 nach Hamburg, erneut überqueren. Der Weg über die nördliche Brücke führt ins Altwarmbüchener Moor und endet dort. Allerdings ist das Ausweichen nach Süden in den Ahltener Wald möglich. Die südliche Überquerung, in Sichtweite das Autobahnkreuz Hannover-Ost, führt direkt in den Ahltener Wald und von dort nach Burgdorf oder Lehrte.

Seckbruchwiesen und Kalkmergelgruben

Südlich an den Misburger Wald, auf der Stadtseite der Autobahnen, schließen die so genannten Seckbruchwiesen an. Sie werden – wie übrigens auch der südliche Misburger Wald – vom Wietzegraben durchflossen, der nach Vereinigung mit dem alten Schiffgraben am Messeschnellweg in den Laher Graben mündet. Er kommt aus der Gaim, erhält sein Quellwasser vom Kronsberg und hat in früherer Zeit dafür gesorgt, dass die Seckbruchwiesen feuchtes, wasserreiches Gebiet waren. Der Untergrund besteht aus Kalk und so konnte sich hier wie auch im Hermann-Löns-Park, der geologisch zu demselben Bereich gehört, eine besonders interessante Pflanzen- und Tierwelt herausbilden. Doch das ist Vergangenheit; denn gegen Ende des 19. Jahrhunderts entwickelte sich Misburg zu einem bedeutenden Standort der Zementindustrie und seitdem ist die Landschaft der Seckbruchwiesen völlig umgekrempelt worden. Die Gruben, die zur Gewinnung von Kalkmergel in den Untergrund gegraben worden sind, haben atemberaubende Dimensionen. Es ist nicht leicht, an den Rand dieser riesigen Löcher zu gelangen. Das Land ist privat und der Zutritt offiziell nicht erlaubt. Außerdem sind die steilen Wände nicht ungefährlich. Aber wer den Mut aufgebracht hat, über un-

Mergelgrube bei Misburg

wegsames Gelände dorthin zu gelangen, ist überwältigt von der Kraft des Eingriffs in die Landschaft. Es ist eine fremde, faszinierende Welt. Die Begradigung des Wietzegrabens und die Entwässerung der benachbarten, noch nicht ausgebeuteten Flächen hat aus dem ehemaligen Grünland Ackerland entstehen lassen, in das kleine Waldparzellen eingefügt sind. Auch diese Reserveflächen sind überwiegend Eigentum der Zementindustrie. Die Wege durch das Gebiet sind wenig einladend. Dorthin zu gelangen ist schwierig. Dabei zeigt ein Blick auf den Stadtplan, dass diese Flächen direkt an das Bad, an den Sportpark und den Schießstand anschließen. Sie könnten also neben dem Misburger Wald ein attraktives Gebiet für landschaftsbezogene Erholung sein und sie sind bei genauerem Hinsehen schon heute ungewöhnlich reizvoll. In den letzten Jahren wurde auf den Äckern links und rechts der verlängerten Ludwig-Jahn-Straße Gemüseanbau betrieben. Die verschiedenen Blattfarben und Strukturen erfreuten das Auge. In den Waldstücken im Hintergrund bildeten an den Pappelstämmen emporwachsende Waldreben eigenartige Gestalten, als hätte sich eine Gruppe von Riesen zur Andacht verdammelt.

Seckbruch

Misburger Wald

Vielversprechende Planungen der Umgestaltung

Die Stadt hat in der Vergangenheit immer wieder Vorschläge unterbreitet, wie die Ansprüche der Zementwerke und die Erholungsbedürfnisse der Bevölkerung zur Deckung gebracht werden könnten. Jetzt ist zwischen der Stadt und dem Zementwerk konkret verabredet worden, eine inzwischen stillgelegte Grube zu erhalten und behutsam zu erschließen, weil sich dort inzwischen eine äußerst interessante Vegetation eingestellt hat. Eine andere ausgebeutete Grube soll teilweise verfüllt und später als Badesee gestaltet werden. Die ehemaligen Seckbruchwiesen sollen als feuchtes Grünland zurückgewonnen werden. Nach der Abgleichung privater und öffentlicher Wünsche oder Forderungen kann hier über die Jahre ein interessanter Landschaftsraum entstehen, gleichermaßen geprägt durch Gruben und Produktionsanlagen wie durch besondere naturräumliche Qualitäten. Eine zusätzliche Attraktion bietet der Stichkanal Misburg. Hinter dem Misburger Hafen wird er ganz schmal und wirkt mit seinem seitlichen dichten Baumbestand märchenhaft verwunschen.

Auf dem Weg nach Süden in Richtung Kronsberg müssen zwei Eisenbahnlinien, die Haupttrasse nach Osten und die Einfädelung der Güterumgehungsbahn, überwunden werden. Dann grenzt die Autobahn mit der Anschlussstelle Hannover-Anderten den Bewegungsspielraum stark ein. Es bleibt nur die Möglichkeit, an schönen Schlehenhecken vorbei über die Autobahn nach Ahlten zu wandern oder nach Osten über die Hägenstraße und die große Schleuse im Mittellandkanal nach Anderten zurückzukehren.

Die Trasse des Grünen Ringes biegt wegen all dieser Schwierigkeiten zur Zeit schon im nördlichen Teil von Misburg stadteinwärts ab, führt durch das Siegelwäldchen und die neue Siedlung Steinbruchsfeld zum Mittellandkanal, überquert diesen an der Hannoverschen Straße und erreicht den Landschaftsraum der Breiten und der Nassen Wiese, der im Folgenden beschrieben wird.

Hinweise auf wichtige Einzelelemente

1. Stadtfriedhof Lahe; siehe Seite 108.
2. Altwarmbüchener See; siehe Landschaftsraum Warmbüchener Moorgeest, Seite 208.
3. FKK-Sportpark.
4. Blauer See.
5. Stadtfriedhof Misburg.
6. Siegelwäldchen.
7. Misburger Stadtpark.
8. Hallenfreibad Misburg.
9. Schießanlage.
10. Rodelberg.
11. Mergelgrube mit dem Ziel eines Badesees.
12. Mergelgrube mit dem Ziel eines naturnahen Erholungsgebietes.
13. Weitere Mergelgruben.
14. Hindenburg-Schleuse.
15. Gedenkstein für Werner Lampe; Förster in Misburg in den Jahren 1948–76.
16. Grauberg; 68 m über N.N.
17. Ahltener Wald.

S Sportanlage
H Bahnhof Misburg-Anderten
P Parkplatz

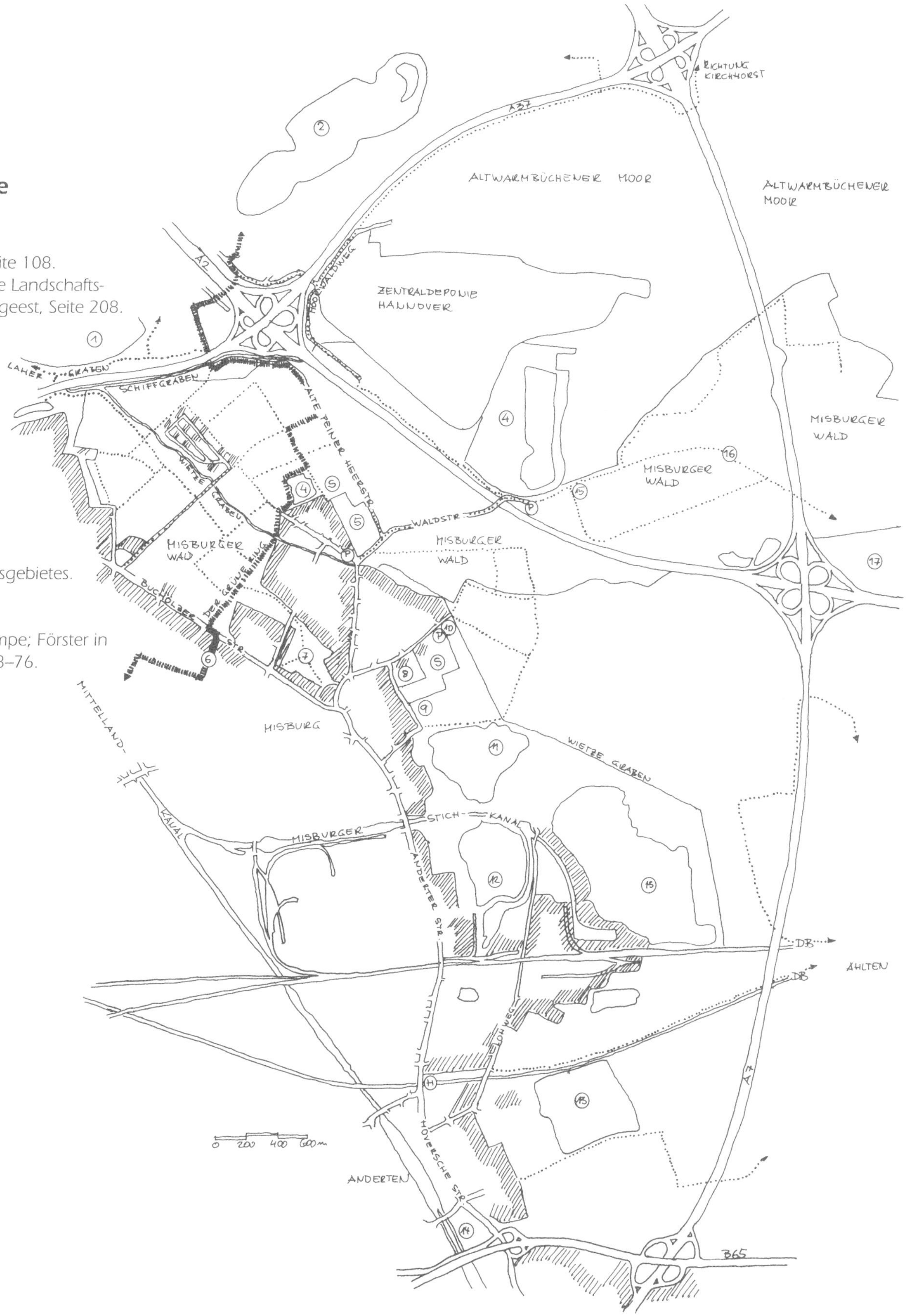

Breite Wiese, Nasse Wiese und Mardalwiese

Im Grünsystem der Stadt Hannover liegt dieser Landschaftsraum nicht am Außenrand, sondern wird von den Stadtteilen Kleefeld, Heideviertel, Misburg, Anderten und Kirchrode fast eingekreist. Gemeinsam mit dem Tiergarten, dem Hermann-Löns-Park, der westlich anschließenden Eilenriede, der Leineaue, dem Ricklinger Holz und dem Landschaftsraum Wettbergen gehört der Bereich Breite Wiese, Nasse Wiese und Mardalwiese zu einem Naturband, das in West-Ost-Richtung das südliche Stadtgebiet Hannovers durchzieht und nur in Misburg bisher noch nicht richtig zur Geltung kommt.

Aber was nicht ist, kann ja noch werden – die Stadt Hannover hat mehr als 760 Jahre gebraucht, um ihre heutige Struktur zu erreichen. Ihre Geschichte wird auch im neuen Jahrtausend weitergehen.

Kalkwiesenlandschaft – eine botanische Kostbarkeit

Geologisch gesehen bildet der Landschaftsraum Breite Wiese, Nasse Wiese und Mardalwiese eine Einheit mit den Seckbruchwiesen östlich von Misburg. Von Natur aus würden sich hier Niedermoore über Kalk ausbreiten, aus botanischer Sicht äußerst interessant und in Norddeutschland sehr selten. Der Hermann-Löns-Park zeigt den Reichtum dieses Landschaftstyps in künstlerisch verdichteter Form. Der Tiergarten dagegen ist im Kontrast dazu schon der südlich anschließenden Bördelandschaft zuzurechnen. Er schiebt sich als flache Aufwölbung tief in das Niedermoor hinein. Während der Hermann-Löns-Park eine landschaftsarchitektonische Glanzleistung darstellt, kann der Tiergarten als ein lebendiges Dokument der Kulturlandschaftsgeschichte aufgefasst werden. Beide zusammen – und in Verbindung mit der Eilenriede – sind ein landschaftsräumlicher Schatz, der in der stadthistorischen Bewertung den Herrenhäuser Gärten nicht nachstehen müsste. Er wartet aber noch darauf, gehoben und bewusst in ein größeres Ganzes eingefügt zu werden. Der größere Zusammenhang ist, wie schon die Überschrift dieses Kapitels zeigt, nicht einmal sprachlich erreicht. Hinzu kommt, dass diese hannoversche Kalkwiesenlandschaft durch Eisenbahnlinien stark zerschnitten wird. Selbst Ortskundigen fällt es schwer, in dem Trassengewirr die Übersicht zu behalten. Außerdem ist der Landschaftsraum erst in den letzten Jahren in seinem Wert für die Naherholung und für den Naturschutz erkannt worden.

Geografische Grenzlinie an der Mardalwiese

Als bester Einstieg in die Wiesenlandschaft ist die Tiergartenstraße zu empfehlen (Haltestelle „Kaiser-Wilhelm-Straße" der Stadtbahnlinie 5). Dort hat die Bebauung noch eine Lücke. Wie durch ein breites Fenster bietet sich ein wunderbarer Blick über die Mardalwiese. Der Standort ist auch deshalb außergewöhnlich und im Stadtgebiet von Hannover einmalig, weil er die Grenzlinie zwischen dem Hügelland und der Norddeutschen Tiefebene markiert. Der Blick geht nicht wirklich weit, aber die ratternden Züge auf der Güterumgehungsbahn erscheinen doch merkwürdig klein, als würden sie zu einer Modelleisenbahn gehören und der Fernmeldeturm „Telemax" erscheint nah und fern zugleich. Die Mardalwiese wurde in der Vergangenheit durch städtische Nutzungsansprüche hart bedrängt. Ein Festplatz und Sportanlagen wurden hineingebaut. Ein Reiterhof verursachte eine massive Überweidung des Grünlandes. Das Blickfenster sollte durch Bebauung geschlossen werden. Inzwischen ist sie – den Hang zur Tiergartenstraße eingeschlossen – mit den Möglichkeiten des Naturschutzgesetzes gesichert worden. Der aus dem Tiergarten kommende Mardalwiesengraben wurde aus seinem starren Grabenkorsett befreit und kann sich in den Wiesenflächen nun wieder freier bewegen. Noch brüten jedes Jahr mehrere Kiebitzpaare und erfreuen die Spaziergänger mit ihren akrobatischen Flügen. Naturfreunde haben auch schon den Wachtelkönig singen gehört. So etwas wird am Rand einer Stadt nur selten geboten. Der beliebte Randweg fasst den Hermann-Löns-Park und den Tiergarten optisch zu einer Einheit zusammen.

Begrenzt und doch reizvoll – die Nasse Wiese

Die Nasse Wiese auf der Ostseite des Tiergartens ist von der Mardalwiese bequem auf einem Weg zu erreichen, der in einer

Mardalwiese

Nasse Wiese

langen Biegung und dadurch Neugierde weckend, zwischen der Güterumgehungsbahn und dem Tiergarten hindurchführt. Sie wird durch den aus dem Kronsberg kommenden Landwehrgraben gespeist. Baumgruppen auf der Tiergarten-Nordseite liefern abwechslungsreiche Landschaftsbilder. Zeichenhaft fremd macht die grüne Fackel einer Pyramideneiche auf sich aufmerksam. Im Bereich des Wasserweges und des Eisteichweges wird die Landschaft spröder. Tiefe Gräben ermöglichen eine Nutzung der landwirtschaftlichen Flächen als Äcker. Der Stadtteil Anderten beherrscht mit seinen nicht nur glanzvollen Bauten den Panoramablick. Immerhin sorgt die am Ortsrand liegende Sportanlage mit ihren dichten Randpflanzungen für eine optische Milderung. Es ist bereits beschlossen, dass die Bebauung noch weiter in die Nasse Wiese vordringt. Dankbar angenommen wird von den Andertern, dass vor einigen Jahren der Wasserweg an seinem nördlichen Ende durch einen zusätzlichen Weg mit dem Eisteichweg verbunden werden konnte. Dadurch sind die Möglichkeiten, hier spazieren zu gehen, wesentlich verbessert worden. Wer Lust zu einem großen Rundweg hat, kann durch den Tiergarten zur Mardalwiese zurückkehren.

Ein verstecktes Kleinod – die Breite Wiese

Die Breite Wiese liegt zwischen und hinter den Bahndämmen. Sie ist schwer zu erreichen. Viele Hannoveraner sind dort noch nie gewesen. Noch vor wenigen Jahren war die Breite Wiese als Reservefläche für zusätzliche Kleingärten vorgesehen. Ausgedehnte Kleingartenanlagen sind östlich der Straße An der Breiten Wiese schon vorhanden. Das Ziel ihrer Erweiterung ist zugunsten einer Erhaltung und Wiederherstellung der Wiesenlandschaft aufgegeben worden. Stattdessen sind die Durchgangsmöglichkeiten für die Öffentlichkeit durch die Kleingärten zur Breiten Wiese wesentlich verbessert worden. Der Grüne Ring läuft in Nord-Süd-Richtung durch die Breite Wiese. Nördlich der Bahnlinien führt eine Brücke über den Mittellandkanal nach Misburg. Die Qualität des an beiden Seiten an die Brücke anschließenden Weges ist schlecht. Dabei könnte dieser Weg in der heutigen oder in einer veränderten Linienführung einmal eine attraktive Grünverbindung zu den Misburger Gruben und von dort weiter in die Seckbruchwiesen und in den Misburger Wald darstellen. Eine direkte Verbindung zwischen Nasser und Breiter Wiese fehlt und kann wohl auch wegen der ungünstigen Höhe des Bahndamms nicht geschaffen werden. Die Umwege führen entweder über den Hermann-Löns-Park oder durch Anderten über die Oisseler Straße.
Der unterhalb der Hindenburgschleuse tief ins Gelände eingeschnittene Mittellandkanal hat den in der Breiten Wiese wirtschaftenden Bauern sehr gute Entwässerungsmöglichkeiten geboten, so dass die Flächen in diesem ehemaligen Niedermoor sogar als Acker genutzt werden konnten. In letzter Zeit sind die tiefen Gräben unter Naturschutzgesichtspunkten teilweise wieder verschlossen worden und die früheren Grünlandnutzungen sind zurückgekehrt. Die dort weidenden Rinder werden von Spaziergängern und Wanderern als Attraktion empfunden. Das Landschaftsbild hat durch Pflanzungen sehr gewonnen. Die Pappelwäldchen stehen wie große grüne Blöcke in der Landschaft.

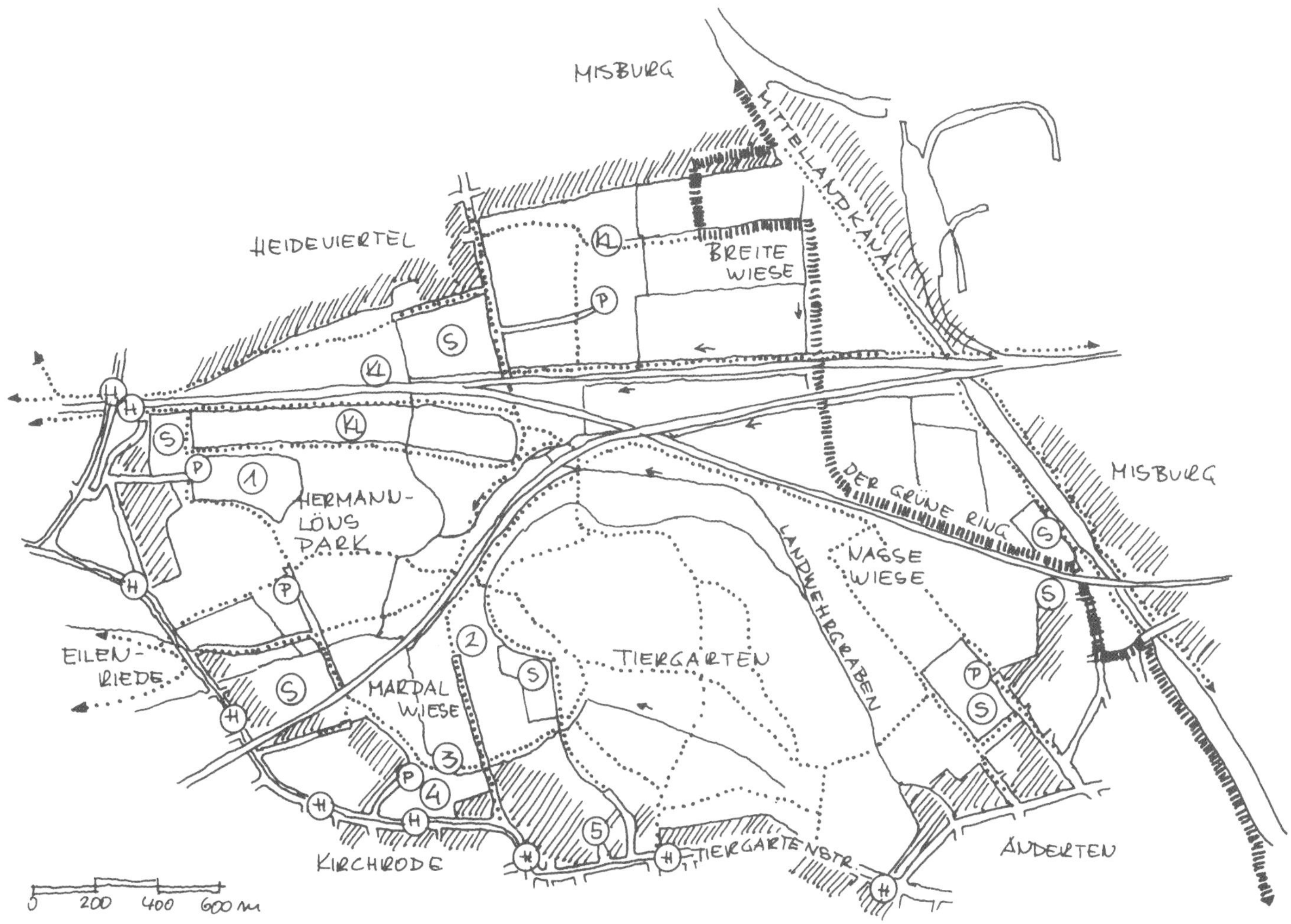

Hinweise auf wichtige Einzelelemente

1. Kleefelder Bad; siehe Hermann-Löns-Park Seite 56.
2. Reiterhof.
3. Ehemaliger Festplatz.
4. Mardalwiesenhang.

S Sportanlage.
Kl Kleingartenanlage.
P Parkplatz.

H Haltestelle der Stadtbahn oder der Deutschen Bahn.

Kronsberg

Die größte Pflanze auf dem Kronsberg ist die Zuckerrübe", hieß es früher gern, wenn von diesem Landschaftsraum die Rede war. Das war zwar übertrieben, aber der Spruch kennzeichnete doch ganz treffend die überwiegend kahle, immer von Winden umwehte große Bodenwelle am südöstlichen Rand von Hannover. Das Wort „Berg" ist zu seiner Charakterisierung eigentlich völlig ungeeignet und allenfalls aus der hannoverschen Eigenart zu verstehen, jede nur wenige Meter hohe Bodenerhebung „Berg" zu nennen. Immerhin handelt es sich hier aber um Hannovers höchste natürliche Erhebung, die nur von der Abfalldeponie überragt wird, und sie bietet einen weiten Rundumblick auf Stadt und Land. Man erkennt das Rathaus und die Marktkirche. Bei klarem Wetter soll sogar der Brocken zu sehen sein. Zu Kaisers Zeiten wurde das Gebiet gern für Manöver genutzt. Ein Gedenkstein erinnert noch daran, zum Ärger echter Hannoveraner, die bis heute nicht verkraftet haben, dass das Königreich Hannover 1866 in einem Krieg gegen Preußen verlorenging und von da an nur noch Provinz war.
Ursprünglich wuchsen im Bereich des Kronsbergs feuchte oder trockene Eichen-Hainbuchen-Wälder. An seinem Fuß haben sie sich in der feuchten Ausprägung auf nicht ackerfähigem Grund in den Wäldern

Gaim und Bockmer Holz erhalten. Der Berg selbst ist seit langer Zeit gerodet. Mehrere Wüstungen weisen daraufhin, dass er schon früh und intensiv besiedelt war. Übrig geblieben ist von diesen Siedlungen nur Wülferode, der einzige Stadtteil von Hannover mit noch überwiegend dörflichem Charakter. Wesentliche Teile des Kronsbergareals gehören heute zu den Gemarkungen der benachbarten Stadtteile Anderten und Bemerode.
Spätestens seit der Gebiets- und Verwaltungsreform 1974 und der darin enthaltenen Eingemeindung von Anderten, Bemerode und Wülferode nach Hannover galt der Kronsberg als das letzte größere Stadterweiterungsgebiet. Es gab anfangs Vorstellungen, den gesamten Hügel zu bebauen. Freunde der Landschaft freuen sich darüber, dass sich schließlich ein städtebauliches Konzept durchgesetzt hat, bei dem der Bebauung enge Grenzen gesetzt werden. Große Teile der offenen Landschaft bleiben als ökologischer Ausgleichsraum erhalten. Sie werden so ausgestaltet, dass sie als Naherholungsgebiet erheblich an Qualität gewinnen. Zugleich sollen sie aber auch als Lebensraum für heimische Pflanzen und Tiere entwickelt und weiterhin landwirtschaftlich genutzt werden.

„Stadt als Garten" auf dem Kronsberg

Der Kronsberg ist ein gutes Beispiel dafür, wie aus einem ausgeräumten, ackerbaulich genutzten Gebiet eine reich strukturierte, einzigartige Landschaft entstehen kann. Die Umgestaltung hätte wahrscheinlich nicht so schnell und nicht so konsequent erfolgen können, wenn der Berg nicht in unmittelbarer Nachbarschaft zum Weltausstellungsgelände läge und nicht Ort mehrerer so genannter weltweiter EXPO-Projekte wäre. Eines dieser Projekte, „Stadt als Garten", greift die Idee des Dessau-Wörlitzer Gartenreiches auf und überträgt dieses historische Vorbild in unsere heutige Zeit. Es wird versucht, die unterschiedlichen Wünsche zur Nutzung eines großen offenen Landschaftsraumes am Stadtrand verträglich zu einer harmonisch gestalteten Einheit zusammenzufügen.
Ein Spaziergang auf der Trasse des Grünen Ringes von Norden nach Süden mag das verdeutlichen. Der Aufstieg zum Kronsberg beginnt an der Westseite des Mittellandkanals. Im Vordergrund bewegen sich auf der A7 die Autos wie auf Fahrbändern in gegenläufiger Bewegung. Links im Hintergrund strotzen die Fabrikationsanlagen von Höver. Aber beim Blick nach rechts öffnet sich der große Landschaftsraum Kronsberg. Der Weg führt ziemlich direkt auf den Kamm, kreuzt dabei zwei von Anderten her kommende Feldwege. Der zweite, mit Namen Scheibenstandsweg, ist der geschichtlich wichtigere. Er war früher die Hauptwegeverbindung zwischen Anderten und Wülferode. Oben auf dem Kamm biegt

Stadtblick

Aussichtshügel Nord

Hermannsdorfer Landwerkstätten

die Route des Grünen Ringes nach links ab und folgt dem alten Gimseweg, der in einer die Blickseiten wechselnden Linienführung den Kamm begleitet. Dort sind in den letzten Jahren ungefähr 60 ha Ackerland aufgeforstet worden. Der Kronsberg soll – das ist das hehre Ziel – einen grünen Hut bekommen. Im Augenblick ist es bestenfalls eine sehr flache Baskenmütze; denn die Bäumchen sind noch jung und klein, aber 50 Jahre weiter gedacht wird der Kronsberg seinen hohen Hut tragen.

Rundblick vom Aussichtshügel

Auf dem Weg nach Süden bietet ein künstlicher Aussichtshügel Orientierung. Er ist von dem Schweizer Landschaftsarchitekten Dieter Kienast vorgeschlagen worden, der auf dem Kronsberg vergeblich den Berg suchend, diese Idee entwickelt hat. Der Aufstieg bis zum Gipfelkreuz ist für jeden Besucher des Kronsbergs eine verpflichtende Herausforderung. Man hat von dort einen großartigen Rundblick auf die Stadt Hannover und auf das Lehrter und Hildesheimer Land. Zu Füßen des Aussichtshügels liegen im Westen der neue Stadtteil Kronsberg, durch eine 2,5 km lange Allee aus Vogelkirschen und Lindenbäumen begrenzt, im Osten, schön eingefügt in Wiesen und Felder, das Dorf Wülferode. Im Hintergrund lagern breit und behäbig die Waldgebiete Gaim und Bockmer Holz mit einem so reichen Inventar an wildwachsenen Pflanzen und wild lebenden Tierarten, dass sie teilweise sogar ausgewiesene Naturschutzgebiete sind. Im Vordergrund grasen vielleicht die Kronsbergschafe. Kinder bemühen sich, sie mit Grasbüscheln anzulocken. In einer Waldlichtung treibt eine Gruppe Erwachsener Sport. (Das sind im Augenblick des Schreibens noch Visionen, aber so könnte es schon bald werden.)
Es fällt nicht leicht, über die weitere Wegerichtung zu entscheiden. Auf einem kurzen Gang durch die Siedlung sind die neue Stadtbahn oder der Stadtteil Bemerode und von dort aus die Seelhorst zu erreichen. Zur anderen Seite bietet der Kronsberg selbst ein abwechslungsreiches Wegenetz. Dieses hat Anschluss an weiterführende Wege durch die Wälder oder durch Wülferode über die Autobahn und über den Mittellandkanal oder an diesem entlang weit ins Land.

Wechselnde Eindrücke auf dem Weg nach Süden

Der Grüne Ring dagegen führt nach Süden, rechter Hand immer an der Stadtkante entlang mit grünen Verknüpfungen zu den Stadtteilen Kronsberg, Bemerode und Mittelfeld. Linker Hand breitet sich die offene Landschaft aus. Am Südende des Kronsberg-Kammes liegt noch einmal ein künstlicher Aussichtshügel. Die Stadt Laatzen, das Messegelände und die Weltausstellungsflächen mit dem Parc agricole, dem EXPO-Park-Süd und den Gärten im Wandel liegen zum Greifen nahe. Etwas weiter entfernt in östlicher Richtung vor dem Bockmer Holz erkennt man die Gebäude der „Herrmannsdorfer Landwerkstätten am Kronsberg", eine Produktions- und Vermarktungsorganisation des ökologischen Landbaus mit einer thematisch dazu passenden Bildungseinrichtung der Ländlichen Erwachsenenbildung. Ein Besuch lohnt sich, entweder um Brot, Käse oder Fleisch zu kaufen oder ein kühles Helles zu trinken oder sich zu informieren oder einfach die besondere Atmosphäre eines landwirtschaftlichen Betriebes, bei dem alles anders ist, zu schnuppern. Hügelabwärts leitet der Grüne Ring nach Laatzen. Dort bietet sich ein Besuch des neuen, vom Landschaftsarchitekten Joachim Adam gestalteten „Parks der Sinne" an. Die Leineaue ist dann nicht mehr weit, aber es ist kein herausragendes Vergnügen, sich als Wanderer in dieser autogerechten Stadt zu bewegen.

Der Südhügel

Hinweise auf wichtige Einzelelemente

1. Hindenburgschleuse; siehe Stadtbezirk 5, Seite 138.
2. Alte Windmühle, (Wohnhaus).
3. Reiterhof.
4. Aufforstung auf dem Kronsberg-Kamm, siehe Stadtbezirk 6, Seite 142.
5. Stadtteilpark Bemerode; siehe Stadtbezirk 6, Seite 142.
6. Geplantes Wohngebiet.
7. Randallee; siehe Stadtbezirk 6, Seite 142.
8. Trinkwasser-Hochbehälter.
9. Hotel- und Gastwirtschaft „Kronsberger Hof".
10. Gedenkstein; Obelisk, 1907 zur Erinnerung an kaiserliche Manöver auf dem Kronsberg aufgestellt, mehrfach versetzt.
11. Aussichtshügel.
12. Friedhof Wülferode; siehe Stadtbezirk 6, Seite 142.
13. Spiel- und Sportpark, siehe Stadtbezirk 6, Seite 142.
14. „Brinksoot"; früher Badeteich, heute Naturdenkmal.
15. Windkraftwerk.
16. Messegelände.
17. Plaza; siehe Stadtbezirk 8, Seite 154.
18. Mastbrucher Holz.
19. Gärten im Wandel; siehe Stadtbezirk 6, Seite 142.
20. Parc agricole, siehe Stadtbezirk 6, Seite 142.
21. Kalsaunequelle.
22. EXPO-Park-Süd, siehe Stadtbezirk 6, Seite 142.
23. Hundesportverein.
24. Umspannwerk.
25. Herrmannsdorfer Landwerkstätten am Kronsberg (Kronsberg-Hof), siehe Stadtbezirk 6, Seite 142.
26. Försterstein; an den Förster H. L. Sabiel erinnernd, geboren 1792, gestorben 1881.

S Sportanlage.
Kl Kleingartenanlage.
H Haltestelle der Stadtbahn.
P Parkplatz.

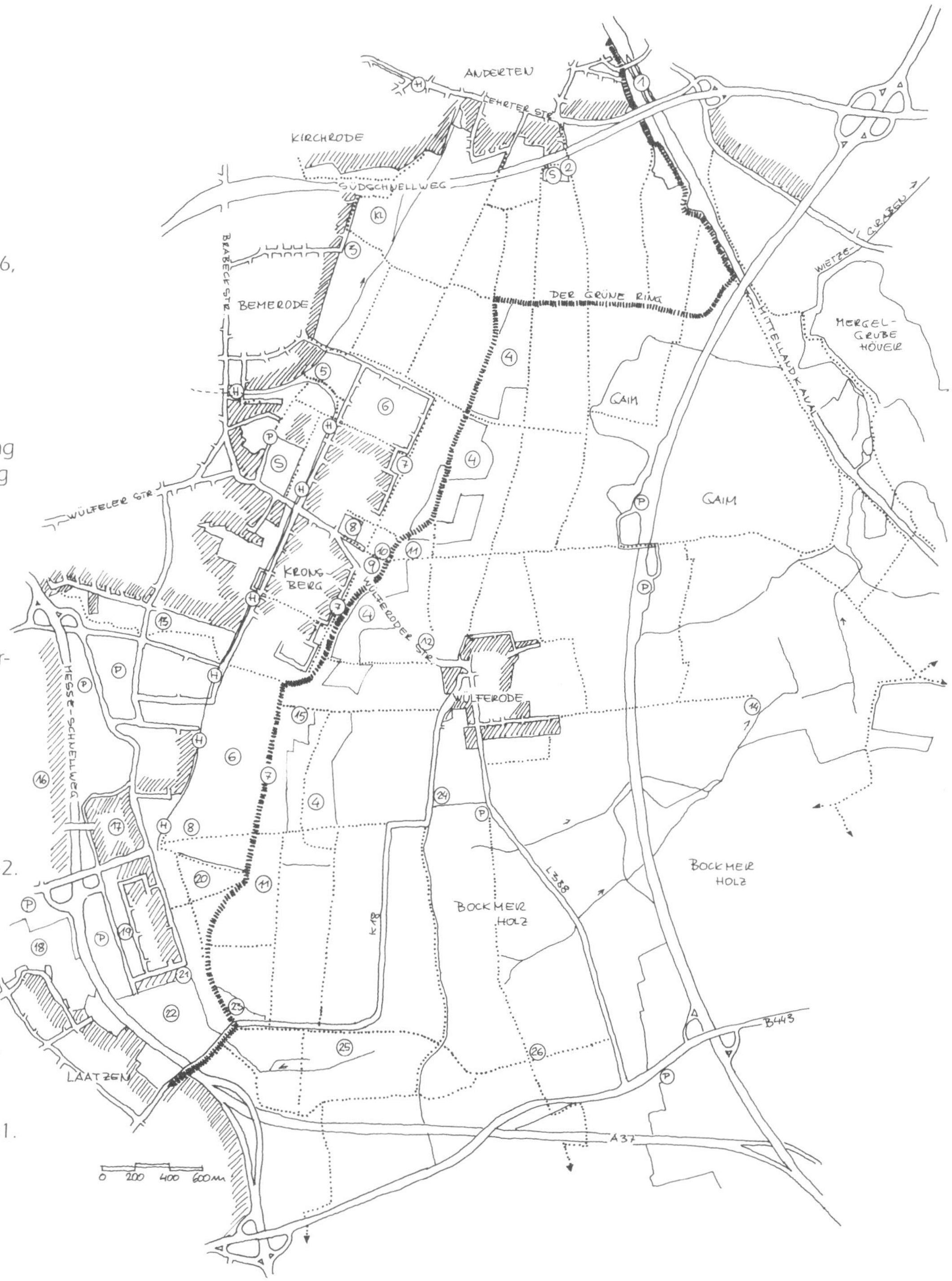

Südliche Leineaue

Die Leineaue südlich von Hannover, von den Hannoveranern gern „Leinemasch" genannt, ist vor allem in der ersten Hälfte des 20. Jahrhunderts massiv durch Abbau von Lehm für Ziegeleien und von Sand und Kies zum Bauen ausgebeutet worden. Wo es ging, wurden Löcher gegraben, die voll Wasser liefen, und so entstand ein zunächst ungeordnetes Mosaik von kleineren Wasserflächen, das sich durch die Natur und gezielte planerische Eingriffe allmählich zu einer Teichlandschaft entwickelte. Auf Restflächen siedelten sich Kleingärtner an. Naturfreunde und Sportvereine erkannten früh den verschwiegenen Reiz dieser gebeutelten Landschaft. Seit Ende der sechziger Jahre ist der besondere Wert der südlichen Leineaue für die Erholung der Bevölkerung auch offizielles Programm. Der Verband Großraum Hannover hat seitdem der Stadt Hannover und den an der Leine liegenden Nachbargemeinden bei der schrittweisen Ordnung und Erschließung der Aue für die Erholung immer wieder finanziell unter die Arme gegriffen.

Im Laufe der Jahre ist ein außerordentlich beliebtes Erholungsgebiet entstanden, das die Stadtteile Ricklingen, Linden, Calenberger Neustadt, Mitte, Südstadt, Waldhausen, Döhren und Wülfel als Wohnorte erheblich aufwertet und darüber hinaus auch stadtweite und regionale Bedeutung hat.

Normalerweise ist die Leine ein ziemlich harmloser Fluss, aber bei Hochwasser kann sie gewaltig anschwellen und überflutet dann weite Teile der Aue. Weil diese Gewalt des Wassers früher die ganze Stadt bedrohte, haben findige Hannoveraner früh die Chance erkannt, wesentliche Teile des Leinewassers über den so genannten Schnellen Graben in die Ihme abzuleiten. Leine und Ihme bilden deshalb im inneren Stadtgebiet von Hannover ein zusammenhängendes Flusssystem.

Der Weg der Leine in die Stadt

Während wir die nördliche Leineaue in der Innenstadt beginnend als Weg stadtauswärts beschrieben haben, wollen wir bei der südlichen Leineaue den entgegengesetzten Weg stadteinwärts wählen, der Flussrichtung der Leine folgend und insofern doch wieder in derselben Richtung wie in der nördlichen Leineaue.

Im Wiesenhaus

Auf dem Weg von Laatzen in die Stadt ist eine Rast im Wiesenhaus zu empfehlen, das sehr idyllisch in der Nähe einer Vogelschutzstation an der Alten Leine liegt. Das Stadtgebiet beginnt bei den Teichen am Jugendgästehaus. Alles ist üppig eingewachsen und wirkt so natürlich, als wäre es ohne menschlichen Einfluss entstanden.

Der Schwarze Weg

Jenseits der Wilkenburger Straße führt der Schwarze Weg nach Döhren. Die Landschaft wirkt weit. Grünland wechselt mit Ackerland. Etwa auf halber Strecke zweigt der Weg Späte Holzwiesen nach rechts ab. Eine schöne neue Holzbrücke über die Leine verleiht ihm seinen besonderen Charme. Er erreicht die Siedlungskante mit dem davor gelegenen Wiehegraben genau auf der Grenze zwischen den Stadtteilen Döhren und Wülfel. Der Schwarze Weg taucht im weiteren Verlauf in ein Kleingartengebiet ein. Hinter dem rechts liegenden hohen Rodelberg stehen für die weitere Wanderung zwei Wahlmöglichkeiten zur Verfügung. Der erste Weg zweigt noch vor der Brückstraße nach links ab, schwingt durch ziemlich wildes Gelände, berührt linker Hand den Wülfeler Teich und mündet in den Randweg zwischen Hannover und Hemmingen. Er bringt den Wanderer sicher zu den Badeparadiesen auf beiden Seiten des Südschnellweges. Der andere Weg verlässt den Schwarzen Weg nach rechts. Über eine alte Eisenbrücke erreicht man die „Döhrener Insel". Sie gehörte samt Brücke lange Zeit zum Werksgelände der Wollwäscherei und Wollkämmerei „Döhrener Wolle" und ist nach deren Stilllegung in ein städtebaulich interessantes Wohngebiet umgewandelt worden. Wer genug Landschaft gesehen hat, findet übrigens von hier aus schnell den Weg zu den Stadtbahnlinien in der Hildesheimer Straße. In jedem Fall ist die harte bastionsartige Baukante auf der Insel beeindruckend und erfüllt fast idealtypisch das Wunschbild

Brücke „Späte Holzwiesen"

Brücke Ohedamm

zwischen Linden und der Calenberger Neustadt hindurch am Justus-Garten in die Leine mündet.
Wer sich für rechts entscheidet, gelangt unter der Güterumgehungsbahn hindurch über die Schwienbrücke zum Maschsee. Noch vorher kreuzt der Weg einen munter fließenden Bach. Auch er ist ein künstliches Umflutgewässer, in dem die Wasserfauna in diesem Fall das Wehr am Schnellen Graben umschwimmen kann.

eines friedlichen, aber doch klar abgegrenzten Nebeneinander von Siedlung und Landschaft. Ein Abstecher in den Wiehbergpark bei dem Verwilderung Programm ist, lohnt sich.

Zum Döhrener Wehr und den Ricklinger Teichen

Aufregend ist das Döhrener Wehr, das in besonderer Weise die mitziehende Gewalt des Wassers zeigt. Ein Umflutgewässer mündet von der Insel aus gesehen auf der anderen Seite unterhalb des Wehres in die Leine. Es bietet Fischen und anderen Wassertieren die Möglichkeit, das Wehr zu umschwimmen.
Zu weiteren Landschaftserlebnissen entschlossene Wanderer verlassen die Döhrener Insel wieder über die Eisenbrücke, wenden sich bei der nächsten Möglichkeit nach Norden, überqueren die Brückstraße und geraten in die Döhrener Masch, halb Weg, halb Straße von Kleingärten begleitet. Man kann sich in einen der Koloniewege einbiegend in den Kleingärten verlieren oder kann nach der anderen Seite den Gänseanger entlang mit Brücke über die Leine den nördlichen Wohngebieten von Döhren zustreben. Die meisten wollen, jedenfalls im Sommer, jedoch weiter zu den zum Baden geeigneten Kiesteichen bei Ricklingen. Bei schönem Wetter herrscht hier mächtiger Trubel. Im Winter dagegen ist es eher still und die von Weiden gesäumten Teiche erzählen sich Sommergeschichten.
Hinter den Ricklinger Teichen stehen wieder verschiedene Wege zur Auswahl. Wen es nach links zieht, der erlebt die Ricklinger Szenerie mit Deich und bei Hochwasser geschlossenem Düsterntor, mit der davor fließenden Ihme und dem dahinterliegenden Edelhof. Man hat sich damit im weiteren Verlauf für die Ihme entschieden, die von Wegen begleitet hinter der Einmündung des Schnellen Grabens breit wird und

Das ehemalige Wassergewinnungsgelände

Wer aber immer geradeaus will, gerät über das Umflutgewässer hinweg und unter der Güterumgehungsbahn hindurch in das ehemalige Wassergewinnungsgelände, heute mit einer hohen Bedeutung für den Naturschutz, Rückzugsraum für seltene Pflanzen und Tiere, das Ganze vom Rathaus aus zu Fuß in 15 Minuten erreichbar. Am Ohedamm müssen sich allerdings auch diejenigen, die den Weg geradeaus gewählt haben, entscheiden: Ihme oder Leine. Der Ohedamm erinnert an eine Eisenbahntrasse, die früher vom Bismarckbahnhof über den Altenbekener Damm und den erst später gebauten Maschsee nach Altenbeken führte.
Die Ihme bietet Wegeverbindungen zunächst am Rande von Ricklingen entlang, später zwischen Linden und der Calenberger Neustadt hindurch in die nördliche Leineaue. Der Leineweg am Maschsee (oder hinter dem Wehr Schneller Graben durch die links der Leine liegende Seufzerallee) führt über eine neue Uferpromenade mitten in die Stadt hinein und hinter dem Hohen Ufer durch die Calenberger Neustadt wieder aus der Stadt heraus.

Hinweise auf wichtige Einzelelemente

1. Georgengarten; siehe Seite 30.
2. Schützenplatz; Stadtbezirk 1, siehe Seite 116.
3. Maschpark; siehe Seite 46.
4. Niedersachsenstadion; siehe Stadtbezirk 1, Seite 116.
5. Stadionbad als Teil des Sportparks; siehe Stadtbezirk 1, Seite 116.
6. Jugendherberge.
7. Wehr Schneller Graben mit Wasserkraftwerk und Umflutanlage; Schneller Graben und Wehr seit dem 15. Jahrhundert, Wasserkraftwerk seit 1922, Umflutgewässer als Teil des vom Niedersächsischen Umweltministerium angelegten Fließgewässerprogramms zur Überwindung des Wehrs für Wassertiere 1998/99 verwirklicht; Planung Heidt & Peters, Göttingen, und andere; Vorhaben des EXPO-Projekts „Stadt als Garten".
8. Westanleger Maschsee; siehe Maschsee, Seite 50.
9. Edelhof; siehe Stadtbezirk 9, Seite160.
10. Maschseequelle mit Staudengrund; siehe Maschsee, Seite 50.
11. Engesohder Friedhof; siehe Seite 84.
12. Eilenriede; siehe Seite 66.
13. Vierthaler-Teich; siehe Maschsee, Seite 50.
14. Strandbad; siehe Maschsee, Seite 50.
15. Michaelisfriedhof; Stadtbezirk 9, Seite 160.
16. Gedenkstätte; Stadtbezirk 9, siehe Seite 160.
17. Ricklinger Bad; Stadtbezirk 9, siehe Seite 160.
18. Badeteiche.
19. Stadtfriedhof Ricklingen; siehe Seite 96.
20. Ricklinger Holz.
21. Hemminger Bad.
22. Rodelbahn.
23. Jugendgästehaus.
24. Park des ehemaligen Ritterguts Wülfel, Hildesheimer Straße 430, siehe Stadtbezirk 8, Seite 154.
25. Vogelschutzstation mit Wiesenhaus.
26. Wiehbergpark; siehe Stadtbezirk 8, siehe Seite 154.
27. Döhrener Wehr mit Umflutanlage; Umflutgewässer 1999/2000 verwirklicht; im übrigen siehe 7.; Planung eines Wasserkraftwerks.

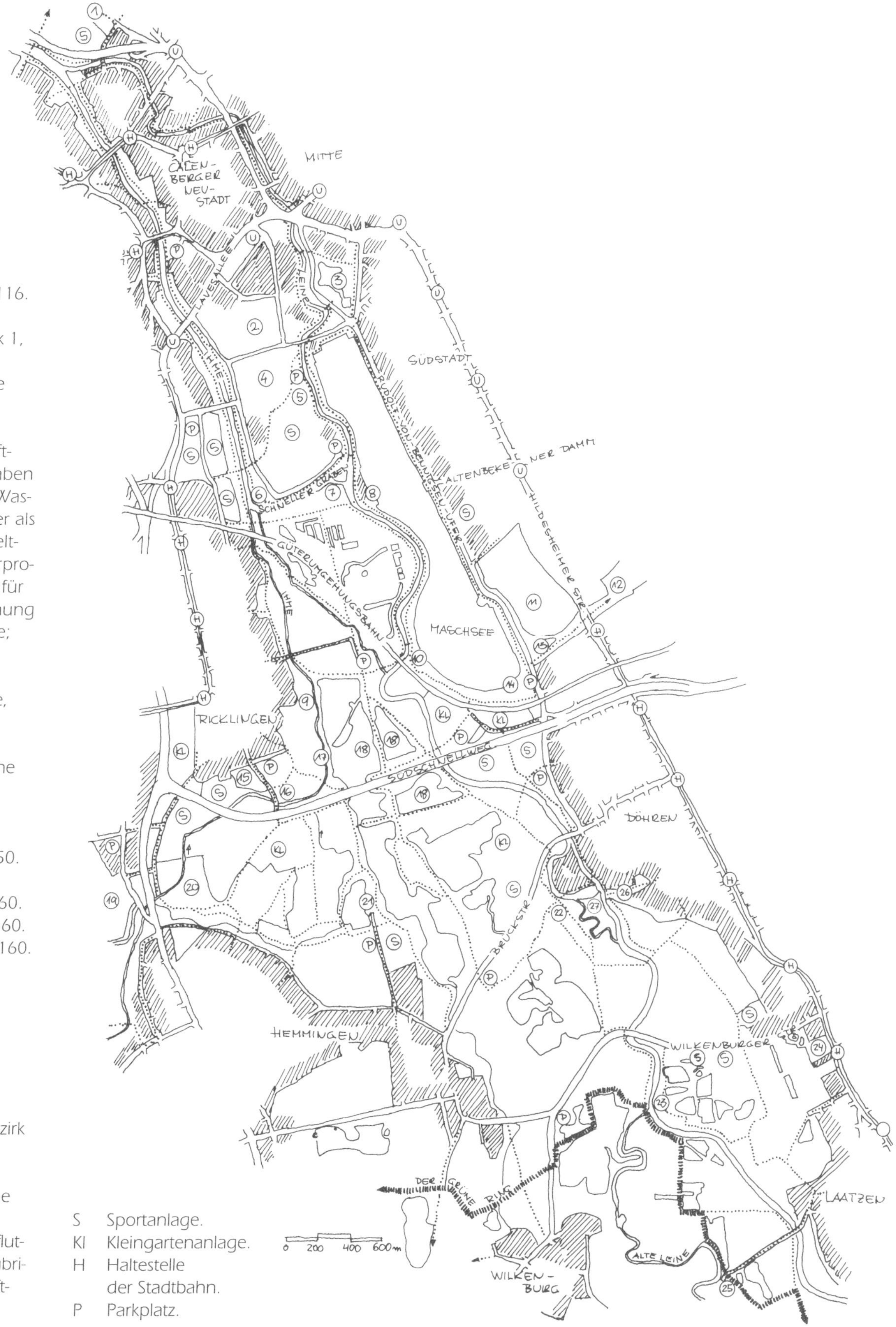

S Sportanlage.
Kl Kleingartenanlage.
H Haltestelle der Stadtbahn.
P Parkplatz.

Pattensener Ebene

Die Wettberger, insbesondere die Einwohner Altwettbergens, kennen selbstverständlich ihre Landschaft vor der Haustür. Da sie erst 1974 nach Hannover eingemeindet wurden, ist das Gefühl der Eigenständigkeit noch stark ausgeprägt und das schließt die Landschaft mit ein. Aber auch für die Neubürger, vor allem aus dem Stadtteil Wettbergen-West ist die Landschaft ein wichtiges Element der Wohnqualität. Auf größere öffentliche Grünflächen innerhalb des Stadtteils wurde bei der Bauplanung verzichtet. Die Landschaft ist der Park. Sie ist auf kurzen Wegen erreichbar, bietet Wind und Weite.

Die offizielle naturräumliche Bezeichnung für sie lautet „Pattenser Ebene". Unter diesem Begriff ist eine Landschaft zusammengefasst, die ihren besonderen Charakter und ihre Schönheit am besten bei klarer Sicht zeigt. Mit dem Deister im Hintergrund, den seitlich davor geschobenen Kulissen des Gehrdener Berges und des Benther Berges lockt sie in die Ferne. Die Berge sind durch Waldstücke und Siedlungssilhouetten halb verdeckt, sodass ihre genaue Lage offen bleibt. Den Vordergrund beherrschen Äcker und, da die Böden fruchtbar sind, vor allem Gemüseäcker. Jeder, der von Wettbergen aus mit dem Auto auf der B217 in Richtung Ronnenberg fährt, wird die Porreestangen und Kohlköpfe schon wahrgenommen haben.

Löss, Kohle, Sand und Kies ...

Die Pattenser Ebene gehört zum Calenberger Land, das wegen der Gebirgsrandlage schon zu Zeiten der Römer heiß umkämpft war. Es war Stammland der Cherusker und wurde im Laufe der Jahrhunderte immer wieder von anderen beherrscht, arg gebeutelt, aber wegen seiner Lössböden attraktiv. Nach der Einführung des Zuckerrübenanbaus im 19. Jahrhundert machte es seine Bauern reich. Bergbau prägte das Land mit Steinbrüchen im Bereich der Berge, Kohleförderung im Deister, Abraumhalden der Kaligewinnung in Ronnenberg, Empelde und Bokeloh, Sand- und Kiesgruben in der Leineaue. Asphalt, Salz, Kalk und Gips wurden im heutigen Stadtgebiet gewonnen. Die meisten von diesen Bodenschätzen sind inzwischen ausgebeutet, aber ihr Einfluss ist noch spürbar und Erinnerungsreste dieser landschaftsbedingten industriellen Geschichte sind an vielen Stellen zu finden.
Der engere Landschaftsraum um Wettbergen wurde allerdings von diesen Nutzungen kaum beeinflusst. Er wird von der Ihme und vom Hirtenbach bestimmt, der durch das Dorf Wettbergen fließt und am Rande von Hemmingen-Westerfeld in die Ihme mündet. Die Seitenräume beider Gewässer wurden noch vor wenigen Jahren bis unmittelbar an die Uferböschungen beackert, sodass ihr Verlauf aus größerer Entfernung allenfalls an der Topografie auszumachen war, aber seit einigen Jahren werden vor allem an der Ihme von der Stadt und den Nachbargemeinden systematisch Randstreifen aufgekauft und begrünt. Den Gewässern selbst wird dabei mehr Bewegungsspielraum zugestanden. Ein weiteres wichtiges landschaftliches Strukturelement auf stadthannoverschem Gebiet ist das Wettberger Holz, das mit den benachbarten Sportplätzen größer wirkt, als es ist. Es fügt sich dem Spaziergänger mit den Waldstücken der Nachbargemeinden zu eindrucksvollen Landschaftsbildern zusammen.

Wettberger Holz

Wettbergen – Blicke in die Landschaft

An drei Stellen bieten sich besonders gute Aus- und Überblicke über den Landschaftsraum an:

Blick von „In der Rehre" über den Hirtenbach zum Wettberger Holz (1. Standort)

Blick vom Ortsrand Wettbergens in Richtung Ihme-Roloven (2. Standort)

Die erste liegt an der Straße In der Rehre. Sie ist für Fußgänger und Radfahrer nicht besonders angenehm, da sie eng und ziemlich stark befahren ist. Mit dem Stadtfriedhof Ricklingen im Rücken öffnet sich am höchsten Punkt der Straße ein weiter Ausblick auf Devesse. Seitlich rechts wird das Bild durch das Wettberger Holz und links durch die Splittersiedlung Auf dem Grethel eingefasst. Rätselhaft bleibt, dass mitten in der Feldmark ohne eine vernünftige städtebauliche Anbindung ein lang gestreckter Ackerschlag mit Einfamilienhäusern bebaut werden konnte. Es ist zu befürchten, dass diese Fehlentscheidung aus der Vergangenheit zukünftig dazu verleiten könnte, das breite Fenster zwischen diesem Ausreißer und dem Ortsrand von Wettbergen durch Bebauung zu schließen und damit den landschaftsräumlichen Zusammenhang mit dem Ricklinger Friedhof zu unterbrechen. Wem es gelingt, diese Sorge zu überspielen, der wünscht sich einen zusätzlichen Nebeneingang zum Friedhof. Ein kleiner Vorplatz sollte es ermöglichen, ohne Bedrängnis durch den Verkehr den Blick in die Landschaft zu genießen.
Die zweite Stelle liegt an der Ausmündung der Ihmer Straße. Hier wird der Blick links durch das Wettberger Holz gefasst. Im Hintergrund ist Ihme-Roloven zu erkennen, seitlich rechts begrenzt durch das Ronnenberger Holz, und wiederum rechts davon liegt breit und durch die Kalihalde betont Ronnenberg.
Als dritter Blickstandort ist der Randweg von Wettbergen-West zu empfehlen. Die Nahsicht auf Empelde ist zwar ziemlich deprimierend und man wünscht inständig, dass die vor kurzem aufgebauten Einfamilienhäuser bald hinter grünem Bewuchs verschwinden. Ronnenberg zeigt sich jedoch in freundlich mildernder Entfernung. Benther Berg und Gehrdener Berg bilden eine für hannoversche Verhältnisse ungewöhnlich bewegte Horizontlinie.
Alle drei Standorte weisen hinaus und daraus erklärt sich vermutlich, dass im Nahbereich des Landschaftsraums die Möglichkeiten für Rundwanderwege bisher sehr eingeschränkt sind. Die Trasse des Grünen Ringes läuft im Siedlungsbereich von Wettbergen am Hirtenbach (Devesser Straße) entlang. Sie verlässt den Stadtteil in Richtung Westen, um schon bald zwischen den Häusern von Empelde zu verschwinden.
Auf der anderen Seite biegt sie zwischen dem Wettberger Holz und der Sportanlage hindurch nach Süden ab, erreicht an der Ihme die Stadtgrenze und strebt weiter Devesse zu. Die verlängerte Devesser Straße führt als Feldweg nach Hemmingen. Von dort aus ist auf Umwegen die Südliche Leineaue erreichbar. Die geplante Trasse der Ortsumgehung wird hoffentlich an der Ihme entlang eine direkte Fuß-/Radwegverbindung in das Ricklinger Holz und von da aus in die Leineaue bringen. Feldwege verbinden auch über die Kückenmühle mit Ihme-Roloven und Ronnenberg. Von Ronnenberg aus bietet eine Außenschleife des Grünen Ringes die Möglichkeit, auf die Westseite des Gehrdener Berges zu gelangen. Dort hat man einen wirklich atemberaubend weiten Blick über das zwischen Deister und Stemmer Berg eingefügte Siedlungs- und Landnutzungsmuster des Calenberger Landes (siehe Abbildung S. 234).

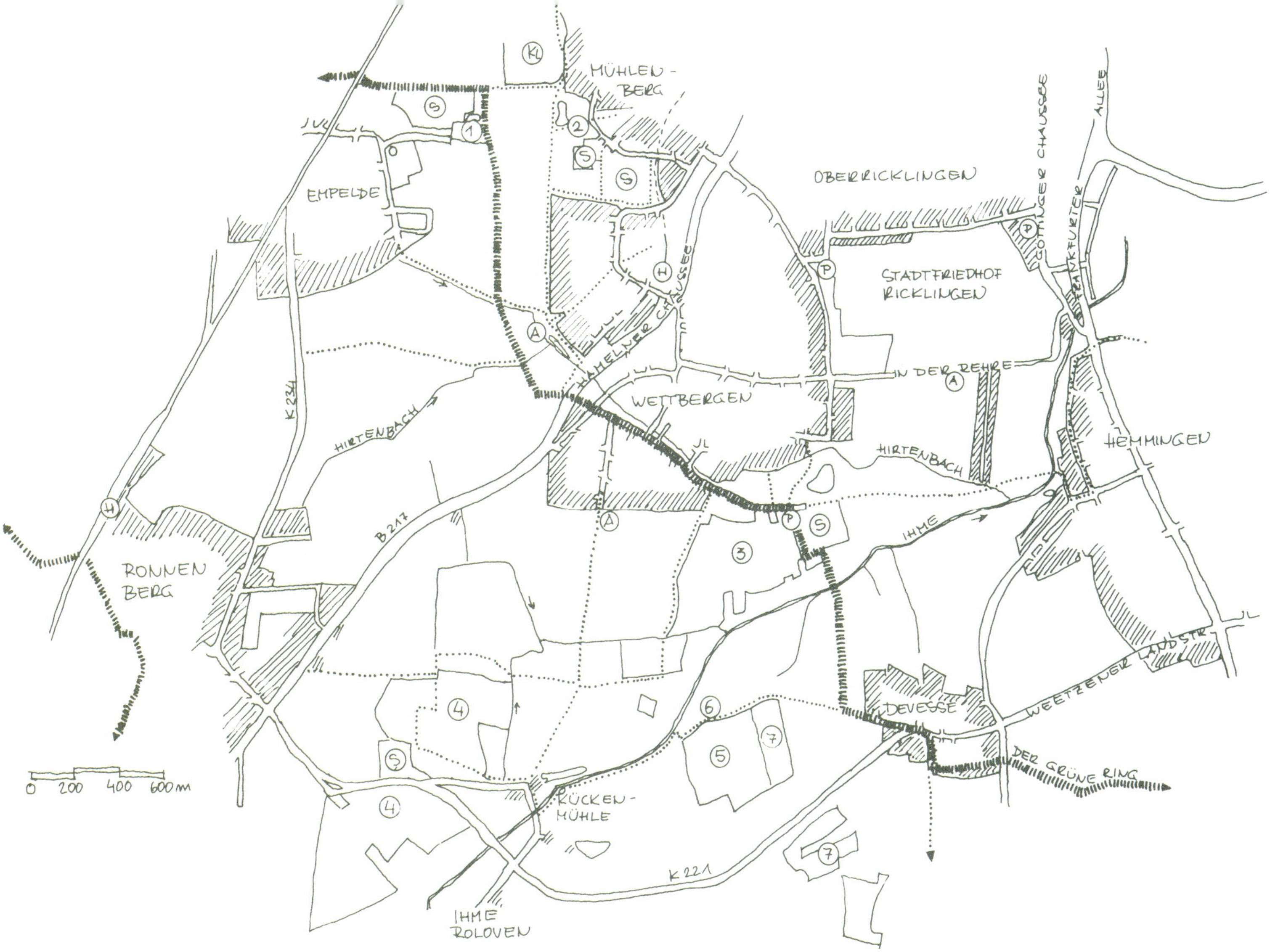

Blick von Wettbergen-West in Richtung Ronnenberg (3. Standort)

Hinweise auf wichtige Einzelelemente

1. Rodelberg.
2. Stadtteilpark Mühlenberg; siehe Stadtbezirk 9, Seite 160.
3. Wettberger Holz.
4. Ronnenberger Holz.
5. Hengstmanns Busch.
6. Loydbrunnen.
7. Devesser Holz.

S Sportanlage
Kl Kleingartenanlage
P Parkplatz
A Aussicht

Benther Land

Auch die Landschaftsräume westlich von Badenstedt, Davenstedt und Ahlem gehören zum Calenberger Land. In unmittelbarer Nachbarschaft der Stadt ragen die Höhenzüge des Benther Berges, des Heisterberges und des Mönckeberges auf. Das Leinebergland hat hier seine letzten Ausläufer und bringt die Landschaft in Bewegung. Die überwiegend fruchtbaren Böden haben früh zu einer dichten Besiedlung des Gebietes geführt. Ackerbau und Viehzucht haben eine alte Tradition. Schon die Kurhannoversche Landesaufnahme von 1781 zeigt in diesem Gebiet nur noch wenige Restwälder. Von Natur aus würden hier Buchen- und Eichen-Hainbuchen-Wälder rauschen. Heute rauscht vor allem der Verkehr, denn die Bebauung hat sich teilweise schon bis an die Stadtgrenze heran entwickelt und wer noch freie Landschaft genießen will, muss sie sich in den Nachbargemeinden Ronnenberg und Seelze suchen.

Salz liebende Pflanzen am Rande der Fösse

Eine besondere Bedeutung hat die Fösseniederung für das Grünsystem des westlichen Stadtgebietes. Das Flüsschen Fösse entspringt keineswegs – wie man annehmen möchte – am Benther Berg, sondern im Velber Holz und holt sich sein Quellwasser aus dem Heisterberg. Im weiteren Verlauf erhält es dann allerdings doch Zuflüsse aus dem Bereich des Benther Berges. Das

Außergewöhnliche an der Fösse ist ihr schon immer besonders hoher Salzgehalt. Sie fließt über einen mächtigen Salzstock im Untergrund, durch den salzhaltiges Wasser an die Oberfläche dringt. Die Kalihalde von Empelde zeugt noch heute von der früheren wirtschaftlichen Nutzung dieser Bodenschätze. Von den ehemaligen Salinen Egestorffhall und Neuhall, die sich ungefähr dort befanden, wo heute die Carlo-Schmid-Allee die Fösse kreuzt, ist allerdings nichts mehr zu sehen. Nur der erwähnte hohe Salzgehalt der Fösse und die sie begleitende, Salz liebende Vegetation weisen unverändert auf den Salzreichtum unter der Erde hin. Der Fössegrünzug reicht bis in dieses ehemals wirtschaftlich genutzte Gebiet. Er verknüpft die inneren Wohngebiete von Badenstedt und Davenstedt mit der offenen Landschaft. Leider endet er abrupt an der Trasse der Güterumgehungsbahn und findet in Linden keine Fortsetzung.

Von Badenstedt zum Benther Berg

Wer am westlichen Stadtrand von Hannover wohnt, hat gute Möglichkeiten für Spaziergänge und Wanderungen in die Landschaft. Erst durch die jeweils ganz unterschiedlichen Landschaftsbilder an ihren Siedlungsrändern gewinnen die drei Stadtteile Badenstedt, Davenstedt und Ahlem ihren unverwechselbaren Charakter.
Das Vorland von Badenstedt wird durch die Nähe des Benther Berges bestimmt, dessen Nordkopf schnell erreichbar ist und ausgedehnte Waldgänge zulässt. Es geht richtig rauf und runter, aber niemand wird überanstrengt. Deshalb ist der Benther Berg bei Spaziergängern und Radfahrern gleichermaßen beliebt. Auch Mountain-Biker haben ihn für sich entdeckt. Auf dem aus Buntsandstein bestehenden Untergrund wächst ein artenreicher Wald, der Licht und Schatten spendet und auch für Kinder interessant ist. Nur Buschwindröschen und Lerchensporn wird man im zeitigen Frühjahr auf dem sauren Waldboden vergeblich suchen. Der umlaufende Randweg bietet weite Aussichten. Die dicht angelagerten Orte Benthe, Everloh, Northen und Lenthe sorgen dafür, dass der Kontakt zur Zivilisation nicht verloren geht. Heiße und kühle Getränke oder ein deftiges Essen müssen nicht lange entbehrt werden.
Die Wege aus dem Stadtteil Badenstedt führen durch städtisch beeinflusstes Gebiet. Kleingärten, Sportanlagen und eine Reithalle belegen das starke menschliche Bedürfnis, Natur- und Landschaftserlebnisse mit sportlichen oder gärtnerischen, in jedem Fall aber gemeinschaftlichen Aktivitäten zu verbinden. Daneben wird in einem ziemlich bunten Gewürfel weiterhin Landwirtschaft betrieben. Auch Fischteiche sind vorhanden. An mehreren Stellen sind Bemühungen von Naturfreunden zu erkennen, die Lebensraumqualitäten für Flora und Fauna zu verbessern und damit zugleich das Landschaftsbild zu bereichern. Für alle, die links und rechts der Straße Am Soltekampe wohnen, besteht die Möglichkeit, auf grünen Wegen an der Fösse entlang direkt nach Hause zurückzukehren.

Rund um Davenstedt

Dasselbe gilt spiegelbildlich natürlich auch für Davenstedt. Alle, die südlich der Davenstedter Straße wohnen, haben den Fössegrünzug schnell erreicht. Der Landschaftskontakt von Davenstedt ist siedlungsnäher als der von Badenstedt. Man kann den Stadtteil überwiegend auf grünen Wegen, ziemlich dicht an der Bebauung entlang, umrunden. Auf der freien Seite öffnet sich der Blick in eine abwechslungsreiche Landschaft. An der Südkante hat man immer den Benther Berg und den „Kalimandscharo" von Empelde vor Augen. Teilweise ist der Blick durch Gehölze verstellt, dann wieder kann er frei über eine gestaffelte Ferne schweifen. Auf der Nordseite bilden Ackerflächen den Vordergrund. Dahinter breitet sich die Bebauung von Velber aus und hinter dieser wieder wölbt sich der Heisterberg. Die Nähe von Velber macht die Gefräßigkeit der Stadt bewusst: Noch zwei mäßig große Bebauungsprojekte, eins auf der Seite von Davenstedt und eins auf der Seite von Velber würden genügen, um die Siedlungsgrenzen zwischen Hannover und der Nachbargemeinde verschwinden zu lassen.

Stadtkante von Ahlem

Am Westrand von Ahlem schützen Sportanlagen, der Englische Friedhof, das Ahlemer Holz und der Stadtfriedhof Ahlem vor einer weiteren Ausdehnung des Ortsrandes. Allerdings bewegt sich Letter mit der Siedlung Letter-Süd offenbar unaufhaltsam auf Ahlem zu. Dies mag auch daran liegen, dass der Kontakt zur Landschaft von Ahlem aus merkwürdig zurückhaltend ist. Es führen reichlich Straßen aus dem Stadtteil heraus. Aber die Angebote für Fußgänger und Radfahrer sind begrenzt und folgen eher landwirtschaftlichen Erfordernissen als den Bedürfnissen der Bewohner, sich in Natur und Landschaft zu erholen. Dabei hat das bewegte Relief des Geländes mit Heisterberg und Mönckeberg und einer

Calenberger Land

intensiv ackerbaulich betriebenen Landwirtschaft durchaus seinen Reiz. Aber eine Erschließung für landschaftshungrige Gemüter hat bisher noch nicht stattgefunden. Stattdessen wird seit langem von Stadt- und Regionalplanern erwogen, in Verlängerung der in der Heisterbergallee endenden Stadtbahnlinie auf dem Heisterberg einen großen neuen Stadtteil zu entwickeln.

Entdeckungen auf dem Grünen Ring

Wer die Landschaftsbilder am westlichen Stadtrand von Hannover als Abfolge erleben und dabei den Blick ebenso auf die Stadt wie ins Land genießen will, begibt sich am besten auf den Weg des Grünen Ringes, der von Empelde kommend unterhalb der hohen Kalihalde die B65 unterquert, am Hangfuß des Benther Berges nach Norden führt, durch das Badenstedter Vorland Velber zustrebt, dort in den Ort eintaucht, am anderen Ende wieder herauskommt und mit dem Heisterberg und Mönckeberg im Westen und Ahlem im Osten in jeder Hinsicht bewegte Landschaft zeigt, um schließlich am Nordrand des Stadtteils über die Mönckebergallee den Weg in die Nördliche Leineaue zu suchen.

Hinweise auf wichtige Einzelelemente

1. Letterholz.
2. Stadtfriedhof Ahlem.
3. Willi-Spahn-Park; siehe Stadtbezirk 11, Seite 174.
4. Trinkwasser-Hochbehälter.
5. Ahlemer Holz.
6. Englischer Friedhof; siehe Stadtbezirk 11, Seite 174.
7. Friedhof Velber.
8. Großes Bruch (Davenstedter Wäldchen).
9. Waldstücke „Auf dem Butterbrinke".
10. Stadtfriedhof Badenstedt; siehe Stadtbezirk 11, Seite 174.
11. Reiterhof.
12. Eschteich; Naturdenkmal.
13. Kalihalde Empelde; „Kalimandscharo" als private Bauschuttdeponie genutzt, gelegentlich im Rahmen von besonderen Aktionen geöffnet, beeindruckende Rundblicke bietend.
14. Freibad Empelde.

S Sportanlage.
Kl Kleingartenanlage.
H Haltestelle der Stadtbahn.
P Parkplatz.

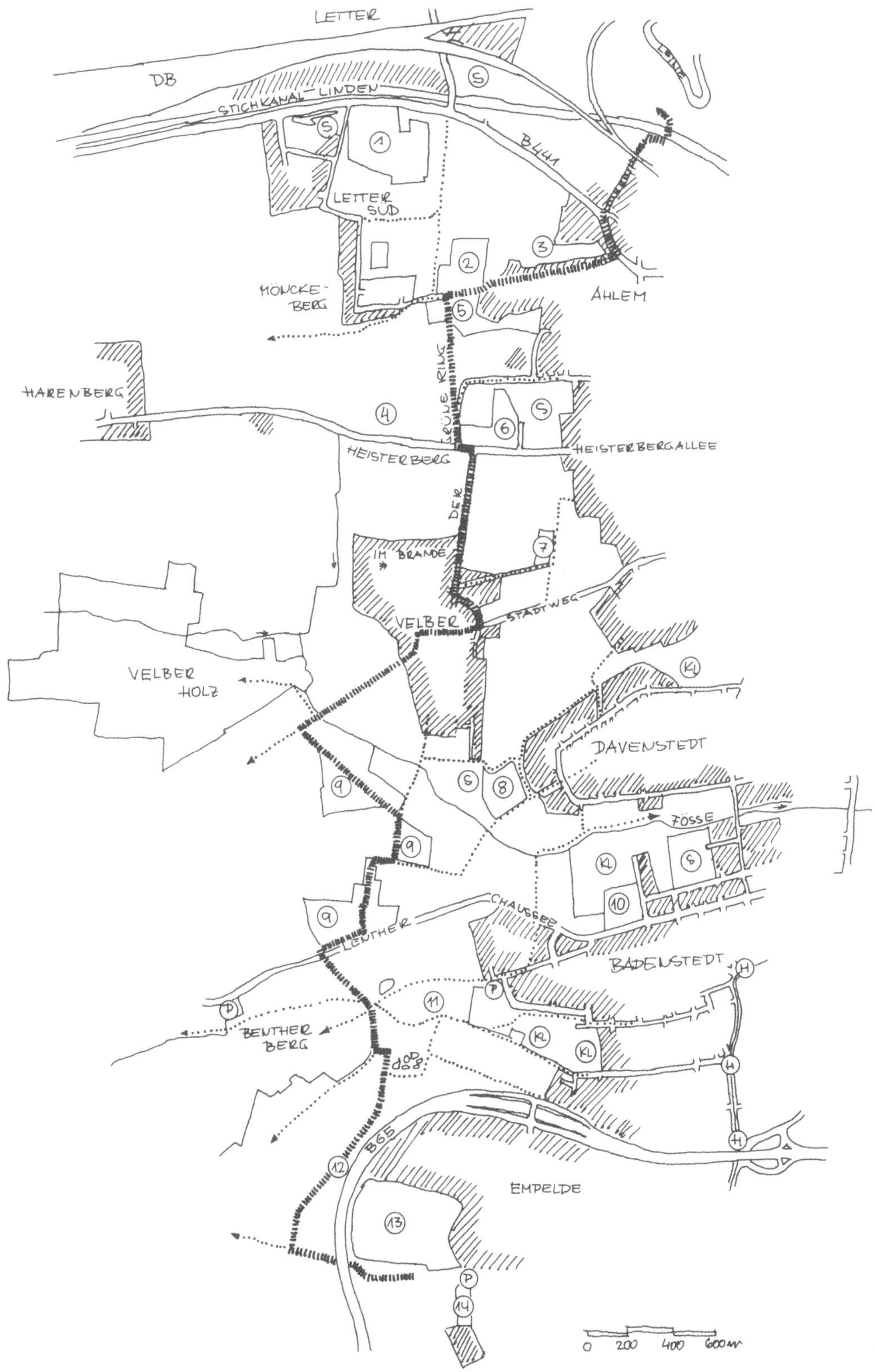

Orts- und Sachregister

Literatur

Adrian, H.: Stadtlandschaft – Die Stadt als Garten, Vortrag auf einem Symposium „Pflanze und Stadt – Stadt als Garten" 1994 in Frankfurt/Main, unveröffentlicht.

Alvensleben, U. v.: Herrenhausen – die Sommerresidenz der Welfen, Hannover 1966.

Boeck, U.: Die Skulpturen im Luststück des Großen Gartens von Hannover Herrenhausen, ikonographisch betrachtet; in: Niedersächsische Denkmalpflege, H. 12, 1985–86, S. 32–147.

Bonk, K.: Stadtplätze als innerstädtische Freiräume, eine nutzerorientierte Untersuchung ihrer Entwicklung und Bedeutung, dargestellt am Beispiel Hannover-Linden, Diplomarbeit am Institut für Freiraumplanung und planungsbezogene Soziologie, Universität Hannover, 1985, unveröffentlicht.

Boockhoff, H. Knotz, J.: Architektur in Hannover seit 1900, Architektenkammer Hannover (Hrsg.), München 1981.

Boockhoff-Gries, U., Kümmel, E. und Malkus-Wittenberg, A.: Freiräume für die EXPO 2000 in Hannover, in: TOPOS, H. 23, 1998, S. 60–68.

Breschke, K., Genthe, I. (Hrsg.): Erste Bundesgartenschau – Hannover 1951, Braunschweig 1951.

Büro für Kulturlandschaft und Geschichte: Spurenlesen am Grünen Ring, im Auftrag des Kommunalverbandes Großraum Hannover, 1999, unveröffentlicht.

Bundesanstalt für Landeskunde und Raumforschung: Geographische Landesaufnahme 1:200 000, Natürliche Gliederung Deutschlands, Die naturräumlichen Einheiten auf Blatt 86 Hannover, Bad Godesberg 1960.

Buschmann, W.: Stadtplanung und Stadtentwicklung im 19. Jahrhundert, dargestellt am Beispiel der Industriestadt Linden, Hannoversche Geschichtsblätter, 1980, S. 43–58.

Clark, R.: Der Stadtpark Hannover, in: Garten + Landschaft, H. 8, 1998.

Clark, R.: Gärten 1999/2000, Der Reiseführer zu privaten und öffentlichen Parks und Gärten, Deutsche Gesellschaft für Gartenkunst und Landschaftskultur (Hrsg.), München 1999.

Clark, R., Hennebo, D.: Vom Wallmodengarten zum Georgengarten, in: Festschrift für Georg Hoeltje, Schriften des Instituts für Bau- und Kunstgeschichte der Universität Hannover, Bd. 5, 1988, S. 79–87.

Dittrich, L., Rieke-Müller, A.: Ein Garten für Menschen und Tiere, 125 Jahre Zoo Hannover, Hannover 1990.

Dröge, R., Rohde, M.: Parkpflegewerk für den Georgengarten in Hannover, in: Die Gartenkunst, H. 2, 1989, S. 313–324.

Engelke, B.: Lindener Dorfchronik, in: Hannoversche Geschichtsblätter, 1910, S. 81–162.

Ertl, R., Roesener, E. F.: Brunnen in Hannover, Wasserspiele und Brunnen in ihren Stadtteilen, Hannover 1996.

Falkenhausen, E. v., Klaffke-Lobsien, G., Eulig, M. (Hrsg.): Natur in und um Hannover, Seelze-Velber 1994.

Fischer, V.: Landschaftsplanung als Beitrag zur Stadtentwicklung von Hannover, in: Das Gartenamt, H. 8, 1990, S. 513–523.

Freunde der Herrenhäuser Gärten (Hrsg.): Willkommen in den Herrenhäuser Gärten Hannover, Hannover 1999.

Gälzer, R.: Stadtfriedhof Lahe, in: Das Gartenamt, H. 11, 1970, S. 505–513.

Gamer, J.: Neue Forschungen zum Großen Garten in Hannover Herrenhausen, in: Berichte zur Denkmalpflege in Niedersachsen, H. 3, 1991, S. 105–106.

Geiß, H.: Der Gartenfriedhof, in: Heimatland, H. 1 1983, S. 1–3.

Gollwitzer, G. (Schriftleitung): Die Erste Bundesgartenschau Hannover 1951, in Garten + Landschaft, H. 4, 1951.

Gröning, G., Wolschke-Bulmahn, J.: Von der Stadtgärtnerei zum Grünflächenamt, 100 Jahre kommunale Freiflächenverwaltung und Gartenkultur in Hannover, Berlin/Hannover 1990.

Heimatbund Niedersachsen (Hrsg.): Grün in der Stadt Hannover 1890–1990, Hannover 1990.

Hennebo, D.: Sechshundert Jahre Eilenriede Hannover, In: Das Gartenamt, Sonderdruck aus H. 12, 1971, S. 2–5.

Herklotz, A.: Die Erneuerung der Herrenhäuser Allee zu Hannover, in: Das Gartenamt, H. 2, 1977, S. 70–73.

Herlyn, U.: Poblotzki, U. (Hrsg.): Von großen Plätzen und kleinen Gärten, Beiträge zur Nutzungsgeschichte von Freiräumen in Hannover, München 1992.

Hillebrecht, R.: Stadtentwicklung und Grün, in: Garten + Landschaft, H. 3, 1966, S. 65–66.

Jacobi, H.: Forderungen und Erfahrungen der Friedhofsgestaltung und -verwaltung erfolgreich angewandt, in: Deutsche Friedhofskultur, Folge 6, 1963.

Jockusch, I.: Entwicklung der hannoverschen Friedhöfe unter dem Druck betriebswirtschaftlicher Forderungen, in: Das Gartenamt, H. 8, 1990, S. 539–542.

Kemper, E., Nowak, H. (Hrsg.): Eilenriede-Festschrift, Beihefte zu den Berichten der naturhistorischen Gesellschaft in Hannover, H. 7, Hannover 1971.

Kern, M.: See Altwarmbüchener Moor, in: Das Gartenamt, H. 9, 1978, S. 299–302.

Klaffke, K.: Der Hermann-Löns-Park in Hannover, in: Garten + Landschaft, H. 7, 1985, S. 17–22.

Klaffke, K.: Gedanken zu Landschaftsräumen, in: Gartenkunstgeschichte, Festschrift für Dieter Hennebo zum 70. Geburtstag, Grüne Reihe, Quellen und Forschungen zur Gartenkunst, Bd. 16, Worms 1994, S. 33–37.

Klaffke, K.: Georgengarten – öffentlicher Park und Gartendenkmal, in: Bis jetzt – Von der Vergangenheit zur Gegenwart – Plastik im Außenraum der Bundesrepublik, Katalog zu einer Ausstellung im Georgengarten, Hannover-Herrenhausen, München 1990, S. 37–39.

Klaffke, K.: Grünflächenamt Hannover – Aufgaben und Perspektiven, in: Das Gartenamt, H. 8, 1990, S. 493–500.

Klaffke, K.: Vahrenwalder Park in Hannover, in: Garten + Landschaft, H. 11, 1987, S. 33–37.

Kommunalverband Großraum Hannover: Naherholung, Regionales Naherholungsprogramm 1997 für den Großraum Hannover, Handlungskonzept und Förderrichtlinien, Hannover.

Knocke, H., Thielen, H.: Kunst- und Kulturlexikon, Hannover 1994.

Laage, E., Das öffentliche Grün in Hannover, in: Städteforum, Osterode, H. 1 1970.

Laage, E.: Hannover erschließt seine Flussufer, in: Das Gartenamt, H. 9, 1967, S. 403–408.

Laage, E.: Über Hannovers öffentliches Grün, in: Das Gartenamt, H. 5, 1978, S. 285–292.

Laage, E.: Zur Geschichte der Vorderen Eilenriede, in: Das Gartenamt, Sonderdruck aus H. 12, 1971, S. 5–9.

Landkreis und Landwirtschaftskammer Hannover (Hrsg.): 100 Jahre Lehr- und Versuchsanstalt für Gartenbau der Landwirtschaftskammer Hannover, Justus-von-Liebig-Schule Ahlem, Ehemalige Israelitische Gartenbauschule Ahlem – 1893–1993, 1993.

Lendholt, W.: Die Demonstrations- und Versuchsgärten des Instituts für Grünplanung und Gartenarchitektur der Technischen Hochschule Hannover, in: Garten + Landschaft, H. 3, 1966, S. 81–83.

Leonhardt, W.: Vinnhorst: Vom Dorf zum Stadtteil, in: Heimatland, H. 1, 1998, S. 10–12.

Leppert, St.: Kamel Louafis - Der Fluss als Metapher, in: TOPOS, H. 23, 1998, S. 6–15.

Lodemann, H.: Im Dienst der Stadt Linden, Berlin 1939.

Markl, H.: Die Verantwortung für den Bestand des Lebens – Evolution und ökologische Krise, in: Mitteilungen der Deutschen Akademie für Städtebau und Landesplanung, Bd. 3, 1983, S. 25–35.

Meyer, K. H.: Ein Garten erzählt, Aus der Geschichte des Berggartens Hannover-Herrenhausen, in: Deutscher Garten, H. III, 1958.

Meyer, K. H.: 300 Jahre Herrenhäuser Gärten, in: Garten+Landschaft, H. 3, 1966, S. 76–80.

Mlynek, K., Röhrbein, W.: Hannover Chronik – Von den Anfängen bis zur Gegenwart, Hannover 1991.

Mlynek, K., Röhrbein, W. (Hrsg.): Geschichte der Stadt Hannover, Band 1, 1992; Band 2, 1994, Hannover.

Morawitz, K. (Hrsg.): Glanzvolles Herrenhausen, Geschichte einer Welfenresidenz und ihrer Gärten, Hannover 1981.

Niedersächsisches Landesverwaltungsamt – Institut für Denkmalpflege: Baudenkmale in Niedersachsen 10.1 und 10.2, Stadt Hannover, Teile 1 und 2 (Denkmaltopographie Bundesrepublik Deutschland), Braunschweig/Wiesbaden 1983 und 1985.

Niedersächsisches Sozialministerium: Siedlungsstrukturen in Niedersachsen – Dörfer im Calenberger Land, Hannover 1992.

Obenaus, H.: Die Erschießungen auf dem Seelhorster Friedhof in Hannover April 1945, Sonderdruck aus Hannoversche Geschichtsblätter, Neue Folge Band 35, 1982.
Osten, von der, V. J.: Auf den Spuren Alt-Ricklingens – Zur Geschichte Ricklingens und Geschichten eines Ricklingers, Hannover 1995.

Porsiel, G.: Leine, Leine-Wehr und Döhrener Mühlen, 1000 Jahre Döhren 983–1983, vervielfältigtes Manuskript, 1983.
Preißel, U. und H. G.: Hannovers Berggarten, ein botanischer Garten, Hannover 1993.

Richter, G.: Entstehung und Entwicklung des öffentlichen Grüns in Hannover bis zur Eingemeindung Lindens im Jahre 1920, Dissertation an der Fakultät für Gartenbau und Landeskultur der Technischen Universität Hannover, 1969, unveröffentlicht.
Richter, G.: Der Gartenfriedhof in Hannover, in: Hannoversche Geschichtsblätter, Neue Folge Band 38, 1984.
Ricke, J. und Sajak, D. (Hrsg.): Entdeckungen in der Hannover Region, Tipps für Tagestouren, Hannover 1997.
Röhrbein, W. (Hrsg.): Der Maschsee in Hannover, Hannover 1986.
Rohde, M.: Der Nikolai-Friedhof in Hannover, Gartendenkmalpflegerisches Konzept für einen aufgelassenen Friedhof, in: Berichte zur Denkmalpflege in Niedersachsen, H. 1, 1990.

Schittek, N. R., Volk, K. B., Heike, G.: Der Grüne Ring Hannover – Landgang, eine Studie zwischen Garbsen und Wettbergen, im Auftrag des Kommunalverbandes Großraum Hannover, 1997, unveröffentlicht.
Schmidt, E.: Der Maschpark – ein Gartendenkmal in Hannover, in: Berichte zur Denkmalpflege in Niedersachsen, H. 3, 1985, S. 74–79.
Scholand, A. (überarbeitet von Bialecki, V.): Misburgs Boden und Bevölkerung im Wandel der Zeiten, Hannover 1992 (3. Aufl.).
Schulz, D.: Der Westfalenhof in Hannover, Hannover 1987.
Segers-Glocke, Ch.: Wiederaufbau des Schlosses in Hannover Herrenhausen?, in: Schriften des Nationalkomitees für Denkmalschutz, Bd. 57, 1998, S. 17–26.

Theile, P.: Heimat am Kronsberg, Landschaft und Menschen im Spiegel der Zeit, Kronsberger Geschichtsblätter, H. 3, Hannover 1998.
Thomsen, B.: Der Landschaftsrahmenplan für das Gebiet der Stadt Hannover, in: Das Gartenamt, H. 8, 1990, S. 501–512.
Trip, J.: Die öffentlichen und städtischen Gartenanlagen Hannovers und ihre Entwicklung in den letzten 10 Jahren, in: Hannoversche Garten- und Obstbaumzeitung, H. 2, S. 25–29 und H. 3, S. 48–51, 1900.

Universität Hannover, Institut für Grünplanung und Gartenarchitektur: Hannöversche Wohngärten aus der Zeit 1775–1960, Bände 1–4, 1984, unveröffentlicht.
Universität Hannover, Institut für Grünplanung und Gartenarchitektur: Öffentliche Historische Gärten und Anlagen in Hannover, Seminararbeit, Hannover 1979, unveröffentlicht.
Universität Hannover, Institut für Grünplanung und Gartenarchitektur: Stadtplätze in Hannover, Geschichtliche Entwicklung, Bestanderfassung, Bewertung und gartendenkmalpflegerische Behandlung, Thematisches Seminar 1994, unveröffentlicht.
Universität Hannover, Institut für Grünplanung und Gartenarchitektur: Welfengarten, Zustandsdarstellung und Dokumentation 1984, unveröffentlicht.
Universität Hannover, Institut für Grünplanung und Gartenarchitektur: Parkpflegewerk 1986, Parkpflegewerk 1986, unveröffentlicht.

Voigt, C.: Sag mir, wo die Blumen sind, in: Kultur-SPIEGEL, H. 4, 1999, S. 6–11.

Wend, K. H.: Erholungsgebiet südliche Leineaue, in: Das Gartenamt, H. 9, 1978, S. 292–298.
Wend, K. H.: Gewässerbezogene Erholungsmöglichkeiten in den naturbestimmten Freiräumen Hannovers, in: Das Gartenamt, H. 8, 1990, S. 524–532.
Wernicke, H.: „Hannover als Gartenstadt", in: Hannover – Bild, Entstehung und Bedeutung der niedersächsischen Hauptstadt (Jb. d. Geographischen Gesellschaft zu Hannover), 1940/41, S. 321–338.
Wernicke, H.: Der Hermann-Löns-Park in Hannover – eine Parkschöpfung auf pflanzensoziologischer Grundlage, in: Gartenkunst, H. 1, 1941, S. 1–12.
Wilhelm-Busch-Gesellschaft und Grünflächenamt der Landeshauptstadt Hannover (Hrsg.): Zurück zur Natur, Idee und Geschichte des Georgengartens in Hannover-Herrenhausen, Göttingen 1997.
Winkel, G.: Das Schulbiologiezentrum Hannover, Eine Einrichtung der Umwelterziehung, Hrsg. Landeshauptstadt Hannover, Hannover 1992.

Veröffentlichungen und Materialien der Stadt Hannover

Arbeitsgemeinschaft Landschaftsökologie (ALAND): Landschaftsplanerisches Gutachten Schwarze Heide/Mecklenheide/Vinnhorst, im Auftrag der Landeshauptstadt Hannover, Baudezernat/Grünflächenamt, 1994.
Arbeitsgemeinschaft Landschaftsökologie (ALAND): Pflege- und Entwicklungsplan Georgengarten, im Auftrag der Landeshauptstadt Hannover, Grünflächenamt, 1991.
Arbeitsgemeinschaft Umweltplanung (ARUM): Landschaftsplan Stadtbezirk 9, Gutachtlicher Teil, Kurzfassung, im Auftrag der Landeshauptstadt Hannover, Umweltdezernat, Grünflächenamt, 1996.

Heimer + Herbstreit: Gutachten zum Landschaftsplan Kronsberg, Kurzfassung, im Auftrag der Landeshauptstadt Hannover, Baudezernat/Grünflächenamt, 1994.
Herrmann, St., und Orth, L.: Landschaftsplanerisches Gutachten „Isernhagen/Bothfeld", Kurzfassung, im Auftrag der Landeshauptstadt Hannover, Umweltdezernat/Grünflächenamt,1992.

Krische, M.: Wo Tod und Leben sich begegnen, 100 Jahre Stöckener Friedhof, Hrsg. Landeshauptstadt Hannover, Grünflächenamt in Zusammenarbeit mit dem Presse- und Informationsamt, 1995 (2. Aufl.).

Landeshauptstadt Hannover: Friedhofsplan, Schriften zur Stadtentwicklung, H. 32, 1984.
Landeshauptstadt Hannover: 1666–1966, Katalog zur Jubiläumsausstellung in Hannover – Orangerie Herrenhausen, 19. 6.–28. 8. 1966.
Landeshauptstadt Hannover: Leitkonzept zur Sicherung und Entwicklung von Landschaftsräumen in der Landeshauptstadt Hannover, Informationsdrucksache 1754/89.
Landeshauptstadt Hannover: Amt für Fremdenverkehrs- und Kongresswesen in Zusammenarbeit mit dem Grünflächenamt, Hannover – Die Stadt der Gärten, 1992.
Landeshauptstadt Hannover: Amt für Umweltschutz: 1. Naturdenkmal „Brinksoot", 1994, 2. Nördliche Ricklinger Masch, 1995, 3. Die Mardalwiese, 1996, 4. Die Kugelfangtrift, 1997, 5. Landschaftsschutzgebiet „Alte Bult", 1998, 6. „Breite Wiese" und „Nasse Wiese", 1999.
Landeshauptstadt Hannover: Amt für Umweltschutz, Landschaftsrahmenplan, 1990.
Landeshauptstadt Hannover: Arbeitsgemeinschaft Kultur und Tourismus (Hrsg.), Hannover – Kunst auf Schritt und Tritt, 1. Ein vergnüglicher Bummel zwischen Rathaus und Maschsee,1994; 2. … durch den Stadtpark; 3. … durch den Georgengarten; 4. … durch die Vordere Eilenriede; 1997.
Landeshauptstadt Hannover, Baudezernat: Landschaftsgestaltung Kronsberg/EXPO-Park, Weltausstellung EXPO 2000, Beiträge zur Diskussion, H. 12, 1994.
Landeshauptstadt Hannover, Baudezernat, Landschaftsräume Hannover, Weltausstellung EXPO-2000, Beiträge zur Diskussion, H. 8, 1993.
Landeshauptstadt Hannover, Baudezernat, Stadtteil Kronsberg – Wohnen im 21. Jahrhundert, 1998.
Landeshauptstadt Hannover, Baudezernat in Zusammenarbeit mit dem Presse- und Informationsamt: Weltausstellung und Stadtteil Kronsberg, Der städtebauliche Rahmen für die EXPO 2000 Hannover, 1999.
Landeshauptstadt Hannover, Grünflächenamt: Stadt als Garten im Hannoverprogramm 2001, 1996.

Landeshauptstadt Hannover, Grünflächenamt: Herrenhäuser Gärten, Die Wasserkunst, 1990.
Landeshauptstadt Hannover, Grünflächenamt in Zusammenarbeit mit dem Presse- und Informationsamt: Der Gartenfriedhof, 1997.
Landeshauptstadt Hannover, Grünflächenamt in Zusammenarbeit mit dem Presse- und Informationsamt: Hermann-Löns-Park-Hannover, 1993.
Landeshauptstadt Hannover, Grünflächenamt in Zusammenarbeit mit dem Presse- und Informationsamt: Stadtfriedhof Engesohde, 1998.
Landeshauptstadt Hannover, Presseamt: 600 Jahre Eilenriede Hannover, 1971.
Landeshauptstadt Hannover, Stadtplanungsamt und Garten- und Friedhofsamt: Südliche Leineaue, Beiträge zum Flächennutzungsplan und Grünordnungsplan, H. 8, 1980.
Landeshauptstadt Hannover, Stadtplanungsamt und Garten- und Friedhofsamt: Stadtteilpark Vahrenwald – Dokumentation über den Gestaltungswettbewerb und die prämierten Entwürfe, 1989.
Landeshauptstadt Hannover, Stadtplanungsamt: Realisierungswettbewerb Stadtplatz Ahlemer Straße, eine Dokumentation, 1990.
Landeshauptstadt Hannover, Stadtplanungsamt und Grünflächenamt: Rahmenkonzept Vahrenwald-List mit Teilen von Hainholz, Hannover 1996.
Landeshauptstadt Hannover, Stadtplanungsamt und Grünflächenamt:Städtebaulich-landschaftsplanerisches Rahmenkonzept Stadtbezirk Ricklingen, 1998.
Landeshauptstadt Hannover, Umweltdezernat: Der Grüne Ring & Naturbänder – Maßnahmen zur Freiraumentwicklung in den Landschaftsräumen Hannovers – Umsetzungsprogramm 1998–2002, Schriftenreihe kommunaler Umweltschutz, H. 19, Hannover 1998.
Kronsberg-Umwelt-Kommunikations-Agentur und Landeshauptstadt Hannover: Hannover – Kronsberg – Beispiel eines nachhaltigen neuen Stadtteils, 1998.

Nagel, G.: Landesplanerisches Gutachten Vahrenwald–List, im Auftrag der Landeshauptstadt Hannover, Grünflächenamt, 1993.
Orth, L.: Landschaftsplan Ahlem/Badenstedt/Davenstedt, Kurzfassung, im Auftrag der Landeshauptstadt Hannover, Grünflächenamt, 1993.

Wellnitz, P.: Landschaftsplan Misburg/Anderten, Gutachtlicher Teil, Kurzfassung, im Auftrag der Landeshauptstadt Hannover, Baudezernat, Grünflächenamt, 1993.

Fotonachweis

Fotografien von Gesa Klaffke-Lobsien
Seite: 6, 8–9, 10, 11, 12, 14, 15, 18, 19, 21 unten, 22, 26, 27, 28, 29 links u. rechts, 31, 32, 35, 36, 37, 38, 40, 41, 43, 46, 48 oben, 51 Mitte, 52, 54, 55 oben, 56, 57, 59 rechts u. Mitte, 61, 64, 66, 68, 69, 72–73, 74, 75 unten, 80, 82, 83, 84, 85, 86, 88, 89, 90, 91 oben rechts, 92, 94, 95, 96, 97, 98, 99, 100, 101, 102, 103, 107, 108, 109 unten, 112, 114, 127, 128, 130 oben, 131, 132, 134, 135 Mitte, 137, 139, 140 unten rechts, 142, 143 oben, 144, 145, 146, 149 oben rechts, 152, 153, 154, 155, 160, 161 oben, 162 oben rechts, 164, 167, 170, 172, 173, 175 unten rechts, 176 oben, 177, 178, 179, 180, 182, 184 unten rechts, 188 oben rechts, 190, 191, 192–193, 194–195, 196, 197, 198, 199, 200, 201, 202, 203, 204, 205, 206, 208, 209, 210, 212, 213, 214, 216, 217, 218, 220, 221, 222, 224, 225, 226, 228, 229, 230, 231, 232, 234.

Fotografien von Rita Lohr
Seite: 20, 21 oben, 24, 25 unten, 29 Mitte, 30, 34, 42, 44, 47, 48 unten, 50, 55 unten, 58, 59 links, 60, 62, rechts, 65, 67, 75 oben, 76, 77, 78, 79, 91 unten rechts, 109 oben, 110, 116, 117, 119, 120, 122, 124, 126, 130 unten, 133, 135 oben u. unten, 136, 138, 140 oben rechts, 143 unten, 148, 149 unten rechts, 156, 158, 159, 161 unten, 162 unten links, 165, 166, 171, 174, 175 oben rechts, 176 unten Mitte, 181, 184 oben links, 186, 187, 188 unten links.

Fotografien von Brigitte Sajak
Seite: 25 oben, 51 oben.

Im Text nicht erwähnte Fotomotive
Vordere Umschlagseite: Hermann-Löns-Park, S. 6: Maschsee, S. 8/9: Großer Garten, S. 10: Großer Garten, S. 12: Berggarten, S. 14: Noveau Jardin, S. 20: Bibliothekspavillon, S. 26 Welfenschloss, S. 30: Leibniztempel, S. 36: Damwild, S. 38: Baumhain, S. 40/41: Schneiteleschen, S. 42: Hexenturm, S. 46: Terrasse zum Teich, S. 50: Nordufer, S. 56: Frühlingswiese, S. 62: Pavillon im Rosengarten, S. 66: Frühling, S. 72/73: Sommer, S. 76 Flamingos, S. 78: Altes Gärtnerhaus, S. 80/81: Friedhof Stöcken, S. 82: Friedhof Seelhorst, S. 84: Brunnen mit goldenem Engel, S. 90: Parkfriedhof, S. 96/97: Brunnenallee, S. 102 Großes Wasserbecken, S. 108: Großer Hain, S. 112/113: Trammplatz, S. 114: Kleingärten in Kleefeld, S. 116: Nanas am Leibnizufer, S. 122: Lister Turm, S. 126: Grasdachsiedlung, S. 132: Kleefelder Gartenstadt, S. 138: Hindenburgschleuse, S. 142: Mardalstraße, S. 148: Altenbekener Damm, S. 154: Döhrener Insel, S. 160: Leinedeich bei Ricklingen, S. 166: Lindener Bergfriedhof, S. 174: Mahnmal an der Lehr- und Versuchsanstalt für Gartenbau, S. 180: Kraftwerk Herrenhausen, S. 186: Lutherkirche, S. 192/193: Lodemannbrücke, S. 194: Wülfeler Holzbrücke, S. 196: Leineaue bei Herrenhausen, S. 200: Landschaft bei Vinnhorst, S. 204: Segelfluggelände, S. 208: Altwarmbüchener Moor, S. 212: Seckbruch, S. 216: Breite Wiese, S. 220: Nordkronsberg, S. 224: Am Schnellen Graben, S. 228: Blick auf den Ricklinger Friedhof, S. 232: Benther Berg, Hintere Umschlagseite: Großer Garten, Friedhof Stöcken, Trammplatz, Lodemannbrücke.